中国语言文学文库·学人文库　吴承学　彭玉平　主编

宋代文章学
与文体形态研究

张海鸥　等　著

中山大学出版社
·广州·

版权所有　翻印必究

图书在版编目（CIP）数据

宋代文章学与文体形态研究/张海鸥等著.—广州：中山大学出版社，2018.11

（中国语言文学文库·学人文库/吴承学，彭玉平主编）

ISBN 978-7-306-06429-5

Ⅰ.①宋…　Ⅱ.①张…　Ⅲ.①文章学—研究—中国—宋代 ②文体—研究—中国—宋代　Ⅳ.①H15

中国版本图书馆 CIP 数据核字（2018）第 202338 号

出 版 人：	王天琪
策划编辑：	嵇春霞
责任编辑：	周　玢
封面设计：	林绵华
版式设计：	林绵华
责任校对：	孔颖琪
责任技编：	何雅涛
出版发行：	中山大学出版社
电　　话：	编辑部 020-84110283，84111996，84111997，84113349
	发行部 020-84111998，84111981，84111160
地　　址：	广州市新港西路 135 号
邮　　编：	510275　　传　真：020-84036565
网　　址：	http://www.zsup.com.cn　E-mail：zdcbs@mail.sysu.edu.cn
印 刷 者：	佛山市浩文彩色印刷有限公司
规　　格：	787mm×1092mm　1/16　21.125 印张　346 千字
版次印次：	2018 年 11 月第 1 版　2018 年 11 月第 1 次印刷
定　　价：	75.00 元

如发现本书因印装质量影响阅读，请与出版社发行部联系调换。

教育部人文社会科学研究博士点基金项目

中国语言文学文库

主　编　吴承学　彭玉平

编　委（按姓氏笔画排序）

　　　　王　坤　王霄冰　庄初升

　　　　何诗海　陈伟武　陈斯鹏

　　　　林　岗　黄仕忠　谢有顺

总　序

吴承学　彭玉平

中山大学建校将近百年了。1924年，孙中山先生在万方多难之际，手创国立广东大学。先生逝世后，学校于1926年定名为国立中山大学。虽然中山大学并不是国内建校历史最长的大学，且僻于岭南一地，但是，她的建立与中国现代政治、文化、教育关系之密切，却罕有其匹。缘于此，也成就了独具一格的中山大学人文学科。

人文学科传承着人类的精神与文化，其重要性已超越学术本身。在中国大学的人文学科中，中国语言文学学科的设置更具普遍性。一所没有中文系的综合性大学是不完整的，也几乎是不可想象的。在文、理、医、工诸多学科中，中文学科特色显著，它集中表现了中国本土语言文化、文学艺术之精神。著名学者饶宗颐先生曾认为，语言、文学是所有学术研究的重要基础，"一切之学必以文学植基，否则难以致弘深而通要眇"。文学当然强调思维的逻辑性，但更强调感受力、想象力、创造力和语言表达能力。有了文学基础，才可能做好其他学问，并达到"致弘深而通要眇"之境界。而中文学科更是中国人治学的基础，它既是中国文化根基的重要组成部分，也是中国文明与世界文明的一个关键交集点。

中文系与中山大学同时诞生，是中山大学历史最悠久的学科之一。近百年中，中文系随中山大学走过艰辛困顿、辗转迁徙之途。始驻广州文明路，不久即迁广州石牌地区；抗日战争中历经三迁，初迁云南澄江，再迁粤北坪石，又迁粤东梅州等地；1952年全国高校院系调整，始定址于珠江之畔的康乐园。古人说："艰难困苦，玉汝于成。"对于中山大学中文系来说，亦是如此。百年来，中文系多番流播迁徙。其间，历经学科的离合、人物的散聚，中文系之发展跌宕起伏、曲折逶迤，终如珠江之水，浩浩荡荡，奔流入海。

康乐园与康乐村相邻。南朝大诗人谢灵运,世称"康乐公",曾流寓广州,并终于此。有人认为,康乐园、康乐村或与谢灵运(康乐)有关。这也许只是一个美丽的传说。不过,康乐园的确洋溢着浓郁的人文气息与诗情画意。但对于人文学科而言,光有诗情是远远不够的,更重要的是必须具有严谨的学术研究精神与深厚的学术积淀。一个好的学科当然应该有优秀的学术传统。那么,中山大学中文系的学术传统是什么?一两句话显然难以概括。若勉强要一言以蔽之,则非中山大学校训莫属。1924年,孙中山先生在国立广东大学成立典礼上亲笔题写"博学、审问、慎思、明辨、笃行"十字校训。该校训至今不但巍然矗立在中山大学校园,而且深深镌刻于中山大学师生的心中。"博学、审问、慎思、明辨、笃行"是孙中山先生对中山大学师生的期许,也是中文系百年来孜孜以求、代代传承的学术传统。

一个传承百年的中文学科,必有其深厚的学术积淀,有学殖深厚、个性突出的著名教授令人仰望,有数不清的名人逸事口耳相传。百年来,中山大学中文学科名师荟萃,他们的优秀品格和学术造诣熏陶了无数学者与学子。先后在此任教的杰出学者,早年有傅斯年、鲁迅、郭沫若、郁达夫、顾颉刚、钟敬文、赵元任、罗常培、黄际遇、俞平伯、陆侃如、冯沅君、王力、岑麒祥等,晚近有容庚、商承祚、詹安泰、方孝岳、董每戡、王季思、冼玉清、黄海章、楼栖、高华年、叶启芳、潘允中、黄家教、卢叔度、邱世友、陈则光、吴宏聪、陆一帆、李新魁等。此外,还有一批仍然健在的著名学者。每当我们提到中山大学中文学科,首先想到的就是这些著名学者的精神风采及其学术成就。他们既给我们带来光荣,也是一座座令人仰止的高山。

学者的精神风采与生命价值,主要是通过其著述来体现的。正如司马迁在《史记·孔子世家》中谈到孔子时所说的:"余读孔氏书,想见其为人。"真正的学者都有名山事业的追求。曹丕《典论·论文》说:"盖文章,经国之大业,不朽之盛事。年寿有时而尽,荣乐止乎其身,二者必至之常期,未若文章之无穷。是以古之作者,寄身于翰墨,见意于篇籍,不假良史之辞,不托飞驰之势,而声名自传于后。"真正的学者所追求的是不朽之事业,而非一时之功名利禄。一个优秀学者的学术生命远远超越其自然生命,而一个优秀学科学术传统的积聚传承更具有"声名自传于后"的强大生命力。

为了传承和弘扬本学科的优秀学术传统，从 2017 年开始，中文系便组织编纂中山大学"中国语言文学文库"。本文库共分三个系列，即"中国语言文学文库·典藏文库""中国语言文学文库·学人文库"和"中国语言文学文库·荣休文库"。其中，"典藏文库"（含已故学者著作）主要重版或者重新选编整理出版有较高学术水平并已产生较大影响的著作，"学人文库"主要出版有较高学术水平的原创性著作，"荣休文库"则出版近年退休教师的自选集。在这三个系列中，"学人文库""荣休文库"的撰述，均遵现行的学术规范与出版规范；而"典藏文库"以尊重历史和作者为原则，对已故作者的著作，除了改正错误之外，尽量保持原貌。

一年四季满目苍翠的康乐园，芳草迷离，群木竞秀。其中，尤以百年樟树最为引人注目。放眼望去，巨大树干褐黑纵裂，长满绿茸茸的附生植物。树冠蔽日，浓荫满地。冬去春来，墨绿色的叶子飘落了，又代之以郁葱青翠的新叶。铁黑树干衬托着嫩绿枝叶，古老沧桑与蓬勃生机兼容一体。在我们的心目中，这似乎也是中山大学这所百年老校和中文这个百年学科的象征。

我们希望以这套文库致敬前辈。

我们希望以这套文库激励当下。

我们希望以这套文库寄望未来。

2018 年 10 月 18 日

吴承学：中山大学中文系学术委员会主任、教授，长江学者特聘教授
彭玉平：中山大学中文系系主任、教授，长江学者特聘教授

前　言

中国古代文章学源远流长、内涵丰富。在南北朝时期，文章之学已经达到比较高深细致的境界，《文心雕龙》《文章缘起》《文章流别论》《文选》等著作都蕴含着或丰富博大或简约细致的文章理论或文体观念。到了赵宋时代，文章体类更加丰富，文章家有了更清醒自觉的文章理论意识，文章之学更加丰富精致。

宋代文章学深入细致地探讨了文体、文类的区别，每种体类的源流、性状、功用、风格、作法等。具体说来，首先表现为编纂总集或别集时的分体、分类方式。每一种编辑体例的确定，都隐含着细腻的文体、文类观念。"体例为先"，这是文章学的首要义项。在我关注、思考这一视域的问题时，吴承学教授发表了《宋代文章总集的文体学意义》，清晰严谨地阐释了宋代文体学、文类学、编纂学诸领域中的许多问题。于是我和罗婵媛同学便选择了从别集看宋人文体、文类观念的视角，选择了宋人自编别集中最有代表性的4种，考察这几位文章大家自编文集时所秉持的文体、文类观念，是为本书第一章。

"话"体文学批评出现在宋代。欧阳修首创"诗话"批评文体，之后便出现了词话、文话。文话援诗话之"闲谈"体例，或"及事"或"及辞"，一事一记，一例一论，通常是随笔而录，不求体系庞大结构完整，但求一事一论之清晰确切。王水照先生编辑《历代文话》，收录了宋代文话20种，大致可分为专谈"四六"之话，专论古文之话，综合谈论文章写作之话（包括论文、随笔、谈话录、讲稿等）。本书第二章探讨各种文话中蕴含的文章学思想。

宋代文章学从北宋前期就出现了古文之学与时文之学的切分。南宋时期出现了专门的古文选本和专门的科举时文选本。二者看似泾渭分明，实则文理相通。文章家往往将他们视为"古文"的前代文章经典，选作科举论文写作训练的参考范文，用古文写作的经验指导"时文"练习。比如《论学绳尺》是南宋科举论体文的优选评注本，表面看是选注时文、评论时文、指导时文的，但实际上却容纳了编选笺注者对古文、时文融会贯通的细腻理解。又如南宋几种最重要的古文选本《古文关键》《崇古文诀》《文章正宗》《文章轨范》等，在选与不选、分类编排、评点批注之间体现出了编选者的文体观、风格论，以及对文章作法具体而微的理解。本书第三章和第四章专题讨论这些问题。

宋代文章种类繁多，形态各异。宋初编纂的《文苑英华》1000卷，共分35种文体，除"诗""歌行"两种之外，各类文章33体，体现了宋初文士对前宋文章体类的理解。后来姚铉编《唐文粹》，共列17种文体，除"诗"外，各类文章有16体。南宋吕祖谦编《宋文鉴》，"编类凡六十一门"（四库提要），依次如下：

赋、律赋、四言诗、乐府歌行、杂言诗、五言古诗、七言古诗、五言律诗、七言律诗、五言绝句、七言绝句、杂体诗、骚、诏、敕、赦文、册文、玉牒文、御札、批答、制、诰、奏疏、议、论、进言、上书、请、进表、辞表、谢表、奏、笺、箴、铭、颂、赞、碑文、记、序、论、策、议、说、制策、书、启、策问、杂著、对问、琴操、题跋、乐语、祭文、行状、墓志、墓表、神道碑、神道碑铭、传、露布。

这"六十一门"中，诗歌有11种，其余文类50种。分体过细，有欠明晰之处，有些名称也不常用，比如第32卷"敕、赦文、册文、玉牒文"都是朝廷下行文书，体用近似。又如第41至62卷"奏疏、议、论、进言、上书、请"，第63至71卷"进表、辞表、谢表、奏"，这10种都是上呈文书，体用近似。又如书与启近似、策问与对问近似、神道碑与神道碑铭近似。就文章功用而言，约略有公用私用之别。公文有上行、下行、平行之别。就用途和内涵特征看，有偏于应用的，如书信、序跋、碑志、铭文等，有偏于抒情说理注重美文的，如赋、记等。

比较宋人自编别集（参本书第一章）可知，宋人的文体分类观念渐趋简明。有些文体名称不见于前代（参本书第一章），尤其"题跋"一体，是宋代出现并且常用、数量不小的新文体。有几种在宋代特别常用的文体，如论、说、议等，与宋代科举考试注重策论、朝堂风气崇尚议论有关。比较《文苑英华》《唐文粹》《宋文鉴》等总集和文人别集，可见古代各种文章体式在唐宋时期基本具备，形式渐趋稳定。

宋代文章学和文体形态学是一个内涵丰富的研究领域，现代学术研究对这一领域的关注还比较欠缺。本书不是宏观概论、体系严整之作，而是选择性地研究了一些具体问题。第五章至第十二章，分别研究了8种文体。每涉及一种文体，都注意梳理这种文体的渊源流变，有时甚至用较多篇幅梳理一种文体在宋代以前的发生和流变。这是文体研究不可或缺的工作，因为文体的存在和使用通常不是断代式的，宋代各种文体多数都不是只存在于宋代的，所以本书特别注意把一种文体的缘起、用途、样式变化说清楚。因为有这样的研究意图，所以，有些章节涉及的内容就不限于书名所标示的"宋代"了，比如第五、第六两章，赋和哀辞二体在宋前就发生了丰富的变化，所以用了较多篇幅。

按《宋文鉴》的分类，除诗歌外，还有50种文体名称，将相似的归类，有20种左右，主要如赋、论、策、序、记、碑志、哀祭、哀册、颂赞、箴偈、书启、表奏、杂文、题跋等。这样看来，本书只是涉及了一部分文体。

现代学术视野下的古代文章学学科尚在建设中，与诗学、词学、戏曲学相比，规模、深度、广度、精细度都有明显差距。2012年以来，复旦大学中文系多次召集中国古代文章学学术研讨会，关于文章学的起始、学科范围、架构、内涵等许多问题，与会学者的见解多有差别。王水照先生号召继续加强这个学科的建设，提高研究水平并加深、加宽、加厚。宏观的学术视野和微观的选项研究，都是必要的。本书这些小小成果能否对这一学科领域有所增益，尚待检验。

目　录

第一章　从欧、苏、周、陆自编集看宋人的文体分类思想 …… 1
　一、四家集的编辑过程…………………………………………… 1
　二、唐、宋别集的体类编次比较……………………………… 10

第二章　宋代文话中的文章学思想……………………………… 26
　一、四六话中的文章学思想…………………………………… 26
　二、《文则》中的文章学思想…………………………………… 42
　三、古文话中的文章学思想…………………………………… 55

第三章　南宋古文选本中的文章学思想……………………… 67
　一、篇目选编与经典形成……………………………………… 67
　二、文意与结构曲折变态之法………………………………… 76
　三、文势与活法圆转…………………………………………… 83

第四章　《论学绳尺》与南宋论体文及南宋论学…………… 89
　一、《论学绳尺》的基本情况…………………………………… 89
　二、从《论学绳尺》看两宋论体文…………………………… 96
　三、从《论学绳尺》看南宋论学……………………………… 100
　四、结束语……………………………………………………… 110

第五章　赋文体变化与用韵之关系…………………………… 111
　一、赋韵缘起与诗体赋、骚体赋用韵………………………… 112
　二、散体赋用韵………………………………………………… 115

三、骈赋和律赋用韵……………………………………………… 126
　　　四、宋后各代律赋用韵……………………………………………… 129

第六章　汉魏六朝至宋代的哀辞……………………………………… 131
　　　一、汉魏六朝的哀辞………………………………………………… 131
　　　二、唐代的哀辞……………………………………………………… 148
　　　三、宋代的哀辞……………………………………………………… 151

第七章　唐宋青词的文体形态和文学性……………………………… 166
　　　一、青词文体之形成………………………………………………… 167
　　　二、青词的文体形态………………………………………………… 172
　　　三、唐宋青词的文学性……………………………………………… 177

第八章　宋代的名字说和名字文化…………………………………… 183
　　　一、名字说的文化源流……………………………………………… 183
　　　二、宋代名字说的文体形态………………………………………… 188
　　　三、宋代的名字文化………………………………………………… 201

第九章　宋代谢表文化和文体形态研究……………………………… 214
　　　一、谢表的文体源流………………………………………………… 215
　　　二、宋代的谢表文化………………………………………………… 220
　　　三、谢表的文体形态………………………………………………… 227

第十章　宋代赠送序文体研究………………………………………… 242
　　　一、赠送序文体出现之前的离别赠言和离别诗序………………… 242
　　　二、赠送序文体形成于唐代………………………………………… 245
　　　三、宋代赠送序的文体形态………………………………………… 249

第十一章　宋代铭文的文体形态和文化蕴涵 ············ 257
　　一、铭文的渊源流变 ··· 257
　　二、宋代铭文的文体形态 ······································ 263
　　三、宋代铭文的文化蕴涵 ······································ 267
　　四、宋代金石学与铭文的关系 ································ 279

第十二章　偈文体的源流和形态研究 ······················· 282
　　一、偈文体之源流 ·· 282
　　二、偈的文体形态 ·· 286
　　三、偈与诗的异同 ·· 294

参考文献 ··· 303

后记 ··· 318

第一章　从欧、苏、周、陆自编集看宋人的文体分类思想[①]

宋人文集多有自编者，其中蕴含了丰富的文体观念和文类编次观念。作者自编文集的过程或长或短，而无论长短，都是对文体和文类进行规范性斟酌的过程。作家在写作文章时，对文章体类的斟酌就开始了，但写作时的注意力通常主要集中在文意和辞章。而到编订文集时，他必须对每篇文章的体类反复斟酌，溯源明体，依体分类，次第编排。这个过程中要对许多体类不甚清晰的文章判别体例，归入某类。这个斟酌过程和编辑结果，显现出作家个人及其时代的文章、文体、文类观念。

祝尚书《宋人别集叙录》对目前可知的宋人别集做了尽可能详细的叙录。笔者仔细阅读统计，可确认属自编文集者有34人46种文集（见本章后附表），其中有些已亡佚，今尚存自编原貌的诗文合集有15人20种[②]。本章从中选择欧阳修、苏轼、周必大、陆游四家集为讨论的中心，从而探讨宋人自编集的文体分类编次等方面的问题。选择这四家的理由有三：①他们是宋代最有代表性的文章家，他们采用的编辑体例既体现其本人的文体、文类意识，又有较广泛的代表性；②他们都在生前用比较充分的时间自编文集；③四家集的编辑过程存在一些内在关联。以下一一探讨之。

一、四家集的编辑过程

欧、苏、周、陆是一代文章大家、文学宗师，他们生前都曾自编文

[①] 博士研究生罗婵嫒参与本章研究和撰写。
[②] 徐铉《骑省徐公文集》，王禹偁《小畜集》，欧阳修《居士集》，张方平《乐全先生文集》，司马光《司马太师温国文正公传家集》，苏轼《东坡集》《东坡后集》，程俱《北山小集》，周紫芝《太仓稊米集》，陆游《渭南文集》，周必大《省斋文稿》《平园续稿》《省斋别稿》，陈造《江湖长翁文集》，舒邦佐《双峰猥稿》，许棐《献丑集》，李曾伯《可斋杂稿》《可斋续稿》《可斋续稿后》，胡锜《耕禄稿》。

集。后人对其自编集的过程、编辑方式和成果，有比较翔实的认定、充分的尊重、悉心的保护。这个过程深具辨体明类编次的文体学意义和目录学意义。尤其是欧、苏有师生之缘，欧、周有乡缘，苏、周二人在欧集最初存传过程中都有重要的参与。这意味着苏、周自编集必然与欧集在体例等方面有一定的内在关联。

（一）欧阳修集

熙宁五年（1072）闰七月欧阳修去世，其子欧阳发等撰先父《事迹》，其结尾总述"先公平生著述"：

> 《易童子问》三卷，《诗本义》十四卷，《五代史》七十四卷，《居士集》五十卷，《归荣集》一卷，《外制集》三卷，《内制集》八卷，《奏议集》十八卷，《四六集》七卷，《集古录跋尾》十卷、杂著述十九卷。诸子集以为家书，总目八卷。其遗逸不录者，尚数百篇，别为编集而未及成。又奉敕撰《唐书·纪》十卷、《志》五十卷、《表》十五卷。在馆职日，与同时诸公共撰《崇文总目》《祖宗故事》。①

这些著述中，两种史书单行。入欧集者，《易童子问》《诗本义》属经学，《归荣集》是笔记，《外制集》《内制集》《奏议集》《四六集》是公文，《集古录跋尾》是文物学。这些都是体例单纯者，一旦定稿成集，就无须逐篇斟酌体类重新编次了。只有《居士集》是文体种类多样的复合型诗文集。欧公自编文集，其实就是对此进行别裁审夺，分体归类。《文献通考·经籍考》引石林叶氏所记欧公晚年自编文集情景：

> 欧阳文忠公晚年取平生所为文自编次，今所谓《居士集》者。往往一篇至数十过，有累日去取不能决者。一夕大寒，烛下至夜分，薛夫人从旁语曰："寒甚，当早睡，胡不自爱自力？此已所作，安用

---

① ［宋］欧阳发等述、李逸安点校：《事迹》，见《欧阳修全集》（第6册附录第2卷），中华书局2001年版，第2641页。

第一章 从欧、苏、周、陆自编集看宋人的文体分类思想

再三阅？宁畏先生嗔邪？"公徐笑曰："吾正畏先生嗔耳！"①

叶梦得（1077—1148）于绍圣四年（1097）登进士第，曾任翰林学士等官职，晚年隐居湖州，号石林居士。他虽比欧公晚生70年，但博学多闻，其所记欧公轶事虽属耳闻，但细节颇具现场感，可知欧公晚年自编文集的审慎情景。

欧阳修有丰富的编修文集的经验。据欧阳修《年谱》，景祐元年（1034）七月到庆历元年（1041）十二月，欧阳修参与官修《崇文总目》，并写有《崇文总目叙释》。②他还对韩愈门人李汉所编《昌黎先生集》进行过校勘整理。他在嘉祐二年（1057）作《记旧本韩文后》云：

年十有七试于州，为有司所黜。因取所藏韩氏之文复阅之……后七年，举进士及第，官于洛阳。而尹师鲁之徒皆在，遂相与作为古文。因出所藏《昌黎集》而补缀之，求人家所有旧本而校定之……集本出于蜀，文字刻画颇精于今世俗本，而脱谬尤多。凡三十年间，闻人有善本者，必求而改正之……予家藏书万卷，独《昌黎先生集》为旧物也。③

欧公对《昌黎先生集》在30年间反复阅读、揣摩、校订，对其内容和编次体例必然十分熟悉。后来他的自编集显然参考了《昌黎集》的分类编次方式（下详）。

欧阳修还曾为好友梅圣俞、苏舜钦编辑文集。欧阳修《苏氏文集序》云：

予友苏子美之亡后四年，始得其平生文章遗稿于太子太傅杜公之

---

① ［元］马端临：《文献通考》（下册第234卷），中华书局1986年版，第1870页。
② 参见［宋］欧阳修撰、李逸安点校《欧阳修全集》（第6册附录第1卷）·欧阳修年谱》，中华书局2001年版，第2599、2601页。
③ ［宋］欧阳修撰、李逸安点校：《居士外集》（第23卷），见《欧阳修全集》（第3册第73卷），中华书局2001年版，第1056～1057页。

家，而集录之以为十卷。①

又《与梅圣俞四十六通》25 云：

近为子美编成文集十五卷，凡述作中人可及者，已削去之，留其警绝者，尚得数百篇。②

又《梅圣俞诗集序》云：

圣俞以疾卒于京师。余既哭而铭之，因索于其家，得其遗稿千余篇，并旧所藏，掇其尤者六百七十七篇，为一十五卷。呜呼！吾于圣俞诗，论之详矣，故不复云。③

"留其警绝者""掇其尤者"是说有所选择。"为一十五卷"表示有所编次。二集的编排都是先诗后文。

《居士集》现存最早版本是南宋初衢州刻本，现存 29 卷。傅增湘以为"此本犹可窥欧公手定之旧"④。此本每卷卷末均有"熙宁五年秋男发等编定"字样。陈振孙《解题》也称"（欧阳氏传家本）乃公之子棐叔弼所编次者"⑤。唯此"编定""编次"需略加辨析。

欧公去世时，其子欧阳发 33 岁，欧阳棐 26 岁。虽然棐"广览强记能文词"，但据其自述，他们只是将公生平著述"集以为家书"（前引《事迹》）。《居士集》中编年最晚的作品是熙宁四年（1071）五月的《薛简肃公文集序》，可知欧公在去世前一年尚在斟酌编次本集。所谓"熙宁五年秋男发等编定"，此时公方辞世，"发等"不可能改动父亲手编之《居

---

① ［宋］欧阳修撰、李逸安点校：《居士集》（第 43 卷），见《欧阳修全集》（第 2 册第 43 卷），中华书局 2001 年版，第 613 页。
② ［宋］欧阳修撰、李逸安点校：《书简》（第 6 卷），见《欧阳修全集》（第 6 册第 149 卷），中华书局 2001 年版，第 2456 页。
③ ［宋］欧阳修撰、李逸安点校：《居士集》（第 43 卷），见《欧阳修全集》（第 2 册第 43 卷），中华书局 2001 年版，第 613 页。
④ 傅增湘：《藏园群书经眼录》（第 4 册第 13 卷），中华书局 2009 年版，第 958 页。
⑤ ［宋］陈振孙撰，徐小蛮、顾美华点校：《直斋书录解题》（第 17 卷），上海古籍出版社 1987 年版，第 496 页。

士集》。所谓发、棐"编定""编次",应该只是将欧公平生著述收编在一起而已。

又苏轼在元祐六年(1091)六月十五日所作《六一居士集叙》云:"予得其诗文七百六十六篇于其子棐,乃次而论之。"① "次"即编次。此时距欧公辞世已经19年,欧阳发已于9年前去世(卒年43岁)。欧阳棐(45岁)携《居士集》稿本去请时任翰林学士知制诰兼侍读的苏轼作序。苏轼说的"次",很可能是对文集的目录次序进行审定,或者小有调整,不可能重新次第。南宋初衢州刻本《居士集》有诗522篇,文244篇,正合苏轼所见之数。

周必大(1126—1204)致仕后开始重新编刻欧集。陈振孙(1183?—1262?)《直斋书录解题》卷17叙述周必大编定欧集情况:

> 其集遍行海内,而无善本,周益公解相印归,用诸本编校,定为此本,且为之《年谱》。自《居士集》《外集》而下,至于《书简集》,凡十,各刊之家塾。其子纶又以所得欧阳氏传家本,乃公之子棐(叔弼)所编次者,属益公旧客曾三异校正,益完善无遗恨矣。《居士集》,欧公手所定也。②

周必大是欧公庐陵同乡后学,绍兴二十一年(1151)进士,官至左丞相,封益国公。与陆游、范成大、杨万里等有交谊。他"解相印归"是在庆元元年(1195),时年70岁。因欧集无善本,乃"用诸本编校,定为此本,且为之《年谱》"③。陈氏特别说明"《居士集》,欧公手所定也"。这句话是周必大在编定并刊刻《欧阳文忠公集》跋语中说的:

> 郡人孙谦益老于儒学,刻意斯文;承直郎丁朝佐博览群书,尤长考证。于是遍搜旧本,旁采先贤文集,与乡贡进士曾三异等互加编校。起绍熙辛亥春迄庆元丙辰夏,成一百五十三卷,别为《附录》

---

① 孔凡礼点校:《苏轼文集》(第1册第10卷),中华书局1986年版,第317页。
② [宋]陈振孙撰,徐小蛮、顾美华点校:《直斋书录解题》(第17卷),上海古籍出版社1987年版,第496页。
③ [宋]陈振孙撰,徐小蛮、顾美华点校:《直斋书录解题》(第17卷),上海古籍出版社1987年版,第496页。

五卷。可缮写模印。惟《居士集》经公决择，篇目数定。而参校众本，有增损其辞至百字者，有移易后章为前章者，皆已附注其下。①

编辑工作自绍熙辛亥（1191）春迄庆元丙辰（1196）夏，历时6年半。参与者除孙、丁、曾外，还有王伯刍、罗泌等（据四库全书《文忠集》提要），周必大总领其事。文本除"遍搜旧本，旁采先贤文集"外，最主要的应该是"公家定本"，即周纶所得之欧阳氏家藏本。历时6年半，"互加编校"，终于编成《欧阳文忠公集》153卷、附录5卷。其中《居士集》从内容到编次完全依照衢州刻本，厘为50卷。这次编刻增加了《居士外集》25卷，即欧阳发等述《事迹》中所说"其遗逸不录者，尚数百篇，别为编集而未之成"② 者。

至此，《欧阳文忠公集》定型。在文集编辑史上，这是向个人大全集形式更为接近的一例。唐代白居易将自己平生著述除《六帖》外全部收入《白氏长庆集》。周编欧集亦如此例。大全集以求全为旨，包含了作者所有的公文与私文，公文一般以官职为编，私文则按体裁分为个人诗文集、诗话、词、题跋、书简等，另外还附录编辑者收集的与作者相关的多种资料，如本传、行状、他人各种评说等。值得特别注意的是，欧集第一次把词编入，此后多有循此例者，如陆游编《渭南文集》。

（二）苏轼集

苏辙《亡兄子瞻端明墓志铭》提及苏轼生前的著述：

《东坡集》四十卷，《后集》二十卷，《奏议》十五卷，《内制》十卷，《外制》三卷。公诗本似李、杜，晚喜陶渊明，追和之者几遍，凡四卷。③

---

① ［宋］周必大：《欧阳文忠公集后序》，见［宋］周必大撰、周纶编《景印文渊阁四库全书（集部第1147册）·文忠集》，台湾商务印书馆1986年版，第550页。
② ［宋］欧阳发等述、李逸安点校：《先公事迹》，见《欧阳修全集》（第6册附录第2卷），中华书局2001年版，第2641页。
③ ［宋］苏辙著，陈宏天、高秀芳点校：《栾城后集》（第22卷），见《苏辙集》（第3册），中华书局1990年版，第1127页。

据苏辙所言，东坡六集在其去世前即已编定。加上《应诏集》10卷①，宋人称为"东坡七集"。其中《奏议》《内制》《外制》《应诏集》都是体例单纯的应用文体，《和陶诗》是诗集，则文集只有《东坡集》和《后集》。唯《后集》之编纂先出于刘沔之手，经苏轼过目认可。刘沔是苏轼"同年兄龙图公"之子，他景仰苏轼，"默随其后，掇拾编缀……二十卷，无一篇伪者，又少谬误"②。令"在海外孤寂无聊"③ 的苏轼大为欣慰。揣摩苏轼的话，他看到这20卷时必在儋州之后，应该是他自己定名为《后集》。

东坡七集已无宋本传世。明成化年间江西吉州知府程宗重新刊刻欧阳修、苏轼文集。右侍郎李绍有《重刊苏文忠公全集序》云：

> 仁庙亦尝命工翻刻，而欧集止以赐二三大臣，苏集以工未毕而上升遐矣。故二集之传于世也独少。学者虽欲求之，盖已不可易而得者矣……既以文忠苏公学于欧者，又其全集世所未有，复遍求之，得宋时曹训所刻旧本及仁庙所刻未完新本，重加校阅，仍依旧本卷帙。旧本无而新本有者，则为《续集》并刻之，以与欧集并传于世。④

此"仁庙"指明仁宗。程宗辑录苏轼"旧本无"之作品编为《续集》12卷，收录南行诗、东坡书简等前后集未收之诗文，并将《和陶诗》编入《续集》卷3。《续集》遂成为"七集"之一。

苏轼曾在元祐六年（1091）仔细阅读过欧阳棐带来的欧阳修《居士集》，并"次而论之"。他对欧集之编次体例有清晰的印象。因此他自编《东坡集》和《后集》，与老师的《居士集》在分类方式、编排次序等方面大体相似（下详）。

---

① 参见［宋］晁公武撰、孙猛校证《郡斋读书志校证》（下册第19卷），上海古籍出版社2011年版，第996页。按：陈振孙《直斋书录解题》第17卷第502页著录相同。

② ［宋］苏轼著、孔凡礼点校：《答刘沔都曹书》，见《苏轼文集》（第4册第49卷），中华书局1986年版，第1429～1430页。

③ ［宋］苏轼著、孔凡礼点校：《答刘沔都曹书》，见《苏轼文集》（第4册第49卷），中华书局1986年版，第1430页。

④ ［明］程宗刻、［清］缪荃孙批校：《东坡七集》（明成化吉州本），见四川大学古籍整理研究所编《宋集珍本丛刊》（第21册），线装书局2004年版，第292页。

（三）周必大集

周必大参与了《文苑英华》的重刻和《宋文鉴》的组织工作，并写有《文苑英华序》《皇朝文鉴序》①。这两种总集的分类编次方式与《文选》有直接的承继关系。在《皇朝文鉴序》中，他谈到各种文体的去取标准：

> 古赋诗骚，则欲主文而谲谏；典策诏诰，则欲温厚而有体。奏疏表章，取其谅直而忠爱者；箴铭赞颂，取其精愨而详明者。以至碑记论序、书启杂著，大率事辞称者为先，事胜辞则次之；文质备者为先，质胜文则次之。复谓律赋经义，国家取士之源，亦加采掇，略存一代之制，定为一百五十卷。②

他的这些文体文章观念与其丰富的编集经历相辅相成，对同时及其后的编纂风尚有深远的影响。

周必大全集在其身后由其子周纶编刻，周纶仿效其父编定欧集之例，编为大全集。其依据当然是周必大生前亲自编定并以单本刊行的各种别集：《省斋文稿》《省斋别稿》《平园续稿》《词科旧稿跋》《玉堂类稿跋》《玉堂杂记序》，后三种均各有自序。陆游《周益公文集序》云："公既薨逾年，公之子纶以公遗文号《省斋文稿》者，属予为之序。"③ 可知此《稿》及其名称皆公所遗。徐谊《平园续稿跋》："其子司直纶以谊登门久，受知厚，又衷其近作曰《平园续稿》，俾为后序。"④ 如此，则《平园续稿》应是周纶衷集的，如同其父收集欧阳修未入《居士集》集之作

---

① 参见［宋］周必大撰、周纶编《平园续稿》（第15卷），见《景印文渊阁四库全书（集部第1147册）·文忠集》，台湾商务印书馆1986年版，第582～583页；［宋］周必大撰、周纶编《玉堂类稿》（第4卷），见《景印文渊阁四库全书（集部第1148册）·文忠集》，台湾商务印书馆1986年版，第132～134页。

② ［宋］周必大撰、周纶编：《玉堂类稿》（第4卷），见《景印文渊阁四库全书（集部第1148册）·文忠集》，台湾商务印书馆1986年版，第133页。

③ ［宋］陆游：《渭南文集》（第15卷），见《陆游集》（第5册），中华书局1976年版，第2113页。

④ ［宋］周必大撰、周纶编：《文忠集》，见《景印文渊阁四库全书》（集部第1147册），台湾商务印书馆1986年版，第439页。

为《居士外集》一样。周纶仿《欧阳文忠公集》体例，于开禧二年（1206）编刻《周益公文集》200 卷并跋云：

> 先公丞相文集二百卷。初与先友免解进士曾无疑三异纂集校正，篇帙既定，又得免解进士许志伯凌、乡贡进士彭清卿叔夏、罗次君尧宣相与覆校，敬锓木以传。惟日记自绍兴戊寅讫嘉泰甲子，录颇详，而书稿尤多，皆未容尽刻，实藏惟谨，当候他日。①

周纶编刻周必大文集有助手曾三异、许凌、彭叔夏、罗尧宣。其中曾、彭二人曾参与《欧阳文忠公集》的编刻。这也引起人们关于欧集与周集分类编次关系的想像。

（四）陆游集

陆游自编《渭南文集》。其子陆子遹有《渭南文集原序》云：

> 盖今学者，皆熟诵《剑南》之诗，《续稿》虽家藏，世亦多传写。惟遗文自先太史未病时，故已编辑，而名以《渭南》矣，第学者多未之见。今别为五十卷。凡命名及次第之旨，皆出遗意，今不敢紊，乃锓梓溧阳学宫，以广其传。渭南者，晚封渭南伯，乃自号为陆渭南。尝谓子遹曰："《剑南》乃诗家事，不可施于文，故别名《渭南》。如《入蜀记》、《牡丹谱》、乐府词，本当别行，而异时或至散失，宜用庐陵所刊欧阳公集例，附于集后。"此皆子遹尝有疑而请问者，故备著于此。嘉定十有三年十一月壬寅，幼子承事郎知建康府溧阳县主管劝农事子遹谨书。②

陆游殁于嘉定二年（1209）十二月。12 年后，陆子遹刊刻乃父文集。虽时隔甚久，然"命名及次第之旨，皆出遗意"，知《渭南文集》的命

---

① ［明］《周益公文集》（据明澹生堂钞本影印），见四川大学古籍整理研究所编《宋集珍本丛刊》（第48册），线装书局 2004 年版，第 519 页。
② ［宋］陆子遹：《渭南文集原序》，见陆游《陆游集（第 5 册）·渭南文集（第 50 卷）》，中华书局 1976 年版，第 2491 页。

名、篇目、内容和次序全由陆游所定，可算是严格意义上的自编文集。其中《入蜀记》《牡丹谱》和词编入文集，是"用庐陵所刊欧阳公集例，附于集后"。

二、唐、宋别集的体类编次比较

将唐集与宋集之分类编次对比观察，可窥知文体发展和文集编次方面的一些信息。

（一）韩、柳集的分类编次

宋代韩学大盛，韩集流行，版本众多。但基本都原自韩愈门人李汉编的40卷本《昌黎先生集》。据刘真伦《韩愈集宋元传本研究》①，韩集现存13种集本，基本都保留了李汉原编本的样式。而李汉很可能是据韩愈自编集编成的。因为韩愈友人李翱所撰《韩公行状》已称其"有集四十卷、小集十卷"②。韩愈集无论是自编还是李汉编，无疑都反映当时人的文体文类观念和编集时尚。《唐文粹》收录李汉《唐吏部侍郎昌黎先生韩愈文集序》，其中明确记录其所编韩集的分类、分卷、次序、篇数：

> 长庆四年冬，先生殁。门人陇西李汉，辱知最厚且亲，遂收拾遗文，无所失坠。得赋四，古诗二百五，联句十，律诗一百七十三，杂著六十四，书启序八十六，哀辞祭文三十八，碑志七十六，笔砚鳄鱼文三，表状四十七，总七百。并目录合为四十一卷。目为《昌黎先生集》，传于代。③

对照南宋人魏仲举编《五百家注昌黎文集》，悉如李序。他的分类除赋、诗之外，文分六类④：

（1）"杂著六十四。"主要是议论文，但名目繁多，故称杂。具体有

---

① 参见刘真伦《韩愈集宋元传本研究》，中国社会科学出版社2004年版。
② ［唐］李翱：《李文公集》（第11卷），上海古籍出版社1993年版，第56页。
③ ［宋］姚铉编：《唐文粹》，见《景印文渊阁四库全书》（集部第1344册第92卷），台湾商务印书馆1986年版，第376页。
④ 据［唐］韩愈撰、［宋］魏仲举编《五百家注昌黎文集》统计，见《景印文渊阁四库全书》（集部第1074册），台湾商务印书馆1986年版。

"原"(如《原道》)、"说"(如《师说》)、"解"(如《进学解》)、"辩"(如《讳辩》)、"戒"(如《五戒》)、"箴"(如《五箴》)、"传"(如《毛颖传》)、"赞"(如《后汉三贤赞》)、"颂"(如《伯夷颂》)、"序"(如《张中丞传后序》)、"文"(如《鳄鱼文》)、"论"(此类包括科试论文和各种论、议、策问等)。

(2)"书启序十六。"书和启都是书信,包括上书和平行往来书信。序有诗文集序、赠送序。

(3)"哀辞祭文三十八。"多为哀祭死者之文,几篇祭祀神灵之文。

(4)"碑志七十六。"此类名称繁多,使用最多的名称是墓志铭,有时称墓铭、墓志、墓表、殡表、碑文、庙碑文、神道碑文、神道碑铭、墓碣铭、庙碑铭、庙碑、碑、神道碑等。此类文章的总名称应该是碑志铭,碑是物质载体,志、铭是内容。当其三位一体而简称时,又可以单称其中一字或二字。此类文章多数是铭志死者的。但称"庙碑"时,则既有铭记亡灵的,也有祭祀神灵的(如《南海神庙碑》)。韩愈碑文中有1篇特例是纪念历史事件的——《平淮西碑》。

(5)"笔砚鳄鱼文三。"此类在魏编本卷36,卷目为"杂文",与第一类"杂著"类似。实有5篇:《瘗破砚文》《毛颖传》《下邳侯革华传》《送穷文》《鳄鱼文》。

(6)"表状四十七。"都是公文,或称表,或称状。有知制诰任上为宰相等官员们代写的贺表、辞让官职表,也有以本人身份议论政务的如《谏佛骨表》,到某任时的谢表,表达政见的"请……状""论……状"。名为"……行状"的,则是为死者撰写的记叙生平之文,类似人物传记。

柳宗元集是其好友刘禹锡受其临终所托,"编次为三十通,行于世"①。其分类编次如下②:雅诗歌曲、赋、论、议、辩、碑、行状、墓表、墓志、墓铭、碣、诔、墓记、对、问答、说、传、骚、吊、赞、箴、戒、铭杂题、题序、送序、记、书、启、表、奏状、祭文、古今诗、非国语。

柳集将诗置于文后,在唐代非编集之常例。或许是编辑者刘禹锡对柳

---

① [唐]刘禹锡:《唐故柳州刺史柳君集序》,见《柳宗元集》(第4册附录),中华书局1979年版,第1443页。

② 据《柳宗元集》统计,中华书局1979年版。

文成就的有意凸显，刘禹锡自己的文集也是诗在文后。

韩、柳集之文章体类大致可概括为四大类：议论类（含杂文）、书启序记类、碑志祭祀类、行政公文类。韩愈碑志铭文写作堪称此类文章发展史的一个高峰，但标题比较繁杂。韩、柳二集的序、记、题类富于文体开创意义。

（二）宋四家集的分类编次

宋四家集自编部分各种文类依其编次排列如下（各种后集、续集、别集编次方式大致类同，故不论。不见于唐集的文体名称用斜体字加粗标示）：

欧阳修《居士集》：诗、赋、杂文、杂说、论、**_经旨_**、辨、诏册、碑志铭、行状、记、序、传、书、策问、祭文。①

苏轼《东坡集》之《前集》：诗、赋、铭、颂、赞、论、策问、杂文、序、字说、表状、启、书、记、碑、传、青词、**_祝文_**、祭文、行状、神道碑、**_释教_**。②

周必大《省斋文稿》：诗、赋、哀词、铭、颂、赞、策、策问、**_题跋_**、序、训、说、启、书、状、记、传、行状、碑志铭、墓表、**_葬记_**、青词、疏、**_祝_**、**_劝农文_**、祭文、**_家庙坟山祝文_**、**_道释_**。③

陆游《渭南文集》：表、笺、奏状、启、书、序、碑、记、铭、赞、记事、传、青词、疏、祝文、劝农文、杂书、碑志铭、祭文、哀辞、**_牡丹谱_**、**_致语_**、**_入蜀记_**。④

以上文体名称40余种。对照唐人文集，增加了十几个新名称，但多非新文类。比如：欧集"经旨"是解释《春秋》《易》的讲经之文。苏集单列"释教"类，周集单列"道释"类，都是为释、道人物所作赞、记、铭文，虽非新文体，但单列目录，是分类编次的新方式。苏集"祝文"、周集"劝农文"都是以官员身份作的公务文书，非新文体。陆集

---

① 据《欧阳修全集·居士集》（据世界书局1936年版影印）统计，中国书店1986年版。
② 据《苏东坡全集·前集》（据世界书局1936年版影印）统计，中国书店1986年版。
③ 据《周益公文集·省斋文稿》（据明澹生堂钞本影印）统计，见四川大学古籍整理研究所编《宋集珍本丛刊》（第48册），线装书局2004年版。
④ 据《渭南文集》[据宋嘉定十三年（1220）刻本影印]统计，见四川大学古籍整理研究所编《宋集珍本丛刊》，线装书局2004年版。

"劄子"（即奏疏）之名唐集未见，北宋官员经常使用，欧、苏皆归入制集，与表、状、议、疏同类。陆游无制集，故编入文集。欧、陆集有"致语"，即开场白，用于宴集、雅集开始时。陆集《牡丹谱》类似欧阳修《洛阳牡丹记》。日记文体在宋代兴起，陆集有《入蜀记》，周集卷163～176皆为日记［依时序名为《亲征录》《飞龙录》《归庐陵日记》《闲居录》《泛舟游山录》《乾道庚寅奏事录》《乾道壬辰南归录》《思陵录》（上下）、《淳熙玉堂杂记》（上中下）］。与此近似的文体——笔记也大为兴盛，兹不一一。

（三）单列《内制集》《外制集》

宋人自编集的一个重大变化是将自己为官时拟写的行政公文单列为《内制集》《外制集》。欧阳修《内制集序》云：

> 然今文士尤以翰林为荣选，予既罢职，院吏取予直草以日次之，得四百余篇，因不忍弃。况其上自朝廷，内及宫禁，下暨蛮夷海外，事无不载。而时政记、日历与起居郎舍人有所略而不记，未必不有取于斯焉。①

这些文章是作者的行政印迹，既有史料价值，也潜含着作者立德立功立言过程中的观念和情感。单独编集，体例清晰，叙事角度明确，便于后人阅读。

（四）诗、赋次序之微妙变化

诗赋次序也有微妙变化。在《文选》时代，赋文体兴盛至极，所以《文选》60卷中，前20卷都是赋。韩集依《文选》之例，将为数不多的几篇赋置于首卷。但同时的元稹、白居易集都变成先诗后赋。说明赋体在唐代不再独尊了。宋初编纂《文苑英华》仍采用先赋后诗之次序，但宋集依元、白集之例先诗后赋者增多。据《四库全书》集部所存唐人集统计，有诗、赋并存之集37种，其中赋在诗前者30例，诗在赋前者7例。

---

① ［宋］欧阳修撰、李逸安点校：《居士集》（第41卷），见《欧阳修全集》（第2册第41卷），中华书局2001年版，第598页。

又据祝尚书《宋人别集叙录》中可确认是自编的46种文集（见本章后附表）中，诗、赋并存之集22种，其中赋在诗前者13例，诗在赋前者9例。总之，从六朝到唐、宋，赋在文集中的编次地位有微妙变化，说明赋体文学在汉魏六朝时期的独尊地位不再。而不论前后，诗与赋之相邻主要是因其皆属有韵之文。

（五）杂文、杂著—杂题跋—跋—题跋

《文心雕龙·杂文》：

> 详夫汉来杂文，名号多品；或典诰誓问，或览略篇章，或曲操弄引，或吟讽谣咏。总括其名，并归杂文之区；甄别其义，各入讨论之域。①

吴讷《文章辨体序说·杂著》：

> 文而谓之杂者何？或评议古今，或详论政教，随所著立名；而无一定之体也。文之有体者，既各随体裒集；其所录弗尽者，则总归之杂著也。②

徐师曾《文体明辨序说·杂著》：

> 随事命名，不落体格，故谓之杂著。③

杂文其实是分类时遇到归属欠分明的文章时采用的权宜表述。韩集的杂著杂文以议论评说为主，篇目如下：

---

① ［南朝梁］刘勰著、范文澜注：《文心雕龙注》（上册第3卷），人民文学出版社1958年版，第256页。
② ［明］吴讷著、于北山校点，［明］徐师曾著、罗根泽校点：《文章辨体序说 文体明辨序说》，人民文学出版社1962年版，第45～46页。
③ ［明］吴讷著、于北山校点，［明］徐师曾著、罗根泽校点：《文章辨体序说 文体明辨序说》，人民文学出版社1962年版，第137页。

第一章 从欧、苏、周、陆自编集看宋人的文体分类思想　15

　　《原道》《原性》《原毁》《原人》《原鬼》《行难》《对禹问》《杂说》《读荀》《读鹖冠子》《读仪礼》《读墨子》《获麟解》《师说》《进学解》《本政》《守戒》《圬者王承福传》《五箴》《后汉三贤赞》《讳辨》《讼风伯》《伯夷颂》。

　　《子产不毁乡校颂》《释言》《爱直赠李君房别》《张中丞传后叙》《河中府连理木颂》《汴州东西水门记》《燕喜亭记》《徐泗濠三州节度掌书记厅石记》《画记》《蓝田县丞厅壁记》《新修滕王阁记》《科斗书后记》《郓州溪堂诗》《猫相乳》《进士策问》《争臣论》《改葬服议》《省试学生代斋郎议》《禘祫议》《省试颜子不二过论》《太学生何蕃传》。①

　　宋集也多有"杂文"或"杂著"类。但具体文章名称比韩集少得多，因为许多名称都逐渐找到了体类归属。欧阳修《居士集》50卷中，只是卷15有"杂文五首"：《醉翁》《山中之乐》《杂说三首》。他为苏舜钦所编《苏学士集》卷13有"记序杂文十六首"，其中"记""序"之外，"杂文"只有《符瑞》《复辨》。

　　《苏东坡全集·前集》卷23收"杂文二十二首"，《后集》卷9收"杂文十六首"。这38首中，有22首"书……后"。② 稍后宋人编集设"题跋"一目，"书……后"就被归入"题跋"了。其余16首属于《文心雕龙》的"杂文"概念：《日喻》《问养生》《药诵》《东坡酒经》《明正》《杂说》《怪石供》《后怪石供》《太息》《刚说》《续养生论》《外曾祖程公逸事》《送钱塘僧思聪归孤山叙》《赵德麟字说》《补龙山文二首》。

　　据近年学界关于"题跋"研究的若干成果③，题、跋、书、读之类文

---

　　① 参见［唐］韩愈撰、马其昶校注、马茂元整理《韩昌黎文集校注》（第1～2卷），上海古籍出版社1986年版，第12～130页。
　　② 据《苏东坡全集·前集》（据世界书局1936年版影印）统计，中国书店1986年版。
　　③ 如黄韵静、方怡哲：《欧阳修跋文研究》，载《人文社会学报》2009年第5期；朱迎平：《宋代题跋文的勃兴及其文化意蕴》，载《文学遗产》2000年第4期；黄国声：《古代题跋概论》，载《中山大学学报》1980年第4期；邓安生：《古代题跋试探》，载《天津师范大学学报》1986年第5期；罗灵山：《题跋三论》，载《益阳师专学报》1994年第2期；张岩：《试论中国画的题款与题跋》，载《陕西师范大学学报》2001年第2期；毛雪：《古代题跋文体源流述略》，载《平顶山师专学报》2003年第1期。

体由来已久。如东汉蔡邕有《题曹娥碑后》，晋王羲之有《题卫夫人笔阵图后》。唐李绰撰《尚书故实》载："清夜游西园图，顾长康画，有梁朝诸王跋尾。"① 可知为金石书画之类文物作题、跋以示收藏或鉴别说明的方式，应该是伴随着文物收藏行为而产生的，只是越久远的东西传世越少了。今人能见到的文献中，唐人所作"题……""读……""书……后"之类渐多，但自编文集时归入杂文而未单列"题跋"一目。

其实唐人已经有了明确的"跋尾"概念。唐贞观十三年（639）裴孝源著《贞观公私画史》一卷载："右六卷梁元帝画，并有题跋印记。"② 唐张彦远（815—907）《历代名画记》卷3标目"叙自古跋尾押署"，内有"开元中玄宗购求天下图书，亦命当时鉴识人押署跋尾"③ 之说。《新唐书》卷200《褚无量传》：

> 内府旧书，自高宗时藏宫中，甲乙丛倒，无量建请缮录补第，以广祕籍。天子诏于东都乾元殿东厢部汇整比……又诏秘书省、司经局、昭文、崇文二馆更相检雠，采天下遗书以益阙文。不数年，四库完治。帝诏群臣观书，赐无量等帛有差。无量又言："贞观御书皆宰相署尾，臣位卑不足以辱，请与宰相联名跋尾。"④

可知唐太宗、玄宗时代，收藏家已经使用"题跋"或"跋尾"之名，指称书画之后另行"署尾"以明收藏或以示品鉴的文字。

如此看来，明代文体学家吴讷和徐师曾关于"跋""书"文体发生时间的判断略欠准确。

吴讷《文章辨体序说·题跋》：

---

① ［唐］李绰：《尚书故实》，见《景印文渊阁四库全书》（子部第862册），台湾商务印书馆1986年版，第470页。
② ［唐］裴孝源：《贞观公私画史》，见《景印文渊阁四库全书》（子部第812册），台湾商务印书馆1986年版，第25页。
③ ［唐］张彦远：《历代名画记》，见《景印文渊阁四库全书》（子部第812册），台湾商务印书馆1986年版，第301页。
④ ［宋］欧阳修、［宋］宋祁：《新唐书》（第18册第200卷），中华书局1975年版，第5689页。

第一章　从欧、苏、周、陆自编集看宋人的文体分类思想

> 汉晋诸集，题跋不载。至唐韩、柳始有读某书及读某文题其后之名。迨宋欧、曾而后，始有跋语。①

徐师曾《文体明辨序说·题跋》：

> 题跋者，简编之后语也。凡经传子史诗文图书（字也）之类，前有序引，后有后序，可谓尽矣。其后览者，或因人之请求，或因感而有得，则复撰词以掇于末简，而总谓之题跋。至综其实则有四焉：一曰题，二曰跋，三曰书某，四曰读某。夫题者，缔也，审缔其义也。跋者，本也，因文而见本也。书者，书其语。读者，因于读也。题、读始于唐；跋、书起于宋。曰题跋者，举类以该之也。
>
> 其词考古证今，释疑订谬，褒善贬恶，立法垂戒，各有所为，而专以劲简为主，故与序引不同。②

吴、徐二人说的"跋"，应该是指具有说明或评论内涵的一段文字，而不是褚无量说的"署尾"和"跋尾"。但"书……"一体唐代已有。但吴、徐的话从目录学的意义上说是符合实际的。

欧、苏时代文人们为各种纸质文献或金石文物题写大量"书……后""书……""题……后""题……""读……"之类文字，或直接书写其上，或另存文稿。欧阳修编著《集古录》时使用"跋尾"这种体例，虽然行文中未用"跋"字，但他的文体意识是很明确的。宋祁所作《新唐书》褚无量传，欧阳修当然熟知。他在《集古录跋尾·唐人临帖》跋语中说："按《唐书》言褚无量尝请以当时所藏奇书名画命宰相以下跋尾，而玄宗不许。"③

因为跋语是附在文物文献之后的文字，所以在实际写作时并不需要"跋……"之类的标题，只是落款时注明何人书于何时何处。比如范仲淹

---

① ［明］吴讷著、于北山校点，［明］徐师曾著、罗根泽校点：《文章辨体序说　文体明辨序说》，人民文学出版社1962年版，第45页。
② ［明］吴讷著、于北山校点，［明］徐师曾著、罗根泽校点：《文章辨体序说　文体明辨序说》，人民文学出版社1962年版，第136～137页。
③ ［宋］欧阳修撰、李逸安点校：《集古录跋尾》（第10卷），见《欧阳修全集》（第5册第143卷），中华书局2001年版，第2312页。

曾于皇祐三年（1051）庚寅十一月戊申日楷书《伯夷颂》送给京西转运使苏舜元，其后文彦博、富弼各自在范书之后题写七绝一首，落款分别为"戊申后二十有七日，许昌郡斋中题，平阳文彦博宽夫""壬辰岁正月才翁按察富弼题"①。欧阳修、苏轼都有大量的"题""书""读"类文字。

但在编辑个人文集时，唐宋人显然都愿意把此类文字之可成篇章者编入自己的文集，并且要给每篇定个题目。唐人名曰"题……""读……""书……后"。欧阳修特别将400余首跋尾单独编为《集古录跋尾》。这标志着"跋"文体在目录学意义上独立了。此后两宋之交有赵明诚《金石录跋尾》、董逌（政和间人）《广川书跋》。

欧阳修自编集时将《跋尾》之外的其他同类文章仍归入"杂文"，标题称为"题……后"或"书……后"。苏轼自编集时，诸家文集仍未出现"题跋"一目。苏集仍依韩集、欧集之例，将"书……后"列入"杂文"。不过他诗集中4次出现"跋"类标题：《金门寺中见李西台与二钱唱和四绝句戏用其韵跋之》《次韵米芾二王书跋尾二首》《王晋叔所藏画跋尾五首》《跋姜君弼课册》，另有《金刚经跋尾》1篇。他在《与子安兄》信中使用"题跋"一词云："近购获先伯父亲写《谢蒋希鲁及第启》一通，躬亲裱背题跋。"②

周必大编辑欧阳修《居士外集》，卷23设"杂题跋"，收录欧公"书……后""读……""跋……""记……后""题……""论……"之类文章27篇③，其中只有《论尹师鲁墓志》1篇略同于韩集"杂文"类，其余全是"题跋"。

周必大自编《省斋文稿》，正式单列"题跋"一目，卷14～19共收录题跋289首，标题体例清晰，凡跋御赐书墨迹皆称"……跋"（34篇），此外文献皆称"跋……"（165篇）、"题……"（79篇）、"书……

---

① ［清］吴升：《大观录》，见《续修四库全书》（子部第1066册），上海古籍出版社2002年版，第307页。
② 孔凡礼点校：《苏轼文集》（第5册第60卷），中华书局1986年版，第1830页。
③ 据《欧阳修全集·居士集》（据世界书局1936年版影印）统计，中国书店1986年版。各篇名如下：《书李翱集后》《书梅圣俞稿后》《读李翱文》《书春秋繁露后》《书韦应物西涧诗后》《论尹师鲁墓志》《书冲厚居士墓铭后》《读裴寂传》《书梅圣俞河豚鱼诗后》《书三绝句诗后》《跋晏元献公书》《跋李西台书》（2首）、《跋李翰林昌武书》《记旧本韩文后》《题薛公期画》《跋杜祁公书》《跋永城县学记》《书荔枝谱后》《跋学士院题名》《跋茶录》《跋观文王尚书举正书》《跋学士院御诗》《跋薛简肃公奎书》《跋醉翁吟》《题青州山斋》《跋三绝帖》。

后"(9篇)、"记……"(2篇)。①

司马光《传家集》(四库全书本)卷73"题跋"目下录有4篇:《题绛州鼓堆祠》《书孙之翰〈唐史记〉后》《书田谏议锡碑阴》《书孙之翰墓志后》。据今人李之亮《司马温公集编年笺注·前言》,此《传家集》很可能是司马光闲居洛阳时自己编辑的。②

陆游《渭南文集》把"杂文"缩小为"杂书",卷25有杂书12首③,完全采用苏轼的概念,都是"书……",即题跋类。卷26~31目录为"跋",共258首,皆题为"跋……"。

总的看来,"杂文"概念逐渐瘦身,南宋人编集始将题跋从杂文一目中分离出来自立一目,并明确以"跋"名篇。总集也采用这一分类编目方式,如南宋吕祖谦编《宋文鉴》卷130~131为"题跋"④,录北宋欧、王、苏、黄等22家跋、题、书、读、记诸体。

(六)纪念文体的名称和分类更加简明一致

本文称纪念文体,主要指碑志文、行状、祭文、祝文四类。其中碑志文和祝文有少量用于祭祀神灵。行状、祭文、祝文三类不刻于石,碑志文刻于碑石。

关于碑志文,刘勰《文心雕龙·诔碑》:"碑实铭器,铭实碑文。"⑤《文选》将碑志文分碑文、墓志是有清晰区别的,因为碑文置于地上,墓

---

① 据《周益公文集·省斋文稿》(据明澹生堂钞本影印)统计,见四川大学古籍整理研究所编《宋集珍本丛刊》(第48册),线装书局2004年版。
② 参见[宋]司马光著、李之亮笺注《司马温公集编年笺注》(第1册),巴蜀书社2009年版,第19页。李之亮将《传家集》卷73"题跋"目下所录4篇拆散:《题绛州鼓堆祠》增一"记"字,编在第5册卷66"记"类;《书孙之翰〈唐史记〉后》《书田谏议锡碑阴》《书孙之翰墓志后》编入第6册卷79"碑志"类。其中《书孙之翰〈唐史记〉后》显然不应归入碑志类。
③ 据《渭南文集》[据宋嘉定十三年(1220)刻本影印]统计,见四川大学古籍整理研究所编《宋集珍本丛刊》,线装书局2004年版。包括:《书通鉴后》二、《书贾充传后》《书郭崇韬传后》《书安济法后》《书空青集后》《书浮屠事》《书渭桥事》《书包明事》《书神仙近事》《书屠觉笔》《书二公事》。
④ 据[宋]吕祖谦编《宋文鉴》统计,见《景印文渊阁四库全书》(集部第1351册),台湾商务印书馆1986年版,第476~499页。
⑤ [南朝梁]刘勰著、范文澜注:《文心雕龙注》(上册第3卷),人民文学出版社1958年版,第214页。

志埋于墓内。① 这一区别影响深远。《文苑英华》分碑、墓志、墓表三类。② 《宋文鉴》分碑志文作碑、墓志、墓表、神道碑四类文体。③ 元代苏天爵《元文类》则分作碑文、墓志铭、墓碣、墓表、神道碑五类。④ 明代吴讷《文章辨体》分碑、墓碑、墓碣、墓表、墓志、墓记、埋铭七类。⑤ 徐师曾《文体明辨》分碑文、碑阴文、墓志铭、墓碑文、墓碣文、墓表六类。⑥ 各家分类无论多少，皆可以地上、地下区别之：碑、碣、表置于墓外，墓志、墓记、埋铭等置于墓内。

徐师曾解释置于墓外诸种：

> 其或曰碑，或曰碑文，或曰墓碑。或曰神道碑，或曰神道碑文，或曰墓神道碑，或曰神道碑铭，或曰神道碑铭并序，或曰碑颂，皆别题也。
>
> 至于释老之葬，亦得立碑以僭拟乎品官，岂历代相沿崇尚异教而莫之禁欤？故或直曰碑，或曰碑铭，或曰塔碑铭并序，或曰碑铭并序，亦别题也。⑦

又解释置于墓内诸种：

---

① 参见〔南朝梁〕萧统编、〔唐〕李善等注《六臣注文选》〔下册第58～59卷（碑文）、59卷（墓志）〕，中华书局1987年版。

② 参见〔宋〕李昉编《文苑英华》〔第844～934卷（碑）、第935～969卷（墓志）、第970卷（墓表）〕，中华书局1966年版。

③ 参见〔宋〕吕祖谦编《宋文鉴》〔第76～77卷（碑）、第139～144卷（墓志）、第145卷（墓表）、第145～148卷（神道碑）〕，见《景印文渊阁四库全书》（集部第1351册），台湾商务印书馆1986年版。

④ 参见〔元〕苏天爵编《元文类》〔第19～26卷（碑文）、第51～54卷（墓志铭）、第55卷（墓碣）、第56卷（墓表）、第57～68卷（神道碑）〕，见《景印文渊阁四库全书》（集部第1367册），台湾商务印书馆1986年版。

⑤ 参见〔明〕吴讷编《文章辨体》〔第47卷（碑）、第48卷（墓碑、墓碣、墓表）、第49卷（墓志、墓记、埋铭）〕，见《续修四库全书》（集部第1602册），上海古籍出版社2002年版。

⑥ 参见〔明〕徐师曾编《文体明辨》〔第49卷（碑文、碑阴文）、第52～54卷（墓志铭）、第55卷（墓碑文）、第56卷（墓碣文、墓表）〕，见《四库全书存目丛书》（集部第312册），齐鲁书社1997年版。

⑦〔明〕吴讷著、于北山校点，〔明〕徐师曾著、罗根泽校点：《文章辨体序说 文体明辨序说》，人民文学出版社1962年版，第150页。

有曰墓志铭，有志、有铭者，是也。曰墓志铭并序，有志、有铭、而又先有序者，是也。然云志铭而或有志无铭，或有铭无志者，则别体也。曰墓志，则有志而无铭。曰墓铭，则有铭而无志。然亦有单云志而却有铭，单云铭而却有志者，有题云志而却是铭，题云铭而却是志者，皆别体也。其未葬而权厝者曰权厝志，曰志某；殡后葬而再志者曰续志，曰后志。殁于他所而归葬者曰归祔志；葬于他所而后迁者曰迁祔志。刻于盖者曰盖石文；刻于砖者曰墓砖记，曰墓砖铭；书于木版者曰坟版文，曰墓版文；又有曰葬志，曰志文，曰坟记，曰圹志，曰圹铭，曰椁铭，曰埋铭。其在释氏，则有曰塔铭，曰塔记。凡二十题，或有志无志，或有铭无铭，皆志铭之别题也。①

吴讷说："凡碑碣表于外者，文则稍详；志铭埋于圹者，文则严谨。"②

张相《古今文综》云："碑表立于墓上，文可赡详，墓志埋于圹中，体宜简要。"③

韩愈是写作纪念文章的大家，其集中卷22～23祭文包括：祭死者文22篇、祭神文11篇、哀辞3篇，另有《吊武侍御所画佛文》。卷24～35碑志文共79篇。篇名有15种：墓志铭、墓志、墓铭、圹铭、墓表、墓碑、墓碣铭、殡表、碑文、神道碑、神道碑铭、神道碑文、碑、庙碑、庙碑铭。卷37有行状2篇。④ 他的标题名目繁多，分类和文体写作格式还没有宋元明代文章学家说的那么简明规范。比如，他的少数碑志文只有志没铭，而个别墓表又有铭（宋人碑志都有铭，墓表都无铭）。

宋四家集都有大量纪念文章。其分类编目、篇目名称、文章体例都趋于简明一致。

---

① ［明］吴讷著、于北山校点，［明］徐师曾著、罗根泽校点：《文章辨体序说 文体明辨序说》，人民文学出版社1962年版，第149页。
② ［明］吴讷著、于北山校点，［明］徐师曾著、罗根泽校点：《文章辨体序说 文体明辨序说》，人民文学出版社1962年版，第53页。
③ 张相：《古今文综评文》（第6章），见王水照编《历代文话》（第9册），复旦大学出版社2007年版，第8834页。
④ 据［唐］韩愈撰、［宋］魏仲举编《五百家注昌黎文集》统计，见《景印文渊阁四库全书》（集部第1074册），台湾商务印书馆1986年版。

欧阳修《居士集》卷20～23神道碑铭11篇，卷24～25墓表14篇，卷26～37墓志铭73篇（卷37特收宗室墓志铭），卷38行状2篇。① 总100篇，名称4种，次序清晰。稍特别一点的是11篇神道碑铭都以"……神道碑铭并序"的标题方式，墓志铭标题则皆无"并序"之例。

苏集之《前集》《后集》《续集》共有纪念死者的文章66篇，篇名和文章体例一如欧集。②

周集《省斋文稿》有行状2篇，神道碑和墓志铭38篇（其中《葬记》《芸香志》各1篇是为女仆所作，简单记述生平，尾无铭），墓表2篇，祭死者文38篇，另有祭祀祈祷神灵的青词、祈求文、谢神文、谒神灵文、祝祭神灵或亡灵文。分类清晰，文体规范统一，比如碑铭文皆有"铭曰"，墓表皆无"铭曰"之类韵语。③

陆《渭南文集》卷32～41有墓志铭30篇，墓表5篇，圹记1篇，祭文21篇，哀辞2篇。④ 文章体例与欧、苏同。

同是碑铭文章，苏、周、陆三家都将用于神灵的宫庙碑文与用于死者的碑志文清楚地分开编次，而韩集和欧集有时错杂编次。韩集碑志文使用的许多别名基本不见了。宋集碑志文篇幅普遍加长。

（七）序、说、记、铭等文体更丰富更兴盛，皆单列目录

序是包容性较强的文体。唐代序文体已经很丰富，书序、宴会序、送别序、赠序等。送别序是韩、柳集一大亮点，数量多而且名篇佳作不少，影响深远。韩集卷19～21有"送……序"31篇（其中标题特殊者有"赠……序"2篇、"送……书"1篇）、"……诗序"4篇。柳集卷21～25有"送……"37篇，"送……诗后序"10篇，诗文集序10篇，《序饮》《序棋》各1篇。韩集"送……序""送……序并诗""赠……序"与柳集"送……""送……诗后序"都是送别序。其文章体例以散体序文为必须，诗则可有可无。韩3篇有诗，柳10篇有诗。但韩、柳标题方式有异：韩

---

① 据《欧阳修全集·居士集》（据世界书局1936年版影印）统计，中国书店1986年版。
② 据《苏东坡全集》（据世界书局1936年版影印）统计，中国书店1986年版。
③ 据《周益公文集·省斋文稿》（据明澹生堂钞本影印）统计，见四川大学古籍整理研究所编《宋集珍本丛刊》（第48册），线装书局2004年版。
④ 据《渭南文集》（据宋嘉定十三年刻本影印）统计，见四川大学古籍整理研究所编《宋集珍本丛刊》，线装书局2004年版。

题"序并诗",柳题"诗后序"。

宋序承唐,送别序的标题趋于一致——"送……序"。书籍文献序大增(此或与印刷出版发达有关),标题通常是"……集序(叙)"。如欧集有送序16篇、诗文集序37篇(其中歌序、画序、花品序各1篇)。东坡《前集》《续集》共有送序7篇、诗文集序15篇。周必大集共有送序11篇、诗文集序54篇[《省斋文稿》卷20有诗文集序9篇、送序1篇。《平原续稿》卷12~15有诗文集序44篇、送序10篇(其中7篇标题为"赠……""书赠……""书示……")。《玉堂类稿》卷4有《宋文鉴序》1篇。其中《平园续稿》卷14有两篇序标题特殊:《帝王经世图谱题辞》《曾氏农器谱题辞》(内文自云应人请求而作序)]。陆游《渭南文集》共有送序3篇、诗文集序29篇。

名字序(叙)或名字说见于唐人集仅柳宗元集《字说》1篇,宋集开始增多。如欧集5篇、苏集4篇、周集16篇、陆集2篇。周必大所作名字说的标题比较特别,其中名字说11篇、名字序1篇、名字训3篇、斋堂名称记2篇(此与厅堂园林记文体和途用接近)。

记体文、器物铭大兴于宋代,名篇佳作迭出。兹不一一。

附:宋人自编集一览表

作者	集子	编(序)情况	存佚情况
徐铉	《骑省徐公文集》前20卷	自编	清影宋明州初本保存原貌
王禹偁	《小畜集》	自编自序	宋刻本及明钞本保存原貌
欧阳修	《居士集》	自编	宋衢州刻本保存原貌
张方平	《乐全先生文集》	自编自序	宋刻残本和清钞本保存原貌
李觏	《退居类稿》《皇祐续稿》	自编自序	宋刻全佚,明刊本为删节本
司马光	《司马太师温国文正公传家集》	自编	基本保存原貌
黄庶	《伐檀集》	自编自序	付于战火
苏轼	《东坡集》《东坡后集》	自编	保存原貌
苏辙	《栾城集》《栾城后集》《栾城第三集》	自编自序	原集刊刻情况不详
黄裳	《演山集》	自编自序	散佚,后重辑

续上表

作者	集子	编（序）情况	存佚情况
秦　观	《淮海居士集》	自编自序	疑遭禁毁
米　芾	《山林集》	自编	毁于靖康兵火
程　俱	《北山小集》	自编	《四部丛刊续编》本保存原貌
汪　藻	《浮溪集》	自编	散佚，后辑自《永乐大典》
周紫芝	《太仓稊米集》	自序	《文渊阁四库全书》本保存原貌
李处权	《崧庵集》	自编自序	散佚
郑刚中	《北山集》初集和中集	自编自序	宋本失传，有明改编本
陆　游	《渭南文集》	自编	嘉定十三年（1220）刊本保存原貌
范成大	《石湖集》	自编自序	全集今无完帙，仅余诗集
周必大	《省斋文稿》《平园续稿》《省斋别稿》	自编自序	明钞本保存原貌
陈　造	《江湖长翁文集》	自编自序	万历刊本保存原貌
舒邦佐	《双峰猥稿》	自序	道光本保存原貌
刘学箕	《方是闲居士小稿》	跋称先生手编	毁于兵火
程　珌	《洺水集》	自序	原集佚
陈耆卿	《筼窗集》	自编自序	散佚，有重辑
程公许	《沧州尘缶编》	自编自序	散佚，有重辑
包　恢	《敝帚稿略》	自编自序	散佚，有重辑
刘克庄	《后村居士集》《后集》《续集》《新集》	自跋《续稿》	宋椠全帙失传，天一阁曾有影宋钞本，《四部丛刊》辗转传录之，多有错讹阙脱
许　棐	《献丑集》	自序	《百川学海》本保存原貌
李曾伯	《可斋杂稿》《可斋续稿》《可斋续稿后》	自序	《文渊阁四库全书》本保存原貌
卫宗武	《秋声集》	自序	不存完帙

续上表

作者	集子	编(序)情况	存佚情况
金履祥	《仁山集》	自编	原集不存,多次重编
胡　锜	《耕禄稿》	自序	《百川学海》本保存原貌
邓　牧	《伯牙琴》	自编自序	传世本所用底本不详

说明:资料辑自祝尚书《宋人别集叙录》,辑录范围是有明确证据证明是自编的文集,包括自编诗文合集。自编诗集因不在本文讨论范围,故不录入本表。集非自编,但有自序者视为自编,如周紫芝《太仓稊米集》;集非自编,也无自序,但有记录证明篇次经作者首肯者也视为自编,如苏轼《东坡后集》。

第二章　宋代文话中的文章学思想[①]

北宋文人谈论文章的话语，散见于书信、书序、笔记中。欧阳修创立《诗话》之后，北宋后期出现了王铚《四六话》。南宋时期文话著作增多，既有个人专著式的文话，也有辑录式文话。同时，书信、书序、笔记中依然记录着文章家们谈论文章的话语。本章探讨四六话、《文则》、古文话中的文章学思想。

一、四六话中的文章学思想

现存宋代四六话一共4部：王铚《四六话》、谢伋《四六谈麈》、洪迈《容斋四六丛谈》、杨囷道《云庄四六余话》。

"四六"之名称始自晚唐李商隐的《樊南四六》，实际就是骈体文，因而宋人干脆就以"四六"指称骈体文。唐、宋公文主要使用这种文体。北宋欧阳修等为使四六文体不过于死板，便适当加入了少量散体句式，但整体看来还是保持了四六骈句的基本形式。

北宋哲宗绍圣二年（1095）设立宏词科，四六文大兴于宋，四六话也随之出现。第一部四六话是王铚的《四六话》，成书于宣和四年（1122）。他仿照《六一诗话》"论诗及事"的方式，收集"交游间四六话事实"[②]，但用意不止于"资闲谈"，他认为前贤的四六文"老成虽远，典刑尚存"[③]，可见他有以资讲学的意图。谢伋《四六谈麈》成书于绍兴十一年（1141），他将编纂意图表述得更明确：

予自少时听长老持论多矣，忧患以后，悉皆遗忘。山居历年，饱

[①] 博士研究生罗婵媛参与本章研究和撰写。
[②] ［宋］王铚：《四六话序》，见王水照编《历代文话》（第1册），复旦大学出版社2007年版，第6页。
[③] ［宋］王铚：《四六话序》，见王水照编《历代文话》（第1册），复旦大学出版社2007年版，第6页。

食终日，因后生之问，可记者辄录之，以资讲学之一事。①

洪迈《容斋四六丛谈》为后人所辑，始见于明人曹溶《学海类编》②。杨囷道《云庄四六余话》晚于洪迈。四者写作时间分布在北宋后期到南宋中期，与古文话集中在南宋中后期有所不同。4部四六话讨论的文例主要是唐、宋两朝的四六体文章，尤其是宋代的占了较大比例，以表、启为主。

综观此四书之文章观念，可从文体形态、风格、技法三方面探讨。

（一）文体形态论

谢伋《四六谈麈》总结四六文的源流正变：

> 三代两汉以前，训诰、誓命、诏策、书疏，无骈俪粘缀，温润尔雅。先唐以还，四六始盛，大概取便于宣读。本朝自欧阳文忠、王舒国叙事之外，自为文章，制作混成，一洗西昆碟裂烦碎之体。厥后学之者，益以众多。况朝廷以此取士，名为博学宏词，而内外两制用之。四六之艺，咸曰大矣！下至往来笺记启状，皆有定式，故谓之应用，四方一律，可不习知？③

四六文因"便于宣读"成为唐以来朝廷文书的常规体式，特点是"定式"和"应用"，有用于两制和"往来笺记启状"两类，即"王言之体"和"寻常四六"④。谢伋敏锐地指出宋四六文的演变受到欧阳修古文革新和博学宏词科设立的影响。杨囷道《云庄四六余话》详细描述宋四六文体式的发展演变：

---

① ［宋］谢伋：《四六谈麈序》，见王水照编《历代文话》（第1册），复旦大学出版社2007年版，第33页。
② 参见王水照编《历代文话》（第1册），复旦大学出版社2007年版，第47页。
③ ［宋］谢伋：《四六谈麈序》，见王水照编《历代文话》（第1册），复旦大学出版社2007年版，第33页。
④ ［宋］罗大经著、王瑞来点校：《鹤林玉露》，中华书局1983年版，第59页。见卷4甲编："内外制，唯稍能四六者即入选。殊不知制诰诏令，贵于典重温雅，深厚恻怛，与寻常四六不同。今以寻常四六手为之，往往褒称过实，或似启事谀词，雕刻求工，又如宾筵乐语，失王言之体矣。"

本朝四六，以刘筠、杨大年为体必谨四字六字律令，故曰四六。然其弊类俳，欧阳公深嫉之曰："今世人所谓四六者，非修所好，少为进士不免作。自及第，遂弃不作。在西京佐三相幕，于职当作，亦不为作也。"如公之四六有云："造谤于下者，初若含沙之射影，但期阴以中人；宣言于庭者，遂肆鸣枭之（□）〔恶〕音，孰不闻而掩耳？"俳语为之一变。至东坡于四六曰："禹治兖州之野，十有三载乃同；汉筑宣防之宫，三十余年而定。方其决也，本吏失其防而非天意；乃其复也，盖天助有德而非人功。"其力挽天河而涤之，偶俪甚恶之气一除，而四六之法亡矣。

皇朝四六，荆公谨守法度，东坡雄深浩博，出于准绳之外，由是分为两派。近时汪浮溪、周益公诸人类荆公，孙仲益、杨诚斋诸人类东坡。大抵制诰笺表贵乎谨严，启疏杂著不妨宏肆，自各有体，非名世大手笔未易兼之。①

北宋王铚《四六话》论及的文体是表和启。两宋之交的《四六谈麈》扩大到制、表、启、麻等官方应用文体。南宋的《云庄四六余话》广泛涉及乐语、露布、表、制、简、上梁文、致语、麻、启、功德疏、记、判、诏、赦文、律赋、奏、批答等17种文体。正如洪迈所云：

四六骈俪，于文章家为至浅，然上自朝廷命令、诏册，下而缙绅之间笺书、祝疏，无所不用。②

谢伋谈及北宋宣和间宋四六体式的转变：

四六施于制诰表奏文檄，本以便于宣读，多以四字六字为句。宣和间，多用全文长句为对，习尚之久，至今未能全变。前辈无此

---

① ［宋］杨囷道：《云庄四六余话》，见王水照编《历代文话》（第1册），复旦大学出版社2007年版，第118～119页。
② ［宋］洪迈：《容斋四六丛谈》，见王水照编《历代文话》（第1册），复旦大学出版社2007年版，第49页。

体也。①

  宣和间，掌朝廷笺奏者，朝士常十数人，主文盟者集众长合而成篇，多精奇对而意不属。②

  四六文体加入长句，是北宋古文家援散入骈、破体为文的结果。欧阳修和苏轼杂散句、长句入四六文，使四六文分为尊体与破体两脉。前者如王安石承接刘筠、杨亿的"谨四字六字律令"，汪藻、周必大随之。后者如苏轼援散入骈，丰富了四六文的句式。杨囷道认为散句能消解四六文的呆板，但四六文法的特性是骈四俪六，他提出尊体四六和破体四六可分别用在朝廷公文和民间文书。
  四六话从"得体"和"范式"两方面来讨论。综观4部四六话，"体"包括语体和事体。
  语体是指语句格式。《四六话》提出"四六格"：

  四六格句，须衬者相称，乃有工，方为造微。盖上四字以唤下六字也，此四六格也。……曾子宣《谢宰相表》曰："方伤锦败材之初，奚堪于补衮；况覆悚折足之际，何取于和羹。"此又妙矣。③

王铚指出四字句和六字句相对是四六文的体格，谢伋认为四六本当以"四字六字"为句式，而且"四六之工，在于裁剪，若全句对全句，亦何以见工"④。楼钥《北海先生文集序》指出：

  习为长句，全引古语，以为奇倔，反累正气。况本以文从字顺，

---

 ①［宋］谢伋：《四六谈麈》，见王水照编《历代文话》（第1册），复旦大学出版社2007年版，第34页。
 ②［宋］谢伋：《四六谈麈》，见王水照编《历代文话》（第1册），复旦大学出版社2007年版，第41页。
 ③［宋］王铚：《四六话》，见王水照编《历代文话》（第1册），复旦大学出版社2007年版，第23页。
 ④［宋］谢伋：《四六谈麈》，见王水照编《历代文话》（第1册），复旦大学出版社2007年版，第34页。

> 使于宣读，而一联或至数十言，识者不以为善也。①

北宋四六文用长句和古语是破体，南宋人要求回归"便于宣读，以四六句为主"的骈体四六。他们批评四六用长句的作法，推崇汪藻的尊体四六文章。

对于四六文之尊体与破体，文章家的态度时有矛盾。四库馆臣曾指出王铚《四六话》的这种矛盾态度：

> 终宋之世，惟以隶事切合为工，组织繁碎，而文格日卑。皆铚等之论导之也，然就其一时之法论之，则亦有推阐入微者。如诗家之有句图，未可废也。②

关注四六文的语体格式，是四六话的重要话题，如《容斋四六丛谈》归纳郡守谢上表：

> 郡守谢上表，首必云"伏奉告命，授臣某州，已于某月某日到任上讫"，然后入词。独刘梦得数表不然，《和州》者曰：……首尾叙（实）〔述〕，皆与他人表不同。其《夔州》《汝州》《同州》《苏州》，诸篇一体。迈长子（择）〔榟〕常称诵之，及为太平州，遂拟其体，代作一表，其词云：……全规模其步骤，然视昔所作，犹觉语烦。③

谢表开篇有套语，再进入正文，但刘禹锡创新首尾的写作，又成为新的范式。南宋王应麟《辞学指南》全面总结各种四六范式，该书用 3 卷内容，分制、诰、诏、表、露布、檄、箴、铭、记、赞、颂、序 12 类，归纳词科考试各文体的写作体式、源流、名家言论，并示以文例。其中对"制"

---

① ［宋］楼钥：《攻愧集》，见《景印文渊阁四库全书》（集部第 1152 册），台湾商务印书馆 1986 年版，第 801 页。
② ［清］永瑢等：《〈四六话〉提要》，见《四库全书总目》（下册），中华书局 1965 年版，第 1783 页。
③ ［宋］洪迈：《容斋四六丛谈》，见王水照编《历代文话》（第 1 册），复旦大学出版社 2007 年版，第 75～77 页。

体的阐释最为详尽，他剖析并举例曰：

> 制头四句能包尽题意为佳，若铺排不尽，则当择题中体面重者说，其余轻者于散语中说，亦无害。制起须用四六联，不可用七字。
>
> 制头四句说除授之职，其下散语一段略说除授之意。文臣自内出则说均劳佚之意，武臣宿卫则说忠孝拱扈之意，换镇则说易地之意，其余可以类推。然只是大概说意，不须太说得深，谓如《资政侍读除河东经略建节制》，散语云"眷军民之重寄，须文武之全才。辍从鸣玉之近班，昭示拥旄之异数。式敷涣号，诞告明廷"是也。又如《熙河帅除检校少保易节制》云"乃眷戎昭之大，有嘉边最之优。宜增重其事权，用疏荣于国典。贲我明命，敷于治朝"是也。
>
> 制头四句四六一联。散语四句或六句。"具官某"一段颂德，先须看题，一段说旧官，一段说新官。"於戏"用一联，或引故事，或说大意。如《太尉制》："说《礼》《乐》而敦《诗》《书》，既备元戎之选；戢干戈而櫜弓矢，无忘懿德之求。"此大意也。引故事，如将帅题说方叔、召虎，藩镇题说召伯、韩侯、申伯之类。后面或四句散语，或止用两句散语，结不须更作联，恐冗。①

如此"指南"可谓详细实用，也很死板，说明当时四六文具有比较严重的格式化倾向。

事体即叙事精准、措词得体。《云庄四六余话》书中举例：

> 绍兴丁丑，词科《代交阯进驯象表》，就试之士仅能形容画象及塑象，俱不见驯服生动态度，惟周益公说出象之步趋来庭之意，遂中首选。②

这是叙事精准之例。用词分寸恰当如：

---

① [宋] 王应麟：《玉海·辞学指南》（第 2 卷），见王水照编《历代文话》（第 1 册），复旦大学出版社 2007 年版，第 930～931 页。

② [宋] 杨囷道：《云庄四六余话》，见王水照编《历代文话》（第 1 册），复旦大学出版社 2007 年版，第 105 页。

> 章惇元祐初帘前争事无礼，责出知汝州。钱穆父行词云："怏怏非少主之臣，悻悻无大臣之节。"子厚后见穆父，责其语太甚。穆父笑曰："官人怒，杂职安敢轻行杖？"①
>
> 谏臣被黜，到任谢表，往往诋讦。傅献简《知和州表》云："以臣性本天成，惟朴忠之是徇；谓臣官有言责，盖去就之当然。"人以为得体。②

谢表呈文对象是帝王，因而要体现臣子之谦卑臣服之意，同时又需委婉陈情，往往暗含自我辩解之意，这需要十分谨慎讲究的措辞。如洪迈《容斋四六丛谈》举例云：

> 表章自叙以两臣字对说，由东坡至汪浮溪多用之。然须要审度君臣之间情义厚薄，及姓名眷顾于君前如何，乃为合宜。坡《湖州谢表》云："知臣愚不〔识〕〔适〕时，难以追陪新进；察臣老不生事，或能牧养小民。"……近年后生假倩作文，不识事体，至有碌碌常流乍得一垒，亦辄云知臣察臣之类，真可笑也。③

此例中，苏轼自称"臣"，这是需要资格的；说君能"知臣""察臣"，也是需要资格的，隐含君臣关系并非一般。而无名小辈也妄言"知臣""察臣"，是不自量力，因而可笑。谢表是给君王看的，必须凸显君王尊贵：

> 林虞词科《代宰臣谢赐重修都城记表》曰："帝室皇居，屹若金汤之固；神谟圣作，焕乎琬琰之传……"第二人刘奔，首联曰："铁瓮崇墉，更迩臣之笔削；龟趺妙勒，覃上圣之龙光。"盖先说迩臣，而后及上圣，不若前名以帝室为首。然既曰帝室，又曰皇居，不无

---

① [宋]杨囷道：《云庄四六余话》，见王水照编《历代文话》（第1册），复旦大学出版社2007年版，第92页。
② [宋]杨囷道：《云庄四六余话》，见王水照编《历代文话》（第1册），复旦大学出版社2007年版，第89页。
③ [宋]洪迈：《容斋四六丛谈》，见王水照编《历代文话》（第1册），复旦大学出版社2007年版，第75页。

《兰亭》叙丝竹管弦之病。①

林先说帝，刘先说臣。杨认为先说帝得体。但"帝室皇居"重复。《云庄四六余话》又载北宋绍圣乙亥词科文例：

> 绍圣乙亥，词科《代嗣高丽王修贡表》，其中选者首联曰："袭爵海邦，猥被承家之宠；露章天陛，聿修任士之诚。嗣守海邦，已远露于圣化；践修臣职，庶仰绍于前人。承祧继世，方遵守土之仪；修贡效珍，敢后充庭之礼。"俱是先说袭封，方及来王之意。惟第一人黄符先说本朝，首联曰："仰被王灵，获承基绪；敬修臣职，敢后要荒。"罗畸曰："中国明昌，适际圣神之运；远邦奔走，宜修臣子之恭。"虽不及嗣王之意，亦以首言中国，遂为第二人。②

看来先后次序非常重要，在差别不大的评选中，先后次序居然微妙地影响了名次。可见叙事次序也暗含得体之意。

（二）风格论

4部四六话共同赞许雄健和工丽两种风格。

王铚《四六话》称赞雄健之文，常用"不衰"与"衰"对比。如评价"丁晋公文字虽老不衰"③，举例如下：

> 《答胡则侍御书》曰："梦幻泡影，知既往之本无；地水火风，悟本来之不有。"在海外十四年，及北迁道州，谢表云："心若倾葵，渐暖长安之日；身同旅雁，乍浮楚泽之春。"④

---

① [宋]杨囷道：《云庄四六余话》，见王水照编《历代文话》（第1册），复旦大学出版社2007年版，第108～109页。
② [宋]杨囷道：《云庄四六余话》，见王水照编《历代文话》（第1册），复旦大学出版社2007年版，第106页。
③ [宋]王铚：《四六话》，见王水照编《历代文话》（第1册），复旦大学出版社2007年版，第11页。
④ [宋]王铚：《四六话》，见王水照编《历代文话》（第1册），复旦大学出版社2007年版，第11页。

评唐将张巡死守睢阳时写的《谢金吾将军表》"文武雄健,志气不衰"①。评曾子宣"虽老而文字不衰"。

洪迈《容斋四六丛谈》指出风格与文体有关,四六文应使人读之激昂:

> 四六骈俪,于文章家为至浅,然上自朝廷命令、诏册,下而缙绅之间笺书、祝疏,无所不用。则属辞比事,固宜警策精切,使人读之激昂,(风)〔讽〕味不厌,乃为得体。②

谢伋《四六谈麈》标举工丽。比如同是赞许廖明略的四六文,《四六谈麈》称赞其"甚工",王铚《四六话》称赞其"高奇"。谢伋所谓"工",比如"经语对经语,史语对史语,诗语对诗语,方妥帖"③,"四六之工,在于裁剪,若全句对全句,亦何以见工"④。比如王初寮《宝箓宫青词》"上天之载无声,下民之虐匪降"一联化用《诗经》语句,谢伋认为是有"裁剪"者。

杨囷道《云庄四六余话》也赞许语简而工的四六文。他对比何文缜和孙仲益两篇谢表中类似的骈句:

> 何桌文缜《谢召还表》曰:"两曾参之是非,浮言犹在;(□□□□)〔一王尊之〕贤佞,更世乃明。"
>
> 孙仲益《谢复官启》曰:"(□□□□)〔两曾参之〕或是或非,一王尊而乍贤乍佞。"⑤

---

① [宋] 王铚:《四六话》,见王水照编《历代文话》(第1册),复旦大学出版社2007年版,第20页。

② [宋] 洪迈:《容斋四六丛谈》,见王水照编《历代文话》(第1册),复旦大学出版社2007年版,第49页。

③ [宋] 谢伋:《四六谈麈》,见王水照编《历代文话》(第1册),复旦大学出版社2007年版,第34页。

④ [宋] 谢伋:《四六谈麈》,见王水照编《历代文话》(第1册),复旦大学出版社2007年版,第34页。

⑤ [宋] 杨囷道:《云庄四六余话》,见王水照编《历代文话》(第1册),复旦大学出版社2007年版,第106页。

杨氏认为后者"语简益工"。他还提倡引"语出天成",不赞成刻意求新:

> 范石湖帅蜀,上巳日大燕,乐语僚佐撰呈,皆不惬意。有石其姓者一联云:"三月三日,岂无长安之丽人;一咏一觞,载讲山阴之禊事。"语出天成,公心肯之。或谓赵卫公雄为帅时,命僚属撰乐语,有此一联,其人姓杨。①
>
> 唐徐彦伯为文多变易求新,以凤阁为鸰阁,以龙门为虬户……后进效之,谓之涩体。②

王应麟认为王言四六以典雅温润为高,因而须以六经为根本:

> 西山先生曰:"辞科之文谓之古则不可,要之与时文亦复不同。盖十二体各有规式,曰制、曰诰,是王言也,贵乎典雅温润,用字不可深僻,造语不可尖新。"③
>
> 制辞须用典重之语,仍须多用《诗》《书》中语言及择汉以前文字中典雅者用,若晋宋间语及诗中语不典者不可用。魏晋以来文史中语间有似经语者亦可于制中用,但其间名臣,非人共知者不必称引以为故事。④

他引用朱子的话作为佐证:

> 朱文公谓是科习诡谀夸大之辞,竞骈俪刻雕之巧,当稍更文体,以深厚简严为主。然则学者必涵泳《六经》之文,以培其本云。⑤

---

① [宋]杨囦道:《云庄四六余话》,见王水照编《历代文话》(第1册),复旦大学出版社2007年版,第85页。
② [宋]杨囦道:《云庄四六余话》,见王水照编《历代文话》(第1册),复旦大学出版社2007年版,第98页。
③ [宋]王应麟:《玉海·辞学指南》(第2卷),见王水照编《历代文话》(第1册),复旦大学出版社2007年版,第942页。
④ [宋]王应麟:《玉海·辞学指南》(第2卷),见王水照编《历代文话》(第1册),复旦大学出版社2007年版,第931页。
⑤ [宋]王应麟:《玉海·辞学指南》(第2卷),见王水照编《历代文话》(第1册),复旦大学出版社2007年版,第908页。

王应麟总结了两宋四六文可师法的对象：

> 前辈制词惟王初寮、汪龙溪、周益公最为可法，盖其体格与场屋之文相近故也。其他如王荆公、岐公、元章简、翟忠惠、綦北海之文亦须编。①

（三）文法论

四六话论文法倾向于尊体，强调工丽，关注点主要在属对（即对偶、对仗）、用事（用典）、袭语（借用前人语句）。

1. 属对

杨囷道《云庄四六余话》及洪迈《容斋四六丛谈》总结两字、三字、四字对偶句工巧之例：

> 四六属对精切，如"冷热撰，大小蓬"；"午瘦，冬肥"；"昼接，夜前"；"台计十金，府模群玉"。②

> 旧说以"红生白熟""脚色手纹""宽焦薄脆"之属，为天生对偶。触类而索之，得相传名句数端，亦有经前人纪载者，聊疏于此。③

谢伋《四六谈麈》认为取词来源应当一致：

> 四六经语对经语，史语对史语，诗语对诗语，方妥帖。④

---

① ［宋］王应麟：《玉海·辞学指南》（第2卷），见王水照编《历代文话》（第1册），复旦大学出版社2007年版，第943页。
② ［宋］杨囷道：《云庄四六余话》，见王水照编《历代文话》（第1册），复旦大学出版社2007年版，第127页。
③ ［宋］洪迈：《容斋四六丛谈》，见王水照编《历代文话》（第1册），复旦大学出版社2007年版，第58页。
④ ［宋］谢伋：《四六谈麈》，见王水照编《历代文话》（第1册），复旦大学出版社2007年版，第34页。

王应麟引楼钥语曰：

> 经句对经句，如"在武丁时，作召公考""淮汝一德，于今三年""天维显思，民亦劳止""有能奋庸，爰立作相""经营四方，饮御诸友"之类，固是天造地设。若"万人留田"对"三事就绪"，虽以史句对经句，缘有气势，所以不觉。①

属对往往和用事联系在一起。杨囷道《云庄四六余话》：

> 前人记"崔度崔公度，王韶王子韶"，以为的对。绍兴中，冯侍郎楫、罗侍御汝楫在朝，或戏为语云："侍郎侍御楫汝楫。"无能对者。时范检正同、陈检详正同俱为二府掾属，徐敦济续云："检正检详同正同。"时以为天生此对。
>
> 高崇奎《辞免内相兼修史表》曰："玉堂挥翰，誉殊乏于令狐；金匮绅文，才当延于司马。"一则词臣令狐绹，一则太史公司马迁，不惟事精，又且对切，视赵彦中词科表以"有熊"对"司马"，此又胜焉。②

以人名、官职作对偶，文意又互有联系，可谓巧妙。但过于追求巧对，也会妨害文意：

> 元厚之作王介甫再相麻，世以为工，然未免偏枯。其云："忠气贯日，虽金石而为开；谗波稽天，孰斧斨之敢阙。"上句"忠气贯日"则可以衬"虽金石而为开"，是以下句"谗波稽天"则于"斧斨"了无干涉，此四六之病也。③

---

① ［宋］王应麟：《玉海·辞学指南》（第2卷），见王水照编《历代文话》（第1册），复旦大学出版社2007年版，第947页。

② ［宋］杨囷道：《云庄四六余话》，见王水照编《历代文话》（第1册），复旦大学出版社2007年版，第88、101～102页。

③ ［宋］王铚：《四六话》，见王水照编《历代文话》（第1册），复旦大学出版社2007年版，第7页。

2. 用事

四六文最讲究用典用事，怎样才能用得贴切精致呢？这是四六话特别关注的问题。王铚《四六话》云：

> 《谢自陈移守许表》一联云："有汲黯之直，未死淮阳之郊；无黄霸之才，愿老颍川之守。"谓陈州淮阳郡，许州乃颍川郡，黄霸自颍川入为三公，而我不敢愿也。用事亲切有工类如此。①

洪迈《容斋四六丛谈》云：

> 窦叔向所用柰花事出晋史，云成帝时，三吴女子相与簪白花，望之如素柰，传言天公织女死，为之著服。已而杜皇后崩，其言遂验。绍兴五年，宁德皇后讣音从北庭来。知徽州唐辉使休宁尉陈之茂撰疏文，有语云："十年雁难，终弗返于苍梧；万国衔冤，徒尽簪于白柰。"是时正从徽庙蒙尘，其对偶精确如此。②

以上是贴切精当之例。也有用事不当之例。《容斋四六丛谈》云：

> 士人为文，或采已用语言，当深究其旨意，苟失之不考，则必诒论议。绍兴七年，赵忠简公重修《哲录》，书成，转特进，制词云："惟宣仁之诬谤未明，致哲庙之忧勤不显。"此盖用范忠宣遗表中语，两句但易两字，而甚不然。范之辞云："致保佑之忧勤不显"，专指母后以言，正得其实，今以保祐为哲庙，则了非本意矣。③

范纯仁所说的"保佑之忧勤不显"是指哲宗祖母高后，赵鼎袭用范纯仁制词语，将"保佑"改为"哲庙"，将"忧勤不显"移称哲宗，显然不

---

① ［宋］王铚：《四六话》，见王水照编《历代文话》（第 1 册），复旦大学出版社 2007 年版，第 19 页。
② ［宋］洪迈：《容斋四六丛谈》，见王水照编《历代文话》（第 1 册），复旦大学出版社 2007 年版，第 71 页。
③ ［宋］洪迈：《容斋四六丛谈》，见王水照编《历代文话》（第 1 册），复旦大学出版社 2007 年版，第 62 页。

妥当。

用典用事的高级境界是"命意措词，语不蹈袭"。《四六谈麈》载：

> 王岐公在中书最久。生日，例有礼物之赐，集中谢表，其用事多同，而语不蹈袭。唐李卫公作《文箴》，譬诸日月，虽终古常见，而光景常新。①

这是四六文发展愈加精密的体现，如洪迈四用"贞元朝士"：

> 刘禹锡《听旧宫人穆氏唱歌》一诗云："曾陪织女渡天河，记得云间第一歌。休唱贞元供奉曲，当时朝士已无多。"刘在贞元任郎官、御史，后二纪方再入朝，故有是语。汪藻（方）〔始〕采用之，其《宣州谢上表》云："新建武之官仪，不图重见；数贞元之朝士，今已无多。"汪在宣和间为馆职符宝郎，是时绍兴十三四年中，其用事可谓精切。迈尝四用之，《谢侍讲修史表》云："下建武之诏书，正尔恢张于治具；数贞元之朝士，独怜流落之孤踪。"以德寿庆典，曾任两省官者迁秩，蒙转通奉大夫，谢表云："供奉当时，敢齿贞元之朝士；颂歌大业，愿赓至德之中兴。"充永思陵桥道顿递使，转宣奉大夫，谢表云："武德文阶，愧三品维新之泽；贞元朝士，动一时既往之悲。"主上即位，明堂礼成，谢加恩云："考皇祐明堂之故，操以举行；念贞元朝士之存，今其余几。"亦各随事引用。②

洪迈四用"贞元朝士"典故，皆依具体情境恰当用之，可谓用典高手。其后单虞卿谢表也用"贞元朝士"典故，用得不恰当，受到洪迈批评（原文略）。

《四六话》对用事技巧颇多讲究，如"生事"对"熟事"：

---

① ［宋］谢伋：《四六谈麈》，见王水照编《历代文话》（第1册），复旦大学出版社2007年版，第35页。

② ［宋］洪迈：《容斋四六丛谈》，见王水照编《历代文话》（第1册），复旦大学出版社2007年版，第74页。

> 四六有伐山语，有伐材语。伐材语者，如已成之柱桷，略加绳削而已；伐山语者，则搜山开荒，自我取之。伐材，谓熟事也；伐山，谓生事也。生事必对熟事，熟事必对生事。若两联皆生事，则伤于奥涩；若两联皆熟事，则无工。盖生事必用熟事对出也。如夏英公《辞奉使表》略云："顷岁先人没于行阵，春初母氏始弃孤遗。义不戴天，难下单于之拜；哀深陟岵，忍闻禁休之音。"不拜单于，用郑众事，而《公羊》谓夷乐曰"禁休"，此生事对熟事格也。①

如此谈用典技巧，有过分技术化之嫌。又如谈"互换格"，用事以助文意，王铚举了杨汝士、苏洵、欧阳修、王安石四例，认为王文为最妙：

> 杨汝士《陪裴晋公东雒夜宴诗》曰："昔日兰亭无艳质，此时金谷有高人"，止于此而已。至永叔《和杜祁公诗》曰："元刘事业时无取，姚宋篇章世不知。二美惟公所兼有，后生何者欲攀追。"其后苏明允《代人贺永叔作枢密启》曰："在汉之贾谊，谈论俊美，止于诸侯相，而陈平之属实为三公；唐之韩愈，词气磊落，终于京兆尹，而裴度之伦实在相府。然陈平、裴度未免谓之不文，而韩愈、贾生亦尝悲于不遇。盖人之于世，美恶必自有伦；而天之于人，赋予亦莫能备。"此又何啻出蓝更青，研朱益丹也。后至荆公《贺韩魏公罢相启》略云："国无危疑，人以静一。周勃、霍光之于汉，能定策而终以致疑；姚崇、宋璟之于唐，善致理而未尝遭变。纪在旧史，号为元功，固未有独运庙堂，再安社稷，弥亮三世，敉宁四方，崛然在诸公之先，焕乎如今日之懿。若夫进退之当于义，出入之适其时，以彼相方，又为特美。"此又妙矣。②

杨汝士以兰亭与金谷对举，洪迈认为乏善可陈。欧阳修以元稹、刘禹锡长于诗文与姚崇、宋璟盛于事业对举，赞许杜衍兼得诗文与事业，可谓恰

---

① ［宋］王铚：《四六话》，见王水照编《历代文话》（第1册），复旦大学出版社2007年版，第8页。

② ［宋］王铚：《四六话》，见王水照编《历代文话》（第1册），复旦大学出版社2007年版，第10～11页。

当。苏洵以长于文章的贾谊、韩愈与显于仁宦的陈平、裴度对举，也堪称允当。王安石举周勃、霍光、姚崇、宋璟四人，以赞誉韩琦既能安邦定国，又能全身而退。洪迈认为最妙。

3. 袭语

袭用前人语句与用典类似，是四六文写作的一大要领。四六话对此讨论较多，分类较细。

有全用古语者。如范仲淹《乞还姓表》全用唐郑准为荆南节度使成纳作《乞归姓表》：

> 志在投秦，入境遂称于张禄；名非伯越，乘舟偶效于陶朱。①

王铚云：

> 议者谓文正公虽袭用古人全语，然本实范氏当家故事，非攘窃也。②

有化用前人语句者：

> 子瞻幼年见欧阳公《谢对衣金带表》而诵之，老苏曰："汝可拟作一联。"曰："匪伊垂之而带有余，非敢后也而马不进。"至为颍川，因有此赐，用为表谢云："枯赢之质，匪伊垂之而带有余；敛退之心，非敢后也而马不进。"后为兵部尚书，又作《谢对衣带表》略曰："物生有待，天地无穷。草木何知，冒庆云之渥采；鱼虾至陋，借沧海之荣光。虽若可观，终非其有。"四六至此，涵造化妙旨矣。③

有用旧意为新语者。如王安石《出师敕榜》"惟天助顺，已兆布新之

---

① ［宋］王铚：《四六话》，见王水照编《历代文话》（第1册），复旦大学出版社2007年版，第14页。
② ［宋］王铚：《四六话》，见王水照编《历代文话》（第1册），复旦大学出版社2007年版，第14页。
③ ［宋］王铚：《四六话》，见王水照编《历代文话》（第1册），复旦大学出版社2007年版，第10页。

祥"句化用王世充假隋恭帝禅位的策文"海飞群水,天出长星。除旧之徵克著,布新之祥允集"。王安石化用王世充彗星变革的典故,寓意宋朝平叛交趾的军事行动顺应天意,必能得胜。

袭语除了经史成语、前人警联,也有来自诗和词者,如《云庄四六余话》引《能改斋漫录》云:

> 王元之《黄州谢表》云:"宣室鬼神之问,敢望生还;茂陵封禅之书,已期身后。"亦出于杜诗"竟无宣室召,徒有茂陵求",前辈不以为嫌也。①

属对、用事、袭语,是四六文体最基本的写作手段,也是四六文最突出的形式标志和审美特征。宋四六话对此进行理论探讨,既是对创作规律的总结,又是对四六文体的范式确认。

二、《文则》中的文章学思想

《文则》是宋代第一部有系统的文章学理论著作。著者陈骙是南宋高宗绍兴二十四年(1154)进士,曾任中书舍人。楼钥许其"学探圣源,才周世务,立朝謇谔,素为君子之儒,处事精详"②,"器资刚毅,经术该通"③。叶适为其文集写有《观文殿学士知枢密院事陈公文集序》,称其兼擅经、史、文、政四者,为人正直耿介,最称其"对诸经多有个人体会"(原文为"公于诸经,常参合同异,不随语生说而义理自会"),又"文词古雅,不名一体。间出新意奇句"④。楼、叶二人对陈骙以儒为业、通习经书、性情孤介等特点有共同的赞许。

陈骙在学术上和理学家们基本没有师承和同友关系,可以称之为纯粹

---

① [宋]杨囷道:《云庄四六余话》,见王水照编《历代文话》(第1册),复旦大学出版社2007年版,第93页。
② [宋]楼钥:《同知枢密院事陈骙参知政事》,见《景印文渊阁四库全书(集部第1152册)·攻愧集(第35卷)》,台湾商务印书馆1986年版,第632页。
③ [宋]楼钥:《新除资政殿大学士陈骙辞免不允诏》,见《景印文渊阁四库全书(集部第1152册)·攻愧集(第42卷)》,台湾商务印书馆1986年版,第725页。
④ [宋]叶适撰,刘公纯、王孝鱼、李哲夫点校:《观文殿学士知枢密院事陈公文集序》,见《叶适集》(第1册第12卷),中华书局2010年版,第225页。

的文章家。《文则》成书于孝宗乾道六年（1170），书前有陈骙自序，他认为"彼老于文者，有进取之累，所有告于我与夫我所得，惟利于进取"，"古人之文，其则著矣，因号曰《文则》"①。可知他欲从古人的文章中寻求有益的法则。今人研究多注重《文则》对修辞法的谈论，但《文则》实际谈文章技法。陈骙以《诗经》《尚书》《礼记》《周易》《春秋》《左传》《老子》《庄子》《孟子》《荀子》等古典经籍为考察和效法对象，以天干为系，分甲、乙、丙、丁、戊、己、庚、辛、壬、癸10部62条，根据文章功能分成载事、载言、析理3种文类，对文章的结构、文势、风格等都进行了具体而微的解释，试图总结出一些对文意表达更有益处的规律以指导古文写作。

清四库馆臣以为《文则》"不使人根据训典，镕精理以立言，而徒较量于文字之增减，未免逐末而遗本"②。批评《文则》只关注文字增减、句法体式等形式问题，没有教导初学者融会《六经》义理并依之作文。但这恰是《文则》一书的倾向性，是宋人建立新文统过程中的一种尝试，从以六经为文章典范，过渡到以唐宋古文为文章典范。

陈骙论文承袭传统的文意论，文章以蓄意为工，蕴含语词简约、蕴意深隽的两层要求。他对自然和协、蓄意为工和言简理周的文风推崇涉及南宋中后期流行的减字法，文法理论和减字法实践相互呼应；他对刚健和婉曲文章的追求、对文势文法的揭橥分别在其后吕祖谦《古文关键》、楼昉《崇古文诀》和谢枋得《文章轨范》中得到更详深的表达。陈骙对文意和文法的有意探讨，体现了南宋中期追求文章技法的时尚和实用的文章学观念。

（一）结构论

陈骙注重文章的结构逻辑，即文意贯通的方式。

陈骙将载事之文的言说体式分成"先事而断以起事"（演绎法）和"后事而断以尽事"（归纳法）两种。前者是先论断，再说事例，如

---

① ［宋］陈骙：《文则·序》，见陈骙、李淦著，王利器校点《文则 文章精义》，人民文学出版社1960年版，第3页。
② ［清］永瑢等：《〈文则〉提要》，《四库全书总目》（下册），中华书局1965年版，第1787页。

"《左氏传》欲载晋灵公厚敛雕墙,必先言'晋灵公不君'"①。后者是先举事例,再论断,如"《左氏传》载晋文公教民而用,卒言之曰:'一战而霸,文之教也'"②。陈骙在《文则·丁四》还提及"数人行事"的三种体例,如"先总而后数之""先数之而后总之""先既总之而后复总之"③,其实是总分总的先后次序。

载言之文有答问体,陈骙认为要做到"所问不言问,所对不言对"④,在言意上表现出"言虽简略,意实周赡"⑤的完整,在声韵上有"读之续如贯珠,应如答响"⑥的效果。他举《左传·成公十六年》楚王共审问伯犁事与《礼记·乐记》宾牟贾与孔子言乐两处文段进行比较,认为《礼记》一则用了6个"何也"和"对曰",《左传》问句只用了1个"何也",余下承前省略,答句只用"曰",判断《左传》是言简意周的典范,并根据《左传》对《孟子·滕文公上》中孟子与陈相答问许行的文段提出了使用减字法的修改建议,以为"此文但存'曰许子',以下'许子'字皆可除"⑦,就如《左传·成公十六年》一段是"所问不言问,所对不言对"的范式。

他总结说理之文上下相接的三种方式:叙积小至大、叙由精及粗、叙自流及原。第一种如《中庸》:

能尽其性,则能尽人之性,能尽人之性,则能尽物之性,能尽物

---

① [宋]陈骙:《文则》(丁五),见陈骙、李淦著,王利器校点《文则 文章精义》,人民文学出版社1960年版,第19页。
② [宋]陈骙:《文则》(丁五),见陈骙、李淦著,王利器校点《文则 文章精义》,人民文学出版社1960年版,第19页。
③ [宋]陈骙:《文则》(丁四),见陈骙、李淦著,王利器校点《文则 文章精义》,人民文学出版社1960年版,第18~19页。
④ [宋]陈骙:《文则》(丁七),见陈骙、李淦著,王利器校点《文则 文章精义》,人民文学出版社1960年版,第20页。
⑤ [宋]陈骙:《文则》(丁七),见陈骙、李淦著,王利器校点《文则 文章精义》,人民文学出版社1960年版,第20页。
⑥ [宋]陈骙:《文则》(丁七),见陈骙、李淦著,王利器校点《文则 文章精义》,人民文学出版社1960年版,第20页。
⑦ [宋]陈骙:《文则》(丁七),见陈骙、李淦著,王利器校点《文则 文章精义》,人民文学出版社1960年版,第21页。

之性，则可以赞天地之化育，可以赞天地之化育，则可以与天地参矣。①

人性—物性—天地化育—参天地，由小到大，层层推进阐明观点。

此外，辞格如援引、对偶、倒语、交错也能结构文意，增强表达效果。

援引。陈骙提出援引《诗经》《尚书》的方法是"断行事"和"证立言"②，并各分为三体："断行事"分为单纯引文、合引多处文例、引文加释义，"证立言"分为采综群言、言终引证、断析本文。他以为最得体的援引是《左传》引用《诗经》题目，却不出现本文，如"其曰'在《扬水》卒章之四矣'，则知取'我闻有命'也"③，立足于文能蓄意的审度标准。

对偶。陈骙将对偶分为"意相属而对偶者"和"事相类而对偶者"两类④，前者如"诲尔谆谆，听我藐藐"⑤，谆谆教诲和藐藐聆听有相反之意；后者如"佑贤辅德，显忠遂良"⑥，佑辅贤德与显遂忠良有相似关系。这两种对偶"皆浑然而成，初非有意媲配。凡文之对偶者，若此则工矣"⑦，不考虑词性和结构，却因为事情和语词的内在逻辑性形成天然对偶。

倒语。陈骙以为"倒言而不失其言，言之妙也，倒文而不失其文，文之妙也"⑧，如果改变文句语法的正常顺序，但又不妨碍本意，就能调

---

① ［宋］陈骙：《文则》（丁一），见陈骙、李淦著，王利器校点《文则　文章精义》，人民文学出版社1960年版，第17页。
② ［宋］陈骙：《文则》（丙二），见陈骙、李淦著，王利器校点《文则　文章精义》，人民文学出版社1960年版，第14页。
③ ［宋］陈骙：《文则》（丙四），见陈骙、李淦著，王利器校点《文则　文章精义》，人民文学出版社1960年版，第16页。
④ 参见［宋］陈骙《文则》（甲七），见陈骙、李淦著，王利器校点《文则　文章精义》，人民文学出版社1960年版，第8页。
⑤ ［宋］陈骙：《文则》（甲七），见陈骙、李淦著，王利器校点《文则　文章精义》，人民文学出版社1960年版，第8页。
⑥ ［宋］陈骙：《文则》（甲七），见陈骙、李淦著，王利器校点《文则　文章精义》，人民文学出版社1960年版，第8页。
⑦ ［宋］陈骙：《文则》（甲七），见陈骙、李淦著，王利器校点《文则　文章精义》，人民文学出版社1960年版，第8页。
⑧ ［宋］陈骙：《文则》（乙二），见陈骙、李淦著，王利器校点《文则　文章精义》，人民文学出版社1960年版，第10页。

节语言节奏，突出和强调文意。如"《春秋》书曰：'吴子遏伐楚，门于巢，卒。'《公羊传》曰：'门于巢卒者何？入门乎巢而卒也'"①。"门于巢"是倒语，先言"门"，再言"巢"，强调突出吴王因这一行动自致死的结果和巢国的坚守御敌，"于文虽倒，而寓意深矣"②。

交错。这种文法用于析理之文，"文有交错之体，若缠纠然，主在析理，理尽后已"③。陈骙举了《尚书·大禹谟》《庄子·齐物论》《荀子·富国论》《国语·晋语六》《谷梁传·僖公十六年》的说理文段，认为这类文法应当取法《庄子》，能收到"文斯邃"的效果。如"《庄子》曰：'有始也者，有未始有始也者，有未始有夫未始有始也者'"④。"始"和"未始"的交错使用，推原了天地出现及出现之前的原始状态：始—未始有始—未始有夫未始有始，使文章呈现出深邃窈远的哲理和美感。

以上其实都是针对载事、记言、析理3种文类总结出的作文结构方法：如何描摹事情、论断问题、记述言语和抒发情意。

（二）文势论

结构作文，会产生不同的句势和文势。"势"就是气势，其形成往往依赖于文章的助辞、长短句和排比等因素。文势有逻辑文势和形式文势两种。前者借助内在义理的逻辑层次形成，如陈骙提到的"文有上下相接"⑤者，"叙积小至大"，"叙由精及粗"，"叙自流及原"⑥，就是由论述的逻辑形成的文势。后者借助同类字和句法连贯而成。

陈骙认为"文有助辞，犹礼之有傧，乐之有相也。礼无傧则不行，

---

① ［宋］陈骙：《文则》（乙二），见陈骙、李淦著，王利器校点《文则 文章精义》，人民文学出版社1960年版，第10页。
② ［宋］陈骙：《文则》（乙二），见陈骙、李淦著，王利器校点《文则 文章精义》，人民文学出版社1960年版，第10页。
③ ［宋］陈骙：《文则》（丁二），见陈骙、李淦著，王利器校点《文则 文章精义》，人民文学出版社1960年版，第17页。
④ ［宋］陈骙：《文则》（丁二），见陈骙、李淦著，王利器校点《文则 文章精义》，人民文学出版社1960年版，第17页。
⑤ ［宋］陈骙：《文则》（丁一），见陈骙、李淦著，王利器校点《文则 文章精义》，人民文学出版社1960年版，第17页。
⑥ ［宋］陈骙：《文则》（丁一），见陈骙、李淦著，王利器校点《文则 文章精义》，人民文学出版社1960年版，第17页。

乐无相则不谐，文无助则不顺"①，使用助辞能让文章变得通顺，调和韵律，加强文势。每类助辞的表现度都不同。肯定性的助辞能加强文句力度，如"《公羊传》曰：'入其大门，则无人门焉者'"②。第一个"门"为名词，第二个"门"为动词守卫之意，借助助辞"焉者"有力地区别表达出来。陈骙举例说明使用助辞的5种情况：一句三助辞、一句四助辞、一句连用相同助辞、四字成句半为助辞、每句末都用助辞。四字成句半用助辞如"《檀弓》曰：'美哉奂焉。'《论语》曰：'富哉言乎'"③。这样四字成句，有一半是助辞，形成文章的"健"势。句末恒用助辞如"《左氏传》曰：'美哉泱泱乎，大风也哉，表东海者，其太公乎，国未可量也'"④。形成文章的"缓"势，"读之殊无龃龉艰辛之态"⑤。

在韵文中，"诗人之用助辞，辞必多用韵"⑥，助辞尤能提示押韵，造就文句间的韵律呼应，形成贯珠文势。如《诗经·邶风·旄丘》："何其处也，必有与也。"⑦"处"和"与"押韵。在非韵文中，助辞之上，也有押韵的情况，如《尚书·礼运》："礼行于郊，而百神受职焉，礼行于社，而百货可极焉，礼行于祖庙，而孝慈服焉，礼行于五祀，而正法则焉。"⑧"焉"字之上的"职、极、服、则"四字协韵。

使用同一类字能形成连贯呼应的文势，拓广文意，加强表现力度，陈

---

① ［宋］陈骙：《文则》（乙一），见陈骙、李淦著，王利器校点《文则 文章精义》，人民文学出版社1960年版，第9页。
② ［宋］陈骙：《文则》（乙一），见陈骙、李淦著，王利器校点《文则 文章精义》，人民文学出版社1960年版，第10页。
③ ［宋］陈骙：《文则》（乙一），见陈骙、李淦著，王利器校点《文则 文章精义》，人民文学出版社1960年版，第10页。
④ ［宋］陈骙：《文则》（乙一），见陈骙、李淦著，王利器校点《文则 文章精义》，人民文学出版社1960年版，第10页。
⑤ ［宋］陈骙：《文则》（乙一），见陈骙、李淦著，王利器校点《文则 文章精义》，人民文学出版社1960年版，第10页。
⑥ ［宋］陈骙：《文则》（己六），见陈骙、李淦著，王利器校点《文则 文章精义》，人民文学出版社1960年版，第29页。
⑦ ［宋］陈骙：《文则》（己六），见陈骙、李淦著，王利器校点《文则 文章精义》，人民文学出版社1960年版，第29页。
⑧ ［宋］陈骙：《文则》（己六），见陈骙、李淦著，王利器校点《文则 文章精义》，人民文学出版社1960年版，第29页。

骙提出"文有数句用一类字,所以壮文势,广文意也。然皆有法"①,他以韩愈为"古文伯"②,推重韩愈能在古文中恰当运用这一文法。陈骙遍举六经和子书中用一类字的句法:

> 或法、者法、之谓法、谓之法、之法、可法、可以法、为法、必法、不以法、无法、而不法、其法、焉法、于时法、实法、曾是法、候法、有若法、未尝法、斯法、于是乎法、有法、今法、则法、然法、奚法、而法、方且法、似法、乎法、乃法、以之法、足以法、也法、得其法、以法、曰法、得之法、之以法、所以法、存乎法、莫大乎法、知所以法、矣法。③

共45种。这些字(虚词)能工整文意,建构文章节律,强调语气。

使用不同的字会使文章形成各自独特的风格,陈骙把《考工记》归纳为3种风格:雄健而雅、宛曲而峻、整齐而醇。如:

> 雄健而雅:"郑之刀,宋之斤,鲁之削,吴粤之剑,迁乎其地而弗能为良。""凡为弓,方其峻而高其柎,长其畏而薄其敝。"④

文句以同类字、相似句式、长短句错综成文段,形成文势,显扬风格。

陈骙以为长短句是自然形成,不可随意增损,"春秋主于褒贬,诗则本于美刺,立言之间,莫不有法"⑤。他举《左传·成公二年》之例说明长有三十五字句法,短有一字句,但"凫胫虽短,续之则忧,鹤胫虽长,

---

① [宋]陈骙:《文则》(庚一),见陈骙、李淦著,王利器校点《文则 文章精义》,人民文学出版社1960年版,第30页。
② [宋]陈骙:《文则》(庚一),见陈骙、李淦著,王利器校点《文则 文章精义》,人民文学出版社1960年版,第30页。
③ [宋]陈骙:《文则》(庚一),见陈骙、李淦著,王利器校点《文则 文章精义》,人民文学出版社1960年版,第30～36页。
④ [宋]陈骙:《文则》(己四),见陈骙、李淦著,王利器校点《文则 文章精义》,人民文学出版社1960年版,第28页。
⑤ [宋]陈骙:《文则》(己五),见陈骙、李淦著,王利器校点《文则 文章精义》,人民文学出版社1960年版,第29页。

断之则悲。《檀弓》文句，长短有法，不可增损，其类是哉"①。句式长短和文势应依文意而自然形成。

陈骙欣赏炼句后的刚健简洁文势，"鼓瑟不难，难于调弦，作文不难，难于炼句。《檀弓》之文，炼句益工，参之《家语》，其妙睹矣"②，他以《檀弓》和《家语》做对比，如"'南宫绦之妻之姑之丧。'《家语》曰：'南宫绦之妻，孔子之兄女，丧其姑'"③，《家语》是名词＋名词＋动宾的三段式，属于三种节奏，《檀弓》将其合成同一节奏的名词结构，更为刚健有力。陈骙还举《左氏内外传》说明炼句与否的区别："文有虽成一家，而有已经雕琢与其否者……《内传》曰：'所谓生死而肉骨也。'《外传》曰：'繄起死人而肉白骨也。'则知《内传》雕琢，而《外传》否矣。"④ 陈骙并没有评骘雕琢，但隐约有对雕琢太过导致辞简意疏的微辞。陈骙虽以无意为文为高标，但又以辞简意丰为审美追求，减字法和修辞手法的使用就成为必然，他在这有意和无意的矛盾中寻找到的平衡是文章以自然和协为上。

（三）风格论

1. 提倡自然和协

陈骙推崇无意为文：

> 夫乐奏而不和，乐不可闻，文作而不协，文不可诵，文协尚矣；是以古人之文，发于自然，其协也亦自然，后世之文，出于有意，其协也亦有意。⑤

---

① ［宋］陈骙：《文则》（己二），见陈骙、李淦著，王利器校点《文则　文章精义》，人民文学出版社1960年版，第27页。
② ［宋］陈骙：《文则》（己三），见陈骙、李淦著，王利器校点《文则　文章精义》，人民文学出版社1960年版，第27页。
③ ［宋］陈骙：《文则》（己三），见陈骙、李淦著，王利器校点《文则　文章精义》，人民文学出版社1960年版，第27页。
④ ［宋］陈骙：《文则》（丁六），见陈骙、李淦著，王利器校点《文则　文章精义》，人民文学出版社1960年版，第12页。
⑤ ［宋］陈骙：《文则》（甲三），见陈骙、李淦著，王利器校点《文则　文章精义》，人民文学出版社1960年版，第6页。

文章的和与协是自然而然形成的。他以音乐比喻文章，认为音韵和协是文意自然的外在显现，这点与朱熹的观点略似：

> 古人情意温厚宽和，道得言语自恁地好。当时叶韵，只是要便于讽咏而已。到得后来，一向于字韵上严切，却无意思。①

陈骙胪举《尚书·大禹谟》《周易·杂卦传》《礼记·礼运》是自然之协，《尚书·洪范》《诗经·大雅·荡》是倒句之协：

> 《书》曰："任贤勿贰，去邪勿疑，疑谋勿成，百志惟熙。"《易》曰："乾刚坤柔，比乐师忧，临观之义，或与或求。"……若此等语，自然协也。
> 《书》曰："无偏无党，王道荡荡，无党无偏，王道平平。"《诗》曰："不明尔德，时无背无侧，尔德不明，以无陪无卿。"二者皆倒上句，又协之一体。②

又以扬雄《法言》为反例：

> "尧舜之道皇兮，夏殷周之道将兮，而以延其光兮。"读之虽协，而典诰之气索然矣。③

虽然音韵和协，但"皇、将、光"同韵，又加以语气词"兮"字，是有意为文，近于轻荡的骚体，而且只抒发崇敬之情，没有实际内容，失去了典诰的庄重文雅。检读上文的例子，除了自然为文，陈骙隐含的倾向跟叶适"文与事称，不为虚文"④的文章实用观一致，都要求文章有实义。

---

① ［宋］黎靖德编、王星贤点校：《朱子语类》（第6册第80卷），中华书局1986年版，第2081页。
② ［宋］陈骙：《文则》（甲三），见陈骙、李淦著，王利器校点《文则 文章精义》，人民文学出版社1960年版，第6页。
③ ［宋］陈骙：《文则》（甲三），见陈骙、李淦著，王利器校点《文则 文章精义》，人民文学出版社1960年版，第6页。
④ ［宋］叶适：《习学记言序目》（第49卷），中华书局1977年版，第730页。

2. 提倡用浅语和常语

陈骙提倡用当世的浅语和常语，浅语如"《礼记》之文，始自后仓，成于戴圣，非纯格言，间有浅语"①。浅语"少施斤削"，如"羹之有菜者用挟""男女相答拜也"②都是平浅不经雕琢的语言。常语如"商盘告民，民何以晓？然在当时，用民间之通语，非若后世待训诂而后明"③，经书用来传达道理，语言浅显通俗。但时移世迁，当时的浅语今人可能会视为艰深了。陈骙批评时人滥用古语以饰艰深，如孙盛著史用"某年春帝正月"是模仿《春秋》的"王正月"④。但"王正月"是诸侯国用周室历法，与魏、晋情状不同。因此陈骙反对"搜摘古语，撰叙今事"⑤，以为"殆如昔人所谓大家婢学夫人，举止羞涩，终不似真也"⑥。作文要"言有宜"⑦，不可轻妄借鉴古语。自然平易又适宜，就是好的语言。

3. 提倡言简意赅

陈骙以文章自然和协为上，其次文贵其简，"且事以简为上，言以简为当。言以载事，文以著言，则文贵其简也"⑧，文章的语言要简约，这是取法六经的要求，但他补充强调"文简而理周，斯得其简也。读之疑有缺焉，非简也，疏也"⑨。简洁和疏漏有别，"简"不只是文辞简约，一味求简，会带来内容粗疏，如"'在邦必达，在家必达'，司马迁则曰：

---

① [宋] 陈骙：《文则》（戊一），见陈骙、李淦著，王利器校点《文则 文章精义》，人民文学出版社1960年版，第21页。

② [宋] 陈骙：《文则》（戊一），见陈骙、李淦著，王利器校点《文则 文章精义》，人民文学出版社1960年版，第21～22页。

③ [宋] 陈骙：《文则》（戊二），见陈骙、李淦著，王利器校点《文则 文章精义》，人民文学出版社1960年版，第22页。

④ [宋] 陈骙：《文则》（戊十），见陈骙、李淦著，王利器校点《文则 文章精义》，人民文学出版社1960年版，第26页。

⑤ [宋] 陈骙：《文则》（甲八），见陈骙、李淦著，王利器校点《文则 文章精义》，人民文学出版社1960年版，第8页。

⑥ [宋] 陈骙：《文则》（甲八），见陈骙、李淦著，王利器校点《文则 文章精义》，人民文学出版社1960年版，第8页。

⑦ [宋] 陈骙：《文则》（戊十），见陈骙、李淦著，王利器校点《文则 文章精义》，人民文学出版社1960年版，第25页。

⑧ [宋] 陈骙：《文则》（甲四），见陈骙、李淦著，王利器校点《文则 文章精义》，人民文学出版社1960年版，第6页。

⑨ [宋] 陈骙：《文则》（甲四），见陈骙、李淦著，王利器校点《文则 文章精义》，人民文学出版社1960年版，第6页。

'在邦及家必达。'辞虽约,而其意疏矣"①,司马迁的语言虽然简约,但意思不周密,"达"不因邦或国的变化而变化,司马迁没能如孔子一般表现出这层意蕴。只有能完整阐释内容的简约,才能称之为真正的"简"。陈骙举三个文段中刘向记泄冶的话进行比较:

《说苑·君道》:"夫上之化下,犹风靡草,东风则草靡而西,西风则草靡而东,在风所由,而草为之靡。"此用三十有二言而意方显。

《论语·颜渊》:"君子之德风,小人之德草,草上之风必偃。"此减泄冶之言半,而意亦显。

《尚书·君陈》:"尔惟风,下民惟草。"此复减《论语》九言而意愈显。吾故曰是简之难者也。②

三处文段都是用"风、草"之喻说明上位者教化人心之理,但《说苑·君道》详细描述风靡草的情状,《论语·颜渊》直接用风、草比喻君子和小人,也有情状描述,《尚书·君陈》则高度概括地点出风、草所指,用最少的字突出其意,是"简"之完美呈现。

在诸经书中,陈骙视《檀弓》为辞简意周的最高典范,"观《檀弓》之载事,言简而不疏,旨深而不晦,虽《左氏》之富艳,敢奋飞于前乎"③,举晋世子申生自辩和杜蒉劝晋平公止乐两事进行对比。《左传》详细描述情状,并采用比喻等辞格,语言丰赡华美,但《檀弓》只用"不可,君安骊姬,是我伤公之心也"和"子卯不乐,知悼子在堂,斯为其子卯也大矣"④,是简洁凝练、有高度概括力的语言。《左传》的富艳和《檀弓》的简深都是好文章的范式,但陈骙偏取《檀弓》展现出他的文意

---

① [宋]陈骙:《文则》(戊七),见陈骙、李淦著,王利器校点《文则 文章精义》,人民文学出版社1960年版,第24页。
② [宋]陈骙:《文则》(甲四),见陈骙、李淦著,王利器校点《文则 文章精义》,人民文学出版社1960年版,第6~7页。
③ [宋]陈骙:《文则》(己一),见陈骙、李淦著,王利器校点《文则 文章精义》,人民文学出版社1960年版,第26页。
④ [宋]陈骙:《文则》(己一),见陈骙、李淦著,王利器校点《文则 文章精义》,人民文学出版社1960年版,第26~27页。

审美观：最好的文章是以简朴语言有力度地表达文章意蕴。

4. 提倡蓄意为工

文简理周的审美要求指向蓄意为工，"文之作也，以载事为难；事之载也，以蓄意为工"①，陈骙举出《公羊传》"客或跛或眇，齐使人跛者迓跛者，眇者迓眇者"和《孟子》中"天下诸侯朝觐者，不之尧之子而之舜，讼狱者不之尧之子而之舜，讴歌者不讴歌尧之子而讴歌舜"②两例，认为这两者的表达过于直白，是"意随语竭，不容致思"③。好的叙事是简要能蓄意。陈骙举了3个例子：《左传·宣公十二年》记楚晋之战，晋军败后，"中军下军争舟，舟中之指可掬"。《左传·宣公十二年》记楚庄王巡抚三军将士，"三军之士皆如挟扩"。《公羊传·僖公三十三年》载秦军败于殽时，"匹马只轮无反者"。④他认为这三者很好地表达了"攀舟乱刀断指之意""军情愉悦之意""要击之意"⑤，语言能指所表现的超过语言本身，是不言之意。

反语也是蓄意而工的一种表达，陈骙举例《礼记·檀弓下》张老对晋献文子的贺辞："美哉轮焉，美哉奂焉，歌于斯，哭于斯，聚国族于斯。"⑥他认为"文虽颂之，意则讥矣"⑦，批评汉赋的过于靡丽和劝百讽一。

蓄意而曲折的文章也是陈骙所推崇的。文句的有意重复会带来曲折宛转的情思。"《诗》《书》之文，有若重复而意实曲折者。《诗》曰：'云谁之思，西方美人，彼美人兮，西方之人兮。'此思贤之意自曲折也。……《书》曰：'眇眇予末小子。'……又曰：'孺子其朋，孺子其朋其

---

① ［宋］陈骙：《文则》（甲五），见陈骙、李淦著，王利器校点《文则 文章精义》，人民文学出版社1960年版，第7页。
② ［宋］陈骙：《文则》（甲五），见陈骙、李淦著，王利器校点《文则 文章精义》，人民文学出版社1960年版，第7页。
③ ［宋］陈骙：《文则》（甲五），见陈骙、李淦著，王利器校点《文则 文章精义》，人民文学出版社1960年版，第7页。
④ 参见［宋］陈骙《文则》（甲五），见陈骙、李淦著，王利器校点《文则 文章精义》，人民文学出版社1960年版，第7页。
⑤ ［宋］陈骙：《文则》（甲五），见陈骙、李淦著，王利器校点《文则 文章精义》，人民文学出版社1960年版，第7页。
⑥ ［宋］陈骙：《文则》（戊八），见陈骙、李淦著，王利器校点《文则 文章精义》，人民文学出版社1960年版，第25页。
⑦ ［宋］陈骙：《文则》（戊八），见陈骙、李淦著，王利器校点《文则 文章精义》，人民文学出版社1960年版，第25页。

往。'告诫之意自曲折也。"① 这种体式看似重复，实际上拓深了文意。

陈骙主张复古的文章观，以六经诸子为文范，首重文意，次求自然平易风格。在讨论文意与文法之后，陈骙胪举文体范例，溯源文体，《文则·辛》举《左传》八体，命、誓、盟、祷、谏、让、书、对；《文则·壬》列箴、赞、铭文、歌词、歌谣、祝谥、颂祷；《文则·癸》列诏、命、封、策。以实用文为主，兼及歌谣等抒情文，尤其详细列举诏、命、封、策的范例，并谈到四者的文体演变：

> 唐虞三代，君臣之间，告诫答问之言，雍容温润，自然成文。降及春秋，名卿才大夫，尤重辞命，婉丽华藻，咸有古义。秦汉以来，上之诏命，皆出亲制。自后不然，凡有王言，悉责成臣下，而臣下又自有章表。是以束带立朝之士，相尚博洽，肆其笔端，徒盈篇牍，甚至于骈俪其文，俳谐其语，所谓代言，与夫奏上之体，俱失之矣。②

陈骙的文章价值体系依次是三代之文、春秋文、秦汉文。陈骙最为推崇三代和春秋文章，"春秋之时，王道虽微，文风未殄，森罗辞翰，备括规摹"③，掇集《尚书》《春秋》《左传》中的诏、命、封、策作为文章范本。三代文章自然成文，春秋文章"有古义"，秦汉诏命出于"亲制"，秦汉以后的文章失其古制，以骈俪博洽为能事，是代言体，属做作之文。他对实用文体的重视远远超出韵文，这与他任馆阁文职的仕历相符，也体现了他实用文章的观念。实用性强的文体向形式审美的骈俪发展，这是陈骙所批评的。

---

① [宋] 陈骙：《文则》（甲六），见陈骙、李淦著，王利器校点《文则 文章精义》，人民文学出版社 1960 年版，第 7～8 页。

② [宋] 陈骙：《文则》（癸），见陈骙、李淦著，王利器校点《文则 文章精义》，人民文学出版社 1960 年版，第 46 页。

③ [宋] 陈骙：《文则》（辛），见陈骙、李淦著，王利器校点《文则 文章精义》，人民文学出版社 1960 年版，第 37 页。

陈骙可能另有《古学钩玄》一书①，其序云：

> 文选诸古，句选其精，典载其实，执柯取则，一以贯之，文章大要，备于斯矣……有意于古学者，无事多求于此，而讽诵焉，玩索焉，则理洽心融，龃龉顿化，出语自然高古，自然合法，自然成章。②

书序以古为则和自然成文的文章旨趣和《文则》完全一致，如此，陈骙以《文则》为理论总纲，以《古学钩玄》为文章法的范例，两书并举以教后学。两书体现出南宋中后期对文章句法的关注。

三、古文话中的文章学思想

王水照先生编纂《历代文话》，收宋代文话20种。王先生把文话著述概括为4种类型：一是颇见系统性与原则性之理论专著，二是具有说部性质、随笔式的著作，三是辑而不述之资料汇编式著作，四是有评有点之文章选集。③ 本节专以二、三两类共10部文话为研究对象，寻绎其中的文章学思想。因为这两类都有说部性质和随笔体例，因此置于一起讨论。这10部文话是：朱熹《朱子语类》；叶适《习学记言序目·皇朝文鉴》；张镃《仕学规范·作文》，成书于淳熙三年（1176）；王正德《余师录》，成书于绍熙四年（1193）；孙奕《履斋示儿编·文说》，成书于开禧元年（1205）；楼昉《过庭录》；陈模《怀古录》，成书于理宗宝祐二年（1254）；吴子良《荆溪林下偶谈》；黄震《黄氏日抄·读文集》；周密《浩然斋雅谈·评文》（作者跨宋入元）。

比较两宋文章批评形式，北宋评论文章的话语多见于书或序中，南宋多以专书形式，或系统论之（说部文话），或撷集前人言语（资料汇编式

---

① 蔡宗阳《〈文则〉新论》认为：陈骙著有《古学钩玄》10卷4册，历5年而成，元朝高耻传校订，明朝陈继儒重校，明崇祯十年（1637）新都潘虎臣刊刻，现藏台湾。按：《四库全书存目丛书》有高耻传辑《群书钩玄》，前10卷也是列举句法和名篇摘段，与《古学钩玄》颇多相似。第12卷是陈骙《文则》。《群书钩玄》自序与《古学钩玄》序近乎雷同。则《古学钩玄》到底是陈骙著，还是高耻传辑录，尚需考辨。

② 蔡宗阳：《〈文则〉新论》，台湾文史哲出版社1993年版，第11页。

③ 参见王水照《文话：古代文学批评的重要学术资源》，载《四川大学学报》2005年第4期。

文话），前者多为专著，后者辑录前人论文话语。

以上古文话十家中，朱熹、黄震、叶适、楼昉、吴子良属于理学家，王正德、孙奕、陈模是布衣文士，周密、张镃是文官。

南宋古文话关注的文章学焦点问题有四方面：文道关系、文体流变、风格典范、文章作法。前三个问题涉及一些文章学思想，以下分别阐发之。

（一）文道关系论

宋人秉持以文传道的文章价值观，他们经常讨论的话题主要有三方面：圣贤与文章、作文与传道、养气与为文。

宋人强调文章是圣贤用来传达义理的，并非为作文而作文。圣人本无意为文，只是为了传道才作文。如张镃《仕学规范》引王禹偁《答张扶书》云：

夫文传道而明心也，古圣人不得已而为之也。①

又引周恭叔《谢范内翰书》：

昔之君子，无意于为文，盖尝养其文之所自出者，不使好恶忧患忿懥恐惧一动于中，故其心正则气全。愚谓六经之文，圣贤之事业，皆由此其选也。②

北宋人重视治学、养气、修道先于作文，他们说"无意为文"并非不想写文章，而是先修养圣贤之道，内蕴丰厚自然发表为文章。南宋人继续体会并表述这种文道观念，如汪藻作《鲍钦止小集序》云：

古之作者无意于文也，理至而文则随之，如印印泥，如风行水

---

① ［宋］张镃：《仕学规范·作文》，见王水照编《历代文话》（第1册），复旦大学出版社2007年版，第305页。
② ［宋］张镃：《仕学规范·作文》，见王水照编《历代文话》（第1册），复旦大学出版社2007年版，第318页。

上，纵横错综，粲然而成者，夫岂待绳削而后合哉！六经之书，皆是物也。逮左氏传《春秋》，屈原作《离骚》，始以文章自为一家，而稍与经分。汉公孙弘、董仲舒、萧望之、匡衡，以经术显者也；司马迁、相如、枚乘、王褒，以文章著者也，当是时，已不能合而为一，况凌夷至于后世，流别而为六七，靡靡然入于流连光景之文哉？其去经也远矣。本朝自熙宁、元丰，士以谈经相高，而黜雕虫篆刻之习，庶几其复古矣。学者用意太过，文章之气日衰。钦止少从王氏学，又尝见眉山苏公，故其文汪洋闳肆，粹然一本于经，而笔力豪放，自见于驰骋之间，深入墨客骚人之域，于二者可谓兼之。①

"理至文随"是对文道关系的简明表述。他认为汉代经学与文章"不能合而为一"，其后之文"靡靡然入于流连光景"，至北宋王安石、苏轼之文章又达到文章"一本于经"的境界，文道兼得。《余师录》卷4载吕原明《杂记》云：

> 文者，载道之器，安得谓之小技？顾所用何如耳。②

又载韩子苍《上宰相书》云：

> 夫文者，何为也？圣人所以探深索隐而化天下者也。……凡先王所以化天下之具，至是而为一小技尔。岂不深可惜哉！……方今去孔子已千岁，而去夏商则又远矣，如欲恢复古道，必将自其言始。使立言者其体稍近六经，则于道或得其一二。下焉，不为汉晋之文；上焉，有以助吾君、吾相化天下之道，甚非小补也。③

文章是圣人传道以教化天下的工具，是圣贤之道的载体。中唐韩愈领导的

---

① [宋] 王正德：《余师录》，见王水照编《历代文话》（第1册），复旦大学出版社2007年版，第384页。
② [宋] 王正德：《余师录》，见王水照编《历代文话》（第1册），复旦大学出版社2007年版，第398页。
③ [宋] 王正德：《余师录》，见王水照编《历代文话》（第1册），复旦大学出版社2007年版，第419~420页。

古文运动、北宋欧阳修领导的古文复兴,都是借古文复古道,首先是新儒学思想运动。以文载道,以道观文,六经便成为文章典范。文与道的关系若不明先后、不辨内外,就会出现文与道的对立,《余师录》卷 4 载苏轼《凫绎先生诗集叙》云:

> 昔吾先君适京师,与卿士大夫游,归以语轼曰:"自今以往,文章其日工而道将散矣。士慕远而忽近,贵华而贱实,吾已见其兆矣。"①

苏洵所言"文章其日工而道将散",即华辞和道有悖反,过于追求形式,则道不存。

文与道的关系是儒学始终关注的一个重要问题。刘勰《文心雕龙·原道》提出"道沿圣以垂文,圣因文而明道"之说,韩愈提出"文以贯道"论,北宋程颐说"作文害道",周敦颐说"文以载道"。朱熹严厉批评韩愈"文以贯道"之说,赞同"文以载道",他说:"这文皆是从道中流出,岂有文反能贯道之理?……若以文贯道,却是把本为末,以末为本。""道者,文之根本;文者,道之枝叶。唯其根本乎道,所以发之于文,皆道也。"② 朱熹鄙视不本于道的文章,认为那只是文词,"至于文词,一小伎耳。以言乎迩,则不足以治己;以言乎远,则无以及人。是亦何所与于人心之存亡、世道之隆替"③。他认为有道自然有好文,"大意主乎学问以明理,则自然发为好文章"④。叶适提出"为文不能关教事,虽工无益也"⑤。

文章家有时将文与道的关系表达为文与气的关系。《余师录》卷 1 引

---

① [宋] 王正德:《余师录》,见王水照编《历代文话》(第 1 册),复旦大学出版社 2007 年版,第 410 页。
② [宋] 黎靖德编、王星贤点校:《朱子语类》(第 8 册第 139 卷),中华书局 1986 年版,第 3305、3319 页。
③ [宋] 朱熹撰,郭齐、尹波点校:《答汪叔耕》,见《朱熹集》(第 5 册第 59 卷),四川教育出版社 1996 年版,第 3015 页。
④ [宋] 黎靖德编、王星贤点校:《朱子语类》(第 8 册第 139 卷),中华书局 1986 年版,第 3307 页。
⑤ [宋] 叶适撰,刘公纯、王孝鱼、李哲夫点校:《赠薛子长》,见《叶适集》(第 2 册第 29 卷),中华书局 2010 年版,第 607 页。

晁补之语云：

> 文者，气之形。太史公周览四海名山大川，与燕赵间豪杰游，故其文章疏荡，颇有奇气，然未尝役意学为如此之文也。气充乎其中，而动乎其言也。①

文气说直接源自曹丕"文以气为主"②之论，但其前早有孟子"养气"之论。文章家倡导先养气后作文。《余师录》引李方叔论文章之不可无者四：

> 一曰体，二曰志，三曰气，四曰韵。……则士欲以文章显名后世者，不可不谨其所言之文，不可不谨乎所养之德也如此。③

《余师录》卷3引李朴阐释文、气、六经关系之论：

> 文章者，天地之奇气，造物者常啬于与人，故愚者终身而不得，智者得其幽微之思，勇者得其果敢之气，辨者得其玲珑之声，巧者得其藻绘之容。是数者虽能得而不能尽，然犹足以取高于斯世。盖必有兼是数者之才，而后得其纯全中正之气……随时抑扬，为歌颂讥刺之音，以舒发其欢愉、愁叹、堙郁之志，而终始出入于仁义，为禹稷之《谟》、伊周之《训》、箕子之《畴》、伏羲之《易》、孔子之《春秋》，而天地之蕴始尽矣。④

他认为文气既得于天赐，又得于学问和道德修养，学问以六经为主，道德

---

① ［宋］王正德：《余师录》，见王水照编《历代文话》（第1册），复旦大学出版社2007年版，第347页。
② ［魏］曹丕撰、魏宏灿校注：《典论·论文》，见《曹丕集校注》，安徽大学出版社2009版，第313页。
③ ［宋］王正德：《余师录》，见王水照编《历代文话》（第1册），复旦大学出版社2007年版，第401～402页。
④ ［宋］王正德：《余师录》，见王水照编《历代文话》（第1册），复旦大学出版社2007年版，第379页。

以仁义为本。韩愈、柳宗元的文章文气最好,"淳粹温润,骎骎乎为六经之苗裔",是唐文最高典范。

(二)文体流变论

南宋文话颇注重文章统绪,多有总结文章源流正变的内容,尤其是唐、宋两朝的古文衍变过程。《余师录》引范仲淹《尹师鲁集叙》云:

> 予观《尧典》、舜歌而下,文章之作醇醨迭变,代无穷乎。惟折末扬本,去郑复雅,左右圣人之道者难之。近则唐贞元、元和之间,韩退之主盟于文,而古道最盛。懿、僖以降,寖及五代,其体薄弱。皇朝柳仲涂起而麾之,髦俊率从焉。仲涂门人能师经探道、有文于天下者,多矣。洎杨大年以应用之才独步当世,学者刻辞镂意,有希仿佛,未暇及古也。其间甚者,专事藻饰,破碎《大雅》,反谓古道不适于用,废而弗学者。久之,洛阳尹师鲁少有高识,不逐时辈,从穆伯长游,力为古文,而师鲁深于《春秋》,故其文谨严,辞约而理精,章奏、疏议,大见风采。士林方耸慕焉,遽得欧阳永叔从而大振之,由是天下之文一变,其深有功于道欤?①

古文复兴起自韩愈,中断于文气衰弱的晚唐五代,及宋柳开再举古文、尹师鲁以实践行之,至欧阳修而古文大振。其后尹师鲁"辞约理精"的文风得到倡导。张舜民云:

> 本朝自明道、景祐间始以文学相高,故子瞻、师鲁兄弟、欧阳永叔、梅圣俞为文,皆宗主《六经》,发为文采,脱去晚唐五代气格,直造退之、子厚之阃奥。故能浑灏包含,莫测涯涘。见者皆晃耀耳目,天下学者争相矜尚,谓之古文,皆以不识其人、不习其文为深耻,乃不知君子之言本来如此也。②

---

① [宋]王正德:《余师录》,见王水照编《历代文话》(第1册),复旦大学出版社2007年版,第360~361页。
② [宋]王正德:《余师录》,见王水照编《历代文话》(第1册),复旦大学出版社2007年版,第367页。

这里指出北宋中期的古文复兴力矫晚唐五代卑弱风气，尹师鲁、欧阳修、苏轼等人近承韩、柳，远宗六经，古文于是复兴。汪藻指出：

> 宋兴百余年，文章之变屡矣。杨文公倡之于前，欧阳文忠公继之于后，至元丰、元祐间，斯文几于古而无遗恨矣。盖吾宋极盛之时也。①

朱熹从拙与巧的角度将北宋文风分为四个阶段：

> 国初文章，皆严重老成。尝观嘉祐以前诰词等，言语有甚拙者，而其人才皆是当世有名之士。盖其文虽拙，而其辞谨重，有欲工而不能之意，所以风俗浑厚。至欧公文字，好底便十分好，然犹有甚拙底，未散得他和气。到东坡文字便已驰骋，惑巧了。及宣政间，则穷极华丽，都散了和气。②

在朱熹的概括中，文章从谨重浑厚到穷极华丽，苏轼是文风转变的关键。朱熹推重宗经原道的文章，欣赏曾巩文章的平正峻洁，其次是欧阳修的平和纡徐，却对最受南宋人推崇的苏文颇有微词。

宋人论古文，有依时代分等级者，如《余师录》引陈师道语：

> 余以古文为三等：周为上，七国次之，汉为下。周之文雅；七国之文壮伟，其失骋；汉之文华赡，其失缓；东汉而下，无取焉。③

陈氏此论未见公允。《余师录》又引柳宗元《西汉文类序》云：

> 商周之前，文简而野；魏晋以降，则荡而靡；得其中者，汉氏；

---

① ［宋］王正德：《余师录》，见王水照编《历代文话》（第1册），复旦大学出版社2007年版，第384页。
② ［宋］黎靖德编、王星贤点校：《朱子语类》（第8册第139卷），中华书局1986年版，第3307页。
③ ［宋］王正德：《余师录》，见王水照编《历代文话》（第1册），复旦大学出版社2007年版，第338页。

汉氏之东，则衰矣。①

朱熹也认为文章自东汉以下变得绮靡了，他曾引林光朝的说法：

> 班固扬雄以下，皆是做文字。已前如司马迁司马相如等，只是恁地说出……汉末以后，只做属对文字，直至后来，只管弱。②

这又涉及自然为文（只是恁地说出）和有意为文（做文字）的问题。

叶适也从历时角度谈文章风气之变，观点与朱熹基本相同，可知两宋文章家的文章史观有普遍一致之处。他们心目中形成了比较一致的古文发展史观，推崇者依次为三代文、秦汉文、唐韩愈柳宗元文、北宋欧苏文，贬抑者为魏晋六朝文、晚唐五代文。

（三）风格典范论

宋代文章家选择文章典范时最重道与法，而道与法皆以六经为根本。如苏洵《上欧阳公书》称颂欧阳修的文章"愈于天下之人"，他以孟子、韩愈与欧阳修比较，认为三者各自成家，皆为典范：

> 孟子之文语约而意深，不为巉刻斩绝之言，而其锋不可犯。韩子之文如长江大河，浑浩流转，鱼鼋蛟龙万怪惶惑，而抑绝蔽掩，不使自露，而人望见其渊然之光、苍然之色，亦自畏避，不敢迫视。执事之文纡余委备，往复万折，而条达疏畅，无所间断，气尽语极，急言竭论而容与闲易，无艰难辛苦之态；此三者皆断然自为一家之文也。③

孟子、韩子、欧阳子是北宋文章家推尊的文章典范，南宋人继续尊崇

---

① ［宋］王正德：《余师录》，见王水照编《历代文话》（第1册），复旦大学出版社2007年版，第351页。
② ［宋］黎靖德编、王星贤点校：《朱子语类》（第8册第139卷），中华书局1986年版，第3297～3298页。
③ ［宋］张镃：《仕学规范·作文》，见王水照编《历代文话》（第1册），复旦大学出版社2007年版，第309页。

之，苏轼自然也是典范之一。黄震说："求义理者，必于伊、洛；言文章者，必于欧、苏。"① 如陈模《怀古录》详论欧文特色：

> 于平淡中有顿挫处，有雄健处，又时乎有宽大气象，开一步说处，又时乎有句句转处。盖其晚年所见愈高，不作文而自不能不文，不用字照当，而其血脉有自然之照当。曾南丰得欧文之反复处，却无那雄健顿挫；陈同父得欧文之宽大处，却无欧文之拙而好处。然欧文亦自霜降水涸，自然收敛到平淡，所以于其有许多好处。若才用功而便要学其中平淡，则先失之易矣。②

南宋时期，欧阳修和苏轼的文章是最受学习者喜爱的典范。但朱熹却对欧、苏之文略有微辞，认为他们"大概皆以文人自立。平时读书，只把做考究古今治乱兴衰底事，要做文章，都不曾向身上做工夫，平日只是以吟诗饮酒戏谑度日"③。"苏氏之学上谈性命，下述政理，……其坏人材，败风俗。"④ 这都是从理学的视角，以道为本以文为末的观念。他认为欧文浅，晚年人老文气更衰。

在行文语言上，宋人认为《春秋》"辞约而理精、简而有法"，是古文之典范。范仲淹《尹师鲁河南集序》称赞"师鲁深于《春秋》，故其文谨严，辞约而理精"⑤。欧阳修《尹师鲁墓志铭》称赞"师鲁为文章，简而有法，博学强记，通知今古，长于《春秋》"⑥。南宋人承续这种文法观，张镃引北宋徐积语云：

---

① [宋]黄震：《黄氏日抄·读文集三》，见王水照编《历代文话》（第1册），复旦大学出版社2007年版，第703页。
② [宋]陈模：《怀古录》，见王水照编《历代文话》（第1册），复旦大学出版社2007年版，第518页。
③ [宋]黎靖德编、王星贤点校：《朱子语类》（第8册第130卷），中华书局1986年版，第3113页。
④ [宋]朱熹撰，郭齐、尹波点校：《答吕伯恭》，见《朱熹集》（第3册第33卷），四川教育出版社1996年版，第1413页。
⑤ [宋]范仲淹撰，李勇先、王蓉贵校点：《尹师鲁河南集序》，见《范仲淹全集》（第8卷），四川大学出版社2002年版，第183页。
⑥ [宋]欧阳修：《尹师鲁墓志铭》，见《欧阳修全集》（据世界书局1936年版影印），中国书店1986年版，第199页。

> 为文必学《春秋》，然后言语有法。近世学者多以《春秋》为深隐不可学，盖不知者也。且圣人之言曷尝务奇险，求后世之不晓。赵啖曰："《春秋》明白如日月，简易如天地。"此最为至论。①

然而《春秋》文笔过于简略，不利于充分表达，因而宋代文章家进一步学习《左传》和《战国策》。《左传》行文雍容不迫，以叙述丰赡著称。《战国策》更是纵横恣肆，气势充沛。苏家父子为文即深受《战国策》影响。苏轼曾从言尽意远的意义上推许《左传》：

> 意尽而言止者，天下之至言也。然而言止而意不尽，尤为极至，如《礼记》《左氏》可见。②

黄庭坚《答王观复书》云：

> 好作奇语，自是文章一病，要当以理为主，理得而辞顺，文章自然出群。……往年尝问东坡先生作文章之法，东坡云："但熟读《礼记·檀弓》，当得之。"③

北宋文章家注重学习《春秋》《左传》《战国策》《檀弓》等上古经典，从中领悟言简意丰、理得辞顺的作文之法。南宋文章家接受前辈的文章观，如吕居仁云：

> 《檀弓》与左氏纪太子申生事，详略不同。读左氏，然后知《檀弓》之高远也。④

---

① ［宋］张镃：《仕学规范·作文》，见王水照编《历代文话》（第1册），复旦大学出版社2007年版，第308页。
② ［宋］张镃：《仕学规范·作文》，见王水照编《历代文话》（第1册），复旦大学出版社2007年版，第325页。
③ ［宋］王正德：《余师录》，见王水照编《历代文话》（第1册），复旦大学出版社2007年版，第358页。
④ ［宋］王正德：《余师录》，见王水照编《历代文话》（第1册），复旦大学出版社2007年版，第388页。

徐师川云：

> 文气不分明指切，从容委曲，而意以独至，惟《左传》为然。如当时诸国往来之辞，与当时君臣相告相让之语，盖可见矣。亦是当时圣人余泽未远，涵养自别，故辞气不迫如此，非后世人专学言语者也。①

苏轼文章在南宋一直是典范。文章家关注其早年文字宏肆，晚年文字老健，"其海外论尽如断公案相似，文字所以雄健"②。论者还注意到苏文风格与《战国策》《庄子》有相似之处：

> 不特是善捭阖，说利益似之，至如起头便惊人处亦似之。③
> 老坡作文，工于命意，必超然独立于众人之上……此皆非世人所能到者，平日得意处，多如此，其源盖出于《庄子》。④

对于文章风格，南宋人多以简古为高。吕居仁云：

> 韩退之《答李翊书》，老苏《上欧公书》，最见学文养气妙处。西汉自王褒以下，文字专事词藻，不复简古，而谷永等书，杂引经传，无复己见，而古学远矣，此学者所宜深戒。⑤

又有以平淡为高者。张镃引苏轼语云：

---

① ［宋］王正德：《余师录》，见王水照编《历代文话》（第1册），复旦大学出版社2007年版，第387页。
② ［宋］陈模：《怀古录》，见王水照编《历代文话》（第1册），复旦大学出版社2007年版，第519页。
③ ［宋］陈模：《怀古录》，见王水照编《历代文话》（第1册），复旦大学出版社2007年版，第515页。
④ ［宋］张镃：《仕学规范·作文》，见王水照编《历代文话》（第1册），复旦大学出版社2007年版，第319页。
⑤ ［宋］王正德：《余师录》，见王水照编《历代文话》（第1册），复旦大学出版社2007年版，第388页。

> 凡文字少小时须令气象峥嵘，采色绚烂，渐老渐熟，乃造平淡。其实不是平淡，乃绚烂之极也。汝只见爹伯而今平淡，一向只学此样，何不取旧日应举时文字，看高下抑扬，如龙蛇捉不住。①

平淡是宋代文化、文学特别推崇的审美境界。黄庭坚"平淡而山高水深"(《答王观复书》)之论，是北宋文学的一个共识。张镃引黄庭坚语云：

> 学工夫已多，读书贯穿，自当造平淡……古文要气质浑厚，勿太雕琢。②

南宋人对文章风格的追求最后集中表现为以六经为本，以简古平淡为高。

---

① [宋]张镃：《仕学规范·作文》，见王水照编《历代文话》(第1册)，复旦大学出版社2007年版，第309页。
② [宋]张镃：《仕学规范·作文》，见王水照编《历代文话》(第1册)，复旦大学出版社2007年版，第311页。

第三章　南宋古文选本中的文章学思想①

宋人以"古文"与"时文"对称，前者指先秦汉唐以来的散体文，后者又称"程文"，指程式化的科举考试文体，包括诗赋、策论、经义。南宋一些文章家筌选前代或当代的"古文"名篇，编辑选本，蔚成风气。许多选本影响深远，成为经典，比如吕祖谦《古文关键》、楼昉《崇古文诀》、真德秀《文章正宗》、汤汉《妙绝古今》、王霆震《古文集成》、谢枋得《文章轨范》等。这些古文选本从选文到评点②，都秉持与"时文"不同的文章理念，选编历代散体文章中的名篇，以唐宋文为主。唐代主要选韩、柳文，宋代以欧、苏、曾、王之文和理学家文章为主。选本多有批语，便于指导后学。这些选本和批语直接酝酿了"唐宋八大家"的文学史概念，确认了一批经典作家和作品，表述了南宋文章家对文章之立意、结构、文势、"曲折变态"之法、"活法圆转"的理解和提倡。

本章通过考察上述 6 部选本，探讨南宋文章家的筌选标准、文章理论、文法观念。

一、篇目选编与经典形成

6 种选本选文和编辑体例有所不同。《古文关键》选录唐宋文章，以作家先后为次序，标举文章命意和结构，提示作文门径。陈振孙谓其"标抹注释，以教初学"③。此书先成，对后出诸选本影响颇大。《崇古文诀》选历代文章，以朝代为次序，探讨古文写作之关键，文章结构之曲

---

① 博士研究生罗婵媛参与本章研究和撰写。
② 选文批语，《古文关键》采用《丛书集成初编》本，《崇古文诀》参用明嘉靖十二年（1533）王鸿渐重刊本、《古文集成》本和《文渊阁四库全书》本，《妙绝古今》参用《文渊阁四库全书》本和《中华再造善本》影印之国家图书馆元刻本，《文章正宗》《古文集成》《文章轨范》用《文渊阁四库全书》本。
③ [宋]陈振孙撰，徐小蛮、顾美华点校：《直斋书录解题》（第 15 卷），上海古籍出版社1987 年版，第 451 页。

折。以上二书都有意树立古文典范，以古文济时文，指导初学。《文章正宗》主选"明义理切世用"之文，"欲学者识其源流之正"①，有追溯文体正变之意。《妙绝古今》选历代文章，以朝代为次序，意存"千载之英华"②。此二书大量选入先秦和汉代文章，隐约寄托着兴复古君子之道与古圣王之道的淑世情怀。《古文集成》分体编辑，采录诸儒评点，其中最多是吕祖谦、楼昉、敬斋的批注。此书表现出明显的理学倾向，对南宋理学家尤其推崇。《文章轨范》按作文进阶程度编选，以古文法资评时文，"标揭其篇章句字之法"③。此书选录韩、欧、苏、柳等唐宋名家之文，意欲导初学者入于古道，有"兴起斯文之意"④。

这些选本之选文、编次、批注、点评，都蕴含着当时文章家丰富微妙的文章学理念，并且酝酿着唐宋文章经典意识。

(一)"文统"意识和"唐宋八大家"概念的酝酿

六选本皆偏重唐、宋文章，尤重宋文。《古文关键》只选唐、宋文章，共8人62篇，唐2人21篇，宋6人41篇。⑤《崇古文诀》共选历代48人193篇，其中宋31人132篇。⑥《古文集成》126人514篇，其中宋85人419篇。⑦《妙绝古今》21家79篇，其中宋6人25篇。⑧《文章轨

---

① [宋]刘克庄撰、辛更儒笺校:《西山真文忠公行状》,见《刘克庄集笺校》(第14册168卷),中华书局2011年版,第6515页。

② [宋]汤汉:《妙绝古今序》,见《景印文渊阁四库全书》(集部第1356册),台湾商务印书馆1986年版,第784页。

③ [明]王守仁:《文章轨范原序》,见《景印文渊阁四库全书》(集部第1359册),台湾商务印书馆1986年版,第543页。

④ [宋]谢枋得撰、熊飞等校注:《与杨石溪书》,见《谢叠山全集校注》(第1卷),华东师范大学出版社1995年版,第22页。

⑤ 据《金华丛书》本,同治十年(1871)据昆山徐树屏刊本重刻,《丛书集成初编》依此本排印。

⑥ 据《中华再造善本》影印之国家图书馆35卷元刻本,北京图书馆出版社2005年版。又《古文集成》从《崇古文诀》辑有唐庚《阆州新政县颜鲁公祠记》,但此篇不见于35卷本《崇古文诀》,因此选文数暂依35卷本定为193篇。

⑦ 据《中华再造善本》影印之国家图书馆宋刻本,北京图书馆出版社2005年版。按《四库提要》谓此书选文522篇,但核四库本仅488篇。四库本和宋刻本篇目略有出入,宋刻本缺卷53、54"箴"类,据四库本补齐两卷"箴"后,选文数统计为514篇。

⑧ 据《中华再造善本》影印之国家图书馆元刻本,北京图书馆出版社2005年版。

范》15人69篇，其中宋9人28篇。①《文章正宗》选历代92家983篇，其中宋21人290篇。② 六选本中，楼昉和王霆震尤其注意扩大本朝作家入选人数，许多人只选一二篇，选入的宋代作家人数自然增加了许多。

6种选本虽然都选宋文最多，但又同时表现出从前代文章中追溯源流正统之意。六选本对先秦至唐代文章的选择趋同，如先秦取乐毅，晋取陶渊明，三国无一例外是选诸葛亮，唐必有韩、柳。这体现南宋文章家对前代文章传统的理解有较多一致性，这种一致蕴含着唐宋以来长期形成的"文统"观念。

在这种观念之下，"唐宋文章八大家"的概念显示出清晰的端倪。这从作家入选文章的数量可以证明。

在入选10篇以上的18位作家中，唐、宋人占15席，依数量排序如下：韩愈107篇、欧阳修103篇、苏轼88篇、柳宗元59篇、曾巩62篇、王安石55篇、朱熹46篇、杨万里33篇、张耒28篇、苏辙25篇、张栻24篇、苏洵19篇……韩、欧、苏轼、苏洵、柳、曾六家同时出现在6部选本中，王进入5种选本，苏辙进入4种选本。从个人进入选本的频率和文章入选的数量看，以上八家远远超过其他作家。八家的排序也耐人寻味：韩、欧、苏、柳、曾、王居前六。其中曾巩入选文章62篇，数量不算少，但有48篇是《文章正宗》一家独选的，说明其他选家对曾巩的认可程度较低。苏辙排名第十，苏洵排名第十二。明代以后文学史家对"唐宋八大家"的定位基本与此一致。

当然，不同选家的偏爱有所不同。比如《古文关键》偏爱苏轼和韩愈，分别选入其文16篇和13篇。《文章正宗》独选曾巩文章48篇。《崇古文诀》偏重韩愈和欧阳修，分别选入25篇和18篇。《文章轨范》先韩后苏，选韩愈32篇，苏轼12篇。《古文集成》偏重理学家文，尤重朱熹和杨万里，分别选入44篇、33篇。从时代选择的角度看，真德秀《文章正宗》偏重秦、汉文，选《左传》153篇，《两汉诏册》152篇。汤汉《妙绝古今》重视《史记》和《左传》，分别选入11篇、8篇。这种从秦汉史传文章中寻求文章典范的意识，遥启明七子"文必秦汉"的复古

---

① 据《景印文渊阁四库全书》（集部第1355册），台湾商务印书馆1986年版。
② 正集据《景印文渊阁四库全书》（第1355册），台湾商务印书馆1986年版；续集据四川大学古籍所编《宋集珍本丛刊》（第106册），线装书局2004年版。

文论。

(二) 经典篇目之形成

6种选本对典范作家和典范篇章的确认并不完全重合。正因如此,综合各本的入选频率和数量排序,恰恰可以帮助我们了解经典形成的过程。

有些作家未必是文章大家,但其某篇文章入选频次可能很高。如范仲淹《岳阳楼记》,胡铨《上高宗封事》,李觏《袁州学记》,李格非《书洛阳名园记后》等。这种现象正如张若虚《春江花月夜》之"孤篇横绝"① 一样,说明文章本身自有其独特的经典价值。谢枋得批《袁州学记》云:

> 本朝大儒作学记多矣,三百年来人独喜诵《袁州学记》,非曰笔端有气力有光焰,超然不群,其立论高远宏大,不离乎人心天理,宜乎读者乐而忘倦也。②

6种选本对"唐宋八家"的选择具有比较集中的文体选择和经典确认意味。从文体选择的角度看,入选频数在两次以上的共有153篇,其中入选频数最多的文体是论28篇、记28篇、序23篇、书22篇。可知这4种文体是南宋人最关注的。从作家与文体的关系看,韩愈入选文体种类最多,有论、解、原、辨、说、问、书、序、碑、传;其次是柳宗元,有论、辩、议、问、记、序、书、传、状。这意味着南宋选家对唐代韩、柳二家文体范式的特别关注。

经典篇目的选择与入选频数直接相关,没有一篇文章能同时入选6部选本,最高的入选频数是5。以下是入选频数为5和4的九家24篇文:

(1) 韩愈:《获麟解》5次、《与孟简尚书书》5次、《争臣论》5次、《原道》5次、《送文畅序》5次、《原毁》4次、《讳辨》4次、《送孟东野序》4次。

---

① [清] 王闿运:《王志》(第2卷),见马积高主编《湘绮楼诗文集》(第2册),岳麓书社2008年版,第37页。
② [宋] 谢枋得:《文章轨范》(第6卷),见《景印文渊阁四库全书》(集部第1359册),台湾商务印书馆1986年版,第605页。

（2）柳宗元：《与韩愈论史官书》5 次、《封建论》4 次、《桐叶封弟辩》4 次、《晋文公问守原议》4 次、《送薛存义序》4 次、《梓人传》4 次。

（3）欧阳修：《上范司谏书》4 次、《送徐无党南归序》4 次。

（4）苏轼：《潮州韩文公庙碑》4 次、《六一居士集序》4 次。

（5）曾巩：《战国策目录序》4 次。

（6）范仲淹：《严先生祠堂记》5 次。

（7）诸葛亮：《出师表》5 次、《后出师表》4 次。

（8）李觏：《袁州学记》4 次。

（9）刘歆：《上太常博士书》4 次。

入选频次表明选家的经典认可程度。同时被选入 5 种选本的有 8 篇文章：《获麟解》《与孟简尚书书》《争臣论》《原道》《送文畅序》《与韩愈论史官书》《严先生祠堂记》《出师表》。这 8 篇中竟有韩愈 5 篇，可见南宋人最喜欢以韩愈古文为典范。

（三）文章家对风格的经典化表述

六选本对文章风格的选择都倾向于理正辞工文法讲究者，但他们对风格有独特的表述方式，其批评术语不同，意蕴偏重自然有所不同。

吕祖谦评文崇尚"健而有力"。检《丛书集成初编》本，《古文关键》的批语出现 13 个"健"，16 个"壮"，81 个"有力"。"健"有"语健、句健、雄健、劲健、老健"，多与"壮、有力"联合使用。具体表现为说理透彻和言语峻洁，多见于承接和结尾处的警策关键句。如韩愈《原道》先论佛、老之学弃国绝民，继以圣王对比曰：

呜呼！其亦幸而出于三代之后，不见黜于禹、汤、文、武、周公、孔子也。其亦不幸而不出于三代之前，不见正于禹、汤、文、武、周公、孔子也。

吕批：陡而有力，意外意，关键。①

---

① ［宋］吕祖谦：《古文关键》（第 1 卷），见王云五主编《丛书集成初编》（第 1821 册），中华书局 1985 年版，第 12 页。

吕氏主张"且读秦汉、韩、柳、欧、曾文字……以养根本"①。"根本"指儒学。这与朱熹一致。朱熹说"人要会作文章,须取一本西汉文,与韩文、欧阳文、南丰文","若会将汉书及韩柳文熟读,不到不会做文章。"②"前辈文字有气骨,故其文壮浪。"③

楼昉《崇古文诀》评文偏重"宛而有法"。他的批语用了36个"曲"、12个"宛转"、9个"变态"、3个"婉"。比起他的老师吕祖谦欣赏健而有力,楼昉更喜欢文章写得细腻周密、宛转曲折。如他评李格非《书洛阳名园记后》:"文字不过二百字,而其中该括无限盛衰治乱之变,意有含蓄,事存鉴戒,读之令人感叹。"④ 评柳宗元《愚溪诗序》:"只一个愚字,旁引曲取、横说竖说更无穷已,宛转纡徐,含意深远,自不愚而入于愚,自愚而终于不愚,屡变而不可诘,此文字妙处。"⑤ 评苏轼《倡勇敢》:"回斡精神,变态百出,首尾相救,曲尽人情物理。"⑥

宛而有法一是指叙述有法,即文章叙说周密,能曲尽人情物态和事理,人情表达极致,物态描摹形象,事理议论圆熟。二是指笔法宛曲简严,如评王安石《潭州新学诗并序》:"百来字中有多少回旋委折,真所谓以一当百者。"⑦ 楼昉尤其对宛曲摇曳之文大加赞赏,如评苏轼《上神宗皇帝书》:"有忧深思远之意,有柔行巽入之态,当深切著明则深切著明,当委曲含蓄则委曲含蓄,真得告君之体,廷对当仿此。"⑧ 楼昉还重

---

① [宋]吕祖谦:《东莱吕太史别集》(第10卷),见黄灵庚、吴战垒主编《吕祖谦全集》(第1册),浙江古籍出版社2008年版,第502页。
② [宋]黎靖德编、王星贤点校:《朱子语类》(第8册第139卷),中华书局1986年版,第3321页。
③ [宋]黎靖德编、王星贤点校:《朱子语类》(第8册第139卷),中华书局1986年版,第3318页。
④ [宋]楼昉:《崇古文诀》(第23卷),见《景印文渊阁四库全书》(集部第1354册),台湾商务印书馆1986年版,第263页。
⑤ [宋]楼昉:《崇古文诀》(第12卷),见《景印文渊阁四库全书》(集部第1354册),台湾商务印书馆1986年版,第94页。
⑥ [宋]楼昉:《崇古文诀》(第25卷),见《景印文渊阁四库全书》(集部第1354册),台湾商务印书馆1986年版,第203页。
⑦ [宋]楼昉:《崇古文诀》(第20卷),见《景印文渊阁四库全书》(集部第1354册),台湾商务印书馆1986年版,第153页。
⑧ [宋]楼昉:《崇古文诀》(第23卷),见《景印文渊阁四库全书》(集部第1354册),台湾商务印书馆1986年版,第175页。

视虚字助词的转折作用,如评孔稚圭《北山移文》:"此篇当看节奏纡徐,虚字转折处。"① 他主张文章无论简严还是纡徐,都要写得宛而有法,不能"太厉声色"②。

楼昉《过庭录·文字》有一段话颇耐人寻味:

> 予少时每持"非圣贤之书不敢观"之说,他书未挂眼。有一朋友谓某曰:"天下惟一种刻薄人,善作文字。"后因阅《战国策》《韩非子》《吕氏春秋》,方悟此法。盖模写物态,考核事情,几于文致傅会操切者之所为,非精密者不能到,使和缓长厚多可为之,则平凡矣。③

从其文意看,"此法"即"刻薄"之法。"刻薄"一词如果用于评论人事,通常是贬意的,与"和缓长厚"相反。但楼昉此处用于评论"文字",显然是肯定性的,应该是指透彻、犀利、深刻。与"傅会操切"同义。"傅会"是融会贯通之意。《后汉书》卷59称张衡作《二京赋》"精思傅会,十年乃成"④。"操切"本有严厉之意,此处应该是指表达精准有力度。楼氏认为《战国策》《韩非子》《吕氏春秋》3种文章最能体现这种文法。楼氏认为作文与为人不同,作文不能平庸无奇,须努力避免"平凡"的文法,应该提倡"刻薄""傅会操切"的文法。比如他批点刘敞《送湖南某使君序》"安知后来者之非益也"句:"精神在此一特,不然则腐熟矣。"⑤ 在他的文评术语中,"腐熟"与"平凡"都是平庸无奇的。

真德秀《文章正宗》,内容重醇粹,风格重峻洁痛切。醇粹是指义理

---

① [宋]楼昉:《崇古文诀》(第7卷),见《景印文渊阁四库全书》(集部第1354册),台湾商务印书馆1986年版,第57页。

② 楼昉评柳宗元《与李睦州论服气书》:"晓警深切,词气劲拔,开阖曲尽其妙,所恨太厉声色。"见 [宋]楼昉《景印文渊阁四库全书(集部第1354册)·崇古文诀(第13卷)》,台湾商务印书馆1986年版,第102页。

③ [宋]楼昉:《过庭录》,见王水照编《历代文话》(第1册),复旦大学出版社2007年版,第456页。

④ [南朝宋]范晔撰:《后汉书》(第4册第59卷),中华书局1965年版,第1897页。

⑤ [宋]楼昉:《崇古文诀》(第32卷)[明嘉靖十二年(1533)王鸿渐重刊本,中山大学图书馆藏]。

性情纯正,有益于君国。如他认为韩愈《论佛骨表》有"扶正道、辟异端之功"①,班彪《王命论》"立意主于折奸雄觊幸之志"②,因而选取之。风格峻洁痛切主要是指言辞表达犀利、透彻、有力。如邹阳《狱中上梁王书》,他认为"论谗毁之祸至痛切,可以为世戒,故取焉"③。如果义理不够醇粹但文风峻洁痛切,他也会选录,但通常会既指出其不够醇粹之处,又肯定其文辞之长处。如评《苏秦说六国合从》《李斯谏秦王书》:"苏秦游说之士,李斯焚书之人,其辞虽工,不当与正宗之列,姑附于此。"④评柳宗元《封建论》:"此篇间架宏阔,辩论雄俊,真可为作文之法,然其理则有未然者。"⑤

谢枋得《文章轨范》综合了吕、楼对"雄健有力"和"婉曲有味"风格的喜爱,又特别强调文法句法之波澜变化顿挫起伏,如批点韩愈《后二十九日复上宰相书》:

> 此一段连下九个"皆已"字,变化七样句法,字有多少,句有长短,文有反顺,起伏顿挫如层澜惊涛怒波,读者但见其精神,不觉其重迭,此章法、句法也。⑥

谢氏从指导科举作文的角度,将其选择的范文分为4种风格境界:雄文、婉文、理文、逍遥文。他说初作文可雄放,得爽利之精神;其次是议论断制,文势婉曲;进而到才学识三高,议论关世教;至高之文是超然之才配以绝伦之识,如庄子的文章。他所谓"才"是指为文之法,"学识"

---

① [宋]真德秀:《文章正宗》(第11卷),见《景印文渊阁四库全书》(集部第1355册),台湾商务印书馆1986年版,第312页。
② [宋]真德秀:《文章正宗》(第11卷),见《景印文渊阁四库全书》(集部第1355册),台湾商务印书馆1986年版,第366页。
③ [宋]真德秀:《文章正宗》(第11卷),见《景印文渊阁四库全书》(集部第1355册),台湾商务印书馆1986年版,第335页。
④ [宋]真德秀:《文章正宗》(第6卷),见《景印文渊阁四库全书》(集部第1355册),台湾商务印书馆1986年版,第176页。
⑤ [宋]真德秀:《文章正宗》(第13卷),见《景印文渊阁四库全书》(集部第1355册),台湾商务印书馆1986年版,第381页。
⑥ [宋]谢枋得:《文章轨范》(第1卷),见《景印文渊阁四库全书》(集部第1359册),台湾商务印书馆1986年版,第545页。

则是基于儒家之道对礼义、世事、人情的理解。他认为前三个层次的至好文章在内容上应该"本于礼义,老于世事,合于人情"①,在风格上是"有法度,有气力,有精神,有光焰"②。在第四个层次,他以韩愈和苏轼为唐宋文之至高典范,文法多变,出尘脱俗。这和时人对他的文风评价是一致的:"枋得平生无书不读,为文章高迈奇绝,汪洋演迤,自成一家,学者师尊之。"③

（四）选本承续与经典形成

6种选本的编选者都有理学渊源,有的还是师友关系。所以先后选本之间明显有前后影响,其经典意识也在影响中加固。楼昉是吕祖谦门人,汤汉是真德秀门人,曾参与《文章正宗》编纂和校勘,后来他编《妙绝古今》,评点中有提到"西山抹本"④,可知其以《文章正宗》为参考。谢枋得的老师徐霖和汤汉有同门之谊。王霆震大量借鉴引用吕祖谦、楼昉等选家的选文和评点。

吕祖谦《古文关键》最早,因而其选文和批点都对后出诸本有深远影响。首先,他专选唐、宋文章,特别推尊韩、柳、欧、苏,其后诸选本虽然扩大至唐前各代,但仍是以唐、宋文为主,以韩、柳、欧、苏为文章至尊。

在评点上,吕祖谦对纲目关键、文势规模、句法章法的关注也深深影响了其他5部选本。如《崇古文诀》对《梓人传》的全篇批点基本承自《古文关键》。又如《崇古文诀》评韩愈《原毁》"曲尽人情",《文章轨范》发挥此意。再如吕祖谦在韩愈《谏臣论》结尾一段的批语,楼昉《崇古文诀》基本引用,谢枋得《文章轨范》又用吕、楼语意而发挥之,强调行文老健正反抑扬之法。

---

① [宋]谢枋得:《文章轨范》(第1卷),见《景印文渊阁四库全书》(集部第1359册),台湾商务印书馆1986年版,第544页。
② [宋]谢枋得:《文章轨范》(第3卷),见《景印文渊阁四库全书》(集部第1359册),台湾商务印书馆1986年版,第570页。
③ 熊飞等校注:《叠山先生行实》,见《谢叠山全集校注》(第6卷),华东师范大学出版社1995年版,第157页。
④ [宋]汤汉:《平淮西碑》(中国国家图书馆藏元刻本影印本),见《中华再造善本·妙绝古今》(第3卷),北京图书馆出版社2005年版。

二、文意与结构曲折变态之法

（一）立意与结构

吕祖谦论文章立意首重新和深，论文法则注重健与通。《古文关键·论作文法》云："笔健而不麓，意深而不晦。""常使经纬相通，有一脉过接乎其间然后可，盖有形者纲目，无形者血脉也。"① 详参其意，经纬是有形之纲目，即文章结构；血脉即无形之意。那么如何以形达意呢？这就是文章结构之法。吕氏认为古人处理意与法的关系，有典范文章可供参考遵循。他在《古文关键·总论看文字法》中说：

> 学文须熟看韩、柳、欧、苏，先见文字体式，然后遍考古人用意下句处……第一看大概主张；第二看文势规模；第三看纲目关键，如何是主意首尾相应，如何是一篇铺叙次第，如何是抑扬开合处；第四看警策句法，如何是一篇警策，如何是下句下字有力处，如何是起头换头佳处，如何是缴结有力处，如何是融化屈折、剪截有力处，如何是实体贴题目处。②

这是吕氏讲析古文关键的总论。他拈出的典范作家是韩、柳、欧、苏。"先见文字体式"当是指先总体阅读，体会行文和文体样式。"用意""主意""大概主张""警策"等都是指立意。"文势规模"指文章总体风格气势。"纲目关键""首尾相应""铺叙次第""抑扬开合""起头换头""缴结""融化曲折""贴题目"等都是指章法结构。

南宋文章家为了说明结构之法，常常使用一些批评术语，如"纲目""间架""立柱"等。要准确理解他们的文章观念，必须理解这些术语。

纲目或一字或一句两句是文章的核心词句，类似今之所谓关键词。如

---

① ［宋］吕祖谦：《古文关键》（第1卷），见王云五主编《丛书集成初编》（第1821册），中华书局1985年版，第4～5页。

② ［宋］吕祖谦：《古文关键·总论看文字法》，见王云五主编《丛书集成初编》（第1821册），中华书局1985年版，第1～2页。

吕评《留侯论》"人情有所不能忍者"句："一篇纲目在'忍'字。"① 又批《获麟解》："其抑扬开合，只主'祥'字，反复作五段说。"② 《崇古文诀》批点李清臣《法原》《势原》，以墨笔全篇圈点"法""势"二字。③ 成句纲目如《战国策目录序》："盖法者所以适变也，不必尽同。道者所以立本也，不可不一。"吕评："此数句盖一篇骨子纲目。"④

间架就是结构布局。如《古文关键》对师锡《答陈生书》的评点：

题下总评：中间四段，铺叙齐整，极好。⑤
原文：盖君子病乎在己，而顺乎在天，待己以信，而事亲以诚。
旁批：立间架。分作四段。⑥

可见"立间架"就是确立文章的结构层次。《古文关键》在《唐论》按语中解释道："所谓间架，变换句法，或分或总，皆间架也。"⑦ 《唐论》的间架结构分三段，用"有天下之志、有天下之材、又有治天下之效"引起。

立柱是话题提示语。如吕祖谦评《纵囚论》开头两句"信义行于君子，而刑戮施于小人"是"立两句柱发起"⑧，即点开文章的两个层次。吕祖谦评《上范司谏书》文章后部出现"当退之作论时"一句，是"欲

---

① ［宋］吕祖谦：《古文关键》（第2卷），见王云五主编《丛书集成初编》（第1821册），中华书局1985年版，第125页。
② ［宋］吕祖谦：《古文关键》（第1卷），见王云五主编《丛书集成初编》（第1821册），中华书局1985年版，第1页。
③ 据［宋］楼昉《崇古文诀》（第28卷），见《景印文渊阁四库全书》（集部第1354册），台湾商务印书馆1986年版。按：墨笔圈点同见《中华再造善本》国家图书馆元刻本影印本和明嘉靖十二年（1533）王鸿渐重刊本。
④ ［宋］王霆震：《古文集成》（第3卷），见《景印文渊阁四库全书》（集部第1359册），台湾商务印书馆1986年版，第22页。
⑤ ［宋］吕祖谦：《古文关键》（第1卷），见王云五主编《丛书集成初编》（第1821册），中华书局1985年版，第26页。
⑥ ［宋］吕祖谦：《古文关键》（第1卷），见王云五主编《丛书集成初编》（第1821册），中华书局1985年版，第27页。
⑦ ［宋］吕祖谦：《古文关键》（第2卷），见王云五主编《丛书集成初编》（第1821册），中华书局1985年版，第171页。
⑧ ［宋］吕祖谦：《古文关键》（第1卷），见王云五主编《丛书集成初编》（第1821册），中华书局1985年版，第58页。

说下事，先立此柱"①，即提起一个新话题。楼昉批《岳阳楼记》两处引起总结意思的"登斯楼也"是"立二柱"②。可见"柱"是话题提示语。

比较可知，"间架"语更像打开下文的"菜单"，"立柱"则是位置不定的提示语。

（二）曲折变态

南宋文章家十分重视文章结构之"曲折变态"，楼昉多次重复使用这一评语。他在《上秦皇逐客书》题目之下总批曰：

> 此先秦古书也，中间两三节，一反一覆、一起一伏，略加转换数个字，而精神愈出，意思愈明，无限曲折变态。③

"曲折"当是指文意层层转折递进，"变态"应是指古今对比、正说反说、联类比况、转折顿宕等波澜起伏的结构方法。斋藤正谦《拙堂文话》评李斯《谏逐客》的一段话有助于理解"曲折变态"：

> 事理切当，而文字伟丽，秦人之文孰出其右。中说色乐珠玉，使后人为之，一直排去，莫可观矣。今以二"今"字、二"必"字、一"夫"字，斡旋文势，一顺一逆，翻转出来，三段一意，不觉重复，真绝奇之作也。④

李斯之文是"曲折变态"的典范之作，以今昔对比、正反对照、联类比况、逻辑推衍之法说明客卿对秦国有功无过，逐客是错的。文中最绵密曲折变化多端的是"色乐珠玉"一段。先说秦王好珠玉，但"秦不生一

---

① ［宋］吕祖谦：《古文关键》（第1卷），见王云五主编《丛书集成初编》（第1821册），中华书局1985年版，第83页。
② ［宋］王霆震：《古文集成》（第10卷），见《景印文渊阁四库全书》（集部第1359册），台湾商务印书馆1986年版，第76页。
③ ［宋］楼昉：《崇古文诀》（第1卷），见《景印文渊阁四库全书》（集部第1354册），台湾商务印书馆1986年版，第4页。
④ ［日］斋藤正谦著：《拙堂文话》（第6卷），见王水照编《历代文话》（第10册），复旦大学出版社2007年版，第9908页。

焉"。再转折设问："而陛下说之，何也?"继而转从反面设论："必秦国之所生然后可，则……"楼昉评此段"举轻明重"①。

其实"色乐珠玉"一段还只是个铺垫，下文陡然转出文章最大的开阖对比："今取人则不然。"李淦《文章精义》揭示这一对照反转："中间论不出于秦而秦用之，独人才不出于秦而秦不用，反复议论，痛快，深得作文之法。"②

楼昉评韩愈《送孟东野序》曰："曲尽文字变态之妙。"③吕祖谦认为此文的"鸣"字是纲目，全文以40个"鸣"字贯穿，由物籁到人事。楼批"大凡物不得其平则鸣，草木之无声，风挠之鸣。水之无声，风荡之鸣。其跃也，或激之；其趋也，或梗之；其沸也，或炙之。金石之无声，或击之鸣"数句曰："金石草木各只是一句，而水分出四句，此是不整齐中整齐错综处。"由"择其善鸣者而假之鸣"一句"又生出善字与假字"的新议论。"夔弗能以文辞鸣，又自假于《韶》以鸣"是"将无作有"法。④楼昉由此联想到"看东坡文字，须学他无中生有"⑤（苏轼《倡勇敢》）。这一文法也见于苏洵文，谢枋得批其《高祖论》曰："揣摩高帝不去吕后之意作一段议论，皆是驾空凭虚，自出新意，无中生有，文法最高。"⑥

楼昉在韩愈《送石洪处士序》题目之下批曰：

> 看前面大夫从事四转反复，又看后面四转祝辞，有无限曲折变态，愈转愈佳。中间一联用三句譬喻，意联属而语不重叠。⑦

---

① ［宋］楼昉：《崇古文诀》（第1卷）［明嘉靖十二年（1533）王鸿渐重刊本］。
② ［元］李淦：《文章精义》，见王水照编《历代文话》（第2册），复旦大学出版社2007年版，第1162页。
③ ［宋］楼昉：《崇古文诀》（第9卷），见《景印文渊阁四库全书》（集部第1354册），台湾商务印书馆1986年版，第70页。
④ 参见［宋］王霆震《古文集成》（第1卷），见《景印文渊阁四库全书》（集部第1359册），台湾商务印书馆1986年版，第2～3页。
⑤ ［宋］楼昉：《崇古文诀》（第25卷），见《景印文渊阁四库全书》（集部第1354册），台湾商务印书馆1986年版，第203页。
⑥ ［宋］谢枋得：《文章轨范》（第3卷），见《景印文渊阁四库全书》（集部第1359册），台湾商务印书馆1986年版，第569页。
⑦ ［宋］楼昉：《崇古文诀》（第11卷），见《景印文渊阁四库全书》（集部第1354册），台湾商务印书馆1986年版，第89页。

"四转反复"是说御使大夫乌公求贤才,有人对石先生的介绍分四层转折:生活简朴,轻钱财却乐于应邀出游(一转);拒为官却乐谈书论道(二转);乌担心石太清高恐难请动(三转);举荐者分析石虽清高但乌必能请动(四转)。下文写石果然应邀,并与乌酌酒四致祝辞,祝辞又是四重转折。

一篇不足500字的序文,两度四转,转折的方式又变化多端,绝不像排比句那样呆板,诚可谓"有无限曲折变态"。每一个转折句本身又是变化多端的,如:

> 劝之仕则不应,坐一室,左右图书。与之语道理,辨古今事当否,论人高下,事后当成败,若河决下流而东注;若驷马驾轻车、就熟路,而王良、造父为之先后也;若烛照、数计而龟卜也。①

不喜欢出仕,却喜欢读书论道评人,这是转折法。又用3个"若……"句渲染其所好,无论立意还是表达,都极富变化。谢枋得称赞韩愈"作文千变万化不可捉摸,如雷电鬼神,使人不可测","文势有顿挫,有起伏,便有波澜"②。

《崇古文诀》在批注苏洵《上韩枢密书》时还提到了"字变态":

> 古者兵在外,爱将军而忘天子;在内,爱天子而忘将军。爱将军所以战,爱天子所以守……且夫天子者,天下之父母也,将相者,天下之师也。
>
> 楼批:内外战守两字既是恐其易穷,又添父母师之语,此是字变态。③

字词的变换自然使行文态势多变。清唐彪称之为"浅深虚实"之"变

---

① [宋]谢枋得:《文章轨范》(第1卷),见《景印文渊阁四库全书》(集部第1359册),台湾商务印书馆1986年版,第550页。
② [宋]谢枋得:《文章轨范》(第1卷),见《景印文渊阁四库全书》(集部第1359册),台湾商务印书馆1986年版,第550~551页。
③ [宋]楼昉:《崇古文诀》(第22卷)[明嘉靖十二年(1533)王鸿渐重刊本]。

体","前幅实义已尽,后幅不得不驾虚行空,或衬贴旁意,或推广余情者"。①

细审楼氏推崇的"曲折变态",或有三层含义。

1. 句法之变

与骈文相比,散体文章最大的优势是自由灵活。如韩愈能充分发挥这种优势,他的文章句法参差灵活,不多用相对死板的排比句式,避免使用流行的平庸熟语,总是追求新颖奇妙,"惟陈言之务去"②。陈师道对此有较深细的领悟,如其《送参寥序》中一段:

> 其议古今张弛,人情貌肖否,言之从违,诗之精粗,若水赴壑,阪走丸,倒囊出物,鸷鸟举而凤迫之也。若升高视下,爬痒而鉴貌也。③

明显是受到韩愈《送石洪处士序》变幻譬喻之法的启发,但绝非简单的模仿,而是力求生新出奇,变幻多姿。

2. 论说方式之变

韩愈文章力求超越通常的论说方式,灵活运用时空转换、古今对比、正说反说、由此及彼、联类比况、斡旋跌宕等手法,使行文变化多端。这又涉及以意贯通、文脉承接的问题。吕祖谦认为"常使经纬相通,有一脉过接其间然后可。盖有形者纲目,无形者血脉也"④。楼昉注意到虚字的转折连接作用,其《过庭录·作文用虚字》云:

> 文字之妙,只在几个助辞虚字上。看柳子厚《答韦中立》《严厚与》二书,便得此法。助辞虚字是过接斡旋、千变万化处。⑤

---

① 参见[清]唐彪《读书作文谱》(第7卷),见王水照编《历代文话》(第4册),复旦大学出版社2007年版,第3481页。
② [唐]韩愈撰、马其昶校注、马茂元整理:《答李翊书》,见《韩昌黎文集校注》(第3卷),上海古籍出版社1986年版,第170页。
③ [宋]陈师道:《后山居士文集》(下册第16卷),上海古籍出版社1984年版,第740页。
④ [宋]吕祖谦:《古文关键》(第1卷),见王云五主编《丛书集成初编》(第1821册),中华书局1985年版,第4页。
⑤ [宋]楼昉:《过庭录》,见王水照编《历代文话》(第1册),复旦大学出版社2007年版,第454页。

晚于楼昉的罗大经将此法称为"活字斡旋",用于理解诗法。《鹤林玉露》卷16"诗用字"云:

> 作诗要健字撑拄,要活字斡旋,"红入桃花嫩,青归柳叶新","弟子贫原宪,诸生老伏虔","入"与"归"字、"贫"与"老"字,乃撑拄也。"生理何颜面,忧端且岁时","名岂文章著,官应老病休","何"与"且"字,"岂"与"应"字,乃斡旋也。撑拄如屋之有柱,斡旋如车之有轴,文亦然,诗以字,文以句。①

3. 文意之变

文章结构语句文辞之变,终究是为表达文意的。文意追求新颖深至丰富,这是"曲折变态"的内在目标。任何文章,意思都须多角度多层次,丰富多变。清唐彪《读书作文谱·转折》:

> 文章说到此理已尽,似难再说。拙笔至此,技穷矣。巧人一转湾,便又另是一番境界,可以生出许多议论,理境无穷。若欲更进,未尝不可再转也。②

古今文章家皆重此理,唐皇甫湜《答李生第二书》云:

> 夫谓之奇,则非正矣,然亦无伤于正也。谓之奇,即非常矣……使文奇而理正,是尤难也……以非常之文,通至正之理,是所以不朽也。③

宋刘弇《上曾子固先生书》云:

> 文章之难也,从古则然,虽有博者,莫能该也……处此有一道

---

① [宋]罗大经撰、孙雪霄校点:《鹤林玉露》(甲编第6卷),中华书局2012年版,第65页。
② [清]唐彪:《读书作文谱》(第7卷),见王水照编《历代文话》(第4册),复旦大学出版社2007年版,第3485~3486页。
③ [唐]皇甫湜:《皇甫持正集》(第4卷),见《景印文渊阁四库全书》(集部第1078册),台湾商务印书馆1986年版,第86~87页。

焉，变是已。①

总之，文章"曲折变态"就是从形到神，从内容到形式都改变平庸常态，追求新颖的辞句、转折顿宕的文势、丰富奇妙的文意。吕祖谦《古文关键·总论》概括为"常中有变，正中有奇"。

三、文势与活法圆转

（一）文势

文章曲折变态，会形成很有力度的文势。吕《古文关键》常以势评文，他在评柳宗元《梓人传》时四用"文势"一语：

> 委群材，会众工，或执斧斤，或执刀锯。
> 旁批：文势
> 俄而斤者斫，刀者削，皆视其色，俟其言，莫敢自断者。其不胜任者，怒而退之，亦莫敢愠焉。
> 旁批：文势
> 其执役者……其上为……又其上为……又其上为……其下为……其下为……又其下为……又其下为……犹众工之各有执伎以食力也。
> 旁批：间架、文势
> 彼佐天子相天下者，举而加焉，指而使焉，条其纲纪而盈缩焉，齐其法制而整顿焉；犹梓人之有规、矩、绳、墨以定制也。
> 旁批：文势②

看来文势主要是指行文气势流畅有力，多用对比、排比，从而形成势如破竹、无可质疑的气势。吕批《文畅师序》就说"连下五个'也'字

---

① ［宋］刘弇：《龙云集》（第15卷），见《景印文渊阁四库全书》（集部第1119册），台湾商务印书馆1986年版，第182页。
② ［宋］吕祖谦：《古文关键》（第1卷），见王云五主编《丛书集成初编》（第1821册），中华书局1985年版，第46～47页。

如破竹"①。

但排比句虽有气势，却比较单调呆板。所以文章名家更注重句式长短错综变化，形成波澜壮阔之文势。6部选本中，《文章轨范》最重句法变化之气势。谢枋得批韩文《原道》："上句长，此两句短，便顿挫成文。"② 他很赞赏用长短错落的句法形成顿挫多变、波澜起伏的文势。他认为应该努力避免呆板雷同："上四句一样五字，若第五句不用九字，文势便庸腐。"③ 可见他不提倡一味排比、缺少变化的句法。

句法变化如何与文意贯通融洽呢？文章家关注到开阖、抑扬、正反、轻重等文法与文意的关系，由此而提倡一种圆转灵活的文气。

如楼批《答李推官书》："便从'传'字去，文势更不曾断。"④ 文势不断即文意流畅严谨，与苏轼说的"辞达"近似。论体文提倡用正反、抑扬等法形成错综跌宕又流畅通达的文势，如吕批《上范司谏书》："须看他前后贯穿，错综抑扬处。"⑤

"文势"是在立意、结构、修辞基础上形成的风格气度。风格气度因人而异，或如吕氏推重的"健"，或如楼氏推重的"婉"。类似词学所谓豪放和婉约。而不论偏于健还是偏于婉，文势都须圆转灵活。吕祖谦云："论不要似义方，要活法圆转。"⑥ 六选本皆重此道，其具体批评术语中最常用、最重要的是"贯珠"和"常山之蛇"两个比喻。其思维基础是哲学家经常关注的"圆形思维"，指既流畅通达又婉转曲折的思维和表达。

（二）活法圆转

"贯珠"之喻最早可追溯及《礼记·乐记》："故歌者上如抗，下如

---

① ［宋］吕祖谦：《古文关键》（第1卷），见王云五主编《丛书集成初编》（第1821册），中华书局1985年版，第32～33页。

② ［宋］谢枋得：《文章轨范》（第4卷），见《景印文渊阁四库全书》（集部第1359册），台湾商务印书馆1986年版，第580页。

③ ［宋］谢枋得：《文章轨范》（第7卷），见《景印文渊阁四库全书》（集部第1359册），台湾商务印书馆1986年版，第612页。

④ ［宋］楼昉：《崇古文诀》（第29卷）［明嘉靖十二年（1533）王鸿渐重刊本］。

⑤ ［宋］吕祖谦：《古文关键》（第1卷），见王云五主编《丛书集成初编》（第1821册），中华书局1985年版，第81页。

⑥ ［宋］魏天应编选：《论学绳尺·诸先辈论行文法》，见王水照编《历代文话》（第1册），复旦大学出版社2007年版，第1077页。

队，曲如折，止如槁木，倨中矩，句中钩，累累乎端如贯珠。"① 孔颖达疏："累累乎端如贯珠者，言声之状，累累乎感动人心，端正其状，如贯于珠，言声音感动于人，令人心想形状如此。"② 这是用贯珠比喻音乐。其后谢朓说"好诗圆美流转如弹丸"③。

吕评柳文《晋文公问守原议》："回互转换，贯珠相似，辞简意多。"④ 评欧文《春秋论》："首尾相应，枝叶相生，如引绳贯珠。"⑤ 楼评柳文《东池戴氏堂记》："脉络相生，节奏相应，无一字放过。此文如引绳贯珠，循环无端。"⑥

"常山之蛇"⑦ 本为兵书用语，用以论文首见于黄庭坚《答王子飞书》：

> 作文深知古人之关键，其论事救首救尾，如常山之蛇。⑧

《王直方诗话》又引黄语并发挥为"曲折三致意"：

> 山谷论诗文不可凿空强作，待境而生便自工耳。每作一篇先立大意，长篇须曲折三致意乃成章耳。⑨

---

① [清]阮元校刻：《礼记正义》（第39卷），见《十三经注疏》（下册），中华书局1980年版，第1545页。
② [清]阮元校刻：《礼记正义》（第39卷），见《十三经注疏》（下册），中华书局1980年版，第1546页。
③ [唐]李延寿：《南史》（第2册第22卷），中华书局1975年版，第609页。
④ [宋]吕祖谦：《古文关键》（第1卷），见王云五主编《丛书集成初编》（第1821册），中华书局1985年版，第33页。
⑤ [宋]吕祖谦：《古文关键》（第1卷），见王云五主编《丛书集成初编》（第1821册），中华书局1985年版，第89页。
⑥ [宋]楼昉：《崇古文诀》（第12卷），见《景印文渊阁四库全书》（集部第1354册），台湾商务印书馆1986年版，第92页。
⑦ "常山蛇"首见于《孙子·九地》："故善用兵者，譬如率然。率然者，常山之蛇也。击其首则尾至，击其尾则首至，击其中则首尾俱至。"
⑧ [宋]黄庭坚：《豫章黄先生文集》（第19卷），见《四部丛刊初编》（集部第164册），上海书店1989年版，第14页。
⑨ 郭绍虞辑：《宋诗话辑佚》（上册），中华书局1980年版，第4页。

南宋陈善把"常山之蛇"与"曲折三致意"对应起来：

> 桓温见八阵图曰："此常山蛇势也，击其首则尾应，击其尾则首应，击其中则首尾俱应。"予谓此非特兵法，亦文章法也。文章亦要宛转回复，首尾俱应，乃为尽善。山谷论文亦云："每作一篇，先立大意，须曲折三致意，乃成章耳。"此亦常山蛇势也。①

洪迈《容斋五笔·绝句诗不贯穿》：

> 永嘉士人薛韶喜论诗，尝立一说云：老杜近体律诗，精深妥帖，虽多至百韵，亦首尾相应，如常山之蛇，无间断龃龉处。②

张元幹《跋苏诏君赠王道士诗后》：

> 文章盖自造化窟中来，元气融结胸次，古今谓之活法。所以血脉贯穿，首尾俱应，如常山蛇势。③

《论学绳尺·行文要法》引宋人吴镒语：

> 论体有七：一、圆转；二、谨严；三、多意而不杂；四、含蓄而不露；五、结上生下，其势如贯珠；六、首尾相应，其势如击蛇；七、结一篇之意，常欲有不尽之意，如清庙三叹有遗音。④

以上用常山蛇比喻诗文，都是指势态圆转流畅，不断不滞。楼昉评柳文《东池戴氏堂记》：

---

① [宋]陈善：《扪虱新话》（下集第2卷），中华书局1985年版，第64页。
② [宋]洪迈：《容斋五笔》（第10卷），见《容斋随笔》，上海古籍出版社1978年版，第920页。
③ [宋]张元幹：《芦川归来集》（第9卷），上海古籍出版社1978年版，第177页。
④ [宋]魏天应编选：《论学绳尺·行文要法》，见王水照编《历代文话》（第1册），复旦大学出版社2007年版，第1081页。

脉络相生，节奏相应，无一字放过。此文如引绳贯珠、循环无端，如常山之蛇，救首救尾；如累九层之台，一级高一级，而丰约不差毫厘。①

"贯珠"和"常山之蛇"的比喻与《文心雕龙·熔裁》"首尾圆合，条贯统序"② 类似。

六选本的批点语汇中有许多术语与"贯珠""常山之蛇"之喻相关：首尾（相应、相救、相绾、相生、回护、该贯）类 23 次，开阖（开合）类 19 次，抑扬 40 次，抑 37 次，扬 31 次，转 118 次，宛转 15 次，曲折 28 次。

这些术语都属于吕祖谦"活法圆转"的文章理论范畴，六选本对这一理论有高度共识。

如吕批韩文《谏臣论》："文字须抑扬……后说他短处，先须取他长处。"③

反复抑扬，便有了高下回环之文势。

楼批韩文《后二十九日复上宰相书》："回护善救首尾。"④

吕批韩文《与孟简尚书书》："一篇须看大开合。"⑤

"转"是批评家使用最多的术语，达到 118 次，可见选家对文势曲折的重视。《朱子语类》记载了吕祖谦教人作文的典范案例：

东莱教人作文，当看《获麟解》，也是其间多曲折。⑥

《获麟解》是六选本入选频数最高的一篇，诸家一致认为此篇以

---

① ［宋］楼昉：《崇古文诀》（第 12 卷），见《景印文渊阁四库全书》（集部第 1354 册），台湾商务印书馆 1986 年版，第 92 页。

② ［南朝梁］刘勰著、范文澜注：《文心雕龙注》（第 7 卷），人民文学出版社 1958 年版，第 543 页。

③ ［宋］吕祖谦：《古文关键》（第 1 卷），见王云五主编《丛书集成初编》（第 1821 册），中华书局 1985 年版，第 8 页。

④ ［宋］楼昉：《崇古文诀》（第 10 卷）［明嘉靖十二年（1533）王鸿渐重刊本］。

⑤ ［宋］吕祖谦：《古文关键》（第 1 卷），见王云五主编《丛书集成初编》（第 1821 册），中华书局 1985 年版，第 23 页。

⑥ ［宋］黎靖德编、王星贤点校：《朱子语类》（第 8 册），中华书局 1986 年版，第 3321 页。

"祥"字为纲目，文意抑扬，转换无穷，营造出"字少意多"的效果。谢枋得在文末的批语详细阐释其文意章法转换：

> 此篇仅一百八十余字，有许多转换往复变化，议论不穷。第一段说麟为灵物，虽妇人小子皆知其为祥，第二转说虽有麟不知其为麟，第三转说马、牛、犬、豕、豺狼、麋鹿，吾皆知之，惟麟不可知，第四转说麟既不可知，则其谓之不祥也亦宜，第五转说麟为圣人而出，圣人者必知麟，既有圣人知之则麟果不为不祥也，第六转说麟之所以为麟者，以其为仁兽为灵物，不必论其形，第七转说若麟之出不待圣人在位之时，则人谓之不祥也亦宜。人能熟读此等文字，笔便圆活，便能生议论。①

《获麟解》以"祥—不祥—祥—不祥—祥"形成层层转折迂回的文势，这种写法正是吕氏所谓"活法圆转"。敩斋批韩文"句法圆转如走盘之珠"②。

---

① 〔宋〕谢枋得：《文章轨范》（第5卷），见《景印文渊阁四库全书》（集部第1359册），台湾商务印书馆1986年版，第594~595页。
② 〔宋〕王霆震：《古文集成》（第6卷），见《景印文渊阁四库全书》（集部第1359册），台湾商务印书馆1986年版，第455页。

第四章 《论学绳尺》与南宋论体文及南宋论学[①]

论体文至宋代成为科举必考,至南宋遂有程式化倾向,探讨论文作法的"论学"因之而显,出现了一些选辑以议论文为主并附加笺评批点的文章选本,其中《论学绳尺》(以下简称《绳尺》)最为独特。此书专收南宋科场论文,共收入130位作者的156篇论文,有笺注、批点、讲评。卷首另有《论诀》1卷,录当时文章家语。此书是目前仅见的南宋论学专书,"论学"之称自此始。此书对于研究南宋论体文的形态和作法、南宋论学及其对后世论学的影响、八股文的体制渊源,都是不可多得的原始文献。然而自20世纪初白话文兴起以后,古文不昌,此书也就鲜有人提起。本文拟对《绳尺》的编著流传情况、《绳尺》与宋代论体文、《绳尺》与南宋论学等问题进行研究。

一、《论学绳尺》的基本情况

(一)《绳尺》的编著、流传情况

《绳尺》现存最早为明成化刊本,有"成化乙丑二月丁未丰城游明序"。其书以天干为集次,共10集,日本内阁文库藏8集,阙乙、戊2集,而日本静嘉堂文库所藏《绳尺》恰好只有乙、戊2集,版式一样。此外北京图书馆、北大图书馆、吉林省图书馆、复旦大学图书馆亦有庋藏。复旦藏本是"校正重刊"本,增何乔新序,版式与成化本小异[②]而内容全同,唯游序落款处损毁,但约略可辨残破处正是"成化乙丑二月丁未丰城游明序"几字。《四库全书》所收《绳尺》10卷,乃据明成化本

[①] 本章撰写时参考了本人指导下孙耀斌的硕士论文《论学绳尺研究》(中山大学2002年)。
[②] 成化本每行22字,重刊本每行24字。

录入。① 成化本名为《批点分格类意句解论学绳尺》，署名为："京学学谕笔峰林子长笺解，乡贡进士梅墅魏天应编选，福建按察司签事游明大升重辑校正。"将笺解者置于编选者之前，异于常例，故《四库全书》本变为"魏天应编选，林子长笺解"。并于《提要》云"天应号梅墅，自称乡贡进士；子长号笔峰，官京学教谕，皆闽人也"②。

魏天应是福建建安人，《诗人玉屑》编者魏庆之（1192？—1272？，号菊庄）之子③、谢枋得（1226—1289，号叠山）门人。蔡正孙编《唐宋千家联珠诗格》（成书于1300年）④卷3《寄讯魏梅墅》注云："故友魏梅墅天应，菊庄之子，一乡之快士。与余为四十年交游，忘于醉乡吟社中。"⑤可知魏天应乡隐未仕，卒于1300年之前。他生长于书香之家，又从名师，观其送叠翁（谢枋得）二诗及序，文才甚佳；又观其为《诗人玉屑》所作补注、续评，可知其学养较深。

林子长，字笔峰，三山（今福建福州）人，是魏天应、蔡正孙的朋友。蔡正孙《唐宋千家联珠诗格》卷10载《访陈莲湖》诗注云："故友笔峰，三山一快士也，名子长。"⑥明成化本《批点分格类意句解论学绳尺》署名称其"京学学谕"。蔡正孙在《联珠诗格》中对魏、林皆称"故友"，可知林、魏基本同时，因能合作编选笺解《论学绳尺》。⑦

游明在序中并未将编选和笺解分开："昔试论之散出于省监，人之得之者盖鲜，及林、魏二先生为之编选笺解，然后盛行于当时。"⑧

《绳尺》成书必在宋末，因为元初无科考，后虽恢复科举，但以赋易论，"论学"遂寝，魏天应和书肆都不可能在入元之后还编刻《绳尺》。

---

① 笔者以《景印文渊阁四库全书》本与日本内阁文库本细勘从而确认。
② 《景印文渊阁四库全书》（集部第1351册第187卷），台湾商务印书馆1986年版，第715页。
③ 参见张健《魏庆之及〈诗人玉屑〉考》，载日本宋代诗文研究会会刊《橄榄》2004年第12期。
④ 日本长泽规矩也编选《和刻本汉诗集成》丛书本。
⑤ ［宋］于济、蔡正孙编集，［朝鲜］徐居正等增注，卞东波校证：《唐宋千家联珠诗格校证》（上册），凤凰出版社2007年版，第91页。
⑥ ［宋］于济、蔡正孙编集，［朝鲜］徐居正等增注，卞东波校证：《唐宋千家联珠诗格校证》（上册），凤凰出版社2007年版，第448页。
⑦ 参见卞东波《关于〈论学绳尺〉的笺注者林子长》，载《文学遗产》2006年第2期。
⑧ 杨讷、李晓明编：《文渊阁四库全书补遗》（集部第8册），北京图书馆出版社1997年版，第219页。

此书中最晚的作品是咸淳十年（1274，宋代最后一次科举）甲戌榜进士黄龙友的科场论文（卷10），可证此书最后一卷的编成时间当在咸淳十年之后的一二年间。游序也明确地说此书"由宋而元以迄于今"①。

魏、林《绳尺》刊行不久，宋元更替，其书散佚。明代恢复宋制，以论试士，于是此书又成为有用之书，游明乃重辑重刊之。游明是江西丰城人，明景泰二年（1451）进士，天顺中为福建司按察佥事，提督学校。

成化本《绳尺》卷首有游明作于成化五年（1469）的序，《文渊阁四库全书》未录，《文津阁四库全书》录有此序，但缺21字。游序云：

> 《论学绳尺》，予初闻其名于太学，而后于乡之宿儒袁氏家得其丁癸二集，辄付子侄录之，以为法程。乃奉命至闽，以董学为职，遍询是集，无能知者，遂命诸生博访于儒家，乃于福州得其丙、丁、戊三集，继于兴化得其甲、已二集，然皆弊脱略，而所抄多缺文。方以简策散逸，莫得其全为恨，适侍御六安朱公从善来按闽，因得誊其乙集，且资其丙丁集以补遗。既而宪副四明余公允清来抵任，复得抄其庚、辛二集，而赖其戊、已集以补缺，壬集则侍御莆田杨公朝重自吾西江采录以遗，与予家旧所录者，皆至焉。于是散者复合，缺者亦几庶复全矣……予复得以采辑成编……时成化己丑二月丁未丰城游明谨识。②

游明的好友何乔新为游明重辑刊行的《绳尺》作序云：

> 《论学绳尺》凡十卷，宋乡贡进士魏天应编选南渡以降场屋得隽之文，而笔峰林子长为之笺释以遗后学者也。元取士以赋易论，于是士大夫家藏此书者盖少。至国朝始复宋制，以论试士，而此书散逸多矣。予友佥宪司事游君大升董学于闽，极力搜访始尽得之，正其讹补

---

① 杨讷、李晓明编：《文渊阁四库全书补遗》（集部第8册），北京图书馆出版社1997年版，第219页。
② 杨讷、李晓明编：《文渊阁四库全书补遗》（集部第8册），北京图书馆出版社1997年版，第216～220页。

其缺，然后此书复完，爰命工刻之，而属予序诸首。①

游、何二序比较清楚地说明了此书重辑过程。然而成化本在游序之后半页空白处，有一刊记，非常重要而且可疑：

按旧本于己集则云："前刊五集已盛行于世，今再依前式续三集。"又于壬集则云："前刊八集，天下学者得之，胸中已有一定绳尺，再续壬癸。"是盖三次编选而后成也。今所采辑，则又倍之，故去其说而约其意。于此幸鉴。

此牌记是出版说明。既然游、何二序明言《绳尺》有10集，为何牌记又说"今所采辑则又倍之"。按成化刊本共156篇，即今存之数。游明序及何序都只说补阙，未言增广。游序明说收集到的是甲至癸10集。可知"今所采辑则又倍之"的话，应是游版之后，书肆虚夸之语。

游明所见旧本之署名，必是林前魏后，因林有"京学教谕"身份。游未改动此次序。游明对此书内容的正误补阙工作大概不多，因为游序中有一段话说明他对此书的基本内容尚欠理解：

今观是集，乃宋京学谕林先生子长与乡贡进士魏先生天应历选古今诸儒论之尤者，萃为一编，而命以是名。②

这简直太离谱了，此书所收156篇，全是南宋人的论体文章，连北宋的都没有。游序有如此大谬之语，说明他并未一一审阅内文。其原因可能有两种：一是他收集到的宋本10集比较完整，无须多加审视；二是游明请人帮忙整理，自己并未详审。不管是哪种情况，都说明游刻本与宋本无大差别。那么游序所言重辑之功，在内容方面就有限了：

---

① 此序见[明]何乔新《椒邱文集》，见《景印文渊阁四库全书》（集部第1249册），台湾商务印书馆1986年版，第141页；又见杨讷、李晓明编《文渊阁四库全书补遗》（集部第8册），北京图书馆出版社1997年版，第216～220页。

② 杨讷、李晓明编：《文渊阁四库全书补遗》（集部第8册），北京图书馆出版社1997年版，第217页。

> 顾今所辑录者，犹颇缺遗。是以忘其愚鄙，妄以己意，补其缺文；于其避讳，如易桓为威之类，悉改正之；于所释之未切当者，窃增损于其间，又考诸经传子史，以订其讹误……至有文亡而犹存其题者，庶同志之士录示以补之也。①

重辑时做了这些工作是可信的，但游序对正误补缺的工作量只是含糊言之，并且诚实地说明有"同志之士"的功劳。如此看来，游明重辑刊刻时基本保留了宋本面貌。

《文渊阁四库全书》依成化本录入，改变作者顺序为魏、林，每集序号以"一、二……十"代替了"甲"至"癸"，放弃了许多重要元素：成化本游序，每卷之前的目录（目录中每格均有一段"类意"），每篇行文中的眉批、点抹，作者名下的"省元""状元"等身份（约2/3作者名下有头衔）。

《四库提要》说此书"凡甲集十二首，乙集至癸集俱十六首，每两首立为一格，共七十八格"。此说不确，每卷格数、首数并不平均——卷1有7格12首，卷2至10各16首，但格数不一：卷2有8格、卷3有10格、卷4有11格、卷5有9格、卷6有8格、卷7有8格、卷8有9格、卷9有9格、卷10有8格。总计87格，去其重复则为54种格名，156首。

（二）《论学绳尺》的体例

游序描述他所见到的旧本体例：

> 首之以名公论诀总目，次之以作论行文要法，每集则分其格式而为之类意，每题则叙其出处而为之立说，且事为之笺，句为之解，而又标注于上，批点于旁。②

---

① 杨讷、李晓明编：《文渊阁四库全书补遗》（集部第8册），北京图书馆出版社1997年版，第218～219页。

② 杨讷、李晓明编：《文渊阁四库全书补遗》（集部第8册），北京图书馆出版社1997年版，第217～218页。

今存成化本与游明的描述一致，说明游是依宋本体例和式样刊刻的，甲至癸 10 集，每集有目录，目录中每格之下有题目、作者、类意。如：

> 立说贯题格：《汤武仁义礼乐如何》王胄；《三王法度礼乐如何》常挺
> 类意：前篇谓仁义之中……［共 53 字］；后篇谓为法度者……［共 53 字］

每卷正文的样式为：

> （此篇与《三王法度礼乐论》同意）
> 《汤武仁义礼乐如何》王胄
> 出处：《前汉·贾谊传》上疏：汤武置天下于仁义礼乐……
> 立说：谓仁义之中自有礼乐……［共 86 字］
> 批云：立说有本祖，行文有法度，明白而通畅，纯熟而圆转。真可为后学作文之法。①

正文中，随文有笺解批评，即游明所谓"事为之笺，句为之解"。文后有总评：

> 前篇谓人心有仁义则有礼乐，此篇谓人心知礼乐则知法度。是用其主意，仿其步骤。不可不参看。

此外，编者又特别作了眉批和点抹以提示文章结构和重点。

以上除正文以外的所有笺评解释性文字中，除了少数标明"考官批云"者外，应该都是编注者林子长或魏天应所为，非常中肯实用。

《四库全书·崇古文诀提要》云：

> 宋人多讲古文，而当时选本存于今者，不过三四家：真德秀

---

① ［宋］魏天应编选、［宋］林子长笺解：《论学绳尺》（第 1 卷），见《景印文渊阁四库全书》（集部第 1358 册），台湾商务印书馆 1986 年版，第 88～98 页。

《文章正宗》……吕祖谦《古文关键》、谢枋得《文章轨范》，及昉此书而已。①

与此四书相比，《绳尺》名气略小，但体、用独特。五书比较，体例互有异同。

吕祖谦《古文关键》选唐宋韩、柳、欧、曾、三苏、张耒八家之文 60 篇，主要是论文。卷首总论文法。41 篇有简短评语，19 篇无评语，全书无笺注，但有点抹②。评语主要是对立意布局进行评说。如《重答张籍书》"此篇节奏严洁铺叙明白"、《与孟简尚书书》"此一篇须看大开合"等。在 41 篇有评语的文章中，有 9 篇是文前文后都有评语的。

《古文关键》与《绳尺》，皆因学习者之需而编，二书可比较处有六：①卷首皆有总论，但《古》乃吕氏自家之论，《绳尺》采诸家之论，论家多为吕、林之后人，可知必为魏辑。②《古》于韩愈《谏臣论》题下标为"意胜反题格"，《答陈商书》标为"设譬格"，《捕蛇者说》标为"感慨讥讽体"，此与《绳尺》之分格类似。但《古》唯此 3 篇标示格、体。③《古》于文前文后置评语的方式与《绳尺》类似，但《古》或有或无，《绳尺》则每篇如此。④《古》选唐宋八家文，依人依时序编排，虽多系议论文章，但论、说、书、序各体都有；《绳尺》则唯选南宋"科场得隽"之论。⑤《绳尺》有详细的随文笺解，《古》无。⑥二书之宋本皆有点抹，《绳尺》还有眉批，《古》无。

再将《绳尺》与其前几种古文选本稍加对比。真德秀编《文章正宗》及《续集》共 40 卷，是历代至唐各体文（及诗歌）总集，其中议论文 18 卷，无评点。楼昉《崇古文诀》"选古文凡二百余首……大略如吕氏《关键》，而所录自秦汉而下至于宋朝，篇目增多，发明尤精"③。此书每篇题目之下有数十字评语，与《绳尺》的"批曰"类似。其评语多数是评说文意，少数简及文法或渊源。评语之外，就只是文选的原始文本。但卷

---

① 《崇古文诀提要》，见《景印文渊阁四库全书》（集部第1354册），台湾商务印书馆1986年版，第1～2页。

② 《古文关键提要》中陈振孙谓其"标抹注释以教初学"。见《景印文渊阁四库全书》（集部第1351册），台湾商务印书馆1986年版，第715～716页。

③ 《崇古文诀提要》，见《景印文渊阁四库全书》（集部第1354册），台湾商务印书馆1986年版，第1页。

11 韩愈《与孟简尚书书》评语之后标明"文字抑扬格",虽是特例,但与《绳尺》"分格类意"的方式一样。

《文章轨范》7卷,首有明人王守仁序云:"宋谢枋得氏取古文之有资于场屋者,自汉迄宋凡六十有九篇,标揭其篇章句字之法……是独为举业者设耳。"① 此书前2卷题曰"放胆文",后5卷题曰"小心文",其笺解评说的体例与《绳尺》颇多类似但又不同:每篇题下有评语,极少数篇后又有评语;没有"出处""立说";随文笺解主要是提示文法,而不像《绳尺》那样注释字词语句。

与上述四书相比,《绳尺》是最适合考生学习揣摩科场论体文的参考书,最能反映南宋科场论文的体制形态,最能体现南宋"论学"之"绳尺"。

二、从《论学绳尺》看两宋论体文

(一) 论体文的源流

论体文源远流长。刘勰认为"论"的立名源于《论语》。② 《论语》属语录体,虽以论事论理为主,但与后来具有论辩性质的完整论文尚有很大区别。战国时期,论体文发育迅速,出现了《庄子》《荀子》那样成熟的文章。汉代论体文章更为成熟,如贾谊《过秦论》等。刘勰认为此时的论文堪称"论家之正体"③。魏晋时期,玄学清谈与论体文相得益彰。④ 到了唐代,论体文的内容愈加丰富,《文苑英华》卷748～760专收论体文,中有大量唐论,内容无所不及。

论体文在唐代成为科举文体。进士科最初只试策,不试论。唐文宗大和三年(829),礼部奏请:"进士举人……次试议论各一首。"⑤ 朝廷采

---

① 《景印文渊阁四库全书》(集部第1359册),台湾商务印书馆1986年版,第543页。
② 参见〔南朝梁〕刘勰著、范文澜注《文心雕龙注》(上册),人民文学出版社1998年版,第326页。
③ 〔南朝梁〕刘勰著、范文澜注:《文心雕龙注》(上册),人民文学出版社1998年版,第327页。
④ 参见彭玉平《魏晋清谈与论体文之关系》,载《中国社会科学》2000年第1期。
⑤ 《条制第三》,见〔宋〕王钦若等编《册府元龟》(第13册第641卷)(影印本),中华书局1985年版,第7683页。

纳了这一建议。

宋沿唐制,科考尤重论文,试必有论。《宋史·选举志一》:"凡进士试诗、赋、论各一首……"① 庆历四年(1044),范仲淹、欧阳修改革科举,将诗、赋改为末场,论、策改为头两场。其后王安石变法,废除科试中的诗赋、贴经和墨义,改试经义、论、策。

与科举相适应,学校课程和测试自然也要作论体文。《四库全书·论学绳尺提要》云:"当时每试必有一论,较诸他文应用之处为多。"② 考生平时习作的论文,在科举时还能派上实际的用场,因为有些科试,除了考场作论以外,还须提交平时所作的策、论以供参考。《宋史》卷156《选举二》说:"元祐二年,复制科。凡廷试前一年,举奏官具所举者策、论五十首奏上。而次年试论六首,御试策一道。"③

宋代科举规模远过于前代,科考范文读本应运而生,恰值印刷出版技术有了长足进步,因而南宋书坊间出现了不少专供考生参考的文章选本。由于论体文在考试中最重要,所以多数选本都以议论文章为主,《绳尺》就是这样一部论体范文选。

(二)《论学绳尺》的选源

《绳尺》入选作者130人,全是南宋人,最早是绍兴二年(1132)进士陈时中,最晚是咸淳十年(1274)进士黄龙友。其中有11人入选2篇以上,最多是陈傅良9篇。130位作者大致分三类:进士77人(其中有状元3人,探花1人,省元27人);公魁、私魁、舍魁、解试等41人;其余12人或为"乡先生",或未注身份。④ 其中有著名文章家,如吕祖谦、陈傅良、戴溪、冯椅等。可知《绳尺》基本上是南宋100多年科场"元、魁、进士"的试卷总集,其指导科考的权威性、实用性可谓独一无二。

当然,其中有几位"乡先生"的文章大概不是"场屋得隽之文"。即便是"元、魁、进士"之作,也未必是中举时的考卷,比如陈傅良9篇中,只有1篇是考卷,其他则是平时之作。但他既是进士,更是名重当时

---

① [元]脱脱等:《宋史》(第11册第155卷),中华书局1985年版,第3604页。
② 《论学绳尺提要》,见《景印文渊阁四库全书》(集部第1358册),台湾商务印书馆1986年版,第71~72页。
③ [元]脱脱等:《宋史》(第11册第156卷),中华书局1985年版,第3648页。
④ 笔者据多种史乘和地方志作了《〈论学绳尺〉作者情况考》,字数繁多,此处不一一注释。

的文章家,故其权威性又高于一般"元、魁"。

(三)从《论学绳尺》看科场论的题目

科场论的题目由朝廷出,一般是从经典著作中截取某段文字,让考生对这段文字的观点进行论辨和评论。从《绳尺》156篇的"出处",可知南宋科考论的命题范围:

《左传》3篇,《史记》4篇,《前汉书》52篇,《后汉书》6篇,两《唐书》17篇,《晋书》2篇,《老子》1篇,《论语》11篇,《孝经》1篇,《荀子》10篇,《孟子》23篇,《扬子》14篇,王通《文中子》《中说》7篇,班固《西都赋》1篇,萧统《文选·昭明太子序》1篇,韩愈《原道》2篇、《进学解》1篇。

题目出自史书最多,占一半多。其中评论君臣之道的最多,有三四十种,如《太宗英武仁恕如何》等。其他或评论历史人物如《萧曹丙魏孰优》,或评论典章制度如《孝文几致刑措》,或评论军政策略如《唐兵制节目如何》。

出自经、子、集部的题目,重在考察考生的儒学修养,论文以说理为主,论题总在忠恕仁爱、修身养性等范畴,反映出宋代理学对科举的影响,如《仁义礼智之端如何》。

《绳尺》对每个题目都注明出处,这对指导读书范围、阅读深度、训练猜题和临场认题能力等大有裨益。

(四)从《论学绳尺》看科场论的文体形态

《四库全书·论学绳尺提要》说当时的科场论"限五百字以上成"。考察《绳尺》的156篇文章,篇幅多是800～1500字。论文格式通常以"论曰……"起头,以"……谨论"结束,但有38篇无此格式。此格式与北宋科场论文一样。实用论文则无此格式。论文的结构,以卷1王冑《汤武仁义礼乐如何》(1195字)为例,明刊本中保留着笺解者在行间及页眉批示的情况(以下引文后括号内的字是笺解者批注,方括号内的数字是笔者所加,表示这部分正文的字数):

  论曰为治之道至圣人而极[11字](**破题包意**。)夫……以道为治者……或有亏焉……[39字](**接题反说**。)惟夫圣人……[98

字］（**小讲**谓人心有仁义则有礼乐。）其诸汤武之仁义礼乐乎……［38 字］（**入题**为后面张本。）汤武仁义礼乐如何？请终言之……［107 字］（**原题**先说礼乐非制作之……）移民移粟可以言仁也……何者？［88 字］（**反说**人心不顺便是不知礼……却归正。）是故必日新其德而后礼乐可以兴……［42 字］（**正说**。）否则礼乐不兴而仁义亦几乎息矣［14 字］（**反说**。）汤武之治……［至结尾759 字］（**大讲**。）

批注语中的"正说""反说"属论证方法，不能算章法结构。破题和接题相近，都是开门见题之意。入题和原题相近，都是承前启后的过渡部分。那么论文主要是四步：破题—小讲—原题—大讲。从字数看，大讲最长，占了近2/3的篇幅。

（五）两宋科场论与实用论

《绳尺》所收论文虽然都是南宋时期的，而且以科场论为主，但却能反映两宋科场论和实用论的大致情况。

就文章的形态样式、章法、文法而言，两宋科场论差别很小，主要区别是南宋科场论的篇幅比北宋长。北宋科场论通常五六百字，如欧阳修省试《贾谊不至公卿论》、殿试《三皇设言民不违论》，苏轼省试《刑赏忠厚之至论》、殿试《王者不治夷狄论》等。南宋科场论篇幅增长，《绳尺》所选几乎没有 800 字以下的，多在 1000～1500 字。这意味着"科场得隽"的字数标准比北宋长了一倍多。

两宋科场论（包括备考习作论）和实用论差别也不大，科场论恪守格式，实用论有时或许在篇幅、行文方面稍微随便一点。备考习作论与科场论均须符合考场要求，要体现史识、政见，不能只是表现作文技巧；而从政时的论文与科场论出于一辙，更求实用。因此，习作论、科场论、从政论，不仅格式、规模、章法、文法一样，而且都具有实用性，都能体现作者的真才实学。试将苏轼、苏辙文集中的备考论、科场论、从政论对照①，

---

① 据《景印文渊阁四库全书》本《东坡全集》第 40 卷至第 44 卷，共收论 63 首；苏辙《栾城应诏集》收论 30 余首。见《景印文渊阁四库全书》（集部第 1107 册），台湾商务印书馆 1986 年版，第 548～618 页；《景印文渊阁四库全书》（集部第 1112 册），台湾商务印书馆 1986 年版，第 844～933 页。

即可证此。南宋人延续这一传统,将北宋名家之论当作范文。只是实用论的篇幅比较自由,如文章大家陈傅良所撰《八面锋》共98篇论文,短者三四百字,长者六七百字,比较随意。如果是上书给朝廷的论文,往往比较长,甚至有长达万言的。

无论科场论还是实用论,无论北宋南宋,论文的内容通常是论史、论理、论政。不过科场论和习作论都以论史为主,论理次之,一般不针对现实;实用论则以论政、论事、论理为主,多少都有一些具体的针对性,如欧阳修《朋党论》《本论》,陈傅良《八面锋》诸论。

三、从《论学绳尺》看南宋论学

《绳尺》的分格类意、笺解批评,体现了当时文章家丰富的论学理念,更有卷首《论诀》1卷,集中了12位南宋文章家的论学之语。从中可见当时"论学"之"绳尺",亦可知宋末魏、林时期对前辈权威文章家的确认。

(一)从分格、类意看论学中的审题立意法

《绳尺》分格的目的是细致入微地说明不同论文的视角与立意、结构和文法、论证方式、修辞手段、行文风格等。此书10卷共86格,去其重复,实有54格。这些格名本身就表明审题立意作文的方法(引证略)。每个格名所标示的,都是在审题基础上立意的角度和谋篇布局之法。可见宋人对审题和立意特别重视。陈傅良说"作论之要,莫先于体认题意……此最作论之关键也","凡论以立意为先"。[①]

粗看起来,《绳尺》的格目似乎类别不清,比如就题发明格,与之近似的还有就题生意、就题立论、就题褒贬、就题去取、就题轻重、原题立意、顺题发明、顺题发意等。这些格不过就是一个"就题立意"而已。再加上立说贯题、指题要字、摘字贯题、体用贯题、回护题意、考究题意、推原题意、形容题意等,"题"字格共29种53见(具体统计略),占半数以上。可见其分格的标准不严,很多文章既可归在此格,也可归在彼格。比如卷5反题辨论格的两篇:《文帝不及贾生》《晁错不能过崔寔》,立意都是反题意的,但后一篇又是通过比较晁错和崔寔的优劣来反

---

① 参见[宋]魏天应编选、[宋]林子长笺解《论学绳尺·论诀》,见《景印文渊阁四库全书》(集部第1358册),台湾商务印书馆1986年版,第76页。

驳题目,放在"评品优劣格"亦可。

但若仔细辨析,各种格目的确能揭示一些微妙差别。以下试将思维方式相近的格归纳一下,或有助于体会当时科场论审题立意的奥妙。

(1) 就题格类:包括就题生意、就题立论、就题去取、就题轻重、就问立意、原题立意、顺题发意、顺题发明、发明题意等。此类最多,要领是扣题,准确理解题意,顺着题意展开论述,不必刻意标新立异。如卷4 顺题发明格刘自的《孝宣招选茂异》,论者顺着题意说起,顺势发明出用非常之法才能招非常之才的观点。

(2) 贯题格类:包括立说贯题、贯二为一、摘字贯题、体用贯题等。所谓贯题,是把题目中的几个(通常是2到3个)要素联通起来,阐发其内在联系。如卷1 王冑的《汤武仁义礼乐如何》,作者确立的论点是"仁义之中自有礼乐"①。这就是把题目中的仁义和礼乐两个要素贯二为一,从二者的关系切入论述。

(3) 摘字格类:包括指切要字、指题要字、就题摘字等。这些都是摘出题目中的某个重点字来作文章。如卷1 指切要字格杨茂子的《太宗锐情经术》,论点论据都集中于"锐情"二字。摘字立意不是只论一字不及其他,而是分清主次,找出题目中各要素之间的主从关系。

(4) 尊题贬题格类:包括立说尊题、贬题立说、就题褒贬、驳难本题、驳难题意、回护题意等。尊题比较稳妥,贬题风险较大。如卷8 贬题立说格陈子颐的《叔孙通为汉儒宗》和《萧瑀真社稷臣》,前篇谓"叔孙通非儒者,何足为宗师,太史称之以为汉儒宗者,盖寓其咨嗟不足之意"②。后篇谓萧瑀非忠臣,而"太宗以真社稷臣,许之过矣"③。如此贬题,颇须学识、气度和胆略。

(5) 古今对照格类:包括援古证今、伤古思今、思古伤今、伤今思古、因古思今等。此皆古今对照、引古鉴今之作。

(6) 评品对比格类:此类较多,要求作者用对比的方法品评历史人

---

① [宋] 魏天应编选、[宋] 林子长笺解:《论学绳尺》(第1卷),见《景印文渊阁四库全书》(集部第1358册),台湾商务印书馆1986年版,第88页。
② [宋] 魏天应编选、[宋] 林子长笺解:《论学绳尺》(第8卷),见《景印文渊阁四库全书》(集部第1358册),台湾商务印书馆1986年版,第467页。
③ [宋] 魏天应编选、[宋] 林子长笺解:《论学绳尺》(第8卷),见《景印文渊阁四库全书》(集部第1358册),台湾商务印书馆1986年版,第471页。

物。如卷4《孝宣优孝文》、卷5《王贡材优龚鲍》等,这类题目审题立意不难,全凭史学积累和见识。

(7) 心学性理格类:包括发明性理、以心会道、以天立说等。宋代理学发达,所以论题常与理学有关。如卷5《仁义礼智之端如何》《是非之心智之端》,"两篇皆以心统性情为主意,是祖前辈议论,性理透彻"①。

(8) 推原究理格类:包括推原本文、推原立意、推究源流等。推即推究、考究,关注的重点是前后联系或逻辑关系;推原则重在追溯源流。如卷1《汉训辞深厚如何》《孝武号令文章如何》,前篇谓"武帝所下诏令其训辞所以深且厚,而不流于浅薄者,由其崇儒重道,有古人之遗意故也"②。后篇谓"武帝之号令文章焕然可述,皆自表章六经中来"③。

(9) 题外生意格类:包括题外生意、言外发意、立说出奇等。面对考题而敢于生新出奇,从题外立意,是比较冒险的,但作得好则能出奇制胜。如卷6言外发意格《汉世良吏为盛》,立说是:"古者吏无不良,安有良之名;本非衰也,安有盛之名。为吏而名之以良,且以为盛,是伤古道之不复见也。"④论者用"菩提本无树"式的逻辑推论大胆地否定了题目,认为有"良、盛"之说,就意味着已有不良不盛。

用"格"来表示作文立意之法,是南宋文章家教授学生的一种方法。吕祖谦《古文关键·论作文法》列出31种"格制"名称,其中12种属于立意谋篇之格制:上下、离合、聚散、前后、迟速、左右、远近、彼我、一二、次第、本末、立意。他偶尔也讲"体式",如说《谏臣论》是"箴规攻击体,是反题难文字之祖"⑤,《捕蛇者说》是"感慨讥讽体"⑥,

---

① [宋] 魏天应编选、[宋] 林子长笺解:《论学绳尺》(第5卷),见《景印文渊阁四库全书》(集部第1358册),台湾商务印书馆1986年版,第297页。
② [宋] 魏天应编选、[宋] 林子长笺解:《论学绳尺》(第1卷),见《景印文渊阁四库全书》(集部第1358册),台湾商务印书馆1986年版,第102页。
③ [宋] 魏天应编选、[宋] 林子长笺解:《论学绳尺》(第1卷),见《景印文渊阁四库全书》(集部第1358册),台湾商务印书馆1986年版,第105页。
④ [宋] 魏天应编选、[宋] 林子长笺解:《论学绳尺》(第6卷),见《景印文渊阁四库全书》(集部第1358册),台湾商务印书馆1986年版,第370页。
⑤ [宋] 吕祖谦:《古文关键》(上卷),见《景印文渊阁四库全书》(集部第1351册),台湾商务印书馆1986年版,第721页。
⑥ [宋] 吕祖谦:《古文关键》(上卷),见《景印文渊阁四库全书》(集部第1351册),台湾商务印书馆1986年版,第738页。

《与韩愈书论史事》是"攻击辩诘体"①。楼昉《崇古文诀》偶尔称"格"。《绳尺》专用分格法。可以说：分格是南宋论学的一种重要的方法论，对考生揣摩作论之道颇有启发性。

审题立意之道，仅凭格目还不足以揭示，于是《绳尺》的编者又做出立说、类意、尾评。立说在每篇题目之下，扼要概括文章的立意。类意在每格之下②，对同格中两篇文章的立意进行类比，但基本是对两篇"立说"的提炼缩写。尾评在每格正文之后，又是对"类意"的提炼缩写。三者是以重复的方式强调某篇文章的立意。如卷1贯二为一格：

> 林执善《圣人备道全美》立说……[126字]；彭方迥《帝王要经大略》立说……[90字]
> 类意：前篇谓天下之美岂有外于道，而道岂外于人哉？……唯圣人能尽人道之极。故其美无一毫之不全。则知备道之中自有全美。后篇谓帝王大略非出要经之外……吾唯即其要而持之。人见其为略之大，不知实得经之要也。则知要经之中自有大略。
> 尾评：前篇谓备道之中自有全美，此篇谓要经之中自有大略。是贯二为一格，可以类推。③

如果说分格是概括立意的规律，那么立说、类意、尾评则是具体而微地阐释立意的方法。《绳尺》编者真是用心良苦。

（二）从《论诀》和笺解批评看南宋论学之篇制论、文法论、风格论

《绳尺》卷首的《论诀》集中了当时文章家的"论学"要义，而正文中的批语、笺注、点抹、眉批则是对论学理论的具体阐释。

1. 篇制论

《论诀》十二家语中，有四家论及篇制结构者：戴溪分破题、接题、

---

① [宋]吕祖谦：《古文关键》（上卷），见《景印文渊阁四库全书》（集部第1351册），台湾商务印书馆1986年版，第738页。
② 见明刊本每卷目录，四库全书本未取。
③ [宋]魏天应编选、[宋]林子长笺解：《论学绳尺》（第1卷），见《景印文渊阁四库全书》（集部第1358册），台湾商务印书馆1986年版，第95～98页。

原题、讲题、结题；冯椅以鼠头、豕项、牛腹、蜂尾为喻，分破题、承题、小讲、冒头、讲题；陈傅良分破题、原题、讲题、结尾；欧阳起鸣分论头、论项、论心、论腹、论腰、论尾。《绳尺》的眉批则分破题、接题、小讲、入题、原题、大讲。诸说不一而章法无二，以下且依"头、项、腹、尾"之喻，探讨这些文章家对论文布局结构和逻辑关系的论述，并以最受好评的陈傅良《仲尼不为已甚》①（卷6）为例：

（1）论头就是破题和接题，任务是点明题意和展开题意。戴溪说破题要"切而当，明而快"②。冯椅认为破题就像"鼠头欲精而锐"，"简而切当，含蓄而不晦，一句两句破者，上也，其次三句，又其次四句者，渐为不得已"③。陈傅良说"破题为论之首，一篇之意，皆涵蓄于此。尤当立意详明，句法严整，有浑厚气象"④。欧阳起鸣说这是"一篇纲领……两三句间要括一篇意"⑤。接题是展开题意的关卡，陈傅良称为"原题"⑥，说这是"题下正咽喉之地，推原题意之本原，皆在于此……或设议论，或便说题目，或使譬喻，或使故事，要之，皆欲推明主意而已"⑦。冯椅认为"破题以下数句极难，最要明快，转得怕缓，缓便吃力"⑧。欧阳起鸣说"承题要开阔，欲养下文，渐下，莫说尽为佳，欲抑先扬，欲扬先抑，最嫌直致无委曲"⑨。破题和接题通常只须几句话，点题、开路即可。如《仲尼不为已甚》破题："圣人之道欲行于天下，则亦不可孤而

---

① 批云：止斋之论，论之祖也，此篇又为止斋诸论之冠，文圆活而味悠长，读之终日不厌也。
② [宋] 魏天应编选、[宋] 林子长笺解：《论学绳尺·论诀》，见《景印文渊阁四库全书》（集部第1358册），台湾商务印书馆1986年版，第73页。
③ [宋] 魏天应编选、[宋] 林子长笺解：《论学绳尺·论诀》，见《景印文渊阁四库全书》（集部第1358册），台湾商务印书馆1986年版，第74页。
④ [宋] 魏天应编选、[宋] 林子长笺解：《论学绳尺·论诀》，见《景印文渊阁四库全书》（集部第1358册），台湾商务印书馆1986年版，第76页。
⑤ [宋] 魏天应编选、[宋] 林子长笺解：《论学绳尺·论诀》，见《景印文渊阁四库全书》（集部第1358册），台湾商务印书馆1986年版，第78页。
⑥ 这与其他人所称"原题"不同。陈指推究题意；他人指小讲宕开一段之后，再收回话题。
⑦ [宋] 魏天应编选、[宋] 林子长笺解：《论学绳尺·论诀》，见《景印文渊阁四库全书》（集部第1358册），台湾商务印书馆1986年版，第76页。
⑧ [宋] 魏天应编选、[宋] 林子长笺解：《论学绳尺·论诀》，见《景印文渊阁四库全书》（集部第1358册），台湾商务印书馆1986年版，第74页。
⑨ [宋] 魏天应编选、[宋] 林子长笺解：《论学绳尺·论诀》，见《景印文渊阁四库全书》（集部第1358册），台湾商务印书馆1986年版，第78页。

立也。"① "不可孤立"是全文论述的重点。怎样才能不孤立呢？接题便由此引出全文论述的重点：圣人待人以宽。

（2）论项即从小讲到原题。小讲须宕开话题，使议论开放一些，引起转折变化，从理论上为大讲进行铺垫；原题则收拢话头，把议论拉回到主题上来。戴溪说"原题贵新"②。冯椅说"豕顶欲肥而缩"③。欧阳起鸣说论项"先看主意如何，却生一议论起来，或行数句淡文，或立意用事起，或设疑反难起……设疑为易，后用事证佐，则不枯"④。福唐李先生《论家指要》说题下（据其上下文看，即论项部分）有4种方式："本意起贵乎转换，不要重复；用证起贵乎的切，不要牵强，不可丛杂；辨难起贵乎是当，不可泛讲，连论头下径说去，贵乎有议论，不可率略。"⑤《仲尼不为已甚》的小讲是反题意假设："夫其望我过高也，而吾又详责之……"意思是别人已经把圣人看得很高了，圣人如果再对别人要求很严，自己就孤立了。笺注云："止斋文法多如此衮缠，若如此则是太甚了。"⑥ 这就是"设疑反难"，即欲扬先抑、先从反面说起。责人过严就孤立自己，这样的事孔子当然不干。于是原题，即还原到题目："故孟子曰'仲尼不为已甚'，夫子之道所以至今不废也。"⑦ 话头从正面收拢。这只是一例，小讲未必都用"设疑反难"之法。但原题必须收拢话题，明显的标志是主题句第二次出现。

（3）论腹即大讲，根据题意展开议论，纵横古今，事理兼备，正反开合、抑扬转折，放得开，收得拢，有思想深度，既见学识，又见才智。

---

① ［宋］魏天应编选、［宋］林子长笺解：《论学绳尺》（第6卷），见《景印文渊阁四库全书》（集部第1358册），台湾商务印书馆1986年版，第342页。
② ［宋］魏天应编选、［宋］林子长笺解：《论学绳尺·论诀》，见《景印文渊阁四库全书》（集部第1358册），台湾商务印书馆1986年版，第73页。
③ ［宋］魏天应编选、［宋］林子长笺解：《论学绳尺·论诀》，见《景印文渊阁四库全书》（集部第1358册），台湾商务印书馆1986年版，第74页。
④ ［宋］魏天应编选、［宋］林子长笺解：《论学绳尺·论诀》，见《景印文渊阁四库全书》（集部第1358册），台湾商务印书馆1986年版，第78页。
⑤ ［宋］魏天应编选、［宋］林子长笺解：《论学绳尺·论诀》，见《景印文渊阁四库全书》（集部第1358册），台湾商务印书馆1986年版，第78页。
⑥ ［宋］魏天应编选、［宋］林子长笺解：《论学绳尺》（第6卷），见《景印文渊阁四库全书》（集部第1358册），台湾商务印书馆1986年版，第342页。
⑦ ［宋］魏天应编选、［宋］林子长笺解：《论学绳尺》（第6卷），见《景印文渊阁四库全书》（集部第1358册），台湾商务印书馆1986年版，第343页。

所以戴溪说"讲题贵赡",冯椅说"牛腹欲肥而大"①,陈傅良说:"讲题谓之论腹,贵乎圆转议论,备讲一题之意。……实事处须是反复铺叙,方得用语圆转;又须时时缴归题意,方得紧切如小儿随人入市,数步一回顾,则无失路。若一去不复返,则人与儿两失矣。"② 欧阳起鸣称之为论腹和论腰:"铺叙要丰赡,最怕文字直致无委曲,欲抑则先扬,欲扬则先抑,中间反复,惟意所之……变态极多。大凡转一转,发尽本题余意,或譬喻,或经句,或借反意相形,或立说断题。"③

(4) 论尾就是结题,简明扼要地扣住题目,结束议论。冯椅说"蜂尾欲尖而峭",陈傅良说"结尾正论关锁之地,尤要造语精密,遣文顺快……有文外之意",欧阳起鸣认为论尾最好是"多有警语……百丈竿头,复进一步"。④ 如《仲尼不为已甚》的结尾:"其从容气象,宛然孔氏家法也。噫,甚矣!轲之似夫子也!"⑤ 因为题目出自《孟子》,所以结处顺势说孟子知孔子家法,太像孔子了!既扣了题,又点出孔孟之道相承,余味悠长。

南宋论学的结构论,还没有严格分为后世所谓"八股",但"其破题、接题、小讲、大讲、入题、原题诸式,实后来八比之滥觞,亦足以见制举之文源流所自出焉"⑥。

2. 文法论

广义的文法指作文的一切方法,包括以上所述立意谋篇布局结构之法。但《绳尺》的《论诀》和笺解所谓"法度"或"文法",多是指狭义的文法,主要是行文论证之法。如卷1《圣人备道全美》批曰:"法度

---

① [宋]魏天应编选、[宋]林子长笺解:《论学绳尺·论诀》,见《景印文渊阁四库全书》(集部第1358册),台湾商务印书馆1986年版,第74页。
② [宋]魏天应编选、[宋]林子长笺解:《论学绳尺·论诀》,见《景印文渊阁四库全书》(集部第1358册),台湾商务印书馆1986年版,第76页。
③ [宋]魏天应编选、[宋]林子长笺解:《论学绳尺·论诀》,见《景印文渊阁四库全书》(集部第1358册),台湾商务印书馆1986年版,第79页。
④ 参见[宋]魏天应编选、[宋]林子长笺解《论学绳尺·论诀》,见《景印文渊阁四库全书》(集部第1358册),台湾商务印书馆1986年版,第74、76、79页。
⑤ [宋]魏天应编选、[宋]林子长笺解:《论学绳尺》(第6卷),见《景印文渊阁四库全书》(集部第1358册),台湾商务印书馆1986年版,第345页。
⑥ 《论学绳尺提要》,见《景印文渊阁四库全书》(集部第1358册),台湾商务印书馆1986年版,第72页。

整严，气象广大，首尾相照应，有如常山蛇之势。"① 卷 2《博施济众何如》批曰："此篇是真要看他间字回斡，冷语发明，最有法度。"② 林图南论行文法有：抑扬、缓急、死生、施报、去来、冷艳、起伏、轻清、厚重。他对此一一解释并举例说明，兹不赘述。

文法既有常规，又尚变化。论学家据变求常，因常知变。比如危稹谈"论中使譬喻，须一句比喻，一句使实事为上格"。吴镒谈照应："首尾相应，其势如击蛇。"《绳尺》中谈论最多的是抑扬、照应、转折之法，兹不赘述。唯《论诀》所录林图南论行文法，使用了 8 种术语，大意如下：

（1）折腰体即折断再续。他举的文例是在叙述和议论史事时，中间插入一段抽象的道理或比喻，然后再继续。他说如果是俗手，就不会用这种折断—宕开—再继续的手法。

（2）蜂腰体是转折之法，其形式是：……不是……而是……。

（3）掉头体是另一种转折法——转说其他。"读者正凝神欲观其收拾，又却别颂去，使之搜寻一饷，然后得其意旨所向……必也深藏固秘，邀勒艰难，彼然后不敢以为易得。"林图南在此处引用吴行可的一段话颇有助于理解诸法之别：

> 掉头体似折腰而非折腰，似双关而非双关。折腰则缘上意而生语，此不缘上意而别生语，于收拾处方牵上意而入文也。双关则平分两脚，意要偶语，要齐，有似破义中以一脚收此，虽两脚意，不要偶语，不要齐，不须中生一脚，但以下脚收上脚也。

（4）单头体就是顺着一个话头说，不转折。如"意在高祖，便举项羽以为头；意在于自便，便举宽仁以为头。所谓一引一结，单头体也"③。

（5）双关体，如方能甫《光武以柔道理天下论》，"先开其刚，与刚

---

① ［宋］魏天应编选、［宋］林子长笺解：《论学绳尺》（第 1 卷），见《景印文渊阁四库全书》（集部第 1358 册），台湾商务印书馆 1986 年版，第 95 页。
② ［宋］魏天应编选、［宋］林子长笺解：《论学绳尺》（第 2 卷），见《景印文渊阁四库全书》（集部第 1358 册），台湾商务印书馆 1986 年版，第 164 页。
③ ［宋］魏天应编选、［宋］林子长笺解：《论学绳尺·论诀》，见《景印文渊阁四库全书》（集部第 1358 册），台湾商务印书馆 1986 年版，第 85 页。

柔作两门关，取柔放其中；开其定天下、治天下作两门关，取理天下放其中"①。然后取两"中"合一，即"以柔理天下"。这就是双关体。

（6）三扇体是设置三层意思，逐层深入之法。

（7）征雁不成行体（亦名雁断群体），如阮霖《马周言天下事论》，"提起六件事，若分为六脚即太冗，直若分为两脚即太长，惟是分作四脚，不长不迫……段段变文不同"②。

（8）鹤膝体，如陈惇修《孔子用于鲁论》，"自入孟子处，乃鹤膝体……论本是孔子，乃用孟子插入来，故如接花木而用鹤膝枝也"③。

林图南设此 8 种名堂，是用比喻的方式讲解文法，略有巧弄玄虚、似是而非之嫌。

3. 风格论

《论诀》首录吕祖谦云："论各有体，或清快，或壮健，不可律看。做论有三等：上焉藏锋不露，读之自有滋味；中焉步骤驰骋，飞沙走石；下焉用意庸庸，专事造语。"④ 此所谓"体"，就是指文章风格。吴镒也说："论体有七：一圆转，二谨严……"⑤

吕祖谦在其《古文关键·论作文法》中，曾列出 20 种文章风格："明白、整齐、紧切、的当、流转、丰润、精妙、端洁、清新、简肃、清快、雅健、立意、简短、闳大、雄壮、清劲、华丽、缜密、典严。"⑥ 他称之为"格制"，涉及文体风格、语体风格、修辞风格等。《论诀》戴溪云："史论易粗，宜纯粹。性理论易晦，宜明白。"⑦ 此指文体风格。戴溪

---

① ［宋］魏天应编选、［宋］林子长笺解：《论学绳尺·论诀》，见《景印文渊阁四库全书》（集部第 1358 册），台湾商务印书馆 1986 年版，第 85 页。
② ［宋］魏天应编选、［宋］林子长笺解：《论学绳尺·论诀》，见《景印文渊阁四库全书》（集部第 1358 册），台湾商务印书馆 1986 年版，第 87 页。
③ ［宋］魏天应编选、［宋］林子长笺解：《论学绳尺·论诀》，见《景印文渊阁四库全书》（集部第 1358 册），台湾商务印书馆 1986 年版，第 88 页。
④ ［宋］魏天应编选、［宋］林子长笺解：《论学绳尺·论诀》，见《景印文渊阁四库全书》（集部第 1358 册），台湾商务印书馆 1986 年版，第 73 页。
⑤ ［宋］魏天应编选、［宋］林子长笺解：《论学绳尺·论诀》，见《景印文渊阁四库全书》（集部第 1358 册），台湾商务印书馆 1986 年版，第 75 页。
⑥ 《论学绳尺提要》，见《景印文渊阁四库全书》（集部第 1358 册），台湾商务印书馆 1986 年版，第 73 页。
⑦ ［宋］魏天应编选、［宋］林子长笺解：《论学绳尺·论诀》，见《景印文渊阁四库全书》（集部第 1358 册），台湾商务印书馆 1986 年版，第 73 页。

又说："议论贵含蓄，譬喻贵警拔。"① 此指修辞风格。陈傅良云"造语有三：一贵圆转周旋，二贵过度精密，三贵精奇警拔"②，这也是讲修辞风格。陈亮云："大手之文，不为诡异之体，而自宏富；不为险怪之辞，而自典丽。奇寓于纯粹之中，巧藏于和易之内。"③ 这是谈行文之总体风格。

《绳尺》笺解中的"批曰"，常常涉及文章风格，其中最突出的是推重古雅渊博，特别看重用典。如"文有古体，语有古意，当于古文求之，其源委得之柳子厚《封建论》"④（卷1《太宗治人之本》批）。"议论有据，文字亦老。"⑤（卷3《尽心知性存养如何》批）"说有本祖，文有法度，说得极透彻，老笔也。"⑥（卷6《尧舜行道致孝》批）"有据""有本祖"，是考官判断作者学力的主要依据；"有古体"是考官对作者笔力的评价，批语中最常见这些评价。

在渊博典雅的基础上，再求语辞之简洁、清新、华丽，文势之阔大、流畅等。如"立说祖关、洛语话，行文有前辈典刑，清密而敷畅，圆活而老成，数十年来罕见此作"⑦（卷4《文帝道德仁义如何》批）。"说有本祖，文亦华丽。"⑧（卷4《孝宣优孝文》批）"文势圆转，节节相应，深得论体。"⑨（卷6《仁圣博施济众》批）"文简洁而气和平，透迤曲折，

---

① ［宋］魏天应编选、［宋］林子长笺解：《论学绳尺·论诀》，见《景印文渊阁四库全书》（集部第1358册），台湾商务印书馆1986年版，第73页。
② ［宋］魏天应编选、［宋］林子长笺解：《论学绳尺·论诀》，见《景印文渊阁四库全书》（集部第1358册），台湾商务印书馆1986年版，第76页。
③ ［宋］魏天应编选、［宋］林子长笺解：《论学绳尺·论诀》，见《景印文渊阁四库全书》（集部第1358册），台湾商务印书馆1986年版，第73页。
④ ［宋］魏天应编选、［宋］林子长笺解：《论学绳尺》（第1卷），见《景印文渊阁四库全书》（集部第1358册），台湾商务印书馆1986年版，第122页。
⑤ ［宋］魏天应编选、［宋］林子长笺解：《论学绳尺》（第3卷），见《景印文渊阁四库全书》（集部第1358册），台湾商务印书馆1986年版，第191页。
⑥ ［宋］魏天应编选、［宋］林子长笺解：《论学绳尺》（第6卷），见《景印文渊阁四库全书》（集部第1358册），台湾商务印书馆1986年版，第339页。
⑦ ［宋］魏天应编选、［宋］林子长笺解：《论学绳尺》（第4卷），见《景印文渊阁四库全书》（集部第1358册），台湾商务印书馆1986年版，第229页。
⑧ ［宋］魏天应编选、［宋］林子长笺解：《论学绳尺》（第4卷），见《景印文渊阁四库全书》（集部第1358册），台湾商务印书馆1986年版，第267页。
⑨ ［宋］魏天应编选、［宋］林子长笺解：《论学绳尺》（第6卷），见《景印文渊阁四库全书》（集部第1358册），台湾商务印书馆1986年版，第336页。

颇得止斋法度。"①（卷6《君子以仁礼存心》批）"深得论体"是批语中常用的综合评价，包括立意、结构和风格等。风格是多样的、具体的，笺评总是针对具体文章加以评点，其中包含的风格论既丰富又具体，便于学习者领会。

四、结束语

南宋论学讲究"绳尺"，对学习者有益也有害。作文之道玄妙无涯，初学者往往摸不到门路，"绳尺"就有引导和规范作用，但同时也形成束缚。《四库全书·论学绳尺提要》言科场论文"其始尚不拘成格，如苏轼《刑赏忠厚之至论》，自出机杼，未尝屑屑头颈心腹腰尾之式。南渡以后，讲求渐密，程式渐严，试官执定格以待人，人亦循其定格以求合，于是双关三扇之说兴，而场屋之作遂别有轨度。虽有纵横奇伟之才，亦不得而越"。顾炎武《日知录》卷16云："文章无定格，立一格而后为文，其文不足言矣。唐之取士以赋，而赋之末流，最为冗滥；宋之取士以论策，而论策之弊，亦复如之。"②

南宋论学之兴与论体文程式化是相伴而生的，它们既是论体文高度成熟的标志，也是论体文走向僵化的标志。

---

① [宋]魏天应编选、[宋]林子长笺解：《论学绳尺》（第6卷），见《景印文渊阁四库全书》（集部第1358册），台湾商务印书馆1986年版，第345页。
② [清]顾炎武著，[清]黄汝成集释，栾保群、吕宗力校点：《日知录集释》（中册第16卷《程文》），上海古籍出版社2006年版，第954页。

第五章　赋文体变化与用韵之关系①

赋介于韵文与散文之间。古人作赋通常是用韵的，但其用韵方式颇异于诗歌，韵之疏密转换并无严格的程式和规律。在古代有韵的文体中，赋是最自由、最无定式的，而且随着时代的变迁，赋的体式亦有变化，其用韵的方式也因之而有所变化。只有律赋用韵是程式化的，因为它是科举文体，必须有定式。由此，赋乃有限韵与不限韵之别：律赋限韵，此外则不限。后者有诗体赋、骚体赋、散体赋、骈赋，用韵都比较自由。其中散体赋用韵最自由，往往近似无韵之文，加之古今音韵有别，所以后世读者阅读时甚至会忽略它的韵脚。当代有些作赋者可能因此把散体赋当作无韵之文来写，只用文言杂以骈体。

赋韵意识日渐淡漠，不仅体现在创作中，也表现在学术研究领域，20世纪以来，各种中国文学史著作基本不谈赋韵，甚至赋体文学研究专著也很少有专论②。

鉴于此，本章乃考察赋体用韵的历史变化。前人对此虽无专论，但于赋韵却不乏论说，或是在文体评论、编纂书目中略言赋韵③，或因注音和科场程式而及赋韵④。当代语言学家也有论赋韵者。⑤ 这些都是本章的重要参考。本章通过考察历代赋用韵的情况，结合前人的论说，探讨赋韵之缘起，并分别论述诗体赋、骚体赋、散体赋、骈赋、律赋用韵的方式，期望对赋韵的历史变化做出尽可能清晰的梳理和论述。而关于赋之体类的流变和区分，历来是赋学之主要话题，论者既多，论述亦清晰，无须赘述。本章只关注赋体流变过程中韵式的微妙变化。

---

① 本章是笔者与博士研究生张奕琳合作研究撰写。
② 如马积高《赋史》，上海古籍出版社1987年版。
③ 如［宋］洪迈《容斋随笔》、［元］祝尧《古赋辩体》等。
④ 如唐抄本《赋谱》、［宋］郑起潜《声律关键》、［清］江有诰《宋赋韵读》等。
⑤ 如王力《古代汉语》（下册第2分册）有"赋的押韵"一节，中华书局1964年版；鲍明炜《唐代诗文韵部研究》，江苏古籍出版社1990年版；等等。

一、赋韵缘起与诗体赋、骚体赋用韵

《文心雕龙·诠赋》云:"赋也者,受命于诗人,而拓宇于《楚辞》。"① 章学诚认为赋本于《诗》《骚》且出入战国诸子②。《诗》《骚》有韵,赋承之;战国诸子之文多散体,赋由此而体性非诗化,句式散化,用韵自由化。

(一)早期赋采用《诗经》《楚辞》的音韵系统

王力主编的《古代汉语》列有《上古韵部及常用字归部表》③,收录了《诗经》《楚辞》的入韵字及先秦古籍中的常用字,分30部。这是历代语言学家对上古音韵系统研究的成果。在先秦两汉时代,《诗经》《楚辞》和其他各种典籍产生的地域虽不同,但文字和音韵系统却基本一致。赋正是这种音韵系统覆盖下的一种文体,其用韵自然与《诗经》《楚辞》同属一个音韵系统。荀子的5篇赋是现存最早的赋,其韵式和音韵体系全同于《诗经》,如《礼赋》(韵脚后方括号内注韵部④,下文同此,不一一说明):

> 爰有大物,非丝非帛,文理成章[阳]。非日非月,为天下明[阳]。生者以寿,死者以葬[阳],城郭以固,三军以强[阳]。粹而王[阳],驳而伯,无一焉而亡[阳]。臣愚不识,敢请之王[阳]。
> 王曰:此夫文而不采[之]者[鱼]与[鱼]?简然易知而致有理[之]者与?君子所敬而小人所不[之]者与?性不得则若禽兽,性得之则甚雅似[之]者与?匹夫隆之则为圣人,诸侯隆之则

---

① [南朝梁]刘勰著、詹锳义证:《文心雕龙义证》(第2卷《诠赋》),上海古籍出版社1989年版,第274页。
② 参见[清]章学诚著、王重民通解《校雠通义通解(第3卷)·汉志诗赋》,上海古籍出版社1987年版,第117页。
③ 王力:《古代汉语》(上册第2分册《附录三》),中华书局1962年版,第627~631页。
④ 本文标注韵部,据郭锡良《汉字古音手册》,北京大学出版社1986年版。此书注有字的上古音和中古音(即《广韵》音)。本文标注秦汉赋韵用上古音依据此书,标注六朝以下赋韵据《广韵》。

一四海[之]者与？致明而约，甚顺而体[脂]，请归之礼[脂]。①

这段文字前半基本是四言诗体，押阳部韵。后面"王曰"部分句式散化，韵用复式，押之部、鱼部、脂部，与《诗经》完全一致。

查今存先秦两汉诸赋，用韵皆与《诗经》《楚辞》同系，无须举例。

（二）早期赋采用《诗经》《楚辞》的韵式

早期赋有近于《诗经》的，后人称为诗体赋；有近于《楚辞》的，后人称为骚体赋；有散体者，如荀子的赋、宋玉《登徒子好色赋》等。

诗体赋的押韵方式本于《诗》。例如，荀子《赋》5篇，每篇150至200余字，前半十几句就多是四言诗体，以偶句押韵为主；后半是主客问答散体句式，基本是每句押韵。如《知赋》：

> 皇天隆物，以示下民[真]，或厚或薄，帝不齐均[真]。桀、纣以乱，汤、武以贤[真]。涔涔淑淑[觉]，皇皇穆穆[觉]，周流四海，曾不崇日[质]。君子以修，跖以穿室[质]。大参乎天，精微而无形[耕]。行义以正[耕]，事业以成[耕]。可以禁暴足穷，百姓待之而后宁[耕]泰②。臣愚不识，愿问其名[耕]。曰：此夫安宽平而危险隘[锡]者[鱼]邪[鱼]？修洁之为亲而杂污之为狄[锡]者邪？甚深藏而外胜敌[锡]者邪？法禹、舜而能弇迹[锡]者邪？行为动静，待之而后适[锡]者邪？血气之精[耕]也[歌]，志意之荣[耕]也。百姓待之而后宁[耕]也，天下待之而后平[耕]也。明达纯粹而无疵[支]也，夫是之谓君子之知[支]。③

此赋前半基本是四言诗体，第1至6句偶句押真部韵，第7、8句押觉部韵，第9至12句又变为偶句押质部韵，第13至20句基本是偶句押耕部

---

① ［清］王先谦撰，沈啸寰、王星贤点校：《荀子集解》（第18卷《赋篇》），中华书局1988年版，第472～473页。

② 章诗同《荀子简注》认为当作"泰宁"，上海人民出版社1974年版，第287页。

③ ［清］王先谦撰，沈啸寰、王星贤点校：《荀子集解》（第18卷《赋篇》），中华书局1988年版，第473～474页。

韵。"曰"以后是散体，句句押韵。先是 5 句三字富韵（每句尾同一虚字重复押韵，虚字前实字押韵，构成双韵脚，叫做富韵）：每句倒数第三字押锡韵，尾两虚字"者邪"押鱼韵。以下 4 句换为两字富韵：实韵押耕部。最后两句实韵换为支部。以上同韵部的字，有平有仄，这是上古韵部之常例，王力称之为"异调通押"①。以上韵式都与《诗经》韵式相同。

诗体赋除四言外，后世还有五言、六言、七言、杂言诸体，体类和韵式更近于诗歌。比如，唐代一些以赋名篇的七言诗体赋，几乎与七言诗无异。而无论几言，凡诗体赋，韵式皆源自《诗经》，韵系则依同时代的诗韵。由于诗歌押韵的方式比较明确而且固定，所以诗体赋的押韵方式无须详细举例说明。

骚体赋的文体形态近于楚辞，有的作品篇名为"赋"，有的篇名无"赋"字，但也被文学史家视为骚体赋，甚至有人把所有楚辞体作品都称为骚体赋。不论篇名是否称"赋"，凡骚体作品，其用韵方式都和《楚辞》基本一致。例如，贾谊的《吊屈原赋》：

恭承嘉惠兮，俟罪长沙［歌］。侧闻屈原兮，自沈汨罗［歌］。造托湘流兮，敬吊先生［耕］，遭世罔极兮，乃殒厥身［真］。

呜呼哀哉！逢时不祥［阳］。鸾凤伏窜兮，鸱枭翱翔［阳］。阘茸尊显［元］兮，谗谀得志［之］；贤圣逆曳［月］兮，方正倒植［职］。世谓随、夷为溷［文］兮，谓跖、蹻为廉［谈］；莫邪为钝［文］兮，铅刀为铦［谈］。吁嗟默默，生之无故［鱼］兮，斡弃周鼎，宝康瓠［鱼］兮。腾驾罢牛［之］，骖蹇驴［鱼］兮；骥垂两耳［之］，服盐车［鱼］兮；章甫荐履，渐不可久［之］兮；嗟苦先生，独离此咎［幽］兮。②

此段偶句皆押韵，基本四句一换韵。韵有平声、仄声，有平仄通押（元、月；之、职），有平声韵邻韵通押（耕、真；之、幽），有富韵。这都是

---

① 王力：《〈诗〉韵总论·通韵和合韵》，见《诗经韵读》，上海古籍出版社 1980 年版，第 28 页。
② 费振刚、仇仲谦、刘南平校注：《全汉赋校注》（第 1 卷），广东教育出版社 2005 年版，第 3~4 页。

《楚辞》常见的韵式。另有单句押韵,与偶句韵构成交韵(即单句与单句押韵,双句与双句押韵。第13至16句:单句元、月通押,双句之、职通押。第17至20句:单句押文韵,双句押谈韵。第25至28句:单句押之韵,双句押鱼韵)。这类韵式《楚辞》不多,但《诗经》常见,如《小雅·节南山》:"方茂尔恶[铎],相尔矛[幽]矣。既夷既怿[铎],如相酬[幽]矣。"① 单句押铎韵,双句押幽韵。

章学诚《校雠通义·汉志诗赋》云:"古之赋家者流,原本《诗》《骚》,出入战国诸子。"② 章氏是在说明赋的文体渊源,不是谈用韵的问题,但却启发我们想到赋韵与先秦散文韵式的关系。先秦散文亦有用韵者,如《老子》通篇用韵,《孟子》《韩非子》《国语》《左传》等也间有韵语,韵式基本与《诗经》《楚辞》同,但韵之疏密不定,这可能对散体赋用韵有一定影响。如《国语·晋语》载郭偃所引的商铭:"嗛嗛之德[职],不足就[幽]也,不可以矜而祗取忧[幽]也。嗛嗛之食[职],不足狃[幽]也,不能为膏而祗罹咎[幽]也。"③ 荀子《赋》篇每篇后半的散体句式和韵式皆与此类似。

综合以上考察可知,上古各种文体凡用韵,大体都是使用共同的韵系和韵式,所以形成于战国至汉代的赋,其韵系韵式自然与《诗经》《楚辞》类同。后世各体赋,其韵脚之疏密或有不同,但用韵方式皆源自《诗》《骚》。同时,赋的用韵方式也或多或少地受到其他文体的影响,从而有别于诗歌,成为独立的有韵之文。即使格律诗形成之后,赋韵也未采纳格律诗的韵式,各体赋仍然保持了自己的用韵方式。

二、散体赋用韵

(一)散体赋的文体界定

说散体赋,首先涉及赋的分类问题。关于赋的分类,自古说法很多。

---

① [汉]郑玄注、[唐]孔颖达疏:《毛诗正义》(第12卷),见[清]阮元校刻《十三经注疏》(上册),中华书局1980年版,第440页。

② [清]章学诚著、王重民通解:《校雠通义通解(第3卷)·汉志诗赋》,上海古籍出版社1987年版,第117页。

③ [清]徐元诰撰,王树民、沈长云点校:《国语集解》,中华书局2002年版,第252页。

马积高《历代辞赋研究史料概述》概括了古人对赋按体分类的情况①，有二分法如明吴讷《文章辨体》，分赋为古、律二体；三分法如清陆葇《历朝赋格》，分赋为文、骚、骈三体；四分法如明徐师曾《文体明辨序说》，分赋为古、俳、律、文四体；五分法如祝尧《古赋辩体》，依时代分楚辞、两汉、三国六朝、唐、宋五体。近人王力《古代汉语》沿用徐师曾四分法②。日本铃木虎雄《赋史大要》在祝尧五分法的基础上，增加清八股文赋③。马积高《赋史》将汉大赋、骈赋、律赋和宋文赋皆归为文赋，以别于骚体赋和诗体赋，但又另列古赋和俗赋二体，与前三体交叉重复，不太清晰④。郭建勋《辞赋文体研究》分骚体、诗体、文体三类⑤。各种分类方式自有其视角、标准、依据，都能侧重说明不同的问题。

本文探讨赋韵，故从句式、韵式着眼，将赋分为诗体赋、骚体赋、散体赋、骈赋、律赋。散体赋主要以汉代的散体赋、唐宋新文赋和散体俗赋为代表。从汉到宋，中间出现了骈赋、律赋，而宋人的新文赋偏偏远骈、律而近似汉散体赋，这是因为唐宋作家写新文赋时，有明确的避骈就散的复古意识，他们所说的"古"，正是汉代散体赋。这一点，前人早有论说，如元祝尧《古赋辩体》卷3司马相如《子虚赋》题解云"首尾之文以议论为驭，而专于理者，则流为唐末及宋之文体"⑥。他批评宋人的新文赋"本以恶俳，终以成文，舍高就下。俳固可恶，矫枉过正，文亦非宜。……虽能脱于对语之俳，而不自知又入于散语之文"⑦。

（二）散体赋的文体渊源

散体赋的文体形态主要源自散文。章学诚认为赋体出入战国诸子，或

---

① 参见马积高《历代辞赋研究史料概述》，中华书局2001年版，第12～16页。
② 参见《赋的构成·赋体的演变》，见王力主编《古代汉语》（第4册），中华书局1999年版，第1361～1365页。
③ 参见［日］铃木虎雄撰、殷石臞译《赋史大要》，见王冠辑《赋话广聚》（第6册），北京图书馆出版社2006年版。
④ 参见马积高《赋史》"赋的流变"部分，上海古籍出版社1987年版，第7～10页。
⑤ 参见郭建勋《辞赋文体研究·绪论》，中华书局2007年版，第5页。
⑥ ［元］祝尧：《古赋辩体》（第3卷《两汉体上·〈子虚赋〉》），见《景印文渊阁四库全书》（第1366册），台湾商务印书馆1986年版，第750页。
⑦ ［元］祝尧：《古赋辩体》（第3卷《两汉体上·〈子虚赋〉》），见《景印文渊阁四库全书》（第1366册），台湾商务印书馆1986年版，第818页。

即此意。他具体解释说："假设问对，《庄》《列》寓言之遗也；恢廓声势，《苏》《张》纵横之体也；排比谐隐，《韩非·储说》之属也；征材聚事，《吕览》类辑之义也。"① 章氏所言，皆关乎赋体之"散"。散体赋通常采用松散自由的问答式，这不仅在《庄子》《列子》中常见，在其他诸子散文中也不少。章氏所说的"恢廓声势""排比谐隐""征材聚事"，与刘勰概括的"铺采摛文"② 意思相近，都是指具有散文化特征的语体方式、结构方式、修辞方式、叙说方式和表现风格。赋吸取了这些散文化的方式，从而在文体形态上渐渐地远离诗骚而接近散文，终于发展为体式比诗体赋和骚体赋更松散自由的散体赋。

在散体赋的文体形成过程中，《楚辞》的《卜居》《渔父》的文体示范意义也颇微妙，前人有见于此。元祝尧认为"赋之问答体，其原自《卜居》《渔父》篇来"③。明徐师曾云："按《楚辞》《卜居》《渔父》二篇，已肇文体；而《子虚》《上林》《两都》等作，则首尾是文。后人仿之，纯用此体。盖议论有韵之文也。"④ 这段话是针对宋新文赋说的，意在揭示新文赋的文体渊源。《卜居》《渔父》开篇即为无韵散句，通篇基本是主客问答，句式不太整齐，大体是偶句押韵，换韵频繁。王力《楚辞韵读》对这两篇韵式有详细注释⑤。这正是散体赋常用的韵式。

（三）汉代散体赋用韵

费振刚等辑校的《全汉赋校注》共收录汉赋319篇，其《凡例》说："可以判定为完篇或基本完篇者约一百篇，存目者三十九篇，余为残篇。"⑥ 辑校者未说明这一判断的依据。据笔者逐篇阅读，除去存目及明言为残句者，从字数、结构、内容等方面看起来比较完整的有200篇左右，其中西汉有50篇左右，东汉有170篇左右。西汉赋中散体赋约占一

---

① ［清］章学诚著、王重民通解：《校雠通义通解（第3卷）·汉志诗赋》，上海古籍出版社1987年版，第117页。
② ［南朝梁］刘勰著、詹锳义证：《文心雕龙义证》（第2卷《诠赋》），上海古籍出版社1989年版，第270页。
③ ［元］祝尧：《古赋辩体》（第3卷《两汉体上·〈子虚赋〉》），见《景印文渊阁四库全书》（第1366册），台湾商务印书馆1986年版，第749页。
④ ［明］徐师曾著、罗根泽校点：《文体明辨序说》，人民文学出版社1982年版，第102页。
⑤ 参见王力《诗经韵读 楚辞韵读》，中国人民大学出版社2004年版，第458～461页。
⑥ 费振刚、仇仲谦、刘南平校注：《全汉赋校注》（凡例一），广东教育出版社2005年版。

半，东汉赋散体约占1/3。这意味着汉赋逐渐骈化，说明六朝骈赋的定型和流行有一个自西汉就已经开始的文体孕育过程。

汉各体赋都有用序的情况。[①] 序通常是散文语体，篇幅或长或短，长者500字左右，短者10余字，基本是散语无韵。序结束时通常用"其辞曰"引起赋文。

散体赋正文有韵，但疏密转换不一。用韵疏密与主客问答体式有较大的关系。主客问答是汉散体大赋标志性的结构方式。《全汉赋校注》中，使用问答体的30篇左右，除一两篇句式较类骈体外，全是散体。换言之，只有散体赋（包括"七""答""难""解""应""释"诸体）才采用句式比较松散自由的问答体。这类赋的首、尾通常用散语，因为刚开始问答时，要交代时间、地点、写作缘起等，用韵不明显，如司马相如《子虚上林赋》的首、尾：

[开篇] 楚使子虚使于齐，齐王悉发车骑与使者出田。田罢，子虚过诧乌有先生，亡是公存焉。坐定，乌有先生问曰："今日田乐乎？"子虚曰："乐。""获多乎？"曰："少。""然则何乐？"对曰："仆乐王之欲夸仆以车骑之众，而仆对以云梦之事也。"曰："可得闻乎？"

[结尾] 于是二子愀然改容，超若自失，逡巡避席，曰："鄙人固陋，不知忌讳，乃今日见教，谨受命矣。"[②]

而其正文中间虽也是对话体，但往往长篇大论，句式比较整齐，多用偶句或排句，时有无韵散句夹杂其中，使文气散化。偶句、排句基本都押韵，只是韵疏密转换不定。如《子虚赋》：

仆对曰："唯唯。臣闻楚有七泽，尝见其一，未睹其余也。臣之所见，盖特其小小者耳，名曰云梦。云梦者，方九百里，其中有山焉。其山则盘纡弗郁，隆崇嵂崒，岑崟参差［歌］，日月蔽亏［歌］，

---

① 据费振刚等校注《全汉赋校注》统计，两汉赋有序者41篇，其中散体赋22篇。
② 费振刚、仇仲谦、刘南平校注：《全汉赋校注》，广东教育出版社2005年版，第69～70、91～92页。

交错纠纷［文］，上干青云［文］；罢池陂陁［歌］，下属江河［歌］。其土则丹青赭垩，雌黄白坿，锡碧金银［文］；众色炫耀，照烂龙鳞［真］。其石则赤玉玫瑰，琳珉昆吾［鱼］，瑊玏玄厉，礝石武夫［鱼］。"①

"有山焉"之前散语无韵。以下由"其山则""其土则""其石则"领起三组长短不同的四言排比句。"其山"组8句，首2句不起韵，第3至8句每句押韵，两句一转韵：差、亏、陁、河押歌部，但中间隔着纷、云两句押文部。"其土"组5句，第3句和第5句是文、真韵邻韵通押，属于韵尾相同者通押，但韵感不明显。"其石"组4句，偶句押韵。这一段句式虽整齐，但用韵却并不整齐，或押或不押，韵式多样，韵部频换，几乎没有规律。

从西汉到东汉，散赋用韵有些变化：西汉散赋一般篇幅较长，句式不太整齐，用韵较松散；东汉散赋篇幅渐短，句式渐趋整齐，多用四、六言，押韵多在偶句。如班固《西都赋》：

汉之西都，在于雍州，寔曰长安。["安"与下句"山"同属元部，但似乎不是起韵。]

左据函谷、二崤之阻，表以太华、终南之山［元］。右界褒斜、陇首之险，带以洪河、泾、渭之川［文］。["山"与"川"属邻韵通押。"险"属谈部，非韵脚]

华实之毛，则九州之上腴［侯］焉。防御之阻，则天下之奥区［侯］焉。[偶句富韵]

是故横被六合，三成帝畿［微］，周以龙兴，秦以虎视［脂］。[偶句邻韵通押]

及至大汉受命而都之也，仰寤东井之精［耕］，俯协《河图》之灵［耕］。②[二、三每句韵]

与西汉散体赋相比，骈句和排句明显增多，用韵较密且韵脚多在偶句，显

---

① 费振刚、仇仲谦、刘南平校注：《全汉赋校注》，广东教育出版社2005年版，第70页。
② 费振刚、仇仲谦、刘南平校注：《全汉赋校注》，广东教育出版社2005年版，第465页。

示出散赋骈化、押韵格式化的趋势。但与后世骈赋比，句式和韵式都不够整齐，仍欠规律性。

汉散体赋不采用主客问答体的也很多，占60%左右，通常开门见山地体物写志。凡不用问答体，句式都比问答体整齐得多，间有杂言和骚体句。对句、排句、骚体句通常押韵。杂言无韵，而且出没无端，随时随意，使行文散化。

汉散体赋用韵无论疏密，也是使用《诗经》《楚辞》韵式，既有句句押韵、偶句押韵等常见韵式，也有交韵、抱韵等特殊韵式。

（四）唐宋散体赋用韵

唐宋赋众体皆备，诗体赋、骚体赋、骈赋、律赋、散体赋（包括讲故事的散体俗赋）诸体之分辨更加细致明晰。各种赋都押韵，音韵系统与诗歌一样，属中古音韵，不再像汉赋那样使用上古音韵。

这时期诗、骚、骈、律诸赋用韵更加格式化。另外，散体赋则更加散文化，用韵或有或无，更加自由随意，无一定规则，铃木虎雄称之为"随时押"①。这种严者愈严、散者更散的现象中的后者导致赋体的又一次变革——新文赋形成。祝尧认为这是直承汉散体赋"首尾之文"② 的结果。这种赋的章法、句法、韵法实际经历了唐宋间长期的孕育，到欧阳修、苏轼时期终于形成并流行于两宋，而且对元明清乃至当代人作赋都有很大影响。

关于新文赋的孕生过程，已有之说颇多疑问。如马积高《赋史》称韩愈是"推进赋体改革的健将，他的赋灵活多样，有骚体，有新文赋，也有以文为主而杂以骚体句法者，然均运以散文的气势"③。然而韩愈作过"新文赋"吗？马先生把韩愈《吊田横墓文》《进学解》当作"新文赋"，这似乎不合作者原意。韩愈的学生李汉所作《昌黎先生集序》称："长庆四年冬，先生殁。门人陇西李汉辱知最厚且亲，遂收拾遗文，无所

---

① ［日］铃木虎雄撰、殷石臞译：《赋史大要·文赋时代·文赋性质及文赋先驱》，见王冠辑《赋话广聚》（第6册），北京图书馆出版社2006年版，第707页。

② ［元］祝尧：《古赋辩体》（第3卷《两汉体上·〈子虚赋〉》），见《景印文渊阁四库全书》（第1366册），台湾商务印书馆1986年版，第750页。

③ 马积高：《赋史》，上海古籍出版社1987年版，第306页。

失坠。得赋四……"① 这四赋是：骈体《感二鸟赋》《别知赋》，骚体《复志赋》《闵已赋》。四赋之句法、韵式皆严整，毫无散体迹象。李汉未将《吊田横墓文》《进学解》编在赋中。可见韩愈及其门人李汉辨体甚明。韩愈并不是"推进赋体改革"者。

又如马先生《赋史》将柳宗元《骂尸虫文》等10余篇杂文也当作赋。然而刘禹锡编《柳河东集》② 卷2 收古赋9篇，其中四言诗体2篇，骚体6篇，问答体1篇。诗、骚体8篇之章、句、韵式均严整有法，全无散文化迹象，而问答体《愈膏肓疾赋》，则仿枚乘《七发》，是地道的散体赋。《骂尸虫文》等10余篇以"文"为题者，皆未入赋编而另编为杂文。可见柳宗元和刘禹锡分辨赋体也非常清晰。柳宗元也不是新文赋作家。

唐人辨赋体，有没有韵也是一个必要条件。凡篇名称赋者，大多都有韵。若无韵，即使篇章句式很像赋，也不称之为"赋"。比如王勃作《滕王阁序》，其"铺采摛文"的章法句法与骈赋无异，但由于是作序而不是作赋，所以不必着意用韵。换言之，因其并未依赋体用韵，所以不称赋。今《王子安集》③ 存11篇赋，或诗体或骚体或骈体，韵式都严整得体。

新文赋的主要标志是散语增多，用韵减少，偏重议论。这些特点在杜牧《阿房宫赋》中有较明显的体现：

> 灭六国者，六国也，非秦也。族秦者，秦也，非天下也。嗟乎！使六国各爱其人，则足以拒秦。使秦复爱六国之人，则递三世可至万世而为君，谁得而族灭也？秦人不暇自哀，而后人哀之；后人哀之而不鉴之，亦使后人而复哀后人也。④

这篇赋读起来句式参差多变，韵时有时无，通篇议论，体类散文，已具新文赋形态。《樊川文集》存赋3篇，其他两篇句式亦骚亦骈，韵式整齐。

---

① [唐] 韩愈撰、马其昶校注、马茂元整理：《韩昌黎文集校注》，上海古籍出版社1986年版，第2页。
② 参见 [唐] 柳宗元《柳河东集》（上册第2卷），上海古籍出版社2008年版，第25～42页。
③ 参见 [唐] 王勃《王子安集》，上海古籍出版社1992年版，第6～17页。
④ [唐] 杜牧著、陈允吉校点：《樊川文集》（第1卷），上海古籍出版社1978年版，第2页。

可见他作《阿房宫赋》是有意破体为文的。

清浦铣说宋代新文赋"以文为赋，而不拘声韵。如《赤壁》诸作，虽词意高妙，较诸古赋，体裁则迥别矣"①。体裁迥别，当指用韵更无规则，"一片之文，但押几个韵尔"②。押韵不拘疏密、平仄，时有邻韵通押。或隔数句押韵，或一段一韵，或一段数韵频换，甚至可以整段不押韵。较之汉散体赋，唐宋新文赋句尾更多连用虚字，如然、兮、者、矣、也等，使人读起来更像散文。宋以后的散体赋，"其例盖准诸此"③。王力的《古代汉语》曾举苏轼《前赤壁赋》分析其用韵情况。④ 这篇传诵极广的赋，人们读起来往往会忽略其韵脚。苏轼这种破体为赋的作法，对后人理解"赋"这种文体，具有一种潜移默化但却深远的"解构"作用。清人李扶九就说："以文体论，似游赤壁记也。然记不用韵，而赋方用韵，此盖以记而为赋者也。故文带叙带赋，忽用韵，忽不用韵。"⑤ 今《苏轼文集》⑥ 收赋27篇（中有苏过2篇），这样的文赋有5篇：《滟滪堆赋》（间有骚体句）、《赤壁赋》《后赤壁赋》《黠鼠赋》《天庆观乳泉赋》。还有类似汉散体赋的《后杞菊赋》《秋阳赋》，以及他指导苏过作的《飓风赋》。此外，其他十几篇赋或骚体，或骈体，句式和韵式都严整得体，表现出他对各种赋类都有清晰的辨体意识，这也更加证明了他作新文赋是有意破体，以文为赋。这种辨体则严明，破体则随意的情况，与欧阳修一样。

现存《欧阳修全集》（中国书店1986年影印本）中，《居士集》卷15有赋5篇，《居士外集》卷8有古赋4篇，《居士外集》卷24有"近体赋"12篇。所谓"近体赋"，都是律体八韵赋。"赋"和"古赋"前后共9篇，当是与"近体"区别之意。逐一读之，体类大致一样，应该都是

---

① ［清］浦铣著，何新文、路成文校证：《历代赋话校证》（第14卷《诸家绪论》），上海古籍出版社2007年版，第363页。

② ［元］祝尧：《古赋辨体》（第8卷《宋体》），见《景印文渊阁四库全书》（第1366册），台湾商务印书馆1986年版，第818页。

③ ［清］林联桂：《见星庐赋话》（第1卷），见王冠辑《赋话广聚》（第3册），北京图书馆出版社2006年版，第367页。

④ 参见王力编《古代汉语》（下册第2分册），中华书局1964年版，第1290～1293页。

⑤ ［清］李扶九原编、黄仁黼重订：《古文笔法百篇》（第14卷《旷达·〈前赤壁赋〉》评解），岳麓书社1984年版，第288页。

⑥ 孔凡礼点校：《苏轼文集》（第1卷第1册），中华书局1986年版，第1～32页。

"古赋"。4篇有序,序皆散文。《黄杨树赋》基本是骈体,偶句押韵。《鸣蝉赋》骈句、骚句、散句掺杂,韵式有偶句韵、句句韵、富韵。《病暑赋》以骚体为主,间有骈句。《憎苍蝇赋》骈散相间。《秋声赋》最散文化。外集之《螟蛉赋》是四言诗体,一韵到底。《红鹦鹉赋》《述梦赋》《荷花赋》3篇都是先用几句骚体句式,再用四言句、骈句、散句错杂,偶句押韵,不断换韵,间有无韵散句。因为欧阳修集主要部分都是他亲手整理编订的,后人虽有增补,但未乱其序。他将"古赋"和"近体赋"分列,必有特别的文体意识。观其9篇古赋,实异于纯粹的骈赋和律赋。欧阳修为学为文,都富有创新意识。看他这9篇赋,显然也有创新之意。他融合诗体赋、骚体赋、散体赋和骈体赋的句法和韵式,于骈赋律赋之外,另创一种变化更为丰富的新体赋。因为主要是借鉴诗骚汉赋,所以称为"古"。其中散化最多的是《憎苍蝇赋》和《秋声赋》,尤其《秋声赋》,就是后世文学史家所谓新文赋。

唐宋各体赋中最著名、影响最大者,恰恰是《阿房宫赋》《秋声赋》《赤壁赋》这几篇破体之作。这类新文赋比汉散体赋更加散文化,从而不仅丰富了赋的体例,更重要的是通过对体制的突破,从而拥有了更强大的生命力。后人作赋多效此体。

谈唐宋散体赋还应提到俗赋。敦煌文献中有用通俗语体讲故事的散体俗赋,如《晏子赋》(作者不详)中的一段:

> 梁王曰:"不道卿短小,何以黑色[职]?"晏子对王曰:"黑者,天地之性也。黑羊之肉,岂可不食[职]?黑牛驾车,岂可无力[职]?黑狗趁兔,岂可不得[德]?黑鸡长鸣,岂可无则[德]?……漆虽黑向其前[先];墨挺虽黑在王边[先]。采桑椹黑者先尝。"①

对话体的散语,韵若有若无。仔细辩识才能发现,文中属职、德两部的字可视为邻韵通押,"前"和"边"属先部。另有《韩朋赋》以小说家的口吻演绎韩朋夫妇的故事。《燕子赋》写鸟世界的一场纠纷故事。这些赋不仅散文化,而且故事化,多对话,韵时有时无,松散自由,可视同散体。

---

① 项楚:《敦煌变文选注》,中华书局2006年版,第1997页。

（五）散体赋韵若有若无

散体赋韵式松散自由，往往使人感觉若有若无。这是其区别于诗、骚、骈、律各体赋的重要特点之一。古人对这种情况非议甚多，如唐荆浩《画山水赋》，四库馆臣就认为"虽用骈词，而中间或数句有韵，数句无韵，仍如散体，强题曰赋，未见其然"①。又如欧阳修《秋声赋》、苏轼《赤壁赋》，祝尧就认为不合赋体之正："以文视之，诚非古今所及。若以赋论之，恐坊雷大使舞剑，终非本色。"② 也有人对此持通达态度，如姚鼐说："辞赋固当有韵，然古人亦有无韵者，以义在托讽，亦谓之赋耳。"③

散体赋韵若有若无，甚至使人忽略，与古今音韵变化有关，有些韵脚当时人读起来押韵，后人读之则可能不觉得押韵了。另外，还与句尾虚字及韵式疏散转换有关。

句末虚字是文言文用来表述某种语气的，文有虚字"犹礼之有傧，乐之有相"④。然而用在韵文句尾，则会淡化押韵的感觉。押韵是同一语种的人群约定俗成的语音感觉，其特点是每句末尾的字不同而韵同，这才叫押韵。如果同一个字在句尾不断重复，则令人感到不是押韵而是排比，排比句式更多用于散文。

韵文句尾用虚字构成富韵，但韵脚后边附带虚字，则有效地消解了韵感，促成散文化。如苏轼《天庆观乳泉赋》：

> ……故水者，物之终始也。意水之在人寰也，如山川之蓄云，草木之含滋，漠然无形而为往来之气也。为气者水之生，而有形者其死也。死者咸而生者甘，甘者能往能来，而咸者一出而不复返，此阴阳

---

① 〔清〕永瑢等：《四库全书总目》（第 112 卷《艺术类·图画》），中华书局 1965 年版，第 955 页。

② 〔元〕祝尧：《古赋辩体》（第 8 卷《宋体》），见《景印文渊阁四库全书》（第 1366 册），台湾商务印书馆 1986 年版，第 818 页。

③ 〔清〕姚鼐纂集，胡士明、李祚唐标校：《古文辞类纂·序目》，上海古籍出版社 1998 年版，第 16 页。

④ 〔宋〕陈骙：《文则》（卷乙），见陈骙、李淦著，王利器校点《文则 文章精义》，人民文学出版社 1960 年版，第 9 页。

之理也。①

其中"始、气、死、理"四处，有学者认为是押韵②。但因其疏密不齐，句尾又加"也"字，遂使句式散化，韵感很不明显。

如此看来，虚字押韵之说能否成立呢？还有所谓"句中韵""本句自韵""首尾韵""交韵""抱韵""交叉韵""奇句韵"等说法也可疑。语言学家务求微妙，但实际押韵，必然是力求简明的。

韵脚疏散无序也消减韵感。押韵的基本规律是韵位整齐有序，还须有间隔。汉语韵式定型后，通常是偶句押韵。然而汉散体赋和唐宋新文赋常常采用散句单行，用韵稀疏，韵脚位置不定。如《秋声赋》：

> 欧阳子方夜读书，闻有声自西南来者，悚然而听之，曰：异哉！初淅沥以萧飒，忽奔腾而砰湃，如波涛夜惊［庚］，风雨骤至。其触于物也，鏦鏦铮铮［耕］，金铁皆鸣［庚］。又如赴敌之兵［庚］，衔枚疾走，不闻号令，但闻人马之行声［清］。③

多数句子无韵，少数有韵之句，依《广韵》判断，属邻韵相押，而且不整齐，所以韵感微弱。

古代无韵的赋非常罕见。如唐荆浩《画山水赋》④，全篇只有零散几处明显押韵，其余偶有句尾同韵的字，但因其零星疏散，很难确定作者是否在押韵。故铃木虎雄说："如此押韵之疏阔，押韵虽存，然其实效则甚稀。"⑤

散体赋韵若有若无，因此许多音韵学家必须想方设法搜求其押韵迹象，有时未免牵强附会。四库馆臣评《庾子山集注》云："《小园赋》前

---

① 孔凡礼点校：《苏轼文集》（第1卷），中华书局1986年版，第15页。
② 如曾枣庄认为："始、气、死、理为韵……韵足都在末句的虚词前，看似颇为自由，故能给人以未用韵的感觉。"见《宋代文学与宋代文化》，上海人民出版社2006年版，第109页。
③ 《欧阳修全集》（据世界书局1936年版影印），中国书店1986年版，第111页。
④ ［唐］荆浩：《画山水赋》，见《景印文渊阁四库全书》（第812册），台湾商务印书馆1986年版，第422～423页。
⑤ ［日］铃木虎雄撰、殷石臞译：《赋史大要·八股赋（清赋）时代·不押韵骈文之股法》，见王冠辑《赋话广聚》（第6册），北京图书馆出版社2006年版，第748页。

一段本属散文，而璠以为用古韵，未免失之穿凿。"①

从根本上说，散体赋韵若有若无，正是优秀作家对赋这种文体的解放。作者驰骋神思笔力，不以押韵为念，行文若行云流水，"畅所欲言，而韵自从之"②，于是"自然而合于音，则虽无韵之文而往往有韵"③。

三、骈赋和律赋用韵

骈体赋以俳、偶句式为主，其文体渊源可追溯至先秦。《古赋辩体》云："自《楚骚》'制芰荷以为衣，集芙蓉以为裳'等句，便已似俳，然犹一句中自作对。及相如'左乌号之雕弓，右夏服之劲箭'等语，始分两句作对，其俳益甚。"④《楚辞》及先秦散文，时见对句或排句，汉散体赋亦有不少四六对句。枚乘《柳赋》全篇四六，只有两句七言，句式大体整齐，偶句押韵，四句换韵，已具骈赋形态。东汉赋更多骈俳。魏晋六朝骈赋大盛，沈约四声八病理论对骈赋有影响，徐陵、庾信"又复隔句对，联以为骈四、俪六"⑤，骈赋至此成熟，用韵基本格式化。至唐代，"骈赋多以八韵解题，后之试赋率用此式。或八韵或六七韵或四五韵或以题为韵，多寡不等"⑥。

律赋脱体于骈赋⑦，因用于科举，故严格限韵，多限八韵，押韵以当时官定韵书为准。考生若"以赋失韵，弗取"⑧。

骈赋和律赋押韵格式化，其文体意蕴颇微妙。以下分别论析。

---

① ［清］永瑢等：《四库全书总目》（第148卷），中华书局1965年版，第1276页。
② ［清］浦铣著，何新文、路成文校证：《复小斋赋话》（上卷），见《历代赋话校证》，上海古籍出版社2007年版，第381页。
③ ［清］顾炎武著，［清］黄汝成集释，乐保群、吕宗力校点：《日知录集释》（中册第21卷《五经中多有用韵》），上海古籍出版社2006年版，第1173页。
④ ［元］祝尧：《古赋辩体》（第5卷《三国六朝体上》），见《景印文渊阁四库全书》（第1366册），台湾商务印书馆1986年版，第779页。
⑤ ［元］祝尧：《古赋辩体》（第5卷《三国六朝体上》），见《景印文渊阁四库全书》（第1366册），台湾商务印书馆1986年版，第779页。
⑥ ［清］林联桂：《见星庐赋话》（第1卷），见王冠辑《赋话广聚》（第3册），北京图书馆出版社2006年版，第388页。
⑦ ［元］祝尧《古赋辩体》（第7卷《唐体》）："俳者，律之根；律者，俳之蔓。"见《景印文渊阁四库全书》（第1366册），台湾商务印书馆1986年版，第801页。
⑧ ［清］浦铣著，何新文、路成文校证：《历代赋话校证》，上海古籍出版社2007年版，第98页。

（一）骈赋、律赋的韵式

自《诗经》《楚辞》至汉赋，皆以偶句押韵、换韵为常式，骈赋仍之，但比散体用韵更加格式化。骈赋也有一韵到底的，如晋傅咸《仪凤赋》，有两韵到底的，如汉马融《围棋赋》，但以不断换韵为常式。骈赋句式成双成对，双句一韵，韵脚在偶句。不断换韵，但距离不定，两、三韵至六、七韵一换都属正常。换段必换韵，换韵讲究四声交替。如江淹《别赋》①首段用韵依次是：上声止韵（已、里、起），入声职韵（恻、色、侧、息、轼），平声阳、唐通韵（亡、光、霜、凉、扬）。以下三韵至七韵一换，韵部平仄交替，虽无一定之规，但却错落有致。

律赋在骈赋基础上进一步格式化。初唐科场律赋可限韵可不限韵，限韵亦非限八韵，但以八韵为常格，亦有二、三、四、五、六、七、十韵等②。韵大体以平声居多，八韵则多为四平四仄。宋代限作八韵，每段押一韵："考官所出官韵，必用四平四仄。"③ 所限之韵若平仄相间，则需依次用韵。宋礼部规定："凡赋限三百六十字以上成，其官韵八字，一平一仄相间，即依次用。若官韵八字平仄不相间，即不依次用。"④ 但宋人"鲜有颠倒错综者"⑤。上举欧阳修《居士外集》卷24 的12 篇"近体赋"就是律赋，皆符合上述规定。如《畏天者保其国赋》⑥，限"祇（音其）畏天道能守其国"八韵，平仄平仄平仄平仄相间，作者依次用之，每韵数句不等，全文423 字。

律赋对韵位、韵字、换韵都有许多讲究，要避免犯各种声病⑦。古人

---

① 参见［南朝］江淹著、［明］胡之骥注《江文通集汇注》（第1 卷），中华书局1984 年版，第35 页。
② 详见［宋］洪迈撰、孔凡礼点校《容斋随笔·容斋续笔》（上册第13 卷《试赋用韵》），中华书局2005 年版，第375～376 页。
③ ［宋］王铚撰、朱杰人点校；［宋］王栐撰、诚刚点校：《默记　燕翼诒谋录》（下卷），中华书局1981 年版，第48 页。
④ ［清］永瑢等：《四库全书总目》（下册第191 卷《大全赋会五十卷》），中华书局1965 年版，第1736 页。
⑤ ［清］李调元：《赋话》，见王冠辑《赋话广聚》（第3 册），北京图书馆出版社2006 年版，第53 页。
⑥ 参见李逸安点校《欧阳修全集》（第3 册第9 卷），中华书局2001 年版，第854 页。
⑦ 如犯格、犯韵、落韵等。见王兆鹏《唐代科举考试诗赋用韵研究》，齐鲁书社2004 年版，第19～21 页。

对于赋韵关注最多的是律赋用韵,为配合科考编出一些关于律赋用韵程式和技巧的书籍,供应试者学习。历代赋话、赋格之类书籍对律赋用韵多有讲究,今人亦有许多研究律赋的论著,此不赘述。

(二)押韵格式化对篇制和内容的意义

骈赋韵式可称为骈排转换韵式。这种韵式整饬而又不失宽容,并不限制篇幅的长短,因其押韵和换韵都不限韵数,就如格律诗之排律,可以排得很长,但又不必遵守排律的规矩,即不必一韵到底,不必每两句为一对联,句式可参差变化。这些都是异于诗而近于文的结构方式。

这种骈排转换的韵式很适应赋体"铺采摘文,体物写志"① 的叙说方式。《文心雕龙》云:"赋者,铺也。"② 《释名》曰:"敷布其义谓之赋。"③ 铺或敷,就是展开,就是排比罗列。比如《别赋》《月赋》《蝉赋》,作者尽可能多地罗列与主题相关的内容,一段段地铺陈排列。这时,骈偶句押着韵排下去,既紧凑又流畅,又有气势;而一段段地换韵,则密切地配合了内容的延展,显得丰富多变。这是一种排列组合效应,有序的韵式便于更多的排列;变换的韵部调节着丰富的组合,避免杂乱和单调。

律赋则不同,限定韵数自然就限定了篇幅,这是科场之必须。

然而无论骈赋还是律赋,押韵和换韵通常都是与文意递进相辅相成的。不同的韵有不同的作用,宋郑潜起《声律关键》④、清吴景旭《历代诗话·赋》⑤、清孙奎撰《春晖园赋苑卮言》⑥ 等于此有详论,兹不赘引。总之韵和意相关,韵与意相得益彰,"能赋者就韵生句,不能者就句牵韵"⑦。

律赋用韵讲究韵字,如果韵字用得出色,如一篇之警策,一诗之句

---

① [南朝梁]刘勰著、詹锳义证:《文心雕龙义证》,上海古籍出版社1989年版,第270页。
② [南朝梁]刘勰著、詹锳义证:《文心雕龙义证》,上海古籍出版社1989年版,第270页。
③ [清]王先谦:《释名疏证补》(第6卷《释典艺》),上海古籍出版社1984年版,第312页。
④ [宋]郑潜起:《声律关键》,见《宛委别藏》(第116册),江苏古籍出版社1988年版。
⑤ [清]吴景旭编:《历代诗话·赋》,中华书局1958年版,第227~228页。
⑥ [清]孙奎:《春晖园赋苑卮言》,见王冠辑《赋话广聚》(第2册),北京图书馆出版社2006年版。
⑦ [宋]郑潜起:《声律关键·韵贯通·叙末三韵》,见《宛委别藏》(第116册),江苏古籍出版社1988年版,第11页。

眼,故有"天下好赋皆自韵出"① 之论。

(三) 押韵格式化对诵读的意义

韵本来就是作用于听觉的,无论是诵读、阅读还是旁听,押韵都是要营造一种听起来和谐的感觉,其关键是于变化中求和谐。古云"不歌而诵谓之赋"②。赋须适合诵读,而骈赋和律赋韵式的骈排转换,正符合诵读时于变化中求和谐的韵律感。与散体赋韵之散漫无序相比,骈赋和律赋偶句押韵使韵脚绵密有序,流畅和谐;换韵则使韵律婉转变化,如同诗歌中的歌行体,避免韵感单调呆板。

四、宋后各代律赋用韵

金朝试诗赋,用韵依宋制押八韵。"元人场屋更用古赋。"③ 明代试八股文。元、明科举皆不试律赋。清代科举常科不试赋,但制科和翰林试赋。清人重律赋,编有大量赋格、赋话④。清律赋类似唐律赋,限韵较松,数目不限,以八韵为主,也有三、四、五、六、七韵;其韵平仄相间。清代又有八股赋,兼取各种赋体,寓骈于散,用韵自由。

除科举试律赋外,古人献赋也作律赋。"馆阁之赋多限官韵,仿唐人八韵解题之例。"⑤ 又有和赋也限韵。和赋起于唐,而和赋且和韵则起于宋。有朋友间应和,有应和圣制,也有和前人韵的。如"田锡有依韵和吕杭《早秋赋》,然只和其韵,略如唐人和诗不次韵"⑥。有和韵且次韵的,如"朱子《白鹿洞赋》,六十余年,里中学子方岳,及明代林俊、祁

---

① [清] 余丙照:《增注赋学指南》(第1卷《因韵法》),见王冠辑《赋话广聚》(第5册),北京图书馆出版社2006年版,第31页。
② [汉] 班固撰、颜师古注:《汉书》(第6册第30卷),中华书局1962年版,第1755页。
③ [清] 李调元:《赋话》(第6卷),见王冠辑《赋话广聚》(第3册),北京图书馆出版社2006年版,第116页。
④ 如《历代赋钞》《历朝赋格》《历代赋楷》《历代赋汇》《古赋识小录》《七十家赋钞》《赋海大观》《律赋类纂》等。
⑤ [清] 林联桂:《见星庐赋话》(第4卷),见王冠辑《赋话广聚》(第3册),北京图书馆出版社2006年版,第473页。
⑥ [清] 王芑孙:《读赋卮言》,见王冠辑《赋话广聚》(第3册),北京图书馆出版社2006年版,第339页。

顺、舒芬、唐龙，皆有'次晦翁韵'赋是也"①。

20世纪以来，赋这种文体并未绝迹，近年且有所复兴。作赋自然要模仿古代，多是骈、散、骚句相间，韵则或有或无或密或疏，完全不用韵者亦不少见。从中可见唐宋新文赋的几篇名作影响极其深远强大。

---

① ［清］浦铣著，何新文、路成文校证：《历代赋话校证》，上海古籍出版社2007年版，第376页。

第六章 汉魏六朝至宋代的哀辞

哀辞最初是哀悼夭亡者的文体，形成于东汉至魏晋六朝时期，与当时浓郁的感伤文化氛围有关。汉代哀辞唯存张昭等人所作《陶谦哀辞》1篇，这是现存哀辞最早的完整文本。现存魏晋六朝时期曹植至梁简文帝等人的哀辞16篇。其中3篇有短序，序用散语，辞用韵语，或骚体，或骈体，或诔体，篇幅在数十字至200字之内，内容以抒发丧失亲人的悲伤哀痛之情为主，极少叙事因素。与哀辞相近的文体有诔、哀策、吊文、祭文等，这些文体互有异同。此时期的挽歌和悼亡诗与哀辞都是哀挽死亡的押韵文体，但有诗、文之别。唐人哀辞之作现存很少，只有王维1篇、韩愈2篇、柳宗元2篇。这几篇哀辞保持了序以叙事、辞以抒哀的体性和骚体句式。但韩愈的一篇序文很长，叙述人物事迹，类似传记。这对宋人影响颇大，宋人多有效之者。宋人所作哀辞，今《全宋文》中存111篇，在基本保持六朝哀辞体性的基础上，也有一些变化。哀、诔、祭的文体形态和功用有时有点模糊，哀祭的对象也不限于夭亡者，成年或老年者很多，往往长篇大序，累叙死者生平行迹，不限于抒写哀伤之情。

一、汉魏六朝的哀辞[①]

（一）哀辞文体发生

哀辞专用于书写因亲人逝世而产生的哀伤情感。但何谓"哀伤"呢？古人的解释却比较特别。《逸周书》卷6《谥法》："蚤孤短折曰哀，恭仁短折曰哀。"短折就是短命夭折，因短折而生哀。按说不论什么年龄的人死了，亲友都可能哀伤悲悼之，但《逸周书》这种解释却特别强调"短折"，从而把"哀"的意思限定得比较窄。《四库全书总目》称《逸周书》是"汉代相传之书"，那么该书对"哀"的这种狭义解释，可能反映

[①] 本节参考了本人指导下梁锐的硕士论文《汉魏六朝哀辞研究》（中山大学2005年）。

了汉代部分学者的认可,因此就影响到几位重要的文章家对哀辞这种文体的特别判断,如挚虞《文章流别论》:

> 哀辞者,诔之流也。崔瑗、苏顺、马融等为之率。以施于童殇夭折不以寿终者。建安中,文帝与临淄侯各失稚子,命徐干、刘祯等为之哀辞。哀辞之体,以哀痛为主,缘以叹息之辞。①

刘勰《文心雕龙·哀吊》也是同样的观点:

> 赋宪之谥,短折为哀。哀者,依也。悲实依心,故曰哀也。以辞遣哀,盖不泪之悼,故不在黄发,必施夭昏。②

"黄发"指寿终者。《尔雅·释诂上》:"黄发,老寿也。""夭昏"指短寿而死者。《左传》昭公十九年有"寡君之二三臣札瘥夭昏"③一句,杜注:"大死曰札,小疫曰瘥,短折曰夭,未名曰昏。"详参刘勰"不在黄发,必施夭昏"语意,重点是说"必施夭昏",而不在于寿终正寝者。他认为哀辞专用于短折者,死者生平有限,没什么事迹可叙,所以哀辞主要是抒发哀情。晋孙楚《和氏外孙小同哀文》就说:"眇末婴孩,安足称诔。"④但因其夭折,亲人们的悲伤要比哀悼寿终正寝者强烈得多,所以哀辞必然是"以哀痛为主",主要是抒写悼亡者悲伤的心情。

挚虞和刘勰对"哀"的理解符合"赋宪之谥"——即《逸周书·谥法》的意思。在此前提下,他们都认为哀辞这种文体专用于抒发对短命夭折者的哀伤之情。

至于哀辞的文体源头,刘勰认为始于《诗》。《文心雕龙·哀吊》云:

---

① [清]严可均校辑:《全晋文》(第77卷),见《全上古三代秦汉三国六朝文》(第2册),中华书局1958年版,第1906页。
② [南朝梁]刘勰著、范文澜注:《文心雕龙注》(上册),人民文学出版社1958年版,第239页。
③ 杨伯峻编著:《春秋左传注》(第4册),中华书局1981年版,第1403页。
④ [清]严可均校辑:《全晋文》(第60卷《孙楚》),见《全上古三代秦汉三国六朝文》(第2册),中华书局1958年版,第1804页。

> 昔三良殉秦，百夫莫赎，事均夭横，《黄鸟》赋哀，抑亦诗人之哀辞乎。①

以诗写哀，是人类近乎本能的行为。《诗·秦风·黄鸟》表达对"三良殉秦"的哀伤，刘勰称之为"诗人之哀辞"，即表达哀情的诗。诗中殉秦的"三良"，有可能是"夭折"者，但肯定不是"童殇"。所以刘勰只是就"赋哀"而言，认为哀辞文体可以溯源于此。这个说法对后人影响很大。清姚鼐《古文辞类纂·序目》："哀祭类者，《诗》有颂，《风》有《黄鸟》《二子乘舟》，皆其原也。"②

挚虞和刘勰对哀辞文体专用性的界说偏于狭义，实际上不能完全表述哀辞文体的实际发生和使用情况。比如被文章学家视为最早的《哀辞》——班固《马仲都哀辞》：

> 车骑将军顺文侯马仲都，明帝舅也。从车驾于洛水，浮桥马惊，入水溺死。帝顾谓侍御曰：班固为马上三十步哀辞。③

这应该不是哀辞正文，而是序文。"帝顾谓侍御曰"之下似有阙文④。马仲都既然担任车骑将军之职，应该不太年轻。"马上三十步"可能是指吟诵这篇哀辞需要的时间长度，那么这篇哀辞应该不是很短的。

班固可能还作过《梁氏哀辞》⑤。梁氏享年不详，但既称"氏"，应非"童殇"者。《马仲都哀辞》和《梁氏哀辞》并无文本存传，但后世

---

① [南朝梁]刘勰著、范文澜注：《文心雕龙注》（上册），人民文学出版社1958年版，第239页。

② [清]姚鼐纂集，胡士明、李祚唐标校：《古文辞类纂·序目》，上海古籍出版社1998年版，第18页。

③ [清]严可均校辑：《全后汉文》（第26卷《班固·班超》），见《全上古三代秦汉三国六朝文》（第1册），中华书局1958年版，第616页。

④ [明]张溥编《汉魏六朝百三家集》第11卷、[明]梅鼎祚编《东汉文纪》卷10均据《北堂书钞》录《马仲都哀辞》，皆标注有"阙"。见《景印文渊阁四库全书》（第1412册），台湾商务印书馆1986年版，第279页；《景印文渊阁四库全书》（第1397册），台湾商务印书馆1986年版，第208～209页。

⑤ [梁]任昉《文章缘起》提到"汉班固《梁氏哀辞》"。见[梁]任昉撰、[明]陈懋仁注《丛书集成初编（第2625册）·文章缘起注·续文章缘起》，中华书局1985年版，第16～17页。

文章学家多以此为哀辞文体之始。比如徐师曾《文体明辨序说》依任昉之说："昔汉班固初作《梁氏哀辞》，后人因之，代有撰著。"①

班固这两篇有题无文的《哀辞》都不是"施于童殇……者"，刘勰论哀辞文体不谈班固，是否与此有关呢？

班固之下，见诸载籍的东汉哀辞作者还有班昭、苏顺、张升、崔瑗、马融。《后汉书》卷84班昭传："昭……所著赋、颂、铭、诔、问、注、哀辞、书、论、上疏、遗令凡十六篇。"② 又卷80上苏顺传："苏顺……所著赋、论、诔、哀辞、杂文凡十六篇。"③ 又晋挚虞《文章流别论》："哀辞者，诔之流也。崔瑗、苏顺、马融等为之率。"④ 刘勰《文心雕龙·哀吊》："至于苏慎、张升并述哀文。"⑤

以上记载所说诸人的哀辞今已无传。据史传资料可知，班昭、苏顺、张升、崔瑗、马融大体同时，都是当时著名的学者、文章家、大名士。马融与班昭还是扶风同乡。班昭奉诏续修《汉书》。苏顺"以才学见称。好养生术，隐处求道，晚乃仕，拜郎中，卒于官"⑥。张升"少好学，多观览，而任情不羁"⑦。崔瑗"专心学业，颠沛不废"（《后汉书补逸》卷10崔瑗传），"以文章显"（《后汉书》卷61）。马融"才高博洽，为世通儒，教养诸生，常有千数。涿郡卢植，北海郑玄，皆其徒也"⑧。以上这些写过哀辞的作家大体同时甚至同乡，那么他们互相有没有影响呢？皇帝命班

---

① ［明］吴讷著、于北山校点，［明］徐师曾著、罗根泽校点：《文章辨体序说 文体明辨序说》，人民文学出版社1962年版，第153页。

② ［南朝宋］范晔撰、［唐］李贤等注：《后汉书》（第10册第84卷），中华书局1973年版，第2784页。

③ ［南朝宋］范晔撰、［唐］李贤等注：《后汉书》（第9册第80卷上），中华书局1973年版，第2617页。

④ ［清］严可均校辑：《全晋文》（第77卷《挚虞》），见《全上古三代秦汉三国六朝文》（第2册），中华书局1958年版，第1906页。

⑤ ［南朝梁］刘勰著、范文澜注：《文心雕龙注》（上册），人民文学出版社1958年版，第240页。

⑥ ［南朝宋］范晔撰、［唐］李贤等注：《后汉书》（第9册第80卷上），中华书局1973年版，第2617页。

⑦ ［南朝宋］范晔撰、［唐］李贤等注：《后汉书》（第9册第80卷下），中华书局1973年版，第2627页。

⑧ ［南朝宋］范晔撰、［唐］李贤等注：《后汉书》（第7册第60卷上），中华书局1973年版，第1972页。

固作哀辞，之后就有这些文士纷纷写作哀辞，似乎成为一时风气。

其后建安时期，有杨修、徐干、刘桢等作哀辞，作品今亦无传。《后汉书》卷54《杨修传》："修所著赋、颂、碑、赞、诗、哀辞、表、记、书凡十五篇。"① 挚虞《文章流别论》云："建安中，文帝与临淄侯各失稚子，命徐干、刘桢等为之哀辞。"②

东汉至建安时期，集中出现这么多哀辞作家，令人联想到当时的感伤文化氛围，如《古诗十九首》之类文人感伤诗，抒发悲愤情怀的骚体赋，悲生悯世的建安诗歌，伤逝悼亡的祭文、诗歌、挽歌之类，其中都蕴含着对生命不永或不幸的深哀隐悲，尤以哀辞的悲哀伤痛之情最为深切强烈。

刘勰《文心雕龙·哀吊》粗略叙述了从汉武帝作哀诗到晋潘岳作哀辞数百年间哀辞文体从形成到完美的发展过程：

> 暨汉武封禅，而霍子侯暴亡，帝伤而作诗，亦哀辞之类矣。及后汉汝阳王亡，崔瑗哀辞，始变前式。然履突鬼门，怪而不辞；驾龙乘云，仙而不哀；又卒章五言，颇似歌谣，亦仿佛乎汉武也。至于苏慎张升，并述哀文，虽发其情华，而未极心实。建安哀辞，惟伟长差善，《行女》一篇，时有恻怛。及潘岳继作，实踵其美。观其虑善辞变，情洞悲苦，叙事如传；结言摹《诗》，促节四言，鲜有缓句。故能义直而文婉，体旧而趣新，《金鹿》《泽兰》，莫之或继也。③

详参文意，刘勰应该见过汉武帝哀伤霍嬗的诗，其诗为五言歌谣体。刘勰称之为"哀辞之类"，即与哀辞抒写哀情类似，但文体有别。接下来他将崔瑗的作品正式称为"哀辞"，并明确说"始变前式"，只是结尾处杂有五言句式。那么崔瑗的哀辞主体部分应该不是诗了。刘勰说这是由哀诗到哀辞的"始变"。此后苏顺、张升"并述哀文"，也不是诗。刘勰认为建安时期的哀辞只有徐干《行女》篇值得一提。至晋人潘岳，哀辞文体臻

---

① ［南朝宋］范晔撰、［唐］李贤等注：《后汉书》（第7册第54卷），中华书局1973年版，第1789页。
② ［清］严可均校辑：《全晋文》（第77卷《挚虞》），见《全上古三代秦汉三国六朝文》（第2册），中华书局1958年版，第1906页。
③ ［南朝梁］刘勰著、范文澜注：《文心雕龙注》（上册第3卷），人民文学出版社1958年版，第239～240页。

于完美，堪称典范。

（二）现存汉魏六朝哀辞文献

不知挚虞刘勰等人为何没提到略早于建安作家的一篇哀辞——东汉末期张昭（156—236）等人撰写的《陶谦哀辞》。这是现存文献中最早的完整的《哀辞》，全文见于《三国志·魏书·陶谦传》裴松之注引《吴书》：

> 谦死时，年六十三，张昭等为之哀辞曰：
> "猗欤使君，君侯将军，膺秉懿德，允武允文，体足刚直，守以温仁。令舒及卢，遗爱于民；牧幽暨徐，甘棠是均。
> 憬憬夷、貊，赖侯以清；蠢蠢妖寇，匪侯不宁。
> 唯帝念绩，爵命以章，既牧且侯，启土溧阳。
> 遂升上将，受号安东，将平世难，社稷是崇。降年不永，奄忽徂薨，丧覆失恃，民知困穷。曾不旬日，五郡溃崩，哀我人斯，将谁仰冯？追思靡及，仰叫皇穹。
> 呜呼哀哉！"①

据《陶谦传》，陶谦死于汉献帝兴平元年（194）。汉献帝用"兴平"年号共2年（194—195），其后改年号为"建安"（196—219）共24年。据"谦死……张昭等为之哀辞"的语气，张昭等作《陶谦哀辞》应该是在陶谦方死之时。这是现存文献中最早的完整的哀辞。全文132字，通篇四言韵语，换韵四次，都是平声韵。用"呜呼哀哉"结尾。内容是述德表哀。哀伤的对象陶谦已经63岁，并非短命夭折者。挚虞和刘勰是否因此而不提这篇《哀辞》呢？

现存魏晋六朝时期的《哀辞》计有16篇：

（1）曹植3篇：《仲雍哀辞》，序散体20字，辞骈体139字。《金瓠哀辞》，序散体30字，辞骈体共64字，包括六言8句、四言4句。《行女哀辞》，序散体19字，辞骈体六言12句72字。

---

① ［晋］陈寿撰、［宋］裴松之注：《三国志·魏书》（第1册卷8），中华书局1982年版，第250页。

(2) 晋潘岳有 5 篇整齐的四言韵文哀辞，但篇幅长短不一：《京陵女公子王氏哀辞》，四言韵文 38 句 152 字。《阳城刘氏妹哀辞》，四言韵文 32 句 128 字。《金鹿哀辞》，四言韵文 18 句 72 字。《为任子咸妻作孤女泽兰哀辞》，序散体 27 字，辞四言韵文 36 句 144 字。《妹哀辞》，四言韵文 4 句 16 字①。

潘岳另有 3 篇可视为哀辞的悲伤之文，骚体句式。《伤弱子辞》，序散体 24 字，辞骚体 14 句 75 字。《悲邢生辞》，据文意"邢生"并非童幼夭折者，骚体 20 句 105 字。《哭弟文》，骚体 4 句 28 字。

潘岳似乎有意将哀辞文体定型为整齐的四言韵文，与张昭《陶谦哀辞》保持相同的文体形式。他的《伤弱子辞》《悲邢生辞》《哭弟文》3 篇骚体哀文题目不以"哀辞"二字连用，或许就是表示与四言韵文体的哀辞有别。

(3) 晋陆机《吴大司马陆公少女哀辞》较短，四言韵文仅 8 句 32 字：

> 冉冉晞阳，不遂其茂。晔晔方华，凋芳落秀。
> 遵堂涉室，仿佛兴想。人皆有声，尔独无响。②

(4) 晋孙楚 3 篇都是四言韵文，换韵。《和氏外孙道生哀文》，共 20 句 80 字。《和氏外孙小同哀文》，共 20 句 80 字。《胡母夫人哀辞》，共 18 句 72 字。外孙道生和外孙小同都是婴儿早夭，胡母夫人是成年死者。

(5) 梁简文帝萧纲 1 篇《大同哀辞》，是六朝以前现存 17 篇哀辞中篇幅最长的：序文散体 159 字，辞文四言韵语和骚体韵语交错，284 字。

以上 16 篇中，《伤弱子辞》《悲邢生辞》《哭弟文》及孙楚两篇《哀文》，标题略异，实亦哀辞。这些哀辞文献见诸《三国志·魏书·陶谦传》裴松之注引《吴书》《文选补遗》卷 39、《艺文类聚》卷 34、《太平御览》卷 596、《汉魏六朝百三家集》（均依四库本）、清人严可均编《全

---

① 此篇见《文选》注释引文潘岳《妹哀辞》曰："庭祖两柩，路引双辀。尔身尔子，永与世辞。"见〔清〕严可均校辑《全上古三代秦汉三国六朝文（第 2 册）·全晋文（第 93 卷）》，中华书局 1958 年版，第 1997 页。

② 〔晋〕陆机著、刘运好校注：《陆士衡文集校注》（下册第 10 卷），凤凰出版社 2007 年版，第 976 页。

上古三代秦汉三国六朝文》等典籍。

这 16 篇哀辞哀悼的对象大多是年幼夭亡者，也有几篇是哀悼成人的，如潘岳《悲邢生辞》、孙楚《胡母夫人哀辞》等。由此可见作家和文章理论家最初确认"哀辞"文体时，就有广义和狭义的不同观点。挚虞和刘勰是持狭义观点者。

（三）汉魏六朝哀辞的文体含义和文体形态

哀辞出现于东汉，句式或四言或骚体，有韵。这令人联想到定名于西汉的"楚辞"。哀辞之"辞"有可能借鉴了"楚辞"。有学者曾注意到这个问题，如清王之绩《铁立文起》卷 5 "哀辞"引沈石夫云："汉庄忌《哀时命》，后人哀辞之始也。而澹荡多风，有骚人之遗焉。"① 清吴曾祺认为哀辞之哀与楚辞《哀郢》之哀有关，其所编《涵芬楼文谈》附录《文体刍言》论哀词："《楚辞》有《哀郢》篇，司马相如有《哀二世赋》，皆与哀词相近。"② 吴氏以"词"与"辞"通用。他认为哀辞与楚辞相近。

哀辞之"辞"通常是指辞章之辞。此外，考察其与古代礼制的关系，或许还有"辞别"之义。《礼记·祭义》："哀以送往"。又《檀弓下》："大夫吊，当事而至则辞焉"。郑玄注："辞犹告也。宾者以主人有事，告也。"③

用哀伤的文辞向死者告别，其实是作者要告别或者说安顿一份心情。无论死者是夭折还是成年去世，生者都需要抒情述哀，所写《哀辞》有别于以述德累行歌颂功劳为主要目的的颂、赞、祭、诔等文体。述哀是哀辞文体的基本含义。徐师曾《文体明辨序说》云："哀辞者，哀死之文也，故或称文。夫哀之为言依也，悲依于心，故曰哀；以辞遣哀，故谓之

---

① ［清］王之绩：《铁立文起》（第5卷），见王水照编《历代文话》（第4册），复旦大学出版社 2007 年版，第 3696 页。
② ［清］吴曾祺：《涵芬楼文谈》，见王水照编《历代文话》（第7册），复旦大学出版社 2007 年版，第 6666 页。
③ ［清］阮元校刻：《礼记正义》（卷9），见《十三经注疏》（上册），中华书局 1980 年版，第 1299 页。

哀辞也。"① 近人来裕恂《汉文典·文章典·哀辞》："哀辞者，以文抒其哀痛之情也。"②

刘勰《文心雕龙·哀吊》说：

> 原夫哀辞大体，情主于痛伤，而辞穷乎爱惜。幼未成德，故誉止于察惠；弱不胜务，故悼加乎肤色。隐心而结文则事惬，观文而属心则体奢。奢体为辞，则虽丽不哀；必使情往会悲，文来引泣，乃其贵耳。③

挚虞和刘勰列举例证是从曹植之作开始的。曹植的 3 篇哀辞并序如下④：

《金瓠哀辞》：予之首女，虽未能言，固已授色知心矣。生十九旬而夭折。乃作此辞曰：在襁褓而抚育，向孩笑而未言。不终年而夭绝，何见罚于皇天。信吾罪之所招，悲弱子之无愆。去父母之怀抱，灭微骸于粪土。天长地久，人生几时，先后无觉，从尔有期。

《行女哀辞》：行女生于季秋，而终于首夏。三年之中，二子频丧。伊上灵之降命，何短修之难裁。或华发以终年，或怀妊而逢灾。感前哀之未阕，复新殃之重来。方朝华而晚敷，比晨露而先晞。感逝者之不追，情忽忽而失度。天盖高而无阶，怀此恨其谁诉。

《曹仲雍哀辞》：曹喈字仲雍，魏太子之仲子也，三月生而五月亡。昔后稷之在寒冰，斗穀之在楚泽，咸依乌凭虎，而无风尘之灾。今之玄绨文茵，无寒冰之惨；罗帏绮帐，暖于翔乌之翼；幽房闲宇，密于云梦之野；慈母良保，仁乎乌菟之情。卒不能延期于期载，离六

---

① [明] 吴讷著、于北山校点，[明] 徐师曾著、罗根泽校点：《文章辨体序说 文体明辨序说》，人民文学出版社 1962 年版，第 153 页。

② [清] 来裕恂著，高维国、张格注释：《汉文典注释》（第 3 卷），南开大学出版社 1993 年版，第 335 页。

③ [南朝梁] 刘勰著、范文澜注：《文心雕龙注》（上册），人民文学出版社 1958 年版，第 240 页。

④ 曹植 3 篇皆见 [清] 严可均校辑《全上古三代秦汉三国六朝文（第 2 册）·全三国文（第 19 卷《陈王植》)》，中华书局 1958 年版，第 1158 页。

旬而夭没。彼孤兰之眇眇，亮成干其毕荣。哀绵绵之弱子，早背世而潜形。且四孟之未周，将何愿乎一龄。阴云回于素盖，悲风动其扶轮，临埏闼以歔欷，泪流射而沾巾。

序文皆简短，说明写作缘由。3个死者都属挚虞说的"童殇夭折不以寿终"和刘勰说的"夭昏"。序文语体有骈有散，正文以六言骚体为主，辅以四言，有韵。

潘岳是哀祭文学之大家，除悼亡诗很有名以外，《全晋文》存其悼祭文类计有32题（含残句），其中诔14篇、碑铭3篇、哀册文1篇、谥册文1篇、吊文1篇、哀祝文2篇、祭文1篇、祷神文1篇，其余以"哀、哭、悲、伤"为题的哀辞8篇。

这8篇哀辞，对象多为短折夭亡者，也有成年人，但无寿终者。其中两篇有序，其他无序。从语体看，四言者5篇，骚体者3篇。都是韵文，韵脚数换。潘岳的哀辞主要使用四言韵语，与其前张昭等人的《陶谦哀辞》一样。可知汉魏时期哀辞作家们确定了哀辞语体以四言为主、兼用骚体的模式。唐宋人作哀辞沿用这样的文体模式，但骚体多于四言，又兼用四六骈体（下详）。

潘岳哀辞的篇幅有长有短，但与唐宋哀辞相比，都不算长。较长如《为任子咸妻作孤女泽兰哀辞》，序云："泽兰者，任子咸之女也。涉三龄，未没衰而殒，余闻而悲之，遂为其母辞。"①（任子咸是潘岳妻妹的丈夫）。正文144字，整齐的四言韵文，换韵。

现存汉魏晋六朝17篇哀辞，有10篇是四言韵文（换韵）：张昭1篇、陆机1篇、孙楚3篇、潘岳5篇。这与诔文相似。当时的诔文皆四言韵文，换韵。但曹植所存3篇哀辞，则用赋体。潘岳有3篇用骚体，1篇赋体兼骚体，萧纲1篇用赋体。曹植显然是有意区别诔文和哀辞的，他现存10多篇诔都是四言韵文，作哀辞则不用四言诔体。

哀辞基本都是韵文，察其句式，则有三体：

一为诔体，四言韵文，转韵。此类实与诔文一样，区别只在被哀悼的对象及辞文内容。如潘岳《金鹿哀辞》：

---

① ［清］严可均校辑：《全晋文》（第93卷），见《全上古三代秦汉三国六朝文》（第2册），中华书局1958年版，第1997页。

嗟我金鹿，天姿特挺；鬒发凝肤，蛾眉蛴领；柔情和泰；朗心聪警。……捐子中野，遵我归路；将反如疑，回首长顾。① [全篇换韵三次]

二为骚体，句式模仿楚辞，句中用兮、之等虚词，句式或多或少有些参差变化。后世哀辞多承此体。如潘岳《哀永逝文》：

逝日长兮生年浅，忧患众兮欢乐鲜……怅怅兮迟迟，遵吉路兮凶归……既顾瞻兮家道，长寄心兮尔躬。② [全篇换韵四次]

三为赋体，句式骈骊，四六交错。如曹植《曹仲雍哀辞》：

……罗帏绮帐，暖于翔鸟之翼；幽房闲宇，密于云梦之野；慈母良保，仁乎乌菟之情……临埏闼以歔欷，泪流射而沾巾。③ [前散后韵]

魏晋六朝人写作哀辞使用的这3种语体，成为后世哀辞的基本范式。有时，作者兼用这3种语体，即诔、骚、赋体杂用，这可能正是哀辞文体定型之初尚不稳定的表现。如潘岳《伤弱子辞》：

奈何兮弱子，邈弃尔兮丘林。还眺兮坟瘗，草芥芥兮木森森。[骚体] 伊邈古之遐胄，逮祖考之永延。咨吾家之不嗣，羌一适之未甄。仰崇堂之遗构，若无津而涉川。[赋体] 叶落永离，覆水不收。赤子何辜，罪我之由。④ [诔体]

---

① [清] 严可均校辑：《全晋文》（第93卷），见《全上古三代秦汉三国六朝文》（第2册），中华书局1958年版，第1997页。
② [清] 严可均校辑：《全晋文》（第93卷），见《全上古三代秦汉三国六朝文》（第2册），中华书局1958年版，第1998页。
③ [清] 严可均校辑：《全三国文》（第19卷），见《全上古三代秦汉三国六朝文》（第2册），中华书局1958年版，第1158页。
④ [清] 严可均校辑：《全晋文》（第93卷），见《全上古三代秦汉三国六朝文》（第2册），中华书局1958年版，第1997页。

此时期的哀辞篇幅不长，梁简文帝萧纲《大同哀辞》最长，序 159 字，辞 284 字。潘岳《为杨长文作弟仲武哀祝文》次长，176 字。潘岳《哭弟文》最短，4 句 28 字：

> 视不见兮听不闻，逝日远兮忧弥殷。终皓首兮何时忘，情楚恻兮常苦辛。①

后世的哀辞很少有这样的短篇，通常都多于二三百字，数百字的长序长辞也不少见。

哀辞题目最常见的形式是"……哀辞"，如《金瓠哀辞》《萧子宽哀辞》。其扩展形式是增加各种限定语，如《泰兴令周孝先哀辞》增加了官职，《杨氏子承之哀辞》增加了亲属关系，《毗陵张先生哀辞》增加了籍贯。有些扩展题目带有题序的含义。如《为任子咸妻作孤女泽兰哀辞》，题目即表明作者是代人作文，求文者是任子咸之妻，死者泽兰是她唯一的女儿而且已经丧父。有时限定语放在人名之后，如《刘仲偃大资政哀辞》《朱县尹哀辞》。值得注意的是，同时在人名前后都加限定语的情况似乎没有。有少数哀辞题目是"哀（悼、伤、悲、哭）……辞（文）"格式，如《哀二良文》，潘岳《哀永逝文》《悼双珍辞》《伤弱子辞》《悲邢生辞》《哭弟文》。还有潘岳《为杨长文作弟仲武哀祝文》，虽题为"哀祝文"，但其功用和文体全然是哀辞。

序文在早期哀辞中分量不重。现存汉魏晋六朝 17 篇哀辞中，6 篇有序文。这与后世哀辞多数都有序文不同。这 6 篇序文都很短，与后世哀辞动辄长篇大序不同。序文用来表明作者的写作缘起和意图，包括交代作者与哀悼对象之间的关系、死者身世经历、死亡情况等。此时期哀辞序文最长的是梁简文帝《大同哀辞》的序，159 字：

> 大同字仁洽，予之第十九子也，生于仲秋，殒于冬末。悲夫！潜恸结于心，愁眉惨于外。夕坐于是申旦，当食以之不甘，客有谓予曰："死生常也，天寿命也。陈蕃所憩之家，久传记录之岁。华歆所

---

① ［清］严可均校辑：《全晋文》（第 93 卷），见《全上古三代秦汉三国六朝文》（第 2 册），中华书局 1958 年版，第 1998 页。

闻之语,已定北陵之期。上圣所以忘情,贤者所以达节,将何戚焉?"予对之曰:"观其明眸丰下,玉色和声,岂不登髫岁而拟触藩,及纨绔而知折李,灵心摧于毫末,慧识挫于趾步。庶方悟于来途,遽穷魂于短日。岂不伤哉!"乃为辞曰……①

序文皆以散体为主,杂以骈文,无韵,行文比较自由,字数比后世哀辞序短得多,结尾以"辞""曰""辞曰"等引出哀辞。序文以叙述语体对人事略做交代,这与后世序文多用传记语体不同。

汉魏六朝的哀辞多是哀悼夭亡者的。后世的哀辞虽然继承了这一传统,但也出现了一些哀悼寿终者的作品。这里有必要指出:哀辞并非哀悼夭亡者的唯一文体,因为除了哀辞以外,还有其他一些哀悼性文体,如祭文、挽歌、悼亡诗等都可以用于夭亡者。

(四) 哀辞相近文体辨析

从文体属性看,与哀辞相近的文体主要是诔、哀策、吊文、祭文等。从以韵语写哀情的角度看,挽歌和悼亡诗也与哀辞有类似之处,但挽歌和悼亡诗属于诗歌,哀辞属于文类。以下分别探讨哀辞与诔、哀策、吊文、祭文的异同。

诔比哀辞产生早得多,用途也比哀辞宽。《周礼》卷25:"太祝作六辞,以通上下亲疏远近,六曰诔。"郑玄注:"诔者,累也,累列生时行迹。"《颜氏家训·文章篇》(四库本):"祭祀哀诔,生于《礼》者也。"《文章流别论》:"哀辞者,诔之流也。"魏刘桢《处士国文甫碑》:"诔所以昭行也。"② 《文心雕龙》:"周世盛德,有铭诔之文。大夫之材,临丧能诔。诔者,累也。累其德行,旌之不朽也。"③ 诔的主要功能是对死者的生平和事迹进行回顾、总结和评价,也抒写对死者的哀思悼念之情。诔的对象一般都是有"行迹"可供"累列"者,除了有一定的年寿外,还有一定的地位,值得累述。比如《左传·哀公十六年》:

---

① [清]严可均校辑:《全梁文》(第13卷),见《全上古三代秦汉三国六朝文》(第3册),中华书局1958年版,第3026页。
② [清]严可均校辑:《全后汉文》(第65卷),见《全上古三代秦汉三国六朝文》(第1册),中华书局1958年版,第830页。
③ [南朝梁]刘勰著、范文澜注:《文心雕龙注》,人民文学出版社1958年版,第212页。

夏四月己丑，孔丘卒。公诔之曰："旻天不吊，不慭遗一老，俾屏余一人以在位，茕茕余在疚。呜呼哀哉尼父！无自律。"①

这是文体尚未定型时期的诔文，只抒哀而未累列死者的生平行迹。句式不像汉代以后定型的诔文那么整齐。现存文献中真正累列行迹的诔文，最早是西汉扬雄的《元后诔》②，736字。篇幅比哀辞长得多，通篇基本是四言韵语，换韵。现存汉魏六朝时期的诔文基本都是这样的语体，后世依之。这与哀辞句式多变、篇幅自由、短篇多于长制不同。作者当然都是名士，被诔者也多是有较高地位且死后享有谥号者，尤以帝、妃、王、侯为主。但也有例外，如魏文帝曹丕为其夭亡的幼弟曹苍舒作诔。苍舒虽幼，但因为是皇弟，所以帝为之诔。这正说明诔与哀辞的使用区分并不十分严格。宋代以后，哀、诔之文体和用途模糊的情况比六朝时期还要多一些。吴讷《文章辨体序说·诔辞哀辞》就曾指出：

韩退之之于欧阳詹、柳子厚之于吕温，则或曰诔辞，或曰哀辞，而名不同。迨宋南丰、东坡诸老所作，则总谓之哀辞焉。③

在先秦时期，作诔有一些规矩。《礼记·曾子问》指出："贱不诔贵，幼不诔长，礼也。"但汉魏六朝作家似乎不太遵守这一规定，如《晋中兴书》（见《太平御览》卷596）曰："郗超死之日，贵贱操笔为诔者四十余人。其为物所宗如此。"诔文虽以四言韵语为主，但篇幅长短、用韵、序文、叙述、议论和抒情都比较自由，所以挚虞说："诗、颂、箴、铭之篇皆有往古成文，可放依而作，惟诔无定制，故作者多异焉。"④（《文章流别论》）

无论作诔还是作哀辞，分别有哀至亲骨肉、哀朋友、代人述哀3种情

---

① 杨伯峻编著：《春秋左传注》（第4册），中华书局1981年版，第1698页。
② 参见[明]张溥辑《汉魏六朝百三家集》（第8卷），见《景印文渊阁四库全书》（集部第1412册），台湾商务印书馆1986年版，第216～217页。
③ [明]吴讷著、于北山校点，[明]徐师曾著、罗根泽校点：《文章辨体序说 文体明辨序说》，人民文学出版社1962年版，第53～54页。
④ [清]严可均校辑：《全晋文》（第77卷），见《全上古三代秦汉三国六朝文》（第2册），中华书局1958年版，第1906页。

况。比如潘岳的 8 篇哀辞中，第一种 4 篇，第二种 1 篇，代人作 3 篇。若论哀伤的程度，当然是第一种最重。代人作哀或诔，丧主通常要选择名士代笔，如《文章流别论》云："建安中，文帝与临淄侯各失稚子，命徐干、刘桢等为之哀辞。"① 徐、刘都属"建安七子"之列。

诔是叙事文体，哀辞多为抒情文体。吴讷《文章辨体序说·诔辞哀辞》云：

> 大抵诔则多叙世业，故今率仿魏晋，以四言为句；哀辞则寓伤悼之情，而有长短句及楚体不同。……其文皆为韵语，而四言、骚体，惟意所之，则与诔体异矣。②

哀策与哀辞用途不同，体式规模也不同。"哀策者，古诔之义"（《文章流别论》），专用于皇室之帝、后、妃、太子等。这些人死后，大臣中能文者为之作哀策。其文体形式与诔、哀辞相似，或四言韵语，或骈体。讲究文采词藻，尽量修饰赞颂，铺陈张扬，篇幅不能短小，煌煌大作才能显示皇家气派，因而与注重抒写真实悲哀的哀辞大异其趣。

吊文比哀辞和哀策的用途都广得多。吊有看望、慰问、怜悯、眷顾、哀悼、伤怀之意。《帝王世纪》曰："诸侯有不义者，汤从而征之，诛其君，吊其民，天下咸悦。"③ 此"吊"即看望、慰问、怜悯之意。又如"吊民伐罪"等。诔、策之文常用"昊天不吊，丧我……"一语，此"吊"乃眷顾之意，又如"形影相吊"等。吊与贺反义，吊悲而贺喜。《战国策》："齐宣王因燕丧攻之，取十城。武安君苏秦为燕说齐王，再拜而贺，因仰而吊。齐王按戈而郤曰：'此一何庆吊相随之速也？'"④ 苏秦先贺齐取十城，然后用"吊"的方式提醒其埋下祸害。吊还有哀悼或伤怀之意，即吊古伤今之"吊"，如《诗·匪风》："顾瞻周道，中心吊

---

① ［清］严可均校辑：《全晋文》（第 77 卷），见《全上古三代秦汉三国六朝文》（第 2 册），中华书局 1958 年版，第 1906 页。
② ［明］吴讷著、于北山校点，［明］徐师曾著、罗根泽校点：《文章辨体序说 文体明辨序说》，人民文学出版社 1962 年版，第 54 页。
③ ［唐］欧阳询编：《艺文类聚》（第 1 册第 12 卷），上海古籍出版社 1982 年版，第 221 页。
④ ［汉］刘向集录：《战国策》（下册第 29 卷《燕·燕文公时》），上海古籍出版社 1978 年版，第 1044 页。

兮。"传："吊，伤也。"又如《史记·贾生传》："为赋以吊屈原。"《文心雕龙》："吊者，至也……宾之慰主，以至到为言也。"① 吊文是伤感慰问之辞，必须有同情和安慰主人的用意。如果是吊丧，还须尽可能说些赞誉死者的话，并劝主人节哀。这和哀辞不同。哀辞是自哀体，即使是代人之作，也须以自哀自伤的语气，不但不节哀，还刻意抒写哀情。哀辞所哀必丧事，吊文所吊则未必都是丧事，凡有天灾人祸种种不幸皆可吊问。因此，吊文比哀、诔之文用途广、内容庞杂。

吊文标题或称"吊……文""吊……赋""吊……书"3种，语体则以骈偶为主，也有骚体、四言体，皆有韵。如果有序文，则序文用散语。以《汉魏六朝百三家集》所收16题21篇吊文为例，题目称"文"者10篇，"赋"1篇，"书"5题10篇。所用语体：骚体2篇，四言3篇，其余16篇赋体间用散语和四言韵语。如此看来，哀辞和吊文的语体比较接近。所以《文心雕龙》以"哀吊"并为一类而论之。就风格而言，吊文往往比哀辞更注重修辞，讲究文采，吊文作者往往有意显示才华。从时间效用看，哀辞都因突发不幸而作，吊文则不但可吊刚刚发生的不幸，还可吊古人古事："或骄贵而殒身，或狷忿以乖道，或有志而无时，或美才而兼累：追而慰之，并名为吊。"②（《文心雕龙·哀吊》）比如汉魏人吊伯夷、叔齐、孟尝君、屈原等。吊古的目的并不是慰问、哀伤，而是对往古的人、事发表议论或者感慨。既如此，那么思想感情的倾向也就未必都是同情和褒扬了。比如司马相如《吊秦二世赋》就有讽刺批评之意："持身不谨，亡国失势。信谗不寤，宗庙灭绝。"③ 又如晋傅咸《吊秦始皇赋》，批评秦始皇"政虐刑酷，如火之扬"④。吊文的篇幅也很随意，有话则长，无话则短。比如阮籍《吊某公文》仅16字："沈渐荼酷，仁义同违，如何不吊，玉碎冰摧。"⑤ 陆机《吊魏武帝文》序文568字以主客问答方式

---

① [南朝梁] 刘勰著、范文澜注：《文心雕龙注》（上册），人民文学出版社1958年版，第240页。
② [南朝梁] 刘勰著、范文澜注：《文心雕龙注》（上册），人民文学出版社1958年版，第240、241页。
③ [唐] 欧阳询编：《艺文类聚》（第2册第40卷），上海古籍出版社1982年版，第728页。
④ [唐] 欧阳询编：《艺文类聚》（第2册第40卷），上海古籍出版社1982年版，第729页。
⑤ [清] 严可均校辑：《全三国文》（第46卷），见《全上古三代秦汉三国六朝文》（第2册），中华书局1958年版，第1318页。

简述曹操言行从而议论之，正文648字进而纵横议论。同是他的《吊蔡邕文》，则只有60字，通篇骚体：

> 彼洪川之方割，岂一壸之所埋。故尼父之惠训，智必愚而后贤。谅知道之已妙，曷信道之未坚。忽宁子之保已，效苂淑之违天。冀澄河之远日，忘朝露之短年。①

祭文比吊文用途更广。凡天地日月山川草木岁时节令鬼神生灵祖先亡灵等皆可以文为祭。祭文的语体比较单纯，通常是四言韵文（换韵），不像哀辞那样灵活。仅就祭奠死者而论，徐师曾《文体明辨序说》指出："古之祭祀，止于告飨而已。中世以还，兼赞言行，以寓哀伤之意，盖祝文之变也。"② 祭文内容并不限于哀其不幸，颂扬、祈祷、告慰、哀思等等皆属题中之意。祭文的潜在语境是作者与亡灵对话，所以结尾多用"呜呼哀哉"，如果是祭神，则多用"谨申礼荐，惟神尚享（飨）"之类。祭祀圣贤则不用哀伤语。

考察诔文、哀辞、哀策、吊文、挽诗、挽歌之类哀祭之作，有一个共同之点值得注意：死者须可哀可祭，作者须有才有名。所有的哀祭之作都不仅表示死者的地位，而且表示作者的身份修养。因而作者尽可能展示才华，追求文采，写出漂亮的作品，使死者和作品并垂千古。晋陆云《与兄平原书》云：

> 祠堂赞甚已尽美，不与昔同，既此不容多说。……《吊少明》殊复胜前，《吊蔡君》清妙不可言。《汉功臣颂》甚美。恐《吊蔡君》故当为最。③

兄弟之间评论文章，以"尽美""清妙""甚美"相尚，可证当时作家们

---

① ［清］严可均校辑：《全晋文》（第99卷），见《全上古三代秦汉三国六朝文》（第2册），中华书局1958年版，第2029页。
② ［明］吴讷著、于北山校点，［明］徐师曾著、罗根泽校点：《文章辨体序说　文体明辨序说》，人民文学出版社1962年版，第154页。
③ ［清］严可均校辑：《全晋文》（第102卷），见《全上古三代秦汉三国六朝文》（第2册），中华书局1958年版，第2042页。

的美文意识是很清楚、很自觉的。哀祭文学因此而具有较高的文学审美价值。

二、唐代的哀辞

唐人哀辞现存作品很少，只有王维1篇、韩愈2篇、柳宗元2篇。王维《宋进马哀辞并序》：

> 宋进马者，中书舍人宋公之子也。公无弟兄，子一而已。文则有种，德亦惟肖。忽疾倏逝，医不及视。宋公哀之，他人悲之。故为词曰：
>
> 背春涉夏兮，众木蔼以繁阴。连金华与玉堂兮，宫阁郁其沉沉。百官并入兮，何语笑之哑哑？君独静默以伤心。草王言兮不得辞，裁悲减思兮少时。仆夫命驾兮，出闾阖，历通逵，陌上人兮如故。识不识兮往来，眼中不见兮吾儿。骖紫骝兮从青骊，低光垂彩兮，怳不知其所之。辟朱户兮望华轩，意斯子兮侯门。忽思瘵兮城南，心瞀乱兮重昏。仰诉天之不仁兮，家惟一身。身止一子，何引嗣之不繁。就单鲜而又死，将清白兮遗谁。问诗礼兮已矣，哀从中兮不可胜。岂暇料余年兮复几？日黯黯兮颓晖。鸟翩翩兮疾飞，邈穷天兮不返。疑有日兮来归，静言思兮永绝。复惊叫兮沾衣。客有吊之者曰：观未始兮有物，同委蜕兮胡悲。且延陵兮未至，况西河兮不知。学无生兮庶可，幸能听于吾师。①

此篇哀悼的不是自己的亲人，而是"中书舍人宋公之子"。"身止一子"说明是独生子。从"文则有种，德亦惟肖"看，必非婴幼。"忽疾倏逝，医不及视"说明是急病身亡。序文未及其生平事迹，则很可能是因其年少无可叙者，故序亦如六朝哀辞一样简短。辞用骚体换韵，主要是以旁观者的视角描述宋公丧子的情态和悲情。文体形态全类六朝哀辞，但不是代言体。由于是旁观视角，客观描述，所以冷静描写中又力求铺陈文采，美文以呈才。所以篇幅比六朝哀辞略长。

---

① [唐]王维撰、[清]赵殿成笺注：《王右丞集笺注》（第27卷），上海古籍出版社1984年版，第475页。

韩愈《欧阳生哀辞并序》题下有注:"欧阳名詹,字行周,泉州晋江人也。卒年四十余,集十卷行世。"① 序言长达544字,简叙欧阳詹生平事迹。然后说:"詹之事业文章,李翱既为之传,故作哀辞以舒余哀,以传于后,以遗其父母而解其悲哀,以卒詹志云。"辞154字:

> 求仕与友兮,远违其乡。父母之命兮,子奉以行。友则既获兮,禄实不丰。以志为养兮,何有牛羊。事实既修兮,名誉又光。父母忻忻兮,常若在旁。命虽云短兮,其存者长。终要必死兮,愿不永伤。朋友亲视兮,药物甚良。饮食孔时兮,所欲无妨。寿命不齐兮,人道之常。在侧与远兮,非有不同。山川阻深兮,魂魄流行。祭祝则及兮,勿谓不通。哭泣无益兮,抑哀自强。推生知死兮,以慰孝诚。呜呼哀哉兮,是亦难忘。

韩愈这篇哀辞的长序类似传记,前所未有。六朝哀辞序最长者是梁简文帝《大同哀辞》的序,159字。辞用骚体,与六朝哀辞类似。林纾《春觉斋论文》认为其文以写哀情为主,"仍守前人之法律"。韩愈文章对宋人影响很大,这篇哀辞长序短辞的形式也直接影响了宋代哀辞,多有效之者,如赵湘《周仲嘉哀辞》,序文散体长达730字,辞骚体125字。

韩愈《独孤申叔哀辞》无序。《五百家注昌黎文集》题下有注曰:"申叔字子重,年二十二举进士,又二年用博学宏词为校书郎,又三年居父丧,未练而殁。盖贞元十八年也。"② 算来年仅27岁,年轻而夭亡。哀辞简短,仅108字:

> 众万之生,谁非天耶?明昭昏蒙,谁使然耶?行何为而怒,居何故而怜耶?胡喜厚其所可薄,而恒不足于贤耶?将下民之好恶与彼悬耶?抑苍茫无端而暂寓其间耶?死者无知,吾为子痛而已矣。如有知也,子其自知之矣。濯濯其英,晔晔其光。如闻其声,如见其容。呜

---

① [清]董诰等编:《全唐文》(第3册卷567),上海古籍出版社1990年版,第2542~2543页。
② [唐]韩愈撰、[宋]魏仲举辑注:《五百家注昌黎文集》(第22卷),见《景印文渊阁四库全书》(第1075册),台湾商务印书馆1986年版,第369页。

呼远矣，何日而忘！

此辞不以叙事为务。前半用楚辞《天问》体，四言问句，复韵。中间杂以散句，最后用四言诔体。

韩愈的两篇哀辞虽然都不是哀悼自己的至亲骨肉，但却非代言，而是"作哀辞以舒余哀，以传于后，以遗其父母而解其悲哀，以卒詹志"，即直接抒写自己的哀情，同时用来缓解死者亲人的悲哀。柳宗元的两篇哀辞也是这样。

柳宗元《哭张后余辞并序》，序散体359字，叙述张后余生平事迹，夹以议论。然后"哭之以辞"。辞165字，韵语，四言为主：

嗟嗟张君，善不必寿。惟道之闻，一日为老，人皆反是，百稔犹幼。子之优游，是亦黄耇。嗟嗟张君，宠不必贵。尊严为人，早服高位。淫议肆欲，银艾沦弃。子之崇高，无愧三事。吾见皤皤而童，赫赫而辱。进襦袴于几杖，负泥涂于冕服。已虽有余，人视不足。子之迹不混乎其间者，幸也！宜贺而吊，宜歌而哭，吾其过乎？与其宠而加贵，善而加寿，道施于人，庆及于母，从容邦家，乐我朋友，岂不光裕显大欤？而不克也，则吊而哭者，其无过乎？呜呼！①

柳宗元《杨氏子承之哀辞并序》，序散体171字，辞用较整齐的骚体七言句式，144字：

葆醇熙兮承贞则。懿文章兮好循直。诚耿介兮又绰宽。学之勤兮行弥专。质圭璋兮文虎豹。超凌厉兮驰圣道。力未具兮志求通。道之远兮足先穷。有母嗷徽兮有弟哀号。世父孔悲兮湘水滔滔。去昭旷兮沉幽寞。魂冥冥兮竟难托。死者静兮生者愁。子之淑兮徒增忧。志甚良兮命甚瘗。子之生兮又何欲。悲吾心兮动吾神。谁使子兮淑且仁。呜呼已乎不可追。终怨苦兮徒何为。②

---

① ［清］董诰等编：《全唐文》（第3册卷593），上海古籍出版社1990年版，第2659页。
② ［清］董诰等编：《全唐文》（第3册卷593），上海古籍出版社1990年版，第2659页。

唐代5篇哀辞有3篇用骚体，1篇《天问》式四言体，1篇祭、诔式四言体。辞文都不长，基本是韵文，与六朝哀辞差不多。与前代哀辞相比，主要变化有二。一是死者都是年轻而夭亡者，已经有一定的生活经历和事迹。二是死者年轻直接导致序文变长，形成长序短辞的文体格局。这些都影响到宋代哀辞。

三、宋代的哀辞[①]

《全宋文》中存哀辞111篇。宋代哀辞在基本保持六朝哀辞体性的基础上，也有一些明显变化。一是有时与诔文、祭文的界限略欠清晰，如韩琦作《祭龙图尹公师鲁文》，序云："徒凭薄祭，一写哀辞。"题为祭文，序称哀辞。实则"哀辞"只是构成其祭文的一个特殊部分，放在祭文最后，仍然是韵文语体，主要是在前文累叙事功德行的基础上再侧重抒发哀情。形式上是用"哀辞曰"引起结尾部分的韵文。二是哀祭的对象有时不限于夭亡者，因此往往长篇大序，累叙其生平行迹。如杨万里《黄世永哀辞》前有962字长篇大序。甚至韵文哀辞也加入许多叙事因素，如尤袤本以寿终，陆游为其作《尤延之尚书哀辞》，不用序，只用367字哀辞，既抒哀情，又夹叙事迹。三是语体变化多端，有骚体，有四言韵体，有骈体，有骈散兼用体。常见同一作者所作哀辞，一篇一体，似乎有意追求语体变化，如苏辙所作数篇哀辞。

宋代还有以"哀辞"为题的诗歌，如苏舜钦《尹子渐哀辞并序》《滕子京哀辞》，张舜民《苏子瞻哀辞》等，均为五言诗。文天祥有《哭母大祥》七言长诗，自序称"哀章一首"。

总体看来，宋人在基本保持汉魏六朝哀辞体性的基础上，寻求变化，扩大了这种文体的用途，丰富了表现形式，因此，也使哀辞与其他哀祭文体的分界有点模糊。

（一）宋代哀辞的文体形态

吕祖谦《宋文鉴》卷132"哀辞"目，收宋人哀辞9篇[②]：

[①] 本节参考了谢敏玉博士学位论文《宋代哀祭文研究》（中山大学2010年）中的部分资料。
[②] 参见［宋］吕祖谦编、齐治平点校《宋文鉴》（下册），中华书局1992年版，第1856～1865页。

（1）富弼《哭尹舍人词并序》，死者成年，序105字，辞520字，皆散体叙事。

（2）苏舜钦《哀穆先生文并序》，死者成年，序54字，文676字，皆散体叙事。

（3）刘敞《吊岳二生文并序》，死者成年，序113字，文279字，皆散体叙事。

（4）曾巩《苏明允哀辞并序》，死者老年，序574字散体叙事，辞119字骚体赞美抒情。

（5）苏轼《钱君倚哀词》，无序，辞254字，骚体抒情。

（6）苏轼《钟子翼哀辞并序》，死者老年，已死多年。序281字散体，辞198字，骈体。

（7）文同《哭李仲蒙辞》，死者成年。无序，辞235字，骚体。

（8）汪革《毗陵张先生哀辞并序》，代吕侍讲作。死者老年。序614字散体叙事，辞160字骚体。

（9）刘跂《王升之诔并序》，死者41岁。序289字散体叙事，诔367字，前半四言韵语，后半骚体。

以上9篇哀悼的对象都不是短命夭亡者，而是普通死者，或成年或老年。这与汉魏时期哀辞文体初始之时专用于表达对短命夭亡者的哀伤之情不同。因为死者是有经历者，所以文章内容皆以叙事赞誉为主。往往以长篇序文叙其事迹，较短的"词曰"抒发赞美和哀悼之情。从篇名看，4篇"哀辞（词）"，2篇"哭辞（词）"，1篇"哀文"，1篇"吊文"，1篇"诔文"。可见吕祖谦是将"哀辞"视为一个文类名称，泛指用于悼念死者、表达哀伤之情的文章。

《宋文鉴》是选本，宋代哀辞类文章当然不止于此。《全宋文》中有哀辞111篇，篇名多用"哀辞""哀词"，少数篇名为"哭（悼、悲）……辞（词、文）"，如富弼《哭尹舍人词》、欧阳修《哭女师》、苏轼《伤春词》、杨万里《悼双珍辞》、薛季宣《哀韩大将军文》等。

以下对哀辞文体形态的若干问题加以辨析。

1. 散体无韵的哀辞

汉魏以来哀辞文体以四言韵语或骚体韵语为通常体例。宋代哀辞有少数散体无韵，或骈散语体杂用，可视为哀辞文体的另类。如富弼《哭尹舍人词》、苏舜钦《哀穆先生文》两篇是散体哀辞，无韵。贺复征《文章辨体汇选》（四库全书本）卷741哀辞类收入了这两篇。散文体哀辞还有程珌5篇：《夫人哀辞》《弟六二奉议哀辞》《若水哀辞》《若曾哀辞》《汪子心哀辞》。兹引《若水哀辞》（160字）为例：

> 汝于诸孙为长，吾先君特爱之。故自髫年，予亲授以句读，教以作字，属对赋诗。稍长，授以经史大义，尔性早颖，触类自解。又稍长，授以作文之法，学日进，词日工，字画叠叠，逼予书法。从予仕宦，盖三十有二矣。京口之役，抱病以往，予疑其不可久留也，力促其归。归仅四五日，又病，遂不可为。盖其始之受于天者，各有分量也，吾其如天何哉！幸汝有子，双瞳炯炯，非凡儿也。予当教之育之，使足以为汝后，汝亦可以无憾矣。①

用"哀文"作标题，或许有标示文体差别的用意，表示所作哀辞是无韵之文而非有韵之辞。如苏舜钦《哀穆先生文》散体无韵，薛季宣《哀韩大将军文》是长篇骈体文，间有散句，无韵。文天祥《哭妻文》，只有5句24字：

> 烈女不嫁二夫，忠臣不事二主。天上地下，惟我与汝。乌呼哀哉！②

明张元瑜刻本《文山先生全集》卷17载有后人对文天祥《纪年录》的疏证，可知文妻欧阳夫人被掳至燕都，于大德九年（1306）乙巳岁二月十九日才去世，比文天祥就义晚20多年。则《哭妻文》之写作，应该是作者在只知妻子被掳，而不能确定其生死的情况下写的，表达忠贞的志愿以及对妻子的希望。因未知其生死，所以不作哀辞，只称"哀文"。文天祥另有《刘良臣母哀辞》，无序，全文骚体73字，与六朝哀辞体例相同。可见在他的文体观念中，哀辞与哀文是有明确区别的。

---

① 曾枣庄、刘琳主编：《全宋文》（第298册），上海辞书出版社、安徽教育出版社2006年版，第193页。

② 曾枣庄、刘琳主编：《全宋文》（第359册），上海辞书出版社、安徽教育出版社2006年版，第241页。

2. 序

宋代哀辞多有序。据笔者统计《全宋文》中 111 篇哀辞，70 篇有序文。序又作叙、引。如释契嵩《致政侍郎中山公哀辞并叙》、苏轼《钟子翼哀词并引》。序文最基本的功能是交代写作缘起。如郭祥正《留君仪哀词序》：

> 南漳留定君仪，才行之士也，尝有德于予。今其卒矣，故为之词以哀之。①

如果是应别人请求而作的，一般都会在序中交代。如苏轼《伤春词》序云死者的夫人"愿求一言以吊"②。曾巩《苏明允哀辞》序云苏轼苏辙兄弟"请予为辞以哀之"。苏辙《鲜于子骏谏议哀辞》序云"其子颉求予为挽歌"。李纲《刘仲偃大资政哀辞》序云"其子子羣以墓铭谥议来求挽章"。

然而宋代许多哀词的序文都不仅仅限于交代写作缘起了，而是累列死者功德，既叙述且赞颂之。这就形成了长序短词的格局。序都是散体，以叙事颂德为主。辞用韵语，以抒发颂赞和哀伤之情为主。这是宋代哀辞文体较前代哀辞最大的不同。如曾巩《苏明允哀辞》、杨时《明道先生哀辞》、苏轼《王大年哀词》等。其长篇大序类似散体传记。

3. 骚体哀辞

骚体韵语是自汉魏六朝以来哀辞使用最多的语体。语体标志是句中或句末用"兮""其""之"等语气词。这些语气词使语句节奏不像四言那样整饬凝重，句子中间或尾音有所延宕，韵律变得绵长柔和，更适宜抒情写哀。宋代哀辞用骚体的有 81 篇，约占总数 4/5。骚体哀辞的句式富于变化，但在一篇之中，通常是以一种款式为主的。常见有如下几种：

（1）骚体四言，"兮"字居中断句："×××兮，××××"。如苏轼《李仲蒙哀词》：

---

① 曾枣庄、刘琳主编：《全宋文》（第 80 册），上海辞书出版社、安徽教育出版社 2006 年版，第 21 页。

② 曾枣庄、刘琳主编：《全宋文》（第 92 册），上海辞书出版社、安徽教育出版社 2006 年版，第 129 页。

> 中心乐易，气淑均兮。内外绝一，言可信兮。
> 无怨无恶，善友人兮。学诗达礼，敏而文兮。①

又如释契嵩《周叔智哀辞》：

> 江之山兮匡庐效灵，江之水兮九江沚清。合其气兮诞为人英，君得之兮既聪且明。道德修兮器识恢宏，竟不展兮夺化代并。②

（2）骚体四言，"兮"字在双句末尾："××××，×××兮"。如苏轼《苏世美哀词》：

> 有美一人，长而髯兮。钦歆历落，进趋檐兮。达于从政，敏而廉兮。……
> 敬事友生，小心谦兮。诲养贫弱，语和甜兮。刚柔适中，畏爱佥兮。③

（3）骚体六言，"兮"字居中不断句："×××兮××"。如周紫芝《悼亡哀词二首》之二：

> 悼余生兮多患，怅伊人兮罹此冤。忽永诀兮遐邈，览遗迹兮凄然。……
> 繄木落兮归根，望魄月兮复圆。善万物兮得所，追既往兮眇绵。④

---

① 曾枣庄、刘琳主编：《全宋文》（第92册），上海辞书出版社、安徽教育出版社2006年版，第125页。
② 曾枣庄、刘琳主编：《全宋文》（第36册），上海辞书出版社、安徽教育出版社2006年版，第392页。
③ 曾枣庄、刘琳主编：《全宋文》（第92册），上海辞书出版社、安徽教育出版社2006年版，第126页。
④ 曾枣庄、刘琳主编：《全宋文》（第162册），上海辞书出版社、安徽教育出版社2006年版，第52页。

(4) 骚体七言，"兮"字居中不断句："×××兮×××"。如曾巩《苏明允哀辞》：

> 嗟明允兮邦之良，气甚夷兮志则强。阅今古兮辨兴亡，惊一世兮擅文章。
> ……在后人兮庆弥长。嗟明允兮庸何伤！①

(5) 骚体七言+六言，"兮"字居中断句。如苏轼《伤春词》：

> 佳人与岁皆逝兮，岁既复而不返。付新春于居者兮，独安适而愈远。
> 昼昏昏其如醉兮，夜耿耿而不眠。居兀兀不自觉兮，纷过前之物变。②

(6) 骚体九言，"兮"字居中不断句："××××兮××××"。如李觏《邓公仪伤辞并序》：

> 落落其实兮桦桦其华，晰晰其乡兮噰噰其家。
> 出处默语兮礼而弗邪，璞乎君子兮孰訾其瑕？
> 学优而壮兮维人之欲，自巇而坦兮始圜其觳。③

这种句式在宋代哀辞中比较常见，如柳开《袁姬哀辞》，曾巩《吴太初哀辞》《王君俞哀辞》，王安石《泰兴令周孝先哀辞》《李通叔哀辞》，黄庭坚《张翔父哀词》，李纲《哭惠女文》等。

(7) 骚体杂言长句，"兮"字在句中或句尾。如苏轼《钱君倚哀词》：

---

① 曾枣庄、刘琳主编：《全宋文》（第58册），上海辞书出版社、安徽教育出版社2006年版，第303页。
② 曾枣庄、刘琳主编：《全宋文》（第92册），上海辞书出版社、安徽教育出版社2006年版，第129页。
③ 曾枣庄、刘琳主编：《全宋文》（第42册），上海辞书出版社、安徽教育出版社2006年版，第357页。

> 大江之南兮，震泽之北，吾行四方而无归兮，逝将此焉止息。岂其土之不足食兮，将其人之难偶。非有食无人之为病兮，吾何适而不可。独徘回而不去兮，眷此邦之多君子。……苟处世之恃友兮，几如是而吾不亡。①

（8）骚体杂言长句，"之、兮、而、乎"等语气词并用式。如杨时《明道先生哀辞》：

> 余悲古人之不见兮，逢世德之险微。析道真之纯美兮，肆全体而分刲。驾异端而并逐兮，骈支毂乎多岐。②

又如程珌《天台二张居士哀辞》：

> 由昔休明之世，必有贤者兮，采于山而渔于泉。今君也遗子以书，课健于耕兮，吾非傲世而徼仙。世之同气若仇兮，人道散而孰铨。君之仁足以拊孤嫠兮，谊足以风普天。彼黄馘槁项兮，既没世而名不称焉。若颜与闵之不试兮，有洙泗以为贤。曰延陵季子之墓兮，抑奚为而独传？彼洙泗圣人吾不得而遇之矣，盍亦求其可寿者而托焉？呜呼，此千万世孝子顺孙之志兮，昔人所以重叹其卷卷。③

（9）骚体、赋体、四言韵语杂糅式。

这不是哀辞规范的通常体例，而是变体特例。比如程珌的8篇哀辞，体例差别很大。哀亲人4篇全用散文语体，不用韵文。哀友人4篇——《汪子心哀辞》散文语体，《王少卿哀辞》四言韵文，《天台二张居士哀辞》骚体长短句，《曹监酒哀词》四言韵文，通篇以"只"字为韵脚，极其罕见：

---

① 曾枣庄、刘琳主编：《全宋文》（第56册），上海辞书出版社、安徽教育出版社2006年版，第125～126页。
② 曾枣庄、刘琳主编：《全宋文》（第125册），上海辞书出版社、安徽教育出版社2006年版，第131页。
③ 曾枣庄、刘琳主编：《全宋文》（第298册），上海辞书出版社、安徽教育出版社2006年版，第194页。

嗟嗟曹君，天只人只。乾元一气，万汇均只。纤巨促修，胡不齐只？所学如君，亦既厓只。摛词如君，亦既秀只。万里修涂，车辄停只。虽然，生而无闻，寿何如只。朝闻夕死，圣言垂只。允怀夙昔，熏风寒只。香冽茶清，君其监只。①

（二）宋代哀辞的哀悼对象

在宋代，哀辞不再像汉魏六朝哀辞那样专用于"童殇夭折不以寿终者"，而是广泛用于伤悼各种死者，实际上自然是用于成年死者或老年死者更多。哀悼对象的变化，引起内涵变化——叙事迹、颂功德的因素成为哀辞的主要内涵。这又导致哀辞文体与哀文、祭文、诔文、铭文等文体的界限有点模糊。如魏了翁《鹤山集》卷90、91祭文目下有《哭杜威州文》等48篇，实为祭文，其写法与哀辞有异，但题目却相似。

以下按哀悼对象之不同，把宋代哀辞大致分为哭子殇、悲失偶、伤逝友、诔德行四类。

1．哭子殇

这是哀辞最初的专用功能。宋代哀辞虽然多用于成人，但仍有一些哀悼童殇。

欧阳修《哭女师》是一篇骚体哀辞。刘埙《隐居通议》云："欧阳公有《哭女师辞》……悲哀缱绻，殆骨肉之情不能忘邪！"② 庆历五年（1045）夏，欧阳修的长女师病亡，年仅8岁。欧阳修极度悲痛，写了《哭女师》七言骚体哀辞，无序，辞116字：

暮入门兮迎我笑，朝出门兮牵我衣。戏我怀兮走而驰，旦不觉夜兮不知四时，忽然不见兮一日千思。日难度兮何长，夜不寐兮何迟！暮入门兮何望，朝出门兮何之？恍疑在兮杳难追，髭两毛兮秀双眉。不可见兮如酒醒睡觉，追惟梦醉之时。八年几日兮百岁难期，于汝有

---

① 曾枣庄、刘琳主编：《全宋文》（第298册），上海辞书出版社、安徽教育出版社2006年版，第194页。
② ［元］刘埙编：《隐居通议》（第5卷《哭女师》），见《景印文渊阁四库全书》（第866册），台湾商务印书馆1986年版，第56页。

顷刻之爱兮，使我有终身之悲。①

此文的文体形态和风格都与魏晋时期的哀辞一样。他同时还有五言诗《白发丧女师作》：

> 吾年未四十，三断哭子肠。一割痛莫忍，屡痛谁能当。割肠痛连心，心碎骨亦伤。
> 出我心骨血，洒为清泪行。泪多血已竭，毛肤冷无光。自然须与鬓，未老先苍苍。②

同一事件用两种文体书写，相比之下可见，哀辞侧重写怀念之情，有一些表象和细节描写，具体可感；诗侧重写内心的悲哀无奈，叙事性较弱。

哀辞是丧亲抒哀之作，所写必真情实感。如程珌《若水哀辞》（160字）、《若曾哀辞》（170字）两篇，分别为自己两个早丧的儿子而作。长子若水32岁，死于作者"京口之役"时期。次子"寿不逭中"，即未到中年。从作者"日念他时获还故里"的语气看，若曾也死于作者为官期间。暮年丧子，已是大不幸，况且连丧二子，悲上加悲。他这两篇都使用散文语体，无韵。这在哀辞中少见。语言风格质朴无华，也异于一般哀辞。但其感情真挚强烈：

> 呜呼！天不可与道，地不可与谋，鬼神不可与知。若尔之孝友慈惠，而寿不逭中。若我之持心蹈行，而暮年夺子。然则天胡可诘，鬼神胡可恃耶？不知使世之为善者将何所劝，而为恶者何所惧耶？③（《若曾哀辞》）

哀辞抒哀，侧重写心情。而心情往往是复杂的，往往因丧亲失子而引起许多悲伤的联想。如李纲《哭惠女文》序云：

---

① 曾枣庄、刘琳主编：《全宋文》（第31册），上海辞书出版社、安徽教育出版社2006年版，第143～144页。
② 欧阳修撰、李逸安点校：《欧阳修全集》（第1册），中华书局2001年版，第39页。
③ 曾枣庄、刘琳主编：《全宋文》（第298册），上海辞书出版社、安徽教育出版社2006年版，第194页。

予谪官，自京师挈家抵无锡，得一女，以惠名之。生未月，予单骑如贬所。半年而后得家问，而惠女已亡矣。虽在襁褓，讵能忘怀？作斯文以哭之，极其情而卒归之于正云。①

以下哀辞357字（略），是哀辞中的长篇。整齐的九言骚体句式，极力铺陈丧女的悲哀心情。这可能与李纲怀忠心而被贬谪的遭遇有关，无法言说的郁闷和悲愤心情，借哀悼女儿曲折地渲泄一番。

代人作哀辞，有时也是朋友间委婉表达安慰和同情之意的方式。比如杨万里代范成大作《范女哀辞》，序云：

石湖先生参政范公有爱女名某，字某，懿德淑茂。年十有七，绍熙壬子五月，从公泛舟之官当涂，至公舍得疾，旬日而逝。公哀痛不自制，八月，命其同年生诚斋野客杨某作辞以哀之。②

哀辞文体初兴即专为哀悼短命夭亡者。宋代哀辞保持了这一用途。

2. 悲失偶

哀辞以写哀情为主，丧子失妇，更宜使用哀辞而非诔文，因为子妇往往可诔之意少而可哀之情多。宋代哀辞有许多篇章是悼念妻妾的，如柳开《袁姬哀辞并序》。袁姬是柳开的爱妾，所生一女一男皆夭折，年仅20岁病逝于桂州。柳开因"作哀辞一章刻石留于桂州"。短序短辞，美文深情。辞153字，整齐的骚体韵语九言句式：

彼美袁姬兮，柔芳懿懿。瑶沉蘋瘁兮，追惟弗洎。阴质弱卑兮，资阳望贵。寿康攸遂兮，夫怼所利……明知有生兮，亦必有死。无如奈何兮，情思周已。倏焉胡往兮，音容莫寄。余玩遗香兮，忍孰为视。桂山崭崭兮，翠攒若指。曷能可忘兮，我心于此。西流之日兮，东流之水。瞬息一去兮，终天远矣。③

---

① ［宋］李纲：《李纲全集》（第164卷），岳麓书社2004年版，第1517页。
② 曾枣庄、刘琳主编：《全宋文》（第240册），上海辞书出版社、安徽教育出版社2006年版，第347页。
③ 曾枣庄、刘琳主编：《全宋文》（第6册），上海辞书出版社、安徽教育出版社2006年版，第426页。

周紫芝有《悼亡哀词二首》，悼念亡妻。第一首 146 字，第二首 133 字。无序，辞皆基本整齐的骚体六言韵语，效屈原《离骚》《山鬼》之笔法，用隐喻象征夸饰性的美文，文采斐然，极力赞颂死者人美德美，铺叙夫妻恩爱，从而凸显悲哀。如第一首：

> 兰独秀兮幽除，采清香兮袭予。揽荷衣兮蕙带，既沐浴兮斯佩。乘光风兮来思，撷苹藻兮沼沚。宜家人兮噰噰，询龟筮兮咸喜。窥清扬兮窈窕，从我百艰兮不颦以笑。助倚门兮晨昏，予游踪兮遐眇。嗟日月兮几何，魂即幽兮杳杳。挽双袂兮云举，纷落叶兮堂下。虫啾啾兮夜鸣，霜肃肃兮晨雨。夐欲叩兮上苍，痛予命兮孰将。收泪兮浩叹，心怅怅兮皇皇。奠桂酒兮于寝，俨时灵兮来降。

作者对屈原的作品非常熟悉。他在《哀湘累赋序》中说："始余夜读《离骚经》二十五篇，至其悲愤慷慨有不能胜。"① 他的这两篇哀辞酷似《离骚》风格，虽然都是抒情性很强的诗化语句，但其实有丰富的隐喻叙事因素，从中隐约可知其夫妻生活情景和情感状况。第二首有"怅伊人兮罹此冤……气填膺兮耿耿"等语，似乎妻子亡故与"罹此冤"有关。

程珌《夫人哀辞》，散体 118 字，朴实无华，哀悼与之生活了 49 年的妻子。死者 72 岁，当时已算"古来稀"的寿终者，所以情到深处反归于平淡，既思之念之，亦自节哀情：

> 嗟嗟夫人，归我四十九年。奉蒸尝也必躬必亲，事舅姑也必孝必谨，相夫也必以义，教子孙也必以忠。俭于躬，勤于家，惠于僮仆，妇道备矣。而七十犹少二焉，苍苍胡可问，神明胡可测哉！一恸而已。然其逝也，却荤与茹，凡十余日，曰无以是浑我，神识了然，绝诸痛楚。且遍告诸人，以时日而后行，亦可谓令终矣。②

---

① 曾枣庄、刘琳主编：《全宋文》（第 162 册），上海辞书出版社、安徽教育出版社 2006 年版，第 37 页。
② 曾枣庄、刘琳主编：《全宋文》（第 298 册），上海辞书出版社、安徽教育出版社 2006 年版，第 192 页。

3. 伤逝友

宋代哀辞有些是伤悼朋友英年早逝之作。如赵湘《周仲嘉哀辞》，李觏《邓公仪伤辞并序》，曾巩《吴太初哀辞》《王君俞哀辞》，王安石《李通叔哀辞并序》，王令《鲁子思哀词》，杨时《郭思道哀辞》，周行己《段公度哀词》，胡宏《谭知礼哀词》，陈长方《章季明哀词》，陈著《吴学志哀辞》，等等。这类哀辞多有长序。

赵湘《周仲嘉哀辞》有长序，详细叙述周仲嘉的生平家世道德学问文章，叹其英年早逝。哀辞篇幅不及序文的1/6，骚体韵文，颂且哀之：

> 幼不弄兮成童可夸，毫墨为戏兮将握灵蛇。既弱冠兮文能摄邪，但见金兮不闻有沙。名籍甚兮为声且华，道颇光兮禄位弥加。善于友兮久无疵瑕。孝于亲兮克睦其家。不幸短命兮今则无耶，妇寡息孤兮可哭而嗟。室虽窭兮事业甚奢，寿虽短兮声名极遐。人谓其折兮凶且无涯，余知其没兮隆而不洼。已乎已乎，呜呼仲嘉！①

李觏《邓公仪伤辞并序》为年仅32岁的亡友邓仪而作，序长于辞，辞用骚体。

王安石《李通叔哀辞》为同窗李通叔作，长序短辞。李通叔年仅28岁溺水而亡。序写同窗之谊，赞美通叔其人有君子气象，惜其不寿。辞216字，赞美死者，抒写哀情。九言骚体一韵到底，是哀辞中少见的形式整齐之作。

王安石非常赏识的弟子王令只活了28岁，竟也作有哀悼早逝之友的《鲁子思哀词》。长序长辞，哀辞句式比王安石的哀辞灵活多变，先用句式多变的骚体，后以"谇曰"转为四言韵文。六朝哀辞多有这种格式。

又如杨时《郭思道哀辞》，郭思道"年三十有八，以疾终于京师"。周行己《段公度哀词》，段公度刚刚"擢第调太平州芜湖县尉"就病故了。陈著《吴学志哀辞》，吴学志20多岁以暴疾卒。

4. 诔德行

累列死者生前德行功业，进而赞颂之，这是诔文的本分。早期哀辞的

---

① 曾枣庄、刘琳主编：《全宋文》（第8册），上海辞书出版社、安徽教育出版社2006年版，第381页。

施用对象主要为童殇夭子，无功德可诔，只是抒写哀情即可。但宋代哀辞有很多用于老年死者，则不可避免地以累述功德为主，抒哀次之。虽称哀辞，功用实类诔文。

比如曾巩《苏明允哀辞》，是应苏氏兄弟之请而作。苏洵（1009—1066）卒于治平三年（1066）四月，58岁。张方平《文安先生墓表》称"朝野之士为诔者百一十有三人"①。张方平说的"诔"，大概包括挽词、祭文、诔文、哀辞等。其功用类似墓表、神道碑铭之类。死者已近花甲，且德高望重事迹丰富，宜于叙功述德，所以自然是长序短辞的格局。曾巩与苏轼苏辙同年进士，早有文章之名。为同年的父亲作哀辞并"将刻之于冢上"，自然会十二分用心。所以这篇哀辞在当时应该具有"典范"意义，从文体格局、内容选择到修辞用语，都既遵守体例、符合时尚，又体现高超的才华和文章造诣。观其595字散体长序，的确简明扼要，蕴含丰富，表述准确有力，用语简洁明快。

> 明允姓苏氏，讳洵，眉州眉山人也。始举进士，又举茂才异等，皆不中。归，焚其所为文，闭户读书。居五六年，所有既富矣，乃始复为文。……嘉祐初，始与其二子轼、辙去蜀，游京师。今参知政事欧阳公修为翰林学士，得其文而异之，以献于上。既而欧阳公为礼部，又得其二子之文，擢之高等。于是三人之文章盛传于世，得而读之者皆为之惊，或叹不可及，或慕而效之。……以明允之丧归葬于蜀也，既请欧阳公为其铭，又请予为辞以哀之，曰：铭将纳之于圹中，而辞将刻之于冢上也。

其辞119字：

> 嗟明允兮邦之良，气甚夷兮志则强。阅今古兮辨兴亡，惊一世兮擅文章。御六马兮驰无疆，决大河兮啮浮梁。灿星斗兮射精光，众伏玩兮雕肺肠。自京师兮泊幽荒，刻二子兮与翱翔。唱律吕兮和宫商，羽娥峨兮势方飏。孰云命兮变不常，奄忽逝兮汴之阳。维自著兮昈煌

---

① 曾枣庄、刘琳主编：《全宋文》（第38册），上海辞书出版社、安徽教育出版社2006年版，第301页。

煌,在后人兮庆弥长。嗟明允兮庸何伤!①

张伯行《唐宋八大家文钞》卷17:"苏明允奋起西川,文章之杰也。南丰叙其为文处,即可以想象其为人。古人文字不溢美一词,而其人精神愈见,此类是也。"②

又如苏轼现存哀词6篇③:

(1)《李仲蒙哀词》,序261字,辞128字,骚体四言整齐句式,如:"中心乐易,气淑均兮。内外绝一,言可信兮……往者不还,我思君兮。"

(2)《钱君倚哀词》,无序,辞258字,骚体杂言句式,如:"大江之南兮震泽之北。吾行四方而无归兮,逝将此焉止息……临大江而长叹兮,吾不济其有命。"

(3)《伤春词并引》,散体短序63字,长辞266字,骚体,句式较整齐,如:"佳人与岁皆逝兮,岁既复而不返。付新春于居者兮,独安适而愈远。……求余文以写哀兮,余亦怆恨而不能言。夫既其身之不顾兮,尚安用于斯文。"

(4)《苏世美哀词》,无序,辞192字,骚体四言句式整齐,如:"有美一人,长而髯兮……敬事友生,小心谦兮……何辜于神,寿复殰兮。"

(5)《王大年哀词》,散体长序300字,短辞64字,四言韵文,句式整齐,如:"君之为将,允武且仁。甚似其父,而辅以文。君之为士,涵咏书诗。议论慨然,其子似之。"

(6)《钟子翼哀词并引》,散体长序282字,辞较长,198字韵文,四言七言相间句式,句式整齐如一。如:"矫矫钟君,泳于德渊自澡濯。贫不怨天,困不求人老愈愨。嘉言一发,排难解纷已残剥……三子有立,移书问道过我数。我亦白首,感伤薰心陨涕渥。"

6篇都是哀悼有一定经历和功德的成人朋友之作。李仲蒙"没时年五十"。钱君倚是"邦之君子""国之英"。吕文甫是虞部郎。苏世美"长而髯兮……达于从政……魁然丈夫"。王大年,"帝方欲尽其才,而君以

---

① 曾枣庄、刘琳主编:《全宋文》(第58册),上海辞书出版社、安徽教育出版社2006年版,第302~303页。
② 高海夫主编:《唐宋八大家文钞校注集评》(第86卷),三秦出版社1998年版,第4174页。
③ 参见孔凡礼点校《苏轼文集》(第5册卷63),中华书局1986年版,第1963~1968页。

病卒。其子说以文学议论有闻于世，亦从予游"。钟子翼是隐士，"其子志仁志行志远"。

2 篇无序，4 篇有序。3 篇长序短辞，1 篇短序长辞。序文皆用散体。辞有 4 篇骚体，但每篇不同，整齐的四言骚体 2 篇，不太整齐的长句式骚体 2 篇。非骚体辞 2 篇，1 篇是整齐的四言韵文，与诔、祭语体类似。1 篇四、七言相间句式，很别致，是哀辞中罕见者。

范祖禹《明道先生哀词》① 比较特殊，从头到尾全部散文语体，共 393 字，并无通常体例的韵语哀词。

杨时《明道先生哀辞》，是一篇符合通常体例的哀辞。序 505 字叙述功德，辞 257 字，骚体句式，铺陈颂扬哀悼之情：

> 展斯文之在兹兮，万世之师。锄榛棘之荒秽兮，辟正路之孔夷……想德音其未远兮，俨若在傍。固诚之不可掩兮，何有何亡？日月逝兮形魂藏，呜呼已矣兮斯亦难忘！②

汉魏六朝哀辞本以写哀痛之情为主，宋人哀辞利用序文大量加入叙赞功德的成分，但哀辞正文基本保持了韵语抒情的特质。由于作者众多，作品样式也丰富多样。明吴讷《文章辨体序说·诔辞、哀辞》云："大抵诔则多叙世业，故今率仿魏、晋，以四言为句；哀辞则寓伤悼之情，而有长短句及楚体不同。"明徐师曾《文体明辨序说·哀辞》云："其文皆用韵语，而四言骚体，惟意所之，则与诔体异矣。"③ 诔文以四言为主，哀辞句式相对自由，四言、骚体、骈体等都可以使用。不过从晋、唐到宋代，哀辞语体渐以骚体居多。

---

① 参见《范太史集》（第 37 卷），见《景印文渊阁四库全书》（第 1100 册），台湾商务印书馆 1986 年版，第 418 页。
② 曾枣庄、刘琳主编：《全宋文》（第 125 册），上海辞书出版社、安徽教育出版社 2006 年版，第 131 页。
③ [明] 吴讷著、于北山校点，[明] 徐师曾著、罗根泽校点：《文章辨体序说 文体明辨序说》，人民文学出版社 1962 年版，第 153 页。

第七章　唐宋青词的文体形态和文学性①

笔者据《全唐文》《全唐文补遗》《全宋文》《文渊阁四库全书》及散存的宋人别集统计，检得唐人青词248首、宋人青词1423首。② 阅读这些作品，可知青词在唐宋时期已经是一种有专门用途和独立形态的文章体裁。故徐师曾《文体明辨序说》、吴曾祺《文体刍言》等明、清人的文体学著作或文章总集都特列青词一类。

清代朝廷贬抑道教，官方不做道教斋醮，青词因而不昌。清廷修《四库全书》时，乾隆皇帝曾谕令"青词一体，乃道流祈祷之章，非斯文正轨……迹涉异端……尤乖典则"③，"道院青词实异端"④。因命删除宋人刘跂《学易集》、胡宿《文恭集》、王质《雪山集》中的青词，并言

---

① 本章与博士研究生张振谦合作研究撰写。
② 唐代248首：杜光庭228篇，崔致远11篇，封敖2篇，白居易、沉亚之、唐武宗、唐僖宗、陈敬瑄、吴融、张元晏各1篇。宋代1423首：真德秀130篇，胡宿125篇，王珪121篇，周必大97篇，刘克庄79篇，宋真宗59篇，李曾伯49篇，崔敦诗48篇，欧阳修45篇，楼钥44篇，洪适42篇，魏了翁35篇，苏辙28篇，夏竦27篇，王安石26篇，苏轼、宋祁各19篇，方大琮18篇，宋高宗、宋孝宗、张纲、周麟之、史浩各15篇，陈造、张孝祥各13篇，汪藻、范祖禹各11篇，范纯仁、胡铨、孙觌、林亦之各9篇，孙抃8篇，葛仲胜、綦崇礼、林外、陈宓、刘爚各7篇，苏颂、杨万里、陆游、周紫芝、周孚、傅察、叶适、杨简、王十朋、戴象麓、陈著、姚勉各6篇，黄定、方秋崖、方岳、洪咨夔、何梦桂、牟𪩘各5篇，韩维、毛敏、华镇、王安礼、程珌、廖刚各4篇，韦骧、章惇、邹浩、王赏、李昭玘、熊克、刘一止、沈与求、陈渊各3篇，张方平、黄庭坚、葛立方、黄公度、陈传良、范浚、晁公溯、邹浩、陈师道各2篇，祖无择、文同、朱肱、窦材、翟汝文、张之纪、宋徽宗、张守、邓肃、李弥逊、赵彦端、舒邦佐、秦观、黄干、白玉蟾、苏籀、仲并、郑刚中、唐庚、刘安节、吴雨岩、吴势卿、贾似道、释道璨、李之仪、赵必𤩽、王炎午各1篇。
③ 刘跂《学易集》前所附上谕，见《景印文渊阁四库全书》（集部第1121册），台湾商务印书馆1986年版，第533页。
④ 胡宿《文恭集》前所附御题诗，见《景印文渊阁四库全书》（集部第1088册），台湾商务印书馆1986年版，第609页。

"诸凡相类者均可照此办"①。

今人对这种文体的关注不多,此前曾有张泽洪《道教斋醮史上的青词》,对青词与道教的关系论述颇周详②。成娟阳、刘湘兰《论杜光庭的斋醮词》,论述杜光庭的斋醮词及其在青词文体流衍过程中的重要作用③。本章则拟对青词的文体形成过程、文体形态、文学审美价值等问题做进一步的探讨。

一、青词文体之形成

青词的形成与上古祭祀祝文有关。祭祀是人类期望与神灵沟通的重要方式,比较重要的祭祀通常要陈祈祝之文,祝告之意须写得简明扼要并适于诵读。先秦文献中已有许多祭祝文。在汉代,祭祝文略有分工:着重表达对亡灵赞美和哀伤之意的为祭文,着重表达对神明告飨祈求之意的为祝文。刘勰《文心雕龙·祝盟》指出了这种微妙的区别:"若乃礼之祭祀,事止告飨;而中代祭文,兼赞言行,祭而兼赞,盖引神而作也。"④刘勰说的"中代"就是汉代。徐师曾也据此进一步说:"古之祭祀,止于告飨而已。中世以还,兼赞言行,以寓哀伤之意,盖祝文之变也。"⑤

汉代道教繁盛,道教祭祝活动继承先秦祭祀文化"斋戒以事鬼神"⑥的传统,形成了道教专用的祝文。它蕴含着儒、道文化的双重基因。刘勰《文心雕龙·祝盟》即已注意到这一点:"汉之群祀,肃其旨礼,既总硕儒之仪,亦参方士之术。"⑦宋人吕元素《道门道教必用集序》也谈到了道教科仪与儒家经典的关系:"古者天子祀天地,格神明,皆具牺牲之

---

① 刘跂《学易集》前所附上谕,见《景印文渊阁四库全书》(集部第1121册),台湾商务印书馆1986年版,第534页。
② 参见张泽洪《道教斋醮史上的青词》,载《世界宗教研究》2005年第2期。
③ 参见成娟阳、刘湘兰《论杜光庭的斋醮词》,载《中国文化研究》2006年第4期。
④ [南朝梁]刘勰著、范文澜注:《文心雕龙注》(上册),人民文学出版社1958年版,第177页。
⑤ [明]吴讷著、于北山校点,[明]徐师曾、罗根泽校点:《文章辨体序说 文体明辨序说》,人民文学出版社1962年版,第154页。
⑥ [清]阮元校刻:《礼记正义》(第54卷),见《十三经注疏》(下册),中华书局1980年版,第1638页。
⑦ [南朝梁]刘勰著、范文澜注:《文心雕龙注》(上册),人民文学出版社1958年版,第176页。

礼，洁粢盛，备衣服，先散斋而后致斋，以成其祭……天师因经立教，而易祭祀为斋醮之科。"①

此外，道教斋醮书写上章使用的材料和颜色，也与先秦祝盟有关。《文心雕龙·祝盟》说："陈辞乎方明之下。"②《仪礼·观礼》曰："方明者，木也，方四尺，设六色，东方青，南方赤，西方白，北方黑，上玄下黄。"③ 方明就是盟誓用的祝版，用木、竹或玉制成。汉代道教祭祝仪式采用了先秦祝盟用的祝版，直到唐代才改用青藤纸（下详）。不论用祝版还是青藤纸，书写祝文都用朱色，这也和先秦盟书相类。郭沫若《侯马盟书试探》一文谈到上古以血书盟誓，"在战国时代或更早，血书便改用朱书代替了"④。朱色与血色接近，象征赤诚。而赤诚，是人类共同推重的美德，儒、道皆尚之。宋代道士吕元素说："盖青纸朱书，以代披肝沥血之谓也。"⑤

道教斋醮仪式所用祭祝之文在唐代以前称"章"。《隋书·经籍志》云：

> 消灾度厄之法，依阴阳五行数术，推人年命书之，如章表之仪，并具贽币，烧香陈读。云奏上天曹，请为除厄，谓之上章。⑥

斋醮上奏之章到唐玄宗天宝初年改称青词，初时或称清词，书写材料也由祝版改为青藤纸。李肇《翰林志》载："凡太清宫、道观荐告词文，用青藤纸、朱字，谓之青词。凡诸陵荐告上表、内道观叹道文，并用白麻纸。"⑦ 杜佑《通典》卷53《老君祠》载："自今（天宝四载）以后，每

---

① 《道藏》（第32册），文物出版社、上海书店、天津古籍出版社1996年版，第1页。
② ［南朝梁］刘勰著、范文澜注：《文心雕龙注》（上册），人民文学出版社1958年版，第177页。
③ ［清］阮元校刻：《仪礼注疏》（第27卷），见《十三经注疏》（上册），中华书局1980年版，第1092页。
④ 郭沫若：《侯马盟书试探》，载《文物》1966年第2期。
⑤ ［宋］吕元素编：《道门定制》（第1卷），见《道藏》（第31册），文物出版社、上海书店、天津古籍出版社1996年版，第655页。
⑥ ［唐］魏徵、［唐］令狐德棻：《隋书》（第4册第35卷），中华书局1973年版，第1092页。
⑦ ［宋］洪遵辑：《翰苑群书》，见傅璇琮、施纯德编《翰学三书》（第1册），辽宁教育出版社2003年版，第2～3页。

太清宫行礼官，宜改用朝服，兼停祝版，改为清词于纸上。"①"清词"之称或与"太清宫"专用有关，但这个名称未能通行，后来很快就因书写使用青藤纸而定名为"青词"了。宋岳珂《愧郯录》卷4亦载："独有唐天宝之后，用田同秀之言，立老子庙号曰太清宫……祀用青词。"② 宋谢守灏《混元圣记》卷9载天宝四年（745）四月癸巳诏曰："青词，用青纸朱书，御署称嗣皇帝臣某，永为常式。"③ 南宋吕元素《道门定制》卷6《青词》中云："唐天宝四载，敕太清宫行事官皆具冕服，停祝版，改为清词，书于纸上。逮及宋朝真宗皇帝，更以青纸谓之青词，清、青之义各有攸始。"④

道教贵青色，用青藤纸书写青词，比用白麻纸、黄麻纸更表尊贵。梁陶弘景《登真隐诀》卷下载："若欲上治邪病章，当用青纸。三官主邪君吏，贵青色也。"⑤ 唐朱法满《要修科仪戒律钞》卷11《杂犯科》亦载："三官君吏，贵在青色。"⑥ 宋祝穆《古今事文类聚》别集卷12书法部"御书"条曰："诏多用白藤纸，抚军用黄麻纸，青词用青藤纸朱字。"⑦

青词最初只限于太清宫使用。太清宫原为祭祀老子的玄元庙。李唐皇室尊老子为祖先，天宝二年（743），唐玄宗下诏"改西京玄元庙为太清宫，东京为太微宫，天下诸郡为紫极宫"，同年九月辛酉，"谯郡紫极宫改为太清宫"⑧。谯郡，即老子诞生地（今河南鹿邑与安徽亳州一带）。太清宫里除供老子外，还有唐高祖、太宗、中宗、高宗、睿宗五帝像，可见太清宫在道观中地位最高⑨。

中晚唐以后至宋代，青词渐渐不限于太清宫专用了。现存唐代青词

---

① ［唐］杜佑：《通典》（第53卷），中华书局1984年版，第305页。
② ［宋］岳珂：《愧郯录》（第4卷），见《景印文渊阁四库全书》（子部第865册），台湾商务印书馆1986年版，第115页。
③ 《道藏》（第17册），文物出版社、上海书店、天津古籍出版社1996年版，第867页。
④ 《道藏》（第31册），文物出版社、上海书店、天津古籍出版社1996年版，第715页。
⑤ 《道藏》（第6册），文物出版社、上海书店、天津古籍出版社1996年版，第620～621页。
⑥ 《道藏》（第6册），文物出版社、上海书店、天津古籍出版社1996年版，第977页。
⑦ ［宋］祝穆：《古今事文类聚》（别集第12卷），见《景印文渊阁四库全书》（子部第927册），台湾商务印书馆1986年版，第691页。
⑧ ［后晋］刘昫等：《旧唐书》（第1册第9卷），中华书局1975年版，第216～217页。
⑨ ［唐］杜光庭《道教灵验记》（卷2）："亳州真源县太清宫，圣祖老君降生之宅也……唐高祖、太宗、高宗、中宗、睿宗、明皇六圣御容列侍于老君左右。"见《道藏》（第10册），文物出版社、上海书店、天津古籍出版社1996年版，第804页。

中，仅白居易与封敖所撰青词题目中含"太清宫"。其他青词则不限于太清宫使用。观现存中晚唐青词，用于太清宫之外者越来越多。现存宋代青词，已无太清专用之意（下详）。

最初的青词、斋词、醮词之间有一定的差别。现存杜光庭之前的青词，用于太清宫的均以"青词"标示，例如，封敖《太清宫祈雪青词》、吴融《上元青词》、张元晏《下元金箓道场青词》等，而用于太清宫之外斋醮场合的多以"斋词""醮词"标出，例如沈亚之《郢州修明真斋词》、陈敬瑄《青羊宫醮词》等。斋词、醮词也不相同。最初，"斋中青词，则求哀请宥，述建斋之所祷也；至于醮谢青词，则叙斋修有阙，祈请蒙恩陈谢之辞也"①。翻阅杜光庭以前的青词和斋词，内容只有祈福请愿，无谢恩致谢，白居易、封敖、沈亚之等中唐青词无不如此。至晚唐，青词从注重斋词向注重醮词过渡，出现了"奏醮青词，只许谢过，不许祈福"②的写作规定。在这一转变过程中，杜光庭起了关键作用。南宋吕太古《道门通教必用集》卷1《杜天师传》云："（杜光庭）尝谓道门科教，自汉天师、陆修静撰集以来，岁久废坠，乃考真伪，条列始末。故天下羽褐，至今遵行。僖宗召充麟德殿文章应制，当时推伏曰：词林万叶，学海千寻，扶宗立教，天下第一。"③可见由于"岁久废坠"，晚唐以后遵行的科仪规范实始于杜氏，正如宋人蒋叔舆《无上黄箓大斋立成仪》卷15《醮说》云："张清都黄箓仪无谢恩醮，杜广成仪始有之。"④而在道教斋醮仪式改革方面，由于晋宋陆修静、唐张清都的斋法已有相当规模，杜光庭的最大贡献在于醮科的整理与创新。明人胡应麟《少室山房笔丛》卷42云："科醮之说，始自杜光庭。宋世尤重其教，朝廷以至闾巷，所在盛行。"⑤现存第一首醮词《灵宝道场设周天醮词》，署名唐僖宗，实为杜光庭所撰。从词文"谨遣赐紫道士杜光庭等于宗元观修灵宝道场丈人观设

---

① ［宋］金允中：《上清灵宝大法》（第25卷），见《道藏》（第31册），文物出版社、上海书店、天津古籍出版社1996年版，第498页。
② 《道法会元》（第250卷），见《道藏》（第30册），文物出版社、上海书店、天津古籍出版社1996年版，第535页。
③ 《道藏》（第32册），文物出版社、上海书店、天津古籍出版社1996年版，第8页。
④ 《道藏》（第9册），文物出版社、上海书店、天津古籍出版社1996年版，第464页。
⑤ ［明］胡应麟：《少室山房笔丛》（第42卷），中华书局1958年版，第580页。

周天大醮"① 来看，斋仪、醮仪不在同一道观举行，"灵宝立斋而正一有醮"② 的畛域仍然存在。醮仪安排在斋仪之后，是对众神灵谢恩的。斋仪、醮仪过程中都宣读青词，"修斋设醮，谨奉为醮主弟子臣某为斋意，其余诚恳，具载青词"③。但从其题目看，斋仪醮仪宣读的词文很可能是同一文字。而皇室斋主为了省时省力，也常常这样做。正如南宋金允中在《上清灵宝大法》卷25 所说："往往斋中青词祈一次，醮中青词又请祈一次，间有善于作文者，不过形容斋之与醮而已。"④ 杜光庭为僖宗撰《灵宝道场设周天醮词》应在中和元年（881）⑤，其历史背景是黄巢起义爆发，长安沦陷，唐僖宗入蜀躲避，故词中要表示有愧于祖宗大业、悔过谢罪之情，另一方面，又要"祈天悔过，希保助于将来"⑥。这篇醮词表明斋词和醮词已经渐趋合二为一。此时杜光庭31 岁。现存于《全唐文》的杜氏31 首斋词、187 首醮词大部分应作于此后⑦，其斋词与醮词并无明显区别。作为道教科仪的改革者，他把斋、醮同坛举行，"修黄箓宝斋，备罗天大醮"（《罗天醮太一词》）⑧，使二者区别渐失。至宋代，醮仪兴盛而斋仪不行，正如宋人蒋叔舆所言："今世醮法遍区宇，而斋法几于影灭迹绝。"⑨ 因而宋代青词也就不再区分斋词醮词了。明人张萱《疑耀》卷

---

① ［清］董诰等编：《全唐文》（第1 册第89 卷），中华书局1983 年版，第937 页。
② ［宋］宁全真授、王契真纂：《上清灵宝大法》（第59 卷），见《道藏》（第31 册），文物出版社、上海书店、天津古籍出版社1996 年版，第253 页。
③ 《太上消灾祈福醮仪》，见《道藏》（第18 册），文物出版社、上海书店、天津古籍出版社1996 年版，第338 页。
④ 《道藏》（第31 册），文物出版社、上海书店、天津古籍出版社1996 年版，第498 页。
⑤ ［唐］杜光庭《道教灵验记》卷14《僖宗封青城醮验》云："僖宗皇帝中和元年（881）辛丑七月十五日，诏内臣……与余诣山修醮"。见《道藏》（第10 册），文物出版社、上海书店、天津古籍出版社1996 年版，第850 页。
⑥ ［清］董诰等编：《全唐文》（第1 册第89 卷），中华书局1983 年版，第938 页。
⑦ 《四库全书总目·广成集》："（光庭）在唐末时，为王建所作醮词有称川主相公者，有称司徒者、有称蜀王者、有称太师者，考之于史，建以西川节度同平章事守司徒、封蜀王，一一皆合……光庭骈偶之文，词颇赡丽。"可见杜氏青词多作于蜀。见［清］永瑢等《四库全书总目》（第151 卷），中华书局1965 年版，第1304～1305 页。
⑧ ［清］董诰等编：《全唐文》（第10 册第938 卷），中华书局1983 年版，第9762 页。
⑨ ［宋］蒋叔舆：《无上黄箓大斋立成仪》（第1 卷），见《道藏》（第9 册），文物出版社、上海书店、天津古籍出版社1996 年版，第378 页。

7 谈到明代道教仪式时也说："斋与醮，义异而事同，羽衣家鲜能辨之。"①

中唐以前，青词主要用于国家斋醮。至晚唐杜光庭，出现了用于其他官员的青词，如《张道衡常侍还愿醮词》，这表明青词由宫廷向民间扩散之势。至宋代，"上自人主，下至臣庶"，都可用青词，因而出现了大量的民用青词。如苏轼《徐州祈雨青词》、祖无择《为病设醮青词》。青词用途既广，代撰青词就更常见了，如范祖禹《代文潞公交岁设醮青词》。

唐、宋青词从题目及内容来分类，大致包括以下几类：一是与生命延续有关的，包括生日、诞辰、催生、祝寿、祈嗣、本命等。如杜光庭《飞龙使君裔为皇太子降诞修斋词》、欧阳修《内中福宁殿罢散三长月祝圣寿道场青词》。二是与天气有关的，如封敖《太清宫祈雪青词》、苏辙《西岳谢雨青词》。三是与节日有关的，中唐至宋初，三元节青词最多，如吴融《上元青词》、胡宿《建隆观开启中元节道场青词》。宋真宗大中祥符年间，屡有所谓天书下降的祥瑞，由此产生了一些道教节日：天庆节、天祯节、天贶节、先天节、隆圣节等，此后宋代青词中多含有这些道教节日，如王珪《先天节道场罢散青词》、韩维《内中福宁殿罢散天庆节道场青词》。四是祈求建筑吉祥的，如张纲《醮新宅青词》、胡宿《兴修高禖坛祭告青词》。五是祈农事的，如真德秀《丙子芒种谢麦禳蝗青词》。六是祈求仕宦平安的，如秦观《登第后青词》为父母祈寿、为自己仕途祈求平安，黄公度《赴官设醮青词》因贬官而祈求"全璧还家"。还有祈狱青词，如真德秀《广州移右狱青词》。范纯仁还作过《请死青词》。

青词的文体形态和功能在宋代基本定型，后世仍之，无大改变。

二、青词的文体形态

唐代早期青词专用于太清宫祭祀，主要由翰林学士撰写，文体格式有严格规定。唐杨矩在《翰林学士院旧规》的《道门青词例》录有青词案例：

维某年月岁次某月朔某日辰，嗣皇帝臣署仅差某衔威仪某大师赐

---

① ［明］张萱：《疑耀》（第7卷《斋醮》），见王云五主编《丛书集成初编》（第341册），中华书局1985年版，第139页。

> 紫，某处奉依科仪，修建某道场几日，谨稽首上启。虚无自然，元始天尊，太上道君，太上老君，三清众圣，十极灵仙，天地水三官，五岳众官，三十六部众经三界官属，宫中大法师，一切众灵，臣闻云云。尾云谨词。①

按照这样的标准格式，就像填表一样写入举行斋醮的准确时间、主事者或祝祷者的名字（称臣某，多写明其人道阶或官位）、斋醮性质、设置道场的地点及时间期限、所奉天神的尊号。"臣闻"之下的"云云"，说明这次具体斋事的缘由、愿望、盟誓等意思。结尾署"谨词"表示谦敬。

中唐白居易、吴融等人写的青词，形式大体和这篇《道门青词例》一致，只是"臣闻"有时换为"伏以"等词语。至晚唐杜光庭，青词文体发生了一些变化，其词题不出"青词"二字，用"斋词""醮词""文词"等替代。"臣闻"以上的时间、地点、神明等固定格式都省略（这或许是编文集者省略了千篇一律的格式，斋醮现场书写未必省略），"臣闻"处或作"伏以""盖闻""伏闻"等。结束语"谨词"或有或无，但"臣闻云云"结束时增加了"无任……之至"。

杜光庭作为继南朝陆修静后斋醮科仪的集大成者，对后世青词的写作影响甚大，正如宋人金允中所言："杜君斋科，世间遵用已四五百年。"② 宋代青词大体继承杜氏青词形态，但现存青词文本只有少数格式完整，如欧阳修《皇帝本命兖州会真宫等处开启道场青词》（原注：九月二十日）：

> 维至和元年岁次甲午十月辛卯朔二十日庚戌，嗣天子臣某谨遣某人，开启本命灵宝道场三昼夜，罢散日设醮一座，谨上启太上开元执符御历含真体道玉皇大天帝：宝祚无疆，苍穹垂祐。吉旦式临于元命，醮科爰举于旧章。荐诚悫以惟精，延圣真而并集。仰希灵贶，敷锡眇冲。四时协序于和平，品汇均休于康泰。无任恳祷之至，

---

① ［宋］洪遵辑：《翰苑群书》（第5卷），见傅璇琮、施纯德编《翰学三书》（第1册），辽宁教育出版社2003年版，第24页。

② ［宋］金允中编：《上清灵宝大法》（第21卷），见《道藏》（第31册），文物出版社、上海书店、天津古籍出版社1996年版，第476页。

谨词。①

宋代大部分青词都只写主要内容，原因大概有二：一是"臣闻"以前格式届时按照惯例填入即可，不需文人撰稿，文士只需用韵文写成主要内容；二是青词须提前请人写成，而斋醮的时间或未定或可能改变，临时填写最好。例如，上举欧阳修那首青词注明是"九月二十日"写的，但实际斋醮日期却是十月二十日，这就须临场填写准确时间。斋醮时间不确定或改变是有原因的。比如，许多斋醮是为了祈雨，而天气变化莫测，所以准确的斋醮时间须临时决定。青词地点有时也不确定，有临时设置的，有多处共用的，如胡宿《五岳四渎等处谢雨青词》、夏竦《兖州会真宫等处为皇帝本命青词》，"等处"意味着多处使用，每处使用时须改为准确的地点。

青词的内容往往大体一致：先颂德，再言举行斋醮之动机，然后祈求神明除灾赐福，最后盟誓。唐宋及后世青词基本循此程式。

青词规定行数"前后不过十七行"②，句数"不得过十六句"③，字数"不过六七十字"④。这个字数规定仅指青词正文，即文人可润色部分。上举欧阳修那首青词正合乎这些规范。但这只是一般的规定，事实上未必都这么严格。唐代青词的字数就多少不一，最少者36字，如杜光庭《黄帝为晋国夫人杜氏建拔九幽斋词》；最长者586字，如杜光庭《中和周天醮词》。唐代青词大多不止六七十字，但是宋代青词一般都遵守字数规定，如欧阳修、胡宿、苏轼、苏辙等文集中所存青词，基本都符合字数规定，表现出务求简明的写作倾向，王珪甚至写了仅有24字的《四渎北海水府投送金龙玉简青词》。由此可知，吕氏所言应是宋代青词的创作规定。这正说明青词文体由唐至宋逐渐定型。

---

① 欧阳修撰、李逸安点校：《欧阳修全集》（第4册第82卷），中华书局2001年版，第1194～1195页。

② ［宋］蒋叔舆：《无上黄箓大斋立成仪》（第11卷），见《道藏》（第9册），文物出版社、上海书店、天津古籍出版社1996年版，第437页。

③ ［宋］蒋叔舆：《无上黄箓大斋立成仪》（第11卷），见《道藏》（第9册），文物出版社、上海书店、天津古籍出版社1996年版，第437页。

④ ［宋］吕元素编：《道门定制》（第1卷），见《道藏》（第31册），文物出版社、上海书店、天津古籍出版社1996年版，第655页。

唐宋人有时在诗中称青词为"绿章"。如李贺《绿章封事》诗曰：

青霓扣额呼宫神。鸿龙玉狗开天门。石榴花发满溪津。溪女洗花染白云。

绿章封事咨元父。六街马蹄浩无主。虚空风气不清冷。短衣小冠作尘土。

金家香巷千轮鸣。扬雄秋室无俗声。愿携汉戟招书鬼。休令恨骨填蒿里。①

此诗描写道教招神劾鬼禳灾的方术仪式，以天界仙境之美反衬人间疫病流行之凄凉。"绿章封事"即指青词。宋代郭祥正也有一首描写道教斋醮祈雨的《兰陵请雨》：

夜半何所适，请雨之名山。兰陵古仙府，妙迹殊可攀。秘文呼蛰龙，舒雁荐层坛。

屏气注诚想，百灵启玄关。绿章封事奏，金阙承恩还。林风生冷冷，涧溜添潺潺。

遥峰霭冥雾，倏歘迷区寰。殷雷无猛威，激雨增微澜。宁独濡枯焦，永愿消尘烦。②

在中国传统农业社会中，祈雨是道教常行之法事。现存祈雨青词最多。郭祥正此诗对斋醮祈雨的场面做了细致描写。首句把青词宣读的时间地点点明，接着利用道教秘文隐诀在斋坛上召唤雨神龙王，后来斋者"入静"，存思想神，接下来便是"宣词"科式，在仙雾迷蒙中等待"激雨"降临。最后一句妙笔生花，升华道教"济世"之宗旨。诗中将青词称为绿章的例子还有：

---

① [唐]李贺著、[清]王琦等评注：《三家评注李长吉歌诗》，上海古籍出版社1998年版，第48页。
② [宋]郭祥正：《青山续集》（第1卷），见《景印文渊阁四库全书》（集部第1116册），台湾商务印书馆1986年版，第767页。

绿章封事缄初启,青凤求皇尾乍开。① (五代钱易《芭蕉》)

绿章夜奏通明殿。乞借春阴护海棠。② (宋陆游《花时遍游诸家园》)

泰霞真士鞭风霆。**绿章**叩天天亦惊。③ (宋林景熙《赠泰霞真士祈雨之验》)

绿章夜彻九虎关。坐使业海生青莲。④ (宋林景熙《送横舟真士游茅山》)

这些诗都是描写道教斋醮情形的,"绿章"皆指青词。宋人程大昌《演繁露》卷9"朱书御札"条曰:

今世上自人主,下至臣庶,用道科仪奏事于天帝者,皆青藤朱字,名为青词,恐初立此体时是仿道仪也。⑤

绿章大概是青词的别称,青词题目似不能名为"绿章"。笔者尚未见现存文献中有题为"绿章"的青词。李贺那首诗显然不是青词。不过清代龚自珍《己亥杂诗》中有一首值得特别注意:

九州风气恃风雷,万马齐喑究可哀。我劝天公重抖擞,不拘一格降人才。⑥

这是名作,诗后作者自注:"过镇江,见赛玉皇及风神、雷神者,祷词万数,应道士乞,撰青词。"龚自珍这样的大文士把诗称为青词,不知是否意味着青词"破体"了。他序中所写场面,应该不是斋醮道场。

---

① [清]李调元编、何光清点校:《全五代诗》(下册第66卷),巴蜀书社1992年版,第1343页。

② [宋]陆游:《剑南诗稿》(第6卷),见《陆游集》(第1册),中华书局1976年版,第179页。

③ [宋]林景熙:《霁山集》(第1卷),中华书局、上海编辑所1960年版,第32页。

④ [宋]林景熙:《霁山集》(第2卷),中华书局、上海编辑所1960年版,第42页。

⑤ [宋]程大昌:《演繁露》(第9卷),见《演繁露正续外三种》(第1册),台北新文丰出版股份有限公司1984年版,第260页。

⑥ 刘逸生注:《龚自珍己亥杂诗注》,中华书局1980年版,第176页。

青词的书写也有十分严格的规定。蒋叔舆《无上黄箓大斋立成仪》卷11载：

> 青词须用上等青纸，勿令稍有点污穿破。如纸薄，即将两幅背之。高一尺二寸，只许用一幅，通前后不过十七行，行密无妨，当今后空纸半幅。自维字之后平头写之，上空八分，下通走蚁，逐行不拘字数，但真谨小楷为妙。如启圣后下文不得过十六句，当直指其事，务在简而不华，实而不芜，切不可眩文，赡饰繁藻，惟质朴为上。书词纸不得令飞落床席及地上，仍不得令衣袖等沾拂词文。凡书词之时，当入静室，几案敷净巾，朱笔朱盏，勿用曾经腌秽之物，口含妙香，闭气书之，不得以口气冲文。写未乖不得落笔及与他人言语。仍不许隔日书。下臣字不得在行头，行内不得拆破人姓名，此为青词之格。①

三、唐宋青词的文学性

青词虽然是应用性的祭祝文体，但也具有鲜明的文学性，这和先秦祭祀祝文也有关系。刘勰《文心雕龙·祝盟》曰："若夫《楚辞·招魂》，可谓祝辞之组丽也。"他认为《招魂》就是一篇文采美丽的祝辞。刘永济释义："郑注《周官》，谓有文雅辞令者，始作大祝。是知二者（祝与巫）乃先民之秀特，而文学之滥觞也。"② 先民时期的祭祝文具有美文性质，青词秉承了这种基因。

唐宋公文多用骈体③，青词多属公文，自然也用骈体。朝廷青词通常由翰林学士撰写，即便不是朝廷用的青词，其作者往往也是士林中的名流或道流名士，总之，文士撰写青词都是力求文采的。这些因素都使青词具有一定的文学性。以下从三个方面论析。

首先，骈俪对偶以近文学。祭祝之文发展至六朝，骈俪之风日盛，青

---

① 《道藏》（第9册），文物出版社、上海书店、天津古籍出版社1996年版，第437～438页。
② ［南朝梁］刘勰著、刘永济校释：《文心雕龙校释》，中华书局1962年版，第33页。
③ 参见［宋］陈振孙《直斋书录解题》卷18汪藻《浮溪集》："四六偶俪之文，起于齐、梁，历隋、唐之世，表章、诏、诰多用之。"上海古籍出版社1987年版，第526页。

词直接受此影响。青词写作采用辞采声韵兼胜的骈体美文，对偶严整，辞藻华丽，既显示作者才情，又利于诵读和聆听。骈俪对偶的语言形式，并不单调死板，而是丰富多彩的，如：

四四对偶式：

> 鍊景朱陵，栖神玄圃。①（杜光庭《冯捐大夫助上元斋词》）
> 地连三辅，人杂五方。②（陆游《绍兴府众会黄箓青词》）

四六对偶式：

> 黄庭碧落，集列圣之威仪；绛阙丹台，聚群仙之步武。③（张元晏《下元金箓道场青词》）
> 九州四海，日陶有耻之风；亿载万年，岁献无疆之寿。④（王珪《上清观启建天宁节设醮青词》）

六六对偶式：

> 按科仪于金阙，陈斋醮于道场。⑤（吴融《上元青词》）
> 介万寿之无疆，锡五福之纯备。⑥（苏轼《隆祐宫设庆宫醮青词》元祐二年）

六四对偶式：

---

① ［清］董诰等编：《全唐文》（第10册第935卷），中华书局1983年版，第4315页。
② ［宋］陆游：《渭南文集》（第23卷），见《陆游集》（第5册），中华书局1976年版，第2191页。
③ ［清］董诰等编：《全唐文》（第9册第818卷），中华书局1983年版，第8620页。
④ 曾枣庄、刘琳主编：《全宋文》（第54册第1167卷），上海辞书出版社、安徽教育出版社2006年版，第39页。
⑤ ［清］董诰等编：《全唐文》（第9册第820卷），中华书局1983年版，第8644页。
⑥ 孔凡礼点校：《苏轼文集》（第3册第44卷），中华书局1986年版，第1272页。

第七章　唐宋青词的文体形态和文学性

　　荷三灵之乃眷，获奉宝图；隆万寿于无疆，迓资道荫。①（欧阳修《皇帝本命兖州会真宫等处开启道场青词》十一月二十一日）
　　惟众星之南极，照耀为祥；及太阳之北旋，挥攘何害。②（叶适《代宋彦远青词》）

以上例句文采斐然，在各种公文中，是文学色彩非常浓郁的了，可以称之为文学公文或公文文学。

　　因为四六句式是青词的基本语体，因而青词被称为"四六金书"③。又因为青词虽以四六句式为主，但也可以杂有非骈偶句式，所以或称"四六杂文"④。

　　其次，隶事用典以见文才。六朝以还，文人写作用典之风日甚，青词写作自然也感染这种风气。如杜光庭《蜀王青城山祈雨醮词》云："驱肥遗于穷荒，舞商羊于中境。"⑤ 其中"肥遗"和"商羊"之典见于《山海经》，并且和"祈雨"密切相关。《山海经·西山经》："有蛇焉，名曰肥𧕦，六足四翼，见则天下大旱。"⑥ "齐有一足之鸟，飞集于宫朝，下止于殿前，舒翅而跳。齐侯大怪之，使使聘鲁问孔子。孔子曰：'此鸟名曰商羊，水祥也……谣曰：天将大雨，商羊鼓舞。'"⑦ 作者把象征大旱和大雨的两个典故恰当地用于祈雨青词中，显示文才。这完全是文学作品标志性的手法之一。

　　青词所用典故常出于文学经典或文学性较强的经典。《诗经》收集了很多宗庙的乐歌歌辞。道教斋醮中的青词多采撷古代祭祀歌诗，并加以丰富改造，使青词内容富于文学意味，因此，唐宋青词就多用《诗经》中

---

　　① ［宋］欧阳修撰、李逸安点校：《内制集》（第1卷），见《欧阳修全集》（第4册第82卷），中华书局2001年版，第1200页。
　　② ［宋］叶适撰，刘公纯、王孝鱼、李哲夫点校：《水心文集》（第26卷），见《叶适集》（第2册），中华书局2010年版，第532页。
　　③ 参见张泽洪《道教斋醮科仪研究》，巴蜀书社1999年版，第144页。
　　④ 参见［宋］孙觌《鸿庆居士集》（第28～29卷），见《景印文渊阁四库全书》（集部第1135册），台湾商务印书馆1986年版，第278～297页。
　　⑤ ［清］董诰等编：《全唐文》（第10册942卷），中华书局1983年版，第9792页。
　　⑥ 袁珂校注：《山海经校注》（第2卷），上海古籍出版社1980年版，第22页。
　　⑦ ［清］陈士珂辑：《孔子家语疏证》（第3卷），上海书店出版社1987年版，第91页。

的典故。陆游的一首《谢雨青词》："月离毕以示期，山出云而效职。"①"月离毕"与"山出云"分别见于《诗经》和《北史》，都与雨有关。《诗·小雅·渐渐之石》："月离于毕，俾滂沱矣。"② 孔子曾因遇雨而用此典故③。又《北史》卷89："山出云，故知有雨。"④ 作者把与降雨有关的典故化入谢雨青词，把"月""山""云""毕"⑤ 与"雨"这些自然意象融于一体，而且这些意象都充满了传统祭祀文化的色彩。

欧阳修《内中御侍已下贺皇帝年节词语》："顺三微之首月，祝万寿于无疆。"⑥ 典出《三国志·魏书》注："仲尼作《春秋》，于三微之月，每月称王，以明三正迭相为首。"⑦《诗·豳风·七月》："跻彼公堂，称彼兕觥，万寿无疆！"⑧ 苏轼《隆祐宫设庆宫醮青词》："介万寿之无疆，锡五福之纯备。"⑨ 前句用此典，后句用《汉书》卷75："师古曰：'《周书·洪范》五福之数也。言得寿考而终其命也。'"⑩

杜光庭《天册巡官何文济为东院生日斋词》中"商王思阿衡之美"⑪ 典出《诗·商颂·长发》："实维阿衡，实左右商王。"⑫ 苏轼《皇太妃宫阁庆落成开启道场青词》"得伸鞠育之报"⑬ 典出《诗·小雅·蓼莪》："父兮生我，母兮鞠我。拊我畜我，长我育我。顾我复我，出入腹我。欲

---

① ［宋］陆游：《渭南文集》（第23卷），见《陆游集》（第5册），中华书局1976年版，第2193页。
② 高亨注：《诗经今注》，上海古籍出版社1980年版，第365页。
③ 参见《史记》（第7册第67卷），中华书局1959年版，第2216页。
④ ［唐］李延寿：《北史》（第9册第89卷），中华书局1974年版，第2936页。
⑤ 毕，即二十八星宿之"毕宿"，道教阴阳五行与星宿关系密切。《汉书·艺文志》："五行之序乱，五星之变作。"见《汉书》（第6册第30卷），中华书局1962年版，第1769页。《史记·天官书》："天有五星，地有五行。"见《史记》（第4册第27卷），中华书局1959年版，第1342页。
⑥ ［宋］欧阳修撰、李逸安校点：《欧阳修全集》（第4册第88卷），中华书局2001年版，第1289页。
⑦ 《魏书》，见《三国志》（第1册第3卷），中华书局1982年版，第108页。
⑧ 高亨注：《诗经今注》，上海古籍出版社1980年版，第200页。
⑨ 孔凡礼点校：《苏轼文集》（第3册第44卷），中华书局1986年版，第1272页。
⑩ 《汉书》（第10册第75卷），中华书局1962年版，第3194页。
⑪ ［清］董诰等编：《全唐文》（第10册第935卷），中华书局1983年版，第9739页。
⑫ 高亨注：《诗经今注》，上海古籍出版社1980年版，第530页。
⑬ 孔凡礼点校：《苏轼文集》（第3册第44卷），中华书局1986年版，第1273页。

报之德，昊天罔极。"①

宋人杨万里《诚斋诗话》有一则谈及青词用《诗经》典：

> 《行苇》之诗云："仁及草木，牛羊勿践履。"此盛世之事也。又《鸱鸮》之诗云："予未有室家，风雨所漂摇。"谓鸱鸮之巢也。王履道，北人也，靖康避乱，谪在八桂，思乡里坟墓，作《青词》云："万里丘坟，草木牛羊之践履；百年乡社，室家风雨之飘摇。"②

王履道名安中，北宋人。其所作《青词》妙用《诗经》两个典故，表达思乡怀土之意。如此运用典故，直可与诗词用典媲美！近人刘师培《读道藏记》评论宋代道教文书《金箓斋赞咏仪》云："虽系道场所讽，然词藻雅丽，于宋诗尚称佳什。"③

最后，文学化的修辞。唐宋青词还注重运用文学化的修辞手法。例如，王珪《在京诸宫观开启祈雨道场青词》用"疢心如灼"④的文学比喻手法来表达对百姓生活的焦虑。夏竦《简穆皇后青词》以"灵椿比寿"⑤为简穆皇后祝寿，典出《庄子·逍遥游》："楚之南有冥灵者，以五百岁为春，五百岁为秋；上古有大椿者，以八千岁为春，八千岁为秋。"⑥

隐括的修辞手法是增添文采的重要手段之一。宋代青词受当时诗词创作隐括风气的影响，常常炼化唐人诗句，如王珪《皇后生辰道场青词》其一借用佛教用语"青莲趺坐"⑦，就是隐括王维《过卢员外宅看饭僧共

---

① 高亨注：《诗经今注》，上海古籍出版社 1980 年版，第 307 页。
② 丁福保辑：《历代诗话续编》（上册），中华书局 1983 年版，第 153 页。
③ 刘师培：《读道藏记》，见《刘申叔遗书》（下册），江苏古籍出版社 1997 年版，第 1997 页。
④ 曾枣庄、刘琳主编：《全宋文》（第 54 册第 1166 卷），上海辞书出版社、安徽教育出版社 2006 年版，第 30 页。
⑤ 曾枣庄、刘琳主编：《全宋文》（第 17 册第 357 卷），上海辞书出版社、安徽教育出版社 2006 年版，第 254 页。
⑥ ［清］郭庆藩辑、王孝鱼整理：《庄子集释》（第 1 册第 1 卷上），中华书局 1961 年版，第 11 页。
⑦ 曾枣庄、刘琳主编：《全宋文》（第 54 册第 1166 卷），上海辞书出版社、安徽教育出版社 2006 年版，第 26 页。

题》诗句"青眼慕青莲……趺坐檐前日"①。苏轼《醮上帝青词》"少驻桑榆之暮景，庶几松柏之后凋"②，前句隐括李商隐骈文《为彭阳公兴元请寻医表》"竭蝼蚁之微生，尽桑榆之暮景"③，后句隐括《论语》"岁寒，然后知松柏之后凋"④。南宋舒邦佐《斋醮青词》："江上数峰，方乞灵于湘瑟；桃花三月，果变迹于禹门。"⑤ 前句隐括钱起《省试湘灵鼓瑟》"曲终人不见，江上数峰青"⑥，后句隐括佛典《宗鉴法林》卷65："三月桃花水满滩。锦鳞争跃禹门关。"⑦

唐宋青词注重使用优美的词藻修饰文句，如杜光庭《莫庭乂为安抚张副使生日周天醮词》"香杂溪云，灯和岭月"⑧，从道教斋醮时用的香和灯两种法器，联想到缥缈不定的溪云和皎洁朦胧的岭月，自然天成，大增诗意。又如王珪《玉隆观开启乾元节道场青词》"茂树交秀，薰风导和"⑨，胡宿《西太一宫开启立春青词》其一"祈雨融甘，条风播粹，百荷消弭"⑩，皆以娴熟的文学手法，勾勒出一幅诗意盈盈的斋醮图景。

文人们写作青词，首先是按固定的格式作应用文，并不是专门创作文学作品，所以青词不可能具有很高的文学价值。然而作者又要在固定的格式约束下尽可能展现文采才学，这就使青词或多或少具有了上述的文学性。

---

① ［唐］王维撰、［清］赵殿成笺注：《王右丞集笺注》（第11卷），上海古籍出版社1984年版，第212页。
② 孔凡礼点校：《苏轼文集》（第5册第62卷），中华书局1986年版，第1901页。
③ ［唐］李商隐著，［清］冯浩详注，［清］钱振伦、钱振常笺注：《樊南文集》（下册补编第1卷），上海古籍出版社1988年版，第510页。
④ 杨伯峻译注：《论语译注》，中华书局1980年版，第95页。
⑤ 曾枣庄、刘琳主编：《全宋文》（第269册第6082卷），上海辞书出版社、安徽教育出版社2006年版，第243页。
⑥ ［唐］钱起：《钱仲文集》，见《景印文渊阁四库全书》（集部第1072册第7卷），台湾商务印书馆1986年版，第475页。
⑦ ［清］僧迦陵性音编：《宗鉴法林》（第65卷），见蓝吉富主编《禅宗全书》（第93册），北京图书馆出版社2004年版，第273页。
⑧ ［清］董诰等编：《全唐文》（第10册第941卷），中华书局1983年版，第9789页。
⑨ 曾枣庄、刘琳主编：《全宋文》（第54册第1166卷），上海辞书出版社、安徽教育出版社2006年版，第25页。
⑩ 曾枣庄、刘琳主编：《全宋文》（第22册470卷），上海辞书出版社、安徽教育出版社2006年版，第265页。

第八章　宋代的名字说和名字文化①

名字说是对人或事物的名字进行解说的一种文体。这种文体从宋代开始盛行。《昭明文选》《全上古三代秦汉三国六朝文》《唐文粹》《文苑英华》等总集都未收录名字说，仅《全唐文》收录刘禹锡《名子说》1 篇。宋代总集或别集收录了 462 篇名字说。

关于名字说的研究，成果极少。② 本章探讨名字说的文体渊源、文体形态和宋代的名字文化。

一、名字说的文化源流

徐师曾《文体明辨序说》论及名字说的文体渊源：

> 按《仪礼》，士冠三加三醮而申之以字辞，后人因之，遂有字说、字序、字解等作，皆字辞之滥觞也……若夫字辞、祝辞，则仿古辞而为之者也。然近世多尚字说，故今以说为主，而其他亦并列焉。至于名说、名序，则援此意而推广之。③

徐氏认为，关于名字的解说辞源于冠礼制度。冠礼就是成年加冠礼仪，上古已有，而且当时就形成了比较严格的程式。《仪礼·士冠礼》载，士之加冠礼要"三加、三醮"，每道程序都有格式化的祝辞：

> 始加祝曰：令月吉日，始加元服，弃尔幼志，顺尔成德。寿考惟

---

① 本章参考了本人指导下周方的硕士论文《论宋代的名字说》（中山大学 2009 年）。
② 专题研究有曾枣庄《君子尚其字——论宋代的字序》（见《宋代文学与宋代文化》，上海人民出版社 2006 年版）、马黎丽《名字序文体源流和特征》（载《黔西南民族师范高等专科学校学报》2006 年第 1 期）。
③ ［明］吴讷著、于北山校点，［明］徐师曾著、罗根泽校点：《文章辨体序说　文体明辨序说》，人民文学出版社 1962 年版，第 147 页。

祺，介尔景福。

[省略再加曰 24 字、三加曰 28 字、醴辞曰 24 字、醮辞曰 24 字、再醮曰 24 字、三醮曰 24 字]

字辞曰：礼仪既备，令月吉日，昭告尔字。爰字孔嘉，髦士攸宜。宜之于假，永受保之。曰伯某，甫仲叔季，唯其所当。

贾公彦疏：唯其所当者，二十冠时，与之作字。犹孔子，生三月名之曰丘，至二十冠而字之曰仲尼。①

冠礼习俗和制度有如此悠久的历史，但现存唐以前关于名字的解说却很少。有几篇皇室诏命可视为名字解说：

三国吴景帝《为四男作名字诏》：

人之有名，以相纪别，长为作字，惮其名耳……孤今为四男作名字：太子名𩅦，𩅦音如湖水湾澳之湾，字菌，菌音如迨今之迨……[此处省略对另三子名字的解说] 普告天下，使咸闻知。②

孙休精通文字学，为使四子的名字与众不同，便创造了 8 个奇怪的字分别作名和字。

后魏宣武帝《改元亮名字诏》：

仕明风神运吐，常自以比荀文若，可名彧，以取定体相伦之美。③

北魏宗室临淮王元提之子本名亮，字仕明。因避穆绍父（穆亮）之名讳而请宣武帝改名。帝因其常自比东汉大名士荀彧（字文若），乃改其名为"彧"，字"文若"。这份似乎不完整的诏书见于《魏书·临淮王谭传》，

---

① [清] 阮元校刻：《仪礼注疏》，见《十三经注疏》（上册），中华书局 1980 年版，第 957～958 页。
② [清] 严可均校辑：《全三国文》（第 64 卷），见《全上古三代秦汉三国六朝文》（第 2 册），中华书局 1958 年版，第 1402 页。
③ [清] 严可均校辑：《全后魏文》（第 9 卷），见《全上古三代秦汉三国六朝文》（第 4 册），中华书局 1958 年版，第 3560 页。

可视为名字说。

唐玄宗李隆基《皇太子诸王改名敕》：

> 古之名子，必由象类，人道之大，可无慎乎！皇太子鸿及庆王潭以下，往所制名，或亦未当，今以德命，悉宜更之。太子鸿为瑛，庆王潭为琮……［省略19位王子］及惠宁太子惠宣太子之子，皆改从玉。①

这道敕命开头九句是名字说的语体，简要说明为何要将二十几位王子的名全部由从"水""改从玉"。

唐武宗本名李瀍，临死前十几天改名李炎。李德裕因作《仁圣文武章天成功大孝皇帝改名制》：

> 王者照临万寓，名岂尚于难知？敬顺五行，理宜避于胜伏。征诸前史，义实炳然。昔炎汉之兴……［省略76字汉代先例］朕远惟大汉之事，近禀圣祖之谋，爰择嘉名，式遵令典，敬承天意，永保鸿休，宜改名为"炎"。仍令所司择日，分命宰臣告天地宗庙；其旧名中外奏章不得更有回避。布告遐迩，咸使闻知。②

宣布皇帝改名，必须解释原因。这篇制文主要是对名字的解说。

除了这几篇皇室文献，唐以前关于名字的解说就只有刘禹锡《名子说》：

> 魏司空王昶名子制谊，咸得立身之要。前史是之。然则书绅铭器，孰若发言必称之乎？今余名尔：长子曰咸允，字信臣；次曰同廙，字敬臣。欲尔于人无贤愚，于事无小大，咸推以信，同施以敬……③

---

① ［清］董诰等编：《全唐文》（第1册第35卷），中华书局1983年版，第391页。
② ［清］董诰等编：《全唐文》（第7册第697卷），中华书局1983年版，第7162页。
③ 《刘禹锡集》（上册第20卷），中华书局1990年版，第251～252页。

文献缺乏大概与冠礼习俗和制度的衰微有关。唐柳宗元《答韦中立论师道书》云：

> 古者重冠礼，将以责成人之道，是圣人所尤用心者也。数百年来，人不复行。近有孙昌胤者，独发愤行之。既成礼，明日造朝至外庭，荐笏言于卿士曰："某子冠毕。"应之者咸怃然。京兆尹郑叔则怫然曳笏却立，曰："何预我耶？"廷中皆大笑。天下不以非郑尹而快孙子，何哉？独为所不为也。①

可见当时朝廷大臣多数已不知冠礼为何物了。士大夫如此，民间肯定更罕见冠礼。

宋代士大夫主张复兴儒家文化传统，包括恢复冠礼。司马光说：

> 冠礼之废久矣……往往自幼至长，愚骏如一，由不知成人之道故也……若敦厚好古之君子，俟其子年十五已上，能通《孝经》《论语》，粗知礼义之方，然后冠之，斯其美矣。②

司马光著《书仪》详述儒家各种礼仪。其中《冠仪》一节完全照搬《仪礼·士冠礼》，包括"三加、三醮"程式中所有格式化的祝、醮文辞。并且规定受冠礼者接受祝辞以后的言行：

> 冠者对曰："某虽不敏，敢不夙夜祇奉。"宾请退，主人请礼宾，宾礼辞，许，乃入设酒馔延宾及摈赞，如常仪。酒罢，宾退，主人酬宾及赞者以币。③

程式中的嘉宾"昭告尔字"并进行解说，然后接受主人家宴请和酬金。这大概是宋代名字说盛行的重要原因：复兴冠礼，名字说就派上了用场。

---

① 《柳宗元集》（第3册第34卷），中华书局1979年版，第872页。
② ［宋］司马光：《司马氏书仪》（第2卷），见王云五主编《丛书集成初编》（第1040册），中华书局1985年版，第19页。
③ ［宋］司马光：《司马氏书仪》（第2卷），见王云五主编《丛书集成初编》（第1040册），中华书局1985年版，第23页。

有资格举行冠礼的人家,或有身份地位或有经济实力。自家年轻人在冠礼上若能拥有一篇名字说,则可昭示其家族的文化内涵和文化品味。而应邀写作名字说的作者,必是一地一时之文化名人。他在获得受邀之光荣的同时,还可以享受嘉宾之礼遇,同时还能获得酬金。当然,如果自己就能为自家或亲属的子女取名命字,并写作一篇名字说,那是再好不过了。

南宋黄干《勉斋集》卷14《答林公度》:"顷从朱先生游,见其家所行冠礼全依司马公所定。"① 这里提到两宋时期对复兴儒家冠礼影响最大的两位人物——司马光和朱熹。

《朱子家礼·冠礼》沿用司马光《书仪·冠仪》的主要仪节,但他对程序有所简化,并认为祝辞应该通俗易懂:

> 问:"冠、昏之礼,如欲行之,当须使冠、昏之人易晓其言,乃为有益。如三加之辞,出门之戒,若只以古语告之,彼将谓何?"曰:"只以今之俗语告之,使之易晓,乃佳。"②

朱熹提倡使用"今之俗语",或许对名字说的通俗化有一定影响。但文人们写作名字说,谁都愿意追求意深辞雅。毕竟这种承续上古礼仪的文章,还是越古雅越有文化蕴含越好。如刘敞《张诲字辞》并序:

> 张诲既冠,谋所以字者。刘子曰:是于礼有辞,为之作辞:
> 今月吉日,既备尔仪。爰告尔仪,字为尔传师,先民有言,事若莫容。敬服勿忘,维德之基。彼昏之陋,靡怀靡度。其告谆谆,其德藐藐。昔者曾子,三省厥身。"传不习乎",世以有闻。毋曰高止,跂焉可及。毋曰深止,俛焉可汲。信尔朋友,乐尔兄弟。听用我谋,是无大悔。③

---

① [宋]黄干著:《勉斋集》(第14卷),见《景印文渊阁四库全书》(集部第1168册),台湾商务印书馆1986年版,第153~154页。
② [宋]黎靖德编、王星贤点校:《朱子语类》(第6册第89卷),中华书局1986年版,第2272页。
③ 曾枣庄、刘琳编:《全宋文》(第59册第1294卷),上海辞书出版社、安徽教育出版社2006年版,第375页。

重点是对"诲"字的解说,强调为人要善于"敬听教诲"。序所言"于礼有辞"以及"辞曰"的格式,与《仪礼》所载一致。

儒家冠礼既已恢复,则"字之"并作序说的风气自然盛行。宋人认为"冠必以字,字必以序"①。如王庭珪《送刘天游字序》:"方冠,时请字于余,余字之曰天游。"②韩驹《何矩字序》:"于是卜日选时,以'矩'名之,以'文度'字之。"③游九言《黄遵甫字序》:"外兄仲本幼子曰矩,今年始行冠礼,求字于余。……请字曰遵甫。"④王柏《叶涵字说》:

> 通斋叶先生命其友人王某冠其子涵。既筮矣,宿矣,期矣,而某以微恙不果就列,敢推涵之义以字之。……请字之以无垢,过庭次,幸以此说求正焉。⑤

"筮矣,宿矣,期矣",这程序还真如司马光《书仪·冠仪》所言。只是这位"以微恙不果就列"的先生,事后主动荐字并奉字说,可见当时人对冠礼和名字序说的重视,亦可见文士写作名字说的积极性。

二、宋代名字说的文体形态

(一) 文献存录与文体归类

《全宋文》收录宋代名字说共 134 家 457 篇,篇名有字说、字序、字解、字训、冠字祝辞、祝词、名说、名序、名解、名训、名字说、名字序等。这些名目中,以"说""序"最多,占 4/5 以上。

---

① [宋]熊庆胄:《刘子冶字说》,见曾枣庄、刘琳主编《全宋文》(第 317 册第 7264 卷),上海辞书出版社、安徽教育出版社 2006 年版,第 62 页。
② 曾枣庄、刘琳主编:《全宋文》(第 158 册第 3412 卷),上海辞书出版社、安徽教育出版社 2006 年版,第 246 页。
③ 曾枣庄、刘琳主编:《全宋文》(第 162 册第 3511 卷),上海辞书出版社、安徽教育出版社 2006 年版,第 24 页。
④ 曾枣庄、刘琳主编:《全宋文》(第 278 册第 6311 卷),上海辞书出版社、安徽教育出版社 2006 年版,第 362~363 页。
⑤ 曾枣庄、刘琳主编:《全宋文》(第 338 册第 7801 卷),上海辞书出版社、安徽教育出版社 2006 年版,第 265 页。

《全宋文》之编，首先辑自宋人总集、别集。宋人在编纂总集、别集时，对解说名字之文，归类不一，反映编者对其所属文类的看法不太一致。计有说、序、杂著、杂文、字说几类。后代文章学家辨体分类，对宋代名字序说如何归类也有不同看法。

　　吴讷《文章辨体》卷33"序"类收名字序，卷37"说、解"类收名字说。

　　徐师曾《文体明辨》云：

　　　　按字书："说，解也，述也，解释义理而以己意述之也。"说之名起于《说卦》，汉许慎作《说文》，亦祖其名以命篇。而魏晋以来，作者绝少，独《曹植集》中有二者，而《文选》不载，故其体阙焉。要之传于经义，而更出己见，纵横抑扬，以详赡为上而已；与论无大异也……此外又有名说、字说，其名虽同，而所施则异，故别为一类，不复附于此云。①

　　徐认为说就是论，但名字说用途特别，因而"别为一类"，并统称为"字说"，包括字说、字序、字解、字辞、祝辞、名说、名序、女子名字说等。

　　贺复征《文章辨体汇选》卷329"序"收10篇字序，卷430"字说"收8篇名字说，卷426"解"收刘敞《刘景烈字解》。

　　姚鼐《古文辞类纂》卷33"赠序类"收录欧阳修《郑荀改名序》，苏洵《仲兄文甫说》《名二子说》，归有光《张雄字说》，他认为名字说或序都是由赠序一体衍变而来的：

　　　　唐初赠人，始以序名，作者亦众。至于昌黎，乃得古人之意，其文冠绝前后作者。苏明允之考名"序"，故苏氏讳"序"，或曰引，或曰说，今悉依其体，编之于此。②

----

①　[明]吴讷著、于北山校点，[明]徐师曾著、罗根泽校点：《文章辨体序说　文体明辨序说》，人民文学出版社1962年版，第132页。
②　[清]姚鼐纂集，胡士明、李祚唐标校：《古文辞类纂·序目》，上海古籍出版社1998年版，第8页。

文章家们的分类或粗或细。徐师曾《文体明辨》分 127 类，贺复征分 132 类，则名字之序、说各自分列。姚鼐《古文辞类纂》仅列 13 类，则名字之序、说，归入赠序类。

从文体实际情况看，名字序、说，与论说、赠序、赠言确实有所类似，但又有区别。赠序多因惜别而赠言寄意，以叮嘱、宽慰、抒情、祝愿为主旨。名字说是专门解说名字的，如果有叮嘱、期待、祝愿之意，都必须是名字本身的内涵。宋人名字说中，只有欧阳修《尹源字子渐序》有临别赠序的因素：

> 奉礼尹君之将西也，称古仁者送人之义，责言于其交之所常厚者。其友人渤海欧阳修在饯中，率然曰：余无似，虽不能窃仁者之号，奈尝辱君之道义切劘为最深，是以不能无言。然君子之文行，余既友慕钦揖之不暇，顾岂有遗忽乏少之可以进于言邪！因姑请更君之字，以塞其求云。①

以上是序言，说明这篇名字序的写作缘由。以下用 269 字对字"子渐"进行解说。尹君名源，本字子渊。欧阳修认为"源发于渊，深且止也，于诂训既不类，又无所表发其名之美，甚非称"，因而"请字之曰子渐"。② 此篇虽然有点赠序的意味，但总体看来还是一篇名字序。

曾枣庄《君子尚其字——论宋代的字序》认为"字序实为杂说"③，因为宋代字序以议论胜。确实，大多数名字说都有论说文的因素。如欧阳修《郑荀改名序》④ 紧紧围绕荀子"为说最近于圣人"和"世之学者，苟如荀卿，可谓学矣，而又进焉，则孰能御哉"立论。石介《吕虞部士

---

① 曾枣庄、刘琳主编：《全宋文》（第 35 册第 734 卷），上海辞书出版社、安徽教育出版社 2006 年版，第 27 页。
② 参见曾枣庄、刘琳主编《全宋文》（第 35 册第 734 卷），上海辞书出版社、安徽教育出版社 2006 年版，第 27 页。
③ 曾枣庄：《君子尚其字——论宋代的字序》，见《宋代文学与宋代文化》，上海人民出版社 2006 年版，第 135 页。
④ 曾枣庄、刘琳主编：《全宋文》（第 34 册第 732 卷），上海辞书出版社、安徽教育出版社 2006 年版，第 396 页。

龙字序》①为吕士龙改字"兼济"从而论兼济之理。苏轼《江子静字序》②为江存之命字"子静",从而论动静之理。陈渊《邓德恭字序》③为邓肃命字曰"德恭",却以"异木"为喻以明成长之理。黄干《李维志字序》④先长篇大论"志"为何物,然后再说友人李士兴字维石,"字之不类也,以'维志'易之",然后继续论改字的道理。又如蔡襄《名说》⑤、赵湘《名说赠陈价》⑥等,都以议论为主,直到文章最后才用寥寥几句简略地交代改名改字的相关事由。可见名字说确有杂说性质。

但是名字说毕竟属于针对一个名字而作的专题论说,它还必须有具体实在的叙事部分,与一般论说文章有异。尤其是有些名字说议论因素很少,甚至根本没有议论,如秦观《俞紫芝字序》⑦通篇叙事,寓道理于故事。苏洵《仲兄字文甫说》⑧则以描写为主,这些就不能视为论说文类了。

宋代名字说较早的如范仲淹《朱从道名述》、欧阳修《章望之字序》、司马光《越州张察推字序》等。写作较多的人如黄庭坚,《全宋文》收其名字说54篇。

(二) 名字说的对象

宋人所作名字说关于人或事物的都有,当然以人为主,为事物名称所

---

① 曾枣庄、刘琳主编:《全宋文》(第29册第627卷),上海辞书出版社、安徽教育出版社2006年版,第308页。
② 曾枣庄、刘琳主编:《全宋文》(第90册第1962卷),上海辞书出版社、安徽教育出版社2006年版,第275页。
③ 曾枣庄、刘琳主编:《全宋文》(第153册第3302卷),上海辞书出版社、安徽教育出版社2006年版,第334页。
④ 曾枣庄、刘琳主编:《全宋文》(第288册第6551卷),上海辞书出版社、安徽教育出版社2006年版,第299页。
⑤ 曾枣庄、刘琳主编:《全宋文》(第47册第1015卷),上海辞书出版社、安徽教育出版社2006年版,第143页。
⑥ 曾枣庄、刘琳主编:《全宋文》(第8册171卷),上海辞书出版社、安徽教育出版社2006年版,第365页。
⑦ 曾枣庄、刘琳主编:《全宋文》(第120册第2585卷),上海辞书出版社、安徽教育出版社2006年版,第120页。
⑧ 曾枣庄、刘琳主编:《全宋文》(第43册第926卷),上海辞书出版社、安徽教育出版社2006年版,第162页。

作的极少,如周紫芝《竹坡四君子字序》:

> 四君子为谁?曰毛颖,曰陶泓,曰陈玄,凡三人,而褚先生不在也……余既悲字之不行,又得此四君子而与之游,乃有其名而无其字,于是字颖曰"叔锐",字泓曰"坚伯",字玄曰"客卿",字褚先生曰"记言"。①

周紫芝号"竹坡居士"。"四君子"是指文房四宝。韩愈《毛颖传》②称毛笔为"毛颖",墨为"陈玄",纸为"褚先生",砚为"陶泓"。周紫芝对韩愈的命名做进一步的阐释发挥,针对"四君子"的特点各命其字,毛颖字"叔锐",褚先生字"记言",陶泓字"坚伯",陈玄字"客卿"。这是个既好玩又雅致的文字游戏,或者说是文化游戏。

为人作名字说,对象或为一人,或为多人。为一人名字序说者居多。如范仲淹《南京府学生朱从道名述》,石介《归鲁名张生》《宗儒名孟生》,黄庭坚《陈师道字说》《文安国字序》,杨时《杨仲远字序》《邓文伯字序》,晁补之《外弟杨若字知类序》《从兄字伯顺序》,等等,都是序说一个人的名字。

为多人名字序说,一般是为同胞兄弟姐妹。如真德秀《陈平甫三子字说》、魏了翁《史之椅之樟字说》、陈著《四子名字说》、方逢振《冠二子说》、司马光《诸兄子字序》、苏辙《六孙名字说》、程珌《先君六孙名义说》、王柏《三侄字义说》等。

宋代名字序说大部分都是为男子作的,但也有少数是为女子而作,《全宋文》录有6篇:游九言《黄氏三女甥名说》《上官氏女甥名说》,是为自己4位外甥女作的名字说;陈著《名女洸字汝玉说》《内子友良字说》《名女冲字汝和说》《名女清字汝则说》,是为自己的妻女所作。

为一人名字作的序说往往写得比较详细充分。为多人名字作一篇序说,一般则写得较为简明扼要,大体只是简略阐释名与字的关系和意义,

---

① 曾枣庄、刘琳主编:《全宋文》(第162册第3528卷),上海辞书出版社、安徽教育出版社2006年版,第274页。

② 钱仲联、马茂元校点:《韩愈全集》(第8卷),上海古籍出版社1997年版,第315~316页。

并不过多地铺陈论说。

（三）名字说的篇章结构

一篇完整的名字说最多由四部分组成：题目、序文、说文、落款。其中题目必有，落款或有或无，序与说或分为二，或合为一。

1. 标题

不同标题的区别在于标题元素及其次序。据此有如下数种：

（1）"××名或字＋说或序"，如苏轼《何苓之名说》、宋祁《王杲卿字说》、欧阳修《章望之字序》。

（2）"名或字＋××说或序"，如苏洵《名二子说》、陈宓《字李如晦说》。

（3）"××名＋××字＋说或序"，如欧阳修《尹源字子渐序》，刘敞《衡字公甫序》，王令《周伯玉字元韫序》《杜渐字子长序》，黄庭坚《唐骥字希德说》《李惴字相如说》。

（4）有的名字说在标题中增加官职等元素，如石介《吴虞部士龙字序》，司马光《越州张推官字序》，强至《吴三班字序》，郑侠《王供奉字亮弼序》，周必大《李烨县尉字说》《赵汝橙县尉字说》。

（5）有的增加亲属关系元素，如苏洵《仲兄字文甫字说》，蔡襄《侄至夫名字序》，司马光《诸兄子字序》，黄庭坚《宗室子汹子沆字说》《才季弟诸子字说》，郑侠《六孙名字说》。

（6）有的增加籍贯元素，如王无咎《暨阳葛君字序》，范仲淹《南京府学生朱从道名述》，郑侠《潮州吴致之字序》，黄庭坚《江南祝林宗字序》，赵汝腾《眉山孙梦得子良仁字说》。

（7）有的标题不称"序"或"说"，而称"辞"或"词"，如刘敞《张诲字辞》[①]、黄彦平《王氏二子字辞》[②]。甚至有标题名为"祝辞"，而实际就是名字说，如黄庭坚《晁深道祝词》[③]，实为晁深道冠字而作，所

[①] 曾枣庄、刘琳主编：《全宋文》（第59册第1294卷），上海辞书出版社、安徽教育出版社2006年版，第375页。

[②] 曾枣庄、刘琳主编：《全宋文》（第181册第3977卷），上海辞书出版社、安徽教育出版社2006年版，第305页。

[③] 《全宋文》题作《祝晁深道冠字词》，见曾枣庄、刘琳主编《全宋文》（第107册第2320卷），上海辞书出版社、安徽教育出版社2006年版，第126页。

以后人编集有将题目改作《祝晁深道冠字词》者。

2. 序与说

序与说都是对一个名字做些叙述或说明，是同类文体，作者在确定题目时或称序、或称说。但若仔细分辨，二者也有些区别：序偏重叙事，叙述名字的缘起或来历；说偏重说理，说明名字的道理和意义。所以有的名字说将序与说分为两部分，序言交代一些背景因素、写作缘起等，说辞偏重阐释名字的文化意蕴、哲学理念等。这就形成先序后说的结构。如黄庭坚《国经字说》：

> 余弟安世之子婿曰国经，其友字之曰敦常。经则常也，于义无所发明，为更其字曰端本，而说之曰：《太玄》曰"南北为经，东西为纬"。古者为屋，无不面南，冬夏无不得宜。织者正机，则经南北矣。匠人营国，国中九经、九纬、九涂、九轨，盖取诸此。经者所以立本，纬者所以成文也。忠信以为经，义理以为纬，则成文章矣。《易大传》曰："正其本，万事理。差以毫厘，谬以千里。"故字经曰端本。古之善学者，取之左右逢其原立于本故也。①

名字之说本宜简明扼要。但宋人好议论，写作名字说或序，也往往借题发挥，有时不免长篇大论。如王令《杜渐字子长序》：

> 杜君山东士，名渐，少嗜学，性澄淡，不易语笑，平居循循若不自足，予与之交且三年，不甚见其喜之与怒也。一日，探字于予，归作《渐说》以字之曰：举世奚不渐？天地不渐也，一分而永定也。圣人不渐也，自诚而明者也。不午不中，不望不丰，日月亦以时而然也。履霜而坚冰，首夏而清和，寒暑亦不即至。一抔土之多，一毫末之微，山林之所以广大也。蹄涔行潦，乘卑而深，积少而多，江河之所以无量也。呱呱而婴，羁贯而童，华巅而班白，人亦幼而后老也。故飞而上者先卑，走而远者先近，物理然也。非圣人，学亦有渐也，无渐奚其至？故日月寒暑，天之有也；山林江河，地之有也，有渐无

---

① 曾枣庄、刘琳主编：《全宋文》（第107册第2320卷），上海辞书出版社、安徽教育出版社2006年版，第115页。

不至。飞走禽兽，与人同也，有渐有不至，自止之也。学亦飞走之匹，有渐有不至，戒之在止，则长久而后见然，其见也必至。呜呼哉，请字曰子长，幸听之无忽。河东王令序。①

事由很简单，不过"字曰子长"而已。但在天才的王令笔下，这名字又何其不简单，其中意蕴深富，对生命寿考的祝愿、对生命价值和境界的期望、对人伦道德操守的期许、对历史文化的承载、对宇宙人生诸多道理的理解等，作者深掘广拓而尽言之，显示出超常的学问和才华。接受者不但不会嫌其宏大漫长，反而会因这渊博厚重的鸿篇巨制感到荣耀。

又如陈淳《卓氏二子名字说》：

温陵卓君廷瑞，嘉定乙亥秋游临漳，访予衡檐而定交焉。予觇其为人，盖亦知有是学而好之者也。自是相与几两阅月，襟怀输写，趣味投合，有金兰之契。一日为予言：晚得二子，有可教之质，欲名其长以克、字伯仁，名其次以存、字叔义。盖取《鲁论》《易传》之语，请为讲明其义之所以然，庶其归也，得以为趋庭诏士之助。予义不得辞也，为之言曰：……②

以下乃为二子各作一篇 224 字的长篇名说以"讲明其义"。这是比较典型的序以言事，说以明理的格局。

序与说的篇幅，长短不一。有时序文简短，说辞铺张，如上举王令和陈淳之作。有时说辞简短，而序文在叙述事由时加入议论，形成夹叙夹议的长篇序文，说辞便因之而简短。如陈宓《字李如晦说》就是长序（236字）短说（76 字）：

孔圣有言……［省略 184 字论君子名字的重要性］钜野李生彰，云龛文肃公之孙。年少锐志问学，往来数年，愈笃不衰。一日以书请

---

① 曾枣庄、刘琳主编：《全宋文》（第 80 册第 1746 卷），上海辞书出版社、安徽教育出版社 2006 年版，第 124～125 页。
② 曾枣庄、刘琳主编：《全宋文》（第 295 册第 6730 卷），上海辞书出版社、安徽教育出版社 2006 年版，第 268 页。

说其字"如晦"之义以自广,辞不获,乃为之说曰:子患乎实之不修,不患乎名之不著。名著矣,又能晦以自处,然后其名愈远。譬之日月,必有昆仑为之隐蔽,然后其光终古而不疲。子姑汲汲于道问学以充其实,勿问名之显扬,则又进于人一等矣。①

序文结束时通常以"告之曰""字之曰""说之曰""为之言曰""为之说曰"等标志语引出下文单独的说辞。

有些名字说不分序与说,一篇之中既序(叙)且说,序(叙)说交替。语体都是散语,间或有整齐对仗的骈俪句式。如北宋李觏《叙张延之字》:

张君延之,解官铅山,遇我于葛陂。神清气和,其言语可听,虽一面,知其非俗子。以立字未善,责于我,我应之曰:所谓延者,于儿,岂不欲延其年以及耄期耶?于家,岂不欲延其宠禄世世无有穷耶?如是无他,力于仁而已矣。孔子有仁寿、积善余庆之说。夫仁,天下之美道,杀身尚为之,矧夫向劝甚明。历观前志,多有效验,可不务哉。故字之曰伯仁。酒困不能执笔,姑告其略。②

又如黄庭坚《周渤字说》:

辄奉字曰惟深,颇与名相称。沧溟渤澥,所以能无不容,唯其深而已。传曰"惟深也,故能通天下之志",此德人之事业也。彼得一先生之言,则暧暧妹妹,惟其浅而已。坳堂之上,覆杯水焉,置杯则胶矣。未尝钩致己之深远,安能通天下之志哉!古之人能知殊涂而同归,百虑而一致者,无他焉,尽己之学而已。③

---

① 曾枣庄、刘琳主编:《全宋文》(第305册第6964卷),上海辞书出版社、安徽教育出版社2006年版,第197页。
② 曾枣庄、刘琳主编:《全宋文》(第42册第913卷),上海辞书出版社、安徽教育出版社2006年版,第299页。
③ 曾枣庄、刘琳主编:《全宋文》(第107册第2320卷),上海辞书出版社、安徽教育出版社2006年版,第116页。

既叙且说,序说合一的情况很多。如黄庭坚《洪氏四甥字说》《陈师道字序》①,李新《侄革奇字谨先序》《命冯氏二子名说》②,等等。南宋游九言《默斋遗稿》卷下共有 6 篇字序或字说,也都是序说合一的。如《李氏子骧字说》:

> 马之行地曰腾骧,取其骎骎载骤,日进无疆也。夫人之为善,倘亦如是腾骧焉,其进岂易量哉。马之进可至千里,人之进可达圣贤。中道而止,不如无进。李氏外兄之子曰扬孙。谓其名不自励也,求易之。余为名之骧,而字曰进夫。盖尝观之:视鞭影而奔者,骅骝之子也。策而进者,次也。倘恋逗迟回,屡鞭不前,虽良乐末如之何矣。骧其勉之。③

名字说是实用的散文体式,因而章法结构自由灵活,没有固定的程式。

3. 落款

落款或有或无,其作用是交代写作时间、作者名籍。如:

李觏《叙陈司理字》:"至和二年冬十二月戊子,旴江李觏序。"④

强至《卢君字序》:"皇祐三年正月十二日,余杭强某序。"⑤

晁说之《周元仲字序》:"宣和庚子冬至后二日辛酉,嵩山晁说之序。"⑥

也有加入官职元素的,如强至《刘君仙尉字序》:"至和二年三月二

---

① 曾枣庄、刘琳主编:《全宋文》(第 107 册第 2320 卷),上海辞书出版社、安徽教育出版社 2006 年版,第 108～109、112 页。
② 曾枣庄、刘琳主编:《全宋文》(第 134 册第 2893 卷),上海辞书出版社、安徽教育出版社 2006 年版,第 128～129 页。
③ [宋]游九言:《默斋遗稿》(卷下),见《景印文渊阁四库全书》(集部第 1178 册),台湾商务印书馆 1986 年版,第 373 页。
④ 曾枣庄、刘琳主编:《全宋文》(第 42 册第 913 卷),上海辞书出版社、安徽教育出版社 2006 年版,第 300 页。
⑤ 曾枣庄、刘琳主编:《全宋文》(第 67 册第 1454 卷),上海辞书出版社、安徽教育出版社 2006 年版,第 151 页。
⑥ 曾枣庄、刘琳主编:《全宋文》(第 130 册第 2814 卷),上海辞书出版社、安徽教育出版社 2006 年版,第 253 页。

十七日，浦江令强某序。"①

也有交代人物关系的，如苏轼《文与可字说》："熙宁八年四月廿三日，从表弟苏轼上。"②《文骥字说》："元祐三年外伯翁东坡居士书。"③

有以字号落款的，如李之仪《张觉夫字序》："崇宁五年五月二十八日，姑溪居士序。"④《祥瑛上人字序》："戊戌三月六日，姑溪老农书。"⑤

宋代名字说的篇幅长短不一，郑侠《谭文初字序》最长，1142字。方岳《谢谨习字训》最短，32字。3～600字比较常见。

（四）名字说的语体

宋代名字说绝大多数用散文语体，如穆修《张当字序》：

《春秋》之法，书字为褒，有以知君子之尚其字也。然则古之君子，名与字相配，配字者所以表名也。清河张君当，始字友直，犹以其取义未安也而访之仆，辱其久游，不获让为。徐思之，因请更字曰元膺。方前字于义为洽，而又正与名会。且元为长善，则仁义统称；士能膺之，行孰大矣。张君以辞学累举进士，始得明之定海尉，位虽卑，才不踰职，与其位甚尊而才甚愧者，孰贤愚焉？予既为述其字，又以勉其行，故为之序。⑥

又如苏洵《名二子说》，欧阳修《郑荀改名序》《张应之字序》《尹源字子渐序》《胡寅字序》，等等，全为散体之作。

---

① 曾枣庄、刘琳主编：《全宋文》（第67册第1454卷），上海辞书出版社、安徽教育出版社2006年版，第152页。
② 曾枣庄、刘琳主编：《全宋文》（第90册第1962卷），上海辞书出版社、安徽教育出版社2006年版，第277页。
③ 曾枣庄、刘琳主编：《全宋文》（第90册第1962卷），上海辞书出版社、安徽教育出版社2006年版，第278页。
④ 曾枣庄、刘琳主编：《全宋文》（第112册第2424卷），上海辞书出版社、安徽教育出版社2006年版，第170页。
⑤ 曾枣庄、刘琳主编：《全宋文》（第112册第2424卷），上海辞书出版社、安徽教育出版社2006年版，第171页。
⑥ 曾枣庄、刘琳主编：《全宋文》（第16册第322卷），上海辞书出版社、安徽教育出版社2006年版，第32～33页。

在序与说分开的情况下,语体可能有所分别。序文总是用散文语体的,说辞则既有散体,也有齐言韵文。如陈淳《卓氏二子名字说》中的两篇说辞都是四言韵文,每篇都是 56 句 224 字的长说,多次换韵,每 4 句或 8 句换一次韵,韵脚平仄交替。例其一:

> 卓氏子克,字曰伯仁。惟仁如何?心德之真。浑然全体,纯乎天理。四端五常,皆管于是。众善斯长,妙主性情。如元统天,不息其生。人惟有身,口鼻耳目,手足四肢,接物生欲。人欲一间,心晦厥灵。天理之公,不复流行。于是不仁,如顽如痹。灭理穷欲,何所不至。圣学要诀,求仁为大。何以求之,克去心害。非礼而视,非礼而听,非礼而言,非礼而行。凡此众疾,皆害于中。克之克之,靡他其功。见善惟明,真知不疑。人欲攸起,有触其几。用心惟刚,勇决不吝。人欲之去,有拔其本。几莹无遁,本绝不遗。欲净理纯,仁德乃辉。在昔有回,从事于此。心不违仁,体具孔子。彼我丈夫,希颜亦颜。咨尔子克,其惟勉旃!①

有的名字说或"字训",未分序说,通篇全用四言韵语,如赵汝腾《盛时立中字说》:

> 揖让征诛,异尚同符。时义大哉,阖辟卷舒。瞻前忽后,颜莫孔骤。匪嗟一中,圣时未就。邻斗异室,缨冠赴焉。未之思也,执中无权。轲也谁师?参传子思。君子之中,君子之时。②

赵汝腾的其他字说,如《陈说无党字说》《眉山孙梦得子良仁字说》《徐直谅端友字说》《徐直方立大字说》《祝炜明字说》也全用四言韵语。

又如方岳《谢谨习字训》,是宋代名字说中篇幅最短者,四言 8 句不换韵:

---

① 曾枣庄、刘琳主编:《全宋文》(第 295 册第 6730 卷),上海辞书出版社、安徽教育出版社 2006 年版,第 269 页。
② 曾枣庄、刘琳主编:《全宋文》(第 337 册第 7780 卷),上海辞书出版社、安徽教育出版社 2006 年版,第 340 页。

学飞曰习，其在厥初。相彼雏矣，莺其茁矣。
万里一息，维其习矣。兹尔谨习，迅靡日矣。①

题目有"辞"或"词"标志的名字说往往用齐言韵语。徐师曾称之为"仿古辞而为之者也"②。如刘敞《张海字辞》：

令月吉日，既备尔仪。爰告尔仪，字为尔传师……［共24句97字。有一句5个字］

又如黄彦平《王氏二子字辞》：

王侯太初，嗜好诗书。见其二子，骥种凤雏。群从制名，皆取于水。尔其从之，有本于是。濯字忠父，在诗远酌。自事吉蠋，神歆其约。……［共48句192字］

宋代名字说也有骈散结合的语体，如苏洵《仲兄字文甫说》（节选）：

盖余仲兄名涣，而字公群……洵曰……请以文甫易之，如何？且兄尝见夫水之与风乎？油然而行，渊然而留，淳洄汪洋，满而上浮者，是水也，而风实起之。蓬蓬然而发乎大空，不终日而行乎四方，荡乎其无形，飘乎其远来，既往而不知其迹之所存者，是风也，而水实形之。今夫风水之相遭乎大泽之陂也，纡余委蛇，蜿蜒沦涟，安而相推，怒而相凌，舒而如云，蹙而如鳞，疾而如驰，徐而如徊……殊状异态，而风水之极观备矣！故曰："风行水上涣。"此亦天下之至文也……③

---

① 曾枣庄、刘琳主编：《全宋文》（第342册第7909卷），上海辞书出版社、安徽教育出版社2006年版，第377页。
② ［明］吴讷著、于北山校点，［明］徐师曾著、罗根泽校点：《文章辨体序说 文体明辨序说》，人民文学出版社1962年版，第147页。
③ 曾枣庄、刘琳主编：《全宋文》（第43册第926卷），上海辞书出版社、安徽教育出版社2006年版，第162页。

苏氏文章开一代风气，评论家多称其有《战国策》纵横捭阖之风，观其字说亦然。此篇长达510字，句式参差变化，时散时骈，文气流畅，"纡余委蛇……殊状异态"。他的《名二子说》则非常简短，但也纵横跌宕，十分大气：

> 轮辐盖轸，皆有职乎车，而轼独若无所为者。虽然，去轼，则吾未见其为完车也。轼乎，吾惧汝之不外饰也。天下之车莫不由辙，而言车之功者，辙不与焉。虽然，车仆马毙，而患亦不及辙。是辙者，善处乎祸福之间也。辙乎，吾知免矣。①

宋人作名字说，是用美文提示名与字之美义。他们以十分自由的文体形式和语体形式，写十分自由的意思，将汉语名字的文化意蕴揭示得淋漓尽致、博大精深、草丰水美、摇曳多姿。

三、宋代的名字文化

宋人的名字说表达宋人对名与字的生命意蕴和文化意义的理解，直观地展现了宋代的名字文化。

（一）取名命字的时机和命名者

《礼记·檀弓上》："幼名，冠字。"疏云："始生三月而加名，故云幼名也。冠字者，人年二十有为人父之道，朋友等类不可复呼其名，故冠而加字。"②《礼记·曲礼》："男子二十冠而字……女子许嫁笄而字。"③

宋代人恢复冠礼习俗，取名命字力求符合古制，"名以定体，字以表德"④。欧阳修认为这是君子自尊自重的表征。他作《尹源字子渐序》云：

---

① 曾枣庄、刘琳主编：《全宋文》（第43册第926卷），上海辞书出版社、安徽教育出版社2006年版，第161～162页。
② ［清］阮元校刻：《礼记正义》（第7卷），见《十三经注疏》（上册），中华书局1980年版，第1286页。
③ ［清］阮元校刻：《礼记正义》（第2卷），见《十三经注疏》（上册），中华书局1980年版，第1241页。
④ ［宋］石介：《吕虞部士龙字序》，见曾枣庄、刘琳主编《全宋文》（第29册第627卷），上海辞书出版社、安徽教育出版社2006年版，第308页。

古者男子之生，举以礼而名之。年既长，见庙筮宾而加元服，服加而后字，示尊其名以隆成人也。夫君子所以自厚重其名字，如此之甚也，诚以其贤否丑美，必常与名字相上下而始终。①

加冠命字之后，表示人已成年。别人须称其字，直呼其名是不礼貌的。王安石《石仲卿字序》：

子生而父名之，以别于人云尔。冠而字，成人之道也。奚而为成人之道也？成人则贵其所以成人，而不敢名之，于是乎命以字之，字之为有可贵焉。②

强至《卢君字序》：

故名既定，朋友之间又为字以称道，使闻而知所表焉。③

冠礼命字，在皇室是制度化的，在民间则只是习俗，未必那么严格。从宋代名字说看，有些是成年以后补行冠礼的，如石介给吴士龙命字时，吴已43岁。还有些人未及冠礼便提前命字，在孩提时期就既有名又有字了，如洪适《陈氏四子字序》，陈氏四子名洙、洧、渭、洄，大的才8岁。洪适为他们分别命字曰伯企、仲止、叔正、季上。④

命名者自然首先是父亲或家长，也可能是同族长辈，甚至是并无亲属关系的外人。如果是请外人取名字，选择的标准必有深意，或为至交朋友，或为有地位有名望者。如郭英发请朋友黄庭坚为三子取名⑤，张牧之

---

① 曾枣庄、刘琳主编：《全宋文》（第35册第734卷），上海辞书出版社、安徽教育出版社2006年版，第27页。
② 曾枣庄、刘琳主编：《全宋文》（第65册第1406卷），上海辞书出版社、安徽教育出版社2006年版，第34页。
③ 曾枣庄、刘琳主编：《全宋文》（第67册第1454卷），上海辞书出版社、安徽教育出版社2006年版，第150～151页。
④ 参见［宋］洪适《陈氏四子字序》，见曾枣庄、刘琳主编《全宋文》（第213册第4740卷），上海辞书出版社、安徽教育出版社2006年版，第337～338页。
⑤ 参见［宋］黄庭坚《训郭氏三子名字说》，见曾枣庄、刘琳主编《全宋文》（第107册第2320卷），上海辞书出版社、安徽教育出版社2006年版，第117～118页。

请朋友杨时为儿子取名①，何君时请同年进士文天祥为儿子取名②。

取名人和命字人往往有区别，名由自家长辈取，字请朋友取。司马光《越州张推官字序》云："古者名于亲而字于朋友。"③ 郑侠《三杜兄弟字序》亦云："字者，朋友之职也。"④ 释居简《字三子序》："字所以代名，师友命之尔。"⑤

很多字是由长辈或老师命名的。比如苏轼是文骥的"外伯翁"，为文骥命字"元德"。刘子翚是朱熹的老师，朱熹冠礼时请老师命字。⑥

（二）名与字的关系

取名在前，命字在后，字与名之间须有关联。穆修《张当字序》云："古之君子，名与字相配，配字者所以表名也。"⑦ 李新《小一侄字革先序》亦云："字以饰名，古今相因。"⑧ 刘敞《斁字序》云："字之也者，传其名也。"⑨

名与字的关系，多数是顺向解释的，即以字释名。如郑侠《三杜兄弟字序》：

---

① 参见［宋］杨时《张牧之子名》，见曾枣庄、刘琳主编《全宋文》（第124册第2692卷），上海辞书出版社、安徽教育出版社2006年版，第381页。
② 参见［宋］文天祥《何晞程名说》，见曾枣庄、刘琳主编《全宋文》（第359册第8318卷），上海辞书出版社、安徽教育出版社2006年版，第156～157页。
③ 曾枣庄、刘琳主编：《全宋文》（第56册第1218卷），上海辞书出版社、安徽教育出版社2006年版，第129页。
④ 曾枣庄、刘琳主编：《全宋文》（第99册第2175卷），上海辞书出版社、安徽教育出版社2006年版，第342页。
⑤ 曾枣庄、刘琳主编：《全宋文》（第298册第6803卷），上海辞书出版社、安徽教育出版社2006年版，第293页。
⑥ 参见苏轼《文骥字说》，见曾枣庄、刘琳主编《全宋文》（第90册第1962卷），上海辞书出版社、安徽教育出版社2006年版，第278页；刘子翚《字朱熹祝词》，见曾枣庄、刘琳主编《全宋文》（第193册第4260卷），上海辞书出版社、安徽教育出版社2006年版，第208页。
⑦ 曾枣庄、刘琳主编：《全宋文》（第16册第322卷），上海辞书出版社、安徽教育出版社2006年版，第32页。
⑧ 曾枣庄、刘琳主编：《全宋文》（第134册第2893卷），上海辞书出版社、安徽教育出版社2006年版，第127页。
⑨ 曾枣庄、刘琳主编：《全宋文》（第59册第1286卷），上海辞书出版社、安徽教育出版社2006年版，第215页。

> 一日，公［杜辟疆］以三子之名来告，曰："予将名长子曰忱，次曰竑，次曰玗。"俾愚议字。曰：字者，朋友之职也，故为陈三名之意义。而字忱曰思诚，竑曰希声，玗曰君美。①

在这段话前后，他用千余字的长篇解说其名与字的关系，中心意思是："忱者，诚之性"，"竑者，声之大也。希声者，谓其不可以耳闻也"，"玗者，东方之美玉也"。②

李之仪为祥瑛上人取字莹中，《祥瑛上人字序》云："瑛乃琼之精，其光莹特可见矣，宜字之曰莹中。"③曾巩字谢缜曰"通微"，并解释："缜，密也，而取字乃本诸此，而字曰通微。"④

命字讲究用典，则名字说的一个主要任务就是解释典故。如黄庭坚给陈氏五子命字，字崇以信，出于《易大传》之"智崇礼卑"；字居以仁，出于《孟子》之"居恶在？仁是也"；字中以礼，出于《周官》之"以天产作阴德，以中礼防之"；字孚以信，出于《易》之"《中孚》，信及豚鱼"；字宜以义，出于《礼》之"有子如此，可谓孝矣"。⑤黄庭坚学富五车，写诗作文皆以善用典故著称。宋人作名字说最多就是他，他也最善于资书取字并且说之。不只黄庭坚如此，宋人取名命字皆尚此道。这不仅是宋代的风气，古今皆然。

当然也有不用典故的情况，只是利用名与字的关系表达各种期待、告诫甚至警示。如晁补之为外弟杨若取字"知类"，就是出于对当时应试教育的不满，希望外弟治学为人类若古人。⑥游九言以"遵甫"字黄矩，希

---

① 曾枣庄、刘琳主编：《全宋文》（第99册第2175卷），上海辞书出版社、安徽教育出版社2006年版，第342页。
② 曾枣庄、刘琳主编：《全宋文》（第99册第2175卷），上海辞书出版社、安徽教育出版社2006年版，第341～342页。
③ 曾枣庄、刘琳主编：《全宋文》（第112册第2424卷），上海辞书出版社、安徽教育出版社2006年版，第171页。
④ ［宋］曾巩：《谢司理字序》，见曾枣庄、刘琳主编《全宋文》（第58册第1256卷），上海辞书出版社、安徽教育出版社2006年版，第66页。
⑤ 参见［宋］黄庭坚《陈氏五子字说》，见曾枣庄、刘琳主编《全宋文》（第107册第2320卷），上海辞书出版社、安徽教育出版社2006年版，第110页。
⑥ 参见［宋］晁补之《外弟杨若字知类序》，见曾枣庄、刘琳主编《全宋文》（第126册第2725卷），上海辞书出版社、安徽教育出版社2006年版，第179页。

望他"遵乃祖之懿而效法焉"①。李御史的两个儿子，老大性格偏刚，老二性格偏柔。他请俞德邻为他们命名取字。俞氏名长曰"潜"，字"元昭"，并告诫道："刚美德也，其过也则为猛、为隘、为强梁，故必潜之。《书》曰：'沉潜刚克'，矫其过也。……潜而昭，理也。"命次子名"浩"，字"元直"，说云："柔亦美德也，其过也则为懦，为无断，为邪佞，故必有立焉则善矣。《书》曰：'柔而立'，亦矫其过也。然非有浩然之气者不能立，……直所以养是气也。"② 程珌给四个外甥取名命字，也从性格着眼：

> 长性缓，惧其不立，故名以震，可起字之。起者，勇有行也。二性逸，惧其不诚，故名以巽，可敬字之。敬者，顺于理也。三、四皆竞爽，然皆虑其博而杂，散其流，故名三以艮，字之可止，止者正也；名四以兑，字之可说，说者养也。③

名与字的关系也有逆向的，即以字矫名。韩愈字退之就是著名的先例。陈著为三个女儿命字，名洸字"汝玉"，是因为：

> 洸，水有光也。光发于外，何如自晦，况妇人乎？然晦非徒晦，厚其所养，重其所有，温温然如玉，是之谓德。④

名冲字"汝和"，希望她缓冲尚和：

> 其在父母家，怡怡愉愉，不见声色；从夫则事尊章，不施劳；处娣姒不敌耦；待宗族姻党，与凡内之织悉酬应嗃嗃而谐熙安安，而饰

---

① [宋]游九言：《黄遵甫字序》，见曾枣庄、刘琳主编《全宋文》（第278册第6311卷），上海辞书出版社、安徽教育出版社2006年版，第363页。
② [宋]俞德邻：《李御史二子名字说》，见曾枣庄、刘琳主编《全宋文》（第357册第8284卷），上海辞书出版社、安徽教育出版社2006年版，第368～369页。
③ [宋]程珌：《范氏四甥名义说》，见曾枣庄、刘琳主编《全宋文》（第298册第6790卷），上海辞书出版社、安徽教育出版社2006年版，第71页。
④ [宋]陈著：《名女洸字汝玉说》，见曾枣庄、刘琳主编《全宋文》（第351册第8113卷），上海辞书出版社、安徽教育出版社2006年版，第74页。

厉于女道妇德，其庶乎。彼而苟，而随，而软媚，则非吾所谓和者，又不可不察。汝其服膺吾训哉！①

大儒朱熹字元晦，也是逆向互补关系。

宋人取名字喜欢用"老"字。余景中之子余天任年方6岁，黄庭坚以"莘老"字之，因为"爱其举止似孙莘老"。温江杨仲颖的儿子生于立春后五日，黄庭坚为之取名"春老"。②宋人名"老"者很多，如潘攽老、黄斌老、孙莘老、吕渭老、吕同老、孟元老、侯彭老、李彭老、李莱老、刘山老等。字"老"者也不少，如李南公字楚老，李彭字商老，裴湘字楚老，俞紫芝字秀老、其弟字清老等。

一般给人命字，都只命一个字，也有极少数人同时命两个字。张方平的儿子名恕，苏轼撰《张厚之忠甫字说》云："张厚之忠甫，乐全先生子也。美才而好学，信道而笃志，先生名之曰恕，而其客苏轼子瞻和仲推先生之意，字之曰厚之，又曰忠甫。"③苏轼称张恕为"张厚之忠甫"，落款自称"苏轼子瞻和仲"。在宋代名字说中，一人二字且并称，这是唯一的。朱熹给林用中也取了两个字："名者，子生三月而父命之，非朋友所得变。……故予谓子之名则无庸改，而请奉字曰'择之'，又曰'敬仲'，二字惟所称。"④"惟所称"就是请人家随便选择一个。宋代名字说中同时命两个字的情况极为少见。笔者仅见这两篇。

女子也有名，但有字者少。通常是卿大夫家的女子才可能有字。这是上古就有的习俗，王国维《女字说》通过对先秦金文的考察，论证了古代女子"笄而字"的情况。⑤宋人游九言在给黄氏三个外甥女命名取字的时候说：

---

① ［宋］陈著：《名女冲字汝和说》，见曾枣庄、刘琳主编《全宋文》（第351册第8114卷），上海辞书出版社、安徽教育出版社2006年版，第81页。
② 参见［宋］黄庭坚《书赠余莘老》《名春老说》，见曾枣庄、刘琳主编《全宋文》（第107册第2321卷），上海辞书出版社、安徽教育出版社2006年版，第142、143页。
③ 曾枣庄、刘琳主编：《全宋文》（第90册第1962卷），上海辞书出版社、安徽教育出版社2006年版，第279页。
④ ［宋］朱熹：《林用中字序》，见曾枣庄、刘琳主编《全宋文》（第251册第5648卷），上海辞书出版社、安徽教育出版社2006年版，第379～380页。
⑤ 参见王国维《女字说》，见《观堂集林》（第1册第3卷），中华书局1959年版，第163～165页。

> 古之女子罕用名著……曰姜嫄、曰简狄、曰戴己，说者固已为名号，则是古尝有之矣。汉以后，若班氏女昭，蔡氏女琰，苏氏女蕙，以其通习文墨，又皆有字焉。去古既远，古礼渐废，况今世乎？名而字之，或存训戒，亦可也。①

为女子取名字并做解说，多是强调女德。如游九言《上官氏女甥名说》从"睦夫家"的角度解释"贵和"：

> 女之适人能和说其家，刚中柔外，既不失正，又不过严，则用之辑闺门，睦姻族，孚内外，其为吉也孰大焉！②

（三）改名改字

改名改字是人类生活中常见的、自然的现象。不过在宋代以前，文献中虽然有不少改名改字的记载，但并无解说性的文章留下来。所以宋人认为古人不轻易更改名字。如高斯得《纯约字谦孺说》中云："幼名冠字，考之经传，鲜有更也。"③ 魏了翁《高不妄字说》亦云："幼名冠字，所以共天命而视父志，由周以来，未之有改也。春秋二百四十二年，诸侯大夫之更名者仅有楚二君、赵鞅，夫皆有为而然，外此则虽臣同于君亦不之避。乃若字之有改，则又所罕见，如叔向而又云叔誉，子产而又云子美，此莫可考。"④

尽管有这种观念，改名改字还是难免的。宋代名字序说许多是为改字而作。如释契嵩《与月上人更字叙》《周感之更字叙》，苏颂《李惟几改字序》，楼钥《从子沨改字景刘说》，陆九渊《朱氏子更名字说》，周南

---

① ［宋］游九言：《黄氏三女甥名字说》，见曾枣庄、刘琳主编《全宋文》（第 278 册第 6311 卷），上海辞书出版社、安徽教育出版社 2006 年版，第 365 页。
② ［宋］游九言：《上官氏女甥名说》，见曾枣庄、刘琳主编《全宋文》（第 278 册第 6311 卷），上海辞书出版社、安徽教育出版社 2006 年版，第 366 页。
③ 曾枣庄、刘琳主编：《全宋文》（第 344 册第 7951 卷），上海辞书出版社、安徽教育出版社 2006 年版，第 220 页。
④ 曾枣庄、刘琳主编：《全宋文》（第 310 册第 7092 卷），上海辞书出版社、安徽教育出版社 2006 年版，第 241 页。

《滕昂改名说》,等等。有人甚至三易其名,如陈耆卿的朋友蒋君改名"滏",陈耆卿就打趣他说:"子之名三易矣,今可以已夫!"① 改名改字无论出于自己或自家人的意愿,或出于他人之建议,都必有缘故。从这些更改名字的序说,可以看出当时人的文化时尚、审美趣味等。

1. 因梦兆而改名改字

武阳邓平梦有神人相告:"子之名平,其字倒土,使子之困穷也,殆以是夫!"邓平即改名为洵武,并请杨时字曰"文伯"。② 吴越武肃王之裔孙钱举原名焘,字景贶。"梦神语之曰:'易之,则利进取'",乃更名为"举"。晁补之为之更字"少周"。③ 周必大朋友之婿李国才字良佐,"未冠补太学生,学问日益新而试辄不利。岁在丙戌,梦人告以火运即发,因授火傍三字,觉而更名为烨,自是试必占榜"④。还有汪应辰《黄玄圭字说》、周必大《李叔轸载之字说》、真德秀《刘诚伯字说》等,都是对因梦改名字的解说。

因梦改名,都是对原来的名字有所不满,希望改名转运。

2. 因避讳改名改字

黎充字子美,为远从祖之讳而请黄庭坚为之更名,山谷"名之曰远,而字之曰子思"。⑤ 陈燮初字思道,因"避耆旧讳",请李觏改字,李觏命以"中道"。⑥ 石敦仁原名天倪、字圣和,因"天子立极正名,以谓天之尊、圣之重,皆非臣下所宜号。曩者申命有司,具为禁令",因而更名为敦仁,请赵鼎臣命字,鼎臣字之"思济"。⑦ 蔡襄侄儿邵上因"同远祖父

---

① [宋]陈耆卿:《蒋上甫字说》,见曾枣庄、刘琳主编《全宋文》(第319册第7318卷),上海辞书出版社、安徽教育出版社2006年版,第118页。
② 参见[宋]杨时《邓文伯字序》,见曾枣庄、刘琳主编《全宋文》(第124册第2692卷),上海辞书出版社、安徽教育出版社2006年版,第380～381页。
③ 参见[宋]晁补之《钱举字少周序》,见曾枣庄、刘琳主编《全宋文》(第126册第2725卷),上海辞书出版社、安徽教育出版社2006年版,第186页。
④ [宋]周必大:《李烨县尉字说》,见曾枣庄、刘琳主编《全宋文》(第231册第5140卷),上海辞书出版社、安徽教育出版社2006年版,第114页。
⑤ 参见[宋]黄庭坚《黎远字说》,见曾枣庄、刘琳主编《全宋文》(第107册第2321卷),上海辞书出版社、安徽教育出版社2006年版,第139页。
⑥ 参见[宋]李觏《叙陈公燮字》,见曾枣庄、刘琳主编《全宋文》(第42册第913卷),上海辞书出版社、安徽教育出版社2006年版,第298页。
⑦ 参见[宋]赵鼎臣《石敦仁字序》,见曾枣庄、刘琳主编《全宋文》(第138册第2981卷),上海辞书出版社、安徽教育出版社2006年版,第219页。

名"而改名曰力,字至夫。①

3. 因被赐名而改名字

郑兴宗,字光祖,郑僖靖王之孙、和州防御使。宋孝宗下诏赐名兴裔,韩元吉为他改字光锡。②

4. 某名字被认为不太好,因建议而更改

建议者须具备一定的身份地位和名望,才有资格建议别人更改名字。接受者通常是怀着对名人的崇拜心理欣然接受的。而在潜意识中,可能或多或少还会期待一点"名人效应"。比如张谷原字"仲容",欧阳修认为"仲容""不足以表其所以名之之义",因此"易其字曰应之"。③ 其实对名字的选择、确认、理解和欣赏,本是个见仁见智的事。"仲容"有什么不妥?在许多人看来,或许比"应之"好得多。但欧阳修太有名气了,能得他更改名字,是非常荣幸的事。

又如朱熹《李存诚更名序》:

> 李君棐忱相见于政和,余问其名上字之义,则曰先儒之训以为辅也。余谓不然,古字多假借,"棐"盖与"匪"通用。颜监之释班史,有是言矣。余尝以是考之,凡《书》之言"棐"者,皆当为"匪",其义乃通。李君曰:"然则以匪忱为名,愚之所不安也,请有以易之。"余曰:"去匪而存忱可已。"李君曰诺,乃书以遗之,而字之曰"存诚"云。④

"棐忱"有什么不好呢?但朱熹认为"棐"与"匪"通假,不妥。而李相肯定是朱熹的崇拜者,于是就听从朱熹的建议,改名"忱",改字"存诚"。朱熹实际上不过是将"棐忱"通俗化了,但对李棐忱来说,这一改

---

① 参见[宋]蔡襄《侄至夫名字序》,见曾枣庄、刘琳主编《全宋文》(第47册第1015卷),上海辞书出版社、安徽教育出版社2006年版,第141页。
② 参见[宋]韩元吉《郑光锡字说》,见曾枣庄、刘琳主编《全宋文》(第216册第4796卷),上海辞书出版社、安徽教育出版社2006年版,第172~173页。
③ 参见[宋]欧阳修《张应之字序》,见曾枣庄、刘琳主编《全宋文》(第35册第734卷),上海辞书出版社、安徽教育出版社2006年版,第26页。
④ 曾枣庄、刘琳主编:《全宋文》(第251册第5648卷),上海辞书出版社、安徽教育出版社2006年版,第383页。

可是意义非凡，是难得的殊荣，因为这是大儒朱熹啊！

在宋之前，一名多字的情况极为少见。因为宋代改名改字的情况多起来，一名多字的现象也就不少见了。陆游《老学庵笔记》卷9：

> 近世名士：李泰发光，一字泰定；晁以道说之，一字伯以；潘义荣良贵，一字子贱；张全真守，一字子固；周子充必大，一字洪道；芮国器烨，一字仲蒙；林黄中栗，一字宽夫；朱元晦熹，一字仲晦。人称之，多以旧字，其作文题名之类，必从后字，后世殆以疑矣。①

陆游说的是"近世名士"中的一种风气。这些名士为何更改字号呢？每个人肯定有自己的想法，但无疑都是在增广或更新自己对生命内涵更多的期待。

（四）名字文化中的时代印迹

人的名和字，看起来是个性化的，林林总总各式各样，但若宏观审视，则可知一时一地之文化时尚和审美趣味。比如在当代中国，那些"建国""援朝""爱东""学工""拥军"之类的名字，就有特别的时代印迹。

那么现存宋代400多篇名字序说最明显的时代印迹是什么呢？笔者仔细阅读揣摩之下，认为是尊崇儒学、希圣希贤的文化使命感。

中国历代文人中，宋儒最富于进取精神。宋代尊崇儒学甚于之前任何朝代。在前宋文化中，圣贤不是普通人所能企及的。但宋人博览群书，眼界大开，因而认为人皆可为圣贤。反映在名字文化中，是非常普遍地从儒家经典中取名择字，并精心作序说以阐释儒学义理，鼓励读书人希圣希贤，立德立功立言。

比如柳开"慕韩愈、柳宗元为文，因名肩愈，字绍先。既而改名字，以为能开圣道之涂也"②。柳开志在复兴儒学，近承韩、柳，远追孔、孟。他自称"吾之道，孔子、孟轲、扬雄、韩愈之道；吾之文，孔子、孟轲、

---

① ［宋］陆游撰，李剑雄、刘德全点校：《老学庵笔记》（第9卷），中华书局1979年版，第122页。

② 《宋史·文苑二》（第37册第440卷），中华书局1985年版，第13024页。

扬雄、韩愈之文也"①。他在自述《补亡先生传》中说：

> 补亡先生，旧号东郊野夫者。既著《野史》，后大探六经之旨，已而有包括扬、孟之心，乐与文中子王仲淹齐其述作，遂易名曰开，字曰仲涂。其意谓将开古圣贤之道于时也，将开今人之耳目使聪且明也；必欲开之为其涂矣，使古今由于吾也。……吾既肩且绍矣，斯可已也，所以吾进其力于道，而迁其名于己耳，庶几吾欲达于孔子者也。②

柳开是孔子所谓"狂者进取"的典型。他通过自己的名字，充分地表达儒者"欲达于孔子"的文化理想。尽管有些张扬，但与范仲淹先忧后乐的人生境界、张载的继绝学开太平的理想异曲同工，颇能代表北宋儒者的精神风貌。

道士张生"掷黄冠，顶章甫"，弃道从儒，请石介改名。石介作《归鲁名张生》，"以'归鲁'名张生。'归鲁'，所以宗圣人之道也"③。石介是"宋初三先生"之一，独尊儒学，他甚至把佛、道之学都视为夷狄之学。有位道士孟生愿从石介学，石介便以"宗儒"名之，并作名说阐释一番君臣父子仁义忠信的儒家之道。④

欧阳修尊儒并力排佛、老。其《郑荀改名序》云：

> 自老子……始非仁义而诋圣智。诸子因之……圣人之学几乎其息。最后荀卿子独用《诗》、《书》之言，贬异扶正，著书以非诸子，尤以劝学为急……郑君……将更其名，数以请，予使之自择，遂改曰荀。于是又见其志之果也……余既嘉君善自择而慕焉，因为之字曰叔

---

① [宋]柳开：《应责》，见曾枣庄、刘琳主编《全宋文》（第6册第126卷），上海辞书出版社、安徽教育出版社2006年版，第367页。

② 曾枣庄、刘琳主编：《全宋文》（第6册第127卷），上海辞书出版社、安徽教育出版社2006年版，第393页。

③ 曾枣庄、刘琳主编：《全宋文》（第29册第627卷），上海辞书出版社、安徽教育出版社2006年版，第307页。

④ 参见[宋]石介《宗儒名孟生》，见曾枣庄、刘琳主编《全宋文》（第29册第627卷），上海辞书出版社、安徽教育出版社2006年版，第307页。

希，且以勖其成焉。①

校书郎章望之请字于欧阳修，欧阳修以"表民"字之，并作600余字的《章望之字序》②，讲了一通儒者以仁义道德为民表率，不负民望的道理，鼓励他向古圣贤学习，表率万民。

黄庭坚《李彦回字说》，因其名字而论颜子之道，最后鼓励他求进勿止，"补天立极，万世不朽，圣人皆友之"③。

朱熹行冠礼时请老师刘子翚命字，老师为他命字并作《字朱熹祝词》：

> 字以元晦，表名之义。木晦于根，春容晔敷。人晦于身，神明内腴。④

祝词引用曾子、颜子等儒家先贤事例，说明韬光养晦之道，希望弟子"惟曾、颜是畏"。

儒家思想尚进取，重事功，追求人生对社会的价值。这是宋代名字文化的重要内涵。比如永嘉陈均请字于真德秀，真字之曰"子公"，并作《陈子公字说》演绎孔子"不患寡而患不均"的思想，勉励陈均践行圣贤为公之义：

> 夫处物之平，视物之一，及物之周，三者天下之至善也，虽微圣贤，畴不乐诸……以公去私者，万善之本也。⑤

---

① 曾枣庄、刘琳主编：《全宋文》（第34册第732卷），上海辞书出版社、安徽教育出版社2006年版，第396～397页。

② 曾枣庄、刘琳主编：《全宋文》（第34册第732卷），上海辞书出版社、安徽教育出版社2006年版，第395～396页。

③ 曾枣庄、刘琳主编：《全宋文》（第107册第2321卷），上海辞书出版社、安徽教育出版社2006年版，第144页。

④ 曾枣庄、刘琳主编：《全宋文》（第193册第4260卷），上海辞书出版社、安徽教育出版社2006年版，第208页。

⑤ 曾枣庄、刘琳主编：《全宋文》（第313册第7179卷），上海辞书出版社、安徽教育出版社2006年版，第330页。

李清臣为杨準命字"用之",并演绎"圣贤以其心为天下万物之用"的道理,"以圣贤之术告杨君":

> 夫圣贤之心,体道而一,正己而不动,万物用我而是,不用我而非。万物莫不用我,而我无心于应天下之用,此其所以有余而无之者欤?……故欲治天下者,莫大于自治,欲自治者,莫先于体道而一,正己而不动。①

除此之外,宋世儒者善于融汇道、释思想,道、释之士也深通儒学,三家思想深度融洽,这种文化特质在宋代名字文化中也多有显示,展现了宋代士人丰满的文化结构和丰富的心灵世界。兹不详述。

---

① [宋]李清臣:《杨用之字序》,见曾枣庄、刘琳主编《全宋文》(第78册第1711卷),上海辞书出版社、安徽教育出版社2006年版,第326页。

第九章　宋代谢表文化和文体形态研究①

谢表是臣属向皇帝谢恩的文章，是古代公文中的一种上行文。龚延明《宋代官制辞典》："凡官员升迁除授、谪降贬官，至于生日受赐酒醴、封爵追赠等等，均有谢表。"② 明代胡松《唐宋元名表原序》称："是学也，昉于汉魏六朝，盛于隋唐，而极于宋。"③"极于宋"的意思大概包括用得多、文体定型、文采斐然等意思。

现存宋代谢表文献较多，但目前尚未见专门的研究成果。在一些研究骈文的论著中，谢表有时会被提及，如刘麟生《中国骈文史》④、曾枣庄《论宋代的四六文》⑤、施懿超《宋四六论稿》⑥ 等。施著论及欧阳修、苏轼、王安石等人的四六文时，涉及其谢表。也有少数专题研究涉及某些谢表，如吴在庆《韩愈在潮州的思想与心态考论——以〈潮州刺史谢上表〉为中心》⑦。

关于谢表的文体发展、文体形态等问题目前尚无专门的研究成果。本章先追究谢表的文体源流，然后对宋代谢表文化、文献、文体形态等问题进行研究。

---

① 本章参考了本人指导下刘丽丽的硕士论文《宋代谢表研究》（中山大学2008年）。
② 龚延明：《宋代官制辞典》，中华书局1997年版，第626页。
③ ［明］胡松编：《唐宋元名表》，见《景印文渊阁四库全书》（集部第1382册），台湾商务印书馆1986年版，第292页。
④ 刘麟生：《中国骈文史》，上海书店1984年版。
⑤ 曾枣庄：《论宋代的四六文》，载《文学遗产》1995年第3期。
⑥ 施懿超：《宋四六论稿》，上海古籍出版社2005年版。
⑦ 吴在庆：《韩愈在潮州的思想与心态考论——以〈潮州刺史谢上表〉为中心》，载《周口师范学院学报》2005年5月第3期。

一、谢表的文体源流

（一）谢章、谢表之文体发生

刘勰《文心雕龙·章表》将谢表的文体起源追溯到周代：

> 周监二代，文理弥盛。再拜稽首，对扬休命。承文受册，敢当丕显。虽言笔未分，而陈谢可见。①

范文澜注：

> 《诗·大雅·江汉》第七章……笺云："拜稽首者，受王命策书也。臣受恩无可以报谢者，称言使君寿考而已。"……《左传·僖公二十八年》："王命尹氏及王子虎、内史叔兴父策命晋侯为侯伯。……晋侯三辞从命曰：'重耳敢再拜稽首，奉扬天子之丕显休命。'受策以出。"召虎、重耳皆受命口谢，非如后世有谢章，而陈谢之意可见。②

范注引用的两个例子，都是口头谢恩而不是书面谢章。刘勰说的"言笔未分，而陈谢可见"，也只是说当时有"陈谢"之礼。至于有没有书面的致谢文书，已不可知。

《晋书·刘寔传》载其《崇让论》曰：

> 人臣初除，皆通表上闻，名之谢章，所由来尚矣。原谢章之本意，欲进贤能以谢国恩也。昔舜以禹为司空，禹拜稽首，让于稷契及咎繇。使益为虞官，让于朱虎、熊、罴。使伯夷典三礼，让于夔龙。唐虞之时，众官初除，莫不皆让也。谢章之义，盖取于此。③

---

① ［南朝梁］刘勰著、范文澜注：《文心雕龙注》（下册第5卷），人民文学出版社1958年版，第406页。
② ［南朝梁］刘勰著、范文澜注：《文心雕龙注》（下册第5卷），人民文学出版社1958年版，第409页。
③ ［唐］房玄龄等：《晋书》（第4册第41卷），中华书局1974年版，第1194页。

上古谢章无存，刘寔是根据传说对谢章进行解释。按照他的解释，上古谢章用于辞命让贤，"欲进贤能以谢国恩也"。"谢"首先是谢恩，其次是谦让谢绝。后者是实际的意思。这与刘勰对汉代谢章的解释不一样，《文心雕龙·章表》：

> 汉定礼仪，则有四品：一曰章，二曰奏，三曰表，四曰议。章以谢恩，奏以按劾，表以陈请，议以执异。①

从现存汉、魏、晋时期谢章和谢表文献看，"章以谢恩"是清楚的，如曹植《改封陈王谢章》《封二子为公谢恩章》，沈约《为安陆王谢荆州章》，江总《为陈六宫谢章》。"表以陈请"的情况有点复杂。"陈请"就是陈说某种诉求。如后汉蔡邕《巴郡太守谢表》，据笔者所见，这是现存最早的谢表，也是后汉现存唯一的谢表（以下节录以明其大意及语体）：

> 臣尚书邕免冠顿首死罪。臣猥以顽暗，连值盛时，超自群吏，入登机密，未及输力。尽心日下。五府举臣任巴郡太守，陛下不复参论。府举入奏，惊惶失守。非所敢安，征营累息，不知所措。臣邕顿首死罪……愿乞还诏命！尽力他役，死而后已。臣猥以愚暗，盗窃明时，周旋三台，充列机衡，出入省闼，登踏丹墀，承随同位，与在行列……不意卒迁，荷受非任……巴土长远，江山修隔，顷来未悉辑睦。刘焉抚窑有方，柔远功著。臣当以顽蒙，不闲职政。宣畅圣化，导遵和风，非臣才力所能供给。必以忝辱烦污圣朝。幸循旧职，当竭肝胆从事，筋绝骨破，以命继之。②

这篇谢表写于汉灵帝中平六年（189），全文392字，散文体，但以整齐的四言句为主。内容很符合刘勰说的"表以陈请"，核心用意并非受命致谢，而是不愿接受巴郡太守的任命。一切感激涕零的话都只是推辞任命的

---

① ［南朝梁］刘勰著、范文澜注：《文心雕龙注》（下册第5卷），人民文学出版社1958年版，第406页。
② ［清］严可均校辑：《全后汉文》（第71卷），见《全上古三代秦汉三国六朝文》（第1册），中华书局1958年版，第863页。

铺垫，而反复陈说的目的就是请求皇帝收回任命。

（二）陈请表与谢恩表

汉代礼仪"章以谢恩，表以陈请"的规定，在曹魏时期已经不再具有制度约束力。比如从《曹植集》①可见，谢恩之文，既可以用谢章，也可以用谢表，后者用得更多。谢章仅用于谢恩，表则既有陈请表，又有谢恩表。《曹植集》存有41篇表，其中31篇是陈述请求或陈述政见的，题目当然不会用"谢"字。如《求自试表》《谏伐辽东表》。有10篇是谢恩的，其中9篇题目有"谢"字，如《封甄城王谢表》《谢赐谷表》。陈请表的标题通常用"陈""求""谏"等诉求性字标志，谢恩表标题通常用"谢"字标志。曹植使用表文体既"陈请"又"谢恩"，未遵守汉定礼仪"章以谢恩""表以陈请"的限定。从数量看，他基本上用谢表取代了谢章。曹植是皇室重要人物，一代文豪，他对表文体的理解和使用在当时肯定具有代表性和示范性。

徐师曾《文体明辨·章》：

> 古人言事，皆称上书。汉定礼仪，乃有四品，其一曰章，用以谢恩。及考后汉，论谏庆贺，间亦称章，岂其流之浸广欤？自唐而后，此制遂亡。②

徐氏说的是"章"被泛用。曹植用"谢表"谢恩，意味着表的用途也不限于"陈请"了。其实用表谢恩不始于曹植，东汉前期已有，如《后汉书·皇后纪》载：

> ［和帝永元十四年］立为皇后。辞让者三，然后即位。手书表谢，深陈德薄，不足以充小君之选。③

---

① 参见［明］张溥辑《汉魏六朝百三家集》，见《景印文渊阁四库全书》（集部第1412册），台湾商务印书馆1986年版，第631～719页。

② ［明］吴讷著、于北山校点，［明］徐师曾著、罗根泽校点：《文章辨体序说 文体明辨序说》，人民文学出版社1962年版，第121页。

③ ［南朝宋］范晔撰：《后汉书》（第1册第10卷），中华书局1965年版，第421页。

这是具体谢表的最早记载,但无文本流传。

魏晋六朝时期,谢表应用广泛。明代张溥所辑《汉魏六朝百三家集》中共有谢表 65 篇。

谢章或谢表都是臣属给皇帝的公文,所以形式规范、句式比较整齐,注重文采,往往有一些铺张夸饰、渲染谦虚的因素。因为直接涉及君臣关系、职权利害,所以遣词用语非常谨慎、准确、得体,谦卑又暗含矜持,含蓄委婉又明白可解。如西晋陆机《谢平原内史表》:

> 陪臣陆机言:今月九日,魏郡太守遣兼丞张含赍板诏书印绶,假臣为平原内史。拜受祗竦,不知所裁。臣机顿首顿首死罪死罪。臣本吴人,出自敌国,世无先臣宣力之效,才非丘园耿介之秀。……莫大之衅,日经圣听,肝血之诚,终不一闻,所以临难慷慨,而不能不恨恨者,惟此而已。重蒙陛下恺悌之宥,回霜收电,使不陨越。……苟削丹书,得夷平民,则尘洗天波,谤绝众口,臣之始望,尚未至是。猥辱大命,显授符虎,使春枯之条,更与秋兰垂芳;陆沈之羽,复与翔鸿抚翼。……瞻系天衢,驰心辇毂,臣不胜屏营延仰,谨拜表以闻。①

全文近 700 字,是谢表中的长篇。句式骈散并用,注重用典,文采斐然,内容次第清晰,包括受命—惶恐谦虚—陈述表白—颂圣感恩—表态言志等基本意思。

表的文体结构和语体形态历代有变。宋代刘应李《新编事文类聚翰墨全书·诸式门·表笺式》:

> 《文选》载诸葛孔明、李令伯、孔文举、曹子建、羊叔子等表,体式犹未定,至陆士衡《谢官表》、刘越石《劝进表》渐有体式。②

---

① [清]严可均校辑:《全晋文》(第 97 卷),见《全上古三代秦汉三国六朝文》(第 2 册),中华书局 1958 年版,第 2016~2017 页。
② [宋]刘应李辑:《新编事文类聚翰墨全书》(甲集卷 1),见《四库全书存目丛书》(子部第 169 册),齐鲁书社 1995 年版,第 16 页。

他认为陆机的谢表体式渐臻完备定型。吴讷、徐师曾都认为汉、晋时期的表基本是古体（下详），即散体文。六朝以下，谢表逐渐骈俪化。

（三）唐代谢表

唐代谢表应用范围扩大，现存作品很多，分类详细。如《文苑英华》中唐代谢表17卷，329篇，分为十类：为宰相杂谢35篇、藩镇谢官64篇、公卿杂谢54篇、谢亲属加官23篇、谢文章12篇、谢春冬衣禄廪25篇、谢茶药果子采帛23篇、节朔谢物宴赐46篇、谢追赠官丧葬26篇、谢诏敕慰问21篇。

就文体形态而言，谢表在六朝时代出现了骈文俪句的语体样式，唐代谢表继承之，结构和格式向"四六"语体发展。如李商隐《为安平公谢除兖海观察使表》：

> ……伏惟皇帝陛下，钧陶庶汇，亭毒万方，忧心同尧，好谏若禹……况曲阜遗封，导河旧壤，列九州之数，带五岳之雄，古为诗书俎豆之乡，今兼鱼盐兵革之地。训整合资于武干，抚循宜属于柔良。岂伊孱微，堪此委寄？谨当冰霜励志，金石贯诚，驽马奋十驾之勤，铅刀希一割之用。即以今月二日，雪泣西拜，星驰东下。帝城思入，虽有类于陈咸；关外耻居，安敢同于杨仆。无任瞻天恋阙之至。谨附中使某奉表陈谢以闻。①

为人撰写谢表，是幕府文职的基本功。李商隐少从名师，久在幕府，加之天赋卓越，因而写得一手漂亮的骈文。他的谢表既中规中矩，层次分明，措辞用语恰当得体，又适当铺排渲染，体现作者非凡的文采才华，堪称典范。

不过谢表通常是要求简洁精致的，而李商隐这篇谢表篇幅长达449字。吴讷《文章辨体》引真德秀语："大抵表文以简洁精致为先，用事忌深僻，造语忌纤巧，铺叙忌繁冗。"② 唐代谢表大多简洁明快，篇幅一般

---

① ［清］董诰等编：《全唐文》（第8册第771卷），中华书局1983年版，第8031～8032页。
② ［明］吴讷著、于北山校点，［明］徐师曾著、罗根泽校点：《文章辨体序说 文体明辨序说》，人民文学出版社1962年版，第37～38页。

为二三百字。但也有八九百字的长篇,如韩愈《潮州刺史谢上表》890字,大概是因为有太多的话需要借例行谢表的机会向皇帝诉说吧。

二、宋代的谢表文化

(一) 官制与谢表

谢表的大量应用与中央集权制度有关。随着中央集权的强化,皇帝诏命频繁,谢表随之增多。官职升迁自然要谢恩,贬谪时也须谢恩,致仕也应谢恩。此外,平时因各种原因蒙受皇帝赏赐或恩宠礼遇,都要上谢表谢恩。

宋代统治者吸取唐亡的教训,加强了中央集权,凡官职任免之命皆出于朝廷,而官员除授迁转也较前代大为频繁,因此谢表自然增多。

现存历代谢表,宋代最多。魏齐贤等编《五百家播芳大全文萃》,有谢表11卷,凡292篇。今曾枣庄等编《全宋文》共9204名作者,其中311人有谢表,谢表篇目总计为3482篇。兹以吕祖谦编《宋文鉴》为例,从题目可知谢表与官职的关系。该书第63至71卷为表,共收文152篇。其中标题名为"表"者149篇,其中因官职升降而作的谢表70篇,标题通常如王禹偁《滁州谢上表》、欧阳修《谢知制诰表》、苏辙《降朝请大夫谢表》。另有请求或感谢辞职、致仕的15篇,标题通常如富弼《乞致仕表》、范镇《谢致仕表》。总计因官职升降而作的谢表共85篇。

对擅长写文章的官员来说,官职越高,在职时间越长者,作谢表的机会就越多。宋代谢表今存50篇以上的有13人,都是文章家而仕途地位较高但又较多升迁贬谪者,如王安石55篇,苏轼65篇,周必大75篇。这些文化名人的写作提高了宋代谢表的文化艺术水平。

(二) 科举与谢表

宋代谢表繁盛与科举制度中的词科考试有很大关系。词科考试初名宏词科,后来其名称和考试内容有三次变化。王应麟《辞学指南序》对此有解释:

[绍圣]二年正月,礼部立试格十条(章表、赋、颂、箴、铭、诫谕、露布、檄书、序、记),除诏、诰、赦、敕不试,又再立试格

九条，曰章表、露布、檄书（以上用四六），颂、箴、铭、诫谕、序、记（以上依古今体，亦许用四六）。四题分两场，岁一试之。大观四年五月，以立法未详，改为辞学兼茂科，除去檄书，增入制、诏，仍以四题为两场，内二篇以历代故事借拟为题，余以本朝故事或时事，盖质之古以觇记览之博，参之今以观翰墨之华。……绍兴三年，工部侍郎李擢请别立一科，七月诏以博学宏词为名，凡十二体，曰制、诰、诏书、表、露布、檄、箴、铭、记、赞、颂、序，古今杂出，六题分为三场，每场一古一今，三岁一试如旧制。①

词科考试名称经历了宏词科、辞学兼茂科、博学宏词科三次变化。考试文体也从九体、十体发展到十二体。其中表、露布、颂、箴、铭、序、记是始终不变的科目。《辞学指南》引真德秀语："十二体所急者，制、表、记、序、箴、铭、赞、颂八者而已。"同书又引洪咨夔语："制、表如科举之本经，所关尤重。"②

《辞学指南》分体讲述词科考试，在每体之后列出历年词科考试题。通过对试题的统计可以发现，谢表是表体文中考试次数最多的一种。从哲宗绍圣二年（1095）至度宗咸淳十年（1274），词科考试关于表的试题共计69次③，其中35次以谢表为题，约占1/2，可见谢表在词科考试中的重要性。宋代词科所出谢表试题，还专以今事为题，一般为"代拟谢表"体，如哲宗绍圣三年（1096）题目是《代宰相以下谢赐新修都城记表》。

在考试社会中，试题是备考的风向标。宋代词科考试重谢表，则天下读书人谁敢不努力习之。于是考试指导书就流行，谢表选本、讲解谢表指导写作的书籍自然就多起来，有专用于教学的指导书，还有记录文人闲谈文章的四六话。例如王应麟《辞学指南》，对谢表的论述分五方面：总结格式、点评范文、指导应试、列举名联、总结试题。比如对"破题"的讲解如下：

---

① ［宋］王应麟：《玉海》（第201卷《辞学指南》），见《景印文渊阁四库全书》（子部第948册），台湾商务印书馆1986年版，第268～269页。
② ［宋］王应麟：《玉海》（第201卷《辞学指南》），见《景印文渊阁四库全书》（子部第948册），台湾商务印书馆1986年版，第274页。
③ 《宋会要辑稿》对词科考试情况只记载到宁宗嘉定七年（1214）。

> 一表中眼目全在破题，二十字须要见尽题目，又忌体贴太露。……《安南国谢加恩并赐对衣金带鞍辔表》用"式兼名器之荣"，盖只用两字，该尽题目，最可法也。①

又如指导阅读名家名篇范文：

> 前辈表章如夏英公（竦）、宋景文（祁）、王荆公、欧阳公、曾曲阜、二苏、王初寮（安中）、汪龙溪（藻）、綦北海（崇礼）、孙鸿庆（觌）诸公之文皆须熟诵，而龙溪、北海所作，尤近场屋之体，可以为式。②

词科考试促进四六文的发展，造就四六文名家。而谢表正是四六文之一种。洪迈《容斋三笔》卷10《词学科目》记载了大批由词科至高位的名臣，如汤邦彦、三洪兄弟、周必大、周麟之等，此外还有吕祖谦、真德秀等四六名家。祝尚书《宋代科举与文学考论》称词科考试"不仅造就了众多的四六高手，而且将骈体文的艺术表达功能发展到了极致"③。

（三）"四六话"与谢表

谢表是实用公文，在写作和进呈皇帝时主要体现其实用性。但谢表又是美文，通常使用四六骈体，以求整饬典雅。宋代文体批评中出现了"四六话"，专以四六文为评论对象。其中对谢表的评论，体现了当时人对谢表文体的理解和审美判断。兹以宋王铚《四六话》和清彭元瑞纂辑的《宋四六话》为例。《四库全书总目》"《四六话》提要"：

> 其书皆评论宋人表启之文……但较胜负于一联一字之间。至周必大等，承其余波，转加细密。终宋之世，惟以隶事切合为工。组织繁

---

① ［宋］王应麟：《玉海》（第203卷《辞学指南》），见《景印文渊阁四库全书》（子部第948册），台湾商务印书馆1986年版，第310页。
② ［宋］王应麟：《玉海》（第203卷《辞学指南》），见《景印文渊阁四库全书》（子部第948册），台湾商务印书馆1986年版，第310页。
③ 祝尚书著：《宋代词科制度考论》，见《宋代科举与文学考论》，大象出版社2006年版，第158页。

碎，而文格日卑，皆铚等之论导之也。然就其一时之法论之，则亦有推阐入微者。①

《续修四库全书总目提要》"《宋四六话》"：

> 其于宋人制诏表启之文，但知较胜负于一联一字之间，不使人镕精理以立言，未免舍本逐末之讥。惟元瑞天才敏瞻，博览群书，幼习词科，晚更内制，于骈偶之文用力独深，故其所录，间亦颇具鉴裁，不同勒说，或以见古人之巧思，或以发前贤之妙义，揽各体之菁华，存一朝之典故。②

两种提要颇中肯綮，但有以偏概全之嫌。仔细阅读宋人的四六话，可以了解当时人对谢表这种文体的审美观念。其评论主要可分为以下四类。

1. 推崇名句和用典

如《宋四六话》录曾巩《后耳目志》：

> 先生尝爱东坡过海谢表云："臣无毫发之能，而有丘山之罪。宜三黜而未已，跨万里而独来。"盖萧然出四六畦畛之外。③

这里指的是苏轼《到昌化军谢表》的对句。"萧然"是说格调之悲凉，"出四六畦畛之外"是说不完全拘泥于四六规矩。又如对苏轼化用成语典故的推崇：

> 东坡《益州谢表》云："天地能覆载之，而不能容之于度外；父母能生育之，而不能出之于死中。"至今脍炙人口，盖用《后汉·袁

---

① ［清］永瑢等：《四库全书总目》（第195卷），中华书局1965年版，第1783页。
② 中国科学院图书馆整理：《续修四库全书总目提要（稿本）》（第19册），齐鲁书社1996年版，第245～246页。
③ ［清］彭元瑞辑：《宋四六话》（第5卷），见《续修四库全书》（集部第1715册），上海古籍出版社2002年版，第69页。

敞传》张俊语曰:"天地父母能生臣俊,不能使臣俊当死复生。"①

又如《四六话》卷上载赵令畤《侯鲭录》的一条,是对苏轼《谢赐对衣金带马表》用典的推崇:

> 子瞻幼年见欧阳公《谢对衣金带表》而诵之,老苏曰:"汝可拟作一联。"曰:"匪伊垂之而带有余,非敢后也而马不进。"至为颖川,因有此赐用,为表谢云:"枯羸之质,匪伊垂之而带有余;敛退之心,非敢后也而马不进。"②

"匪伊垂之而带有余"出自《诗经·小雅·都人士》。"非敢后也而马不进"出自《论语·雍也篇》。这两个典故既与所赐之物密切相关,又借以表达个人情操及陈谢之意。

2. 强调得君臣之体

《四六话》载:

> 四六贵出新意,然用景太多而气格低弱则类俳矣。唯用景而不失朝廷气象,语剧豪壮而不怒张,得从容中和之道,然后为工……吕太尉《谢赐神宗御集表》云:"凤生而五色,怅丹穴之已遥;龙藏乎九渊,惊骊珠之忽得。"凡此之类,皆以气胜与语胜也。③

"凤生"句用《山海经》典,"丹穴之山……有鸟焉,其状如鸡,五采而文,名曰凤皇"④;"龙藏"句用《庄子·列御寇》典,"夫千金之珠,必在九重之渊而骊龙颔下"⑤,龙凤相对,高贵吉祥,用于赞颂君王极为恰

---

① [清]彭元瑞辑:《宋四六话》(第5卷),见《续修四库全书》(集部第1715册),上海古籍出版社2002年版,第69页。
② [宋]王铚:《四六话》(卷上),见《景印文渊阁四库全书》(集部第1478册),台湾商务印书馆1986年版,第945页。
③ [宋]王铚:《四六话》(卷下),见《景印文渊阁四库全书》(集部第1478册),台湾商务印书馆1986年版,第951页。
④ 袁珂校注:《山海经校注》(卷1《南山经》),上海古籍出版社1980年版,第16页。
⑤ [清]郭庆藩辑、王孝鱼整理:《庄子集释》(第4册第10卷上),中华书局1961年版,第1061页。

当得体。

《四六话》卷上又载：

> 表章有宰相气骨。如范尧夫《谢自台官言濮王事责安州通判表》云："内外皆君父之至慈，出处盖臣子之常节。"又青州刘丞相《罢省官谢起知滑州表》云："视人郡章，或犹惊畏。谕上恩旨，罔不欢欣。"又云："诏令明具，止于奉行；德泽汪洋，易于宣究。"爱其语整暇有大臣气象。①

范尧夫即范纯仁，刘丞相即刘挚。二公在朝皆以忠直见称，却遭受贬谪。其谢表表现出宠辱不惊的气节和坦然理解的态度，无抱怨之语，有感恩之心，符合帝王体制对臣属的要求，可谓深得忠臣之体，因而被称赞为"宰相气骨""大臣气象"。

君子立朝，崇尚刚正之气，不能曲意逢迎，一味讨好。这种刚正之气也是评论家所推崇的。如《宋四六话》卷5引《梁溪漫志》：

> 今时士大夫论四六，多喜其用事精当、下字工巧，以为脍炙人口。此固四六所尚，前辈表章固不废此，然其刚正之气形见于笔墨间，读之使人耸然，人主为之改容，奸邪为之破胆。元符末，刘元城自贬所起帅郓，当过阙，公谢表云："志惟许国，如万折之而必东；忠以事君，虽三已之而无愠。"坐是遂不得入见。……此二表于用事下字亦皆精切，而气节凛凛如严霜烈日，与退之所谓'登泰山之封，镂白玉之牒'者似不侔矣。②

刘元城即刘安世，河北元城人，学者称元城先生。哲宗时任谏官，"在职累岁，正色立朝，扶持公道"③。其谢表"凛凛如严霜烈日"，并不一味地讨皇帝欢心，这是忠臣气节的写照。

---

① [宋] 王铚：《四六话》（卷上），见《景印文渊阁四库全书》（集部第1478册），台湾商务印书馆1986年版，第945页。

② [清] 彭元瑞辑：《宋四六话》（第5卷），见《续修四库全书》（集部第1715册），上海古籍出版社2002年版，第71页。

③ [元] 脱脱等：《宋史》（第31册第345卷），中华书局1985年版，第10954页。

3. 推崇学问和才华

四六骈俪的谢表,能体现作者的才华、学问、阅历等等。《四六话》对此都予以特别推崇:

> 神宗自颍王即位。元丰中,升颍州为顺昌军节镇。时元厚之罢参政,作颍守令,郡中老儒士胡士彦作谢表,公览之,以笔抹去,疾书其纸背,一挥而成。略曰:"爇土立社,是开王者之封;乘龙御天,厥应圣人之作。按图虽旧,锡命惟新。"又曰:"兴言骏命之庆基,宜建中军之望府。谓文武之德,圣而顺,唐虞之道,明而昌。合为嘉名,以侈旧服。"①

大材小用的元厚之与郡中老儒相比,差距太悬殊了。其才思敏捷,对偶工整,用典贴切,拿捏精确微妙,实非寻常老儒可比。

4. 注重修辞用语的拿捏忖度

如《宋四六话》引《能改斋漫录》"劾张文潜谢表不钦"条:

> 张文潜崇宁元年复直龙图阁,知颍州,谢表云:"我来自东,每兢兢而就列;炊未及熟,又挈挈而告行。"臣僚上言云:"……岂有君父之前辄自称'我'?虽至亲不嫌于无文,有时而尔汝然,非谢表所可称之辞。"②

张耒在谢表中称"我"而被弹劾为不敬,说明谢表是一种十分讲究措辞用语的文体。实际上不论哪个民族哪种语言,谦敬语都是个很复杂的问题,往往一字之差,既关乎利害成败,又体现个人修养。

君臣政治,事事敏感,需要深细忖度精妙拿捏。谢表中有许多是谪官的谢表,什么该说什么不该说,可说的话应该怎么说,更是十分敏感。稍有不慎,就会因言获罪。最著名的例子是苏轼《湖州谢上表》:

---

① [宋]王铚:《四六话》(卷下),见《景印文渊阁四库全书》(集部第1478册),台湾商务印书馆1986年版,第954～955页。

② [清]彭元瑞辑:《宋四六话》(第4卷),见《续修四库全书》(集部第1715册),上海古籍出版社2002年版,第58页。

> 臣荷先帝之误恩，擢置三馆；蒙陛下之过听，付以两州。陛下知其愚不适时，难以追陪新进；察其老不生事，或能牧养小民。①

这几句话被"乌台诗案"办案者指为"讥讽"：

> 轼谓馆职多年，未蒙不次进用，故言"荷先帝之误恩，擢置三馆；蒙陛下之过听，付以两州"；又见朝廷近日进用之人，多是少年，及与轼议论不合，故言"愚不适时，难以追陪新进"。以讥讽朝廷进用之人，多是循时迎合。又云"察其老不生事，或能牧养小民"。以讥讽朝廷，多是生事骚扰，以夺农时。②

人倒霉了，怎么说话都不行。苏轼说的是实话，但在当时显然不合时宜，因而又给了弹劾者口实。

三、谢表的文体形态

（一）谢表"三体"说

这是明代文章学家讨论谢表文体时提出的观点。吴讷《文章辨体》论"表"：

> 按韵书："表、明也，标也，标著事绪使之明白以告乎上也。"三代以前，谓之敷奏。秦改曰表。汉因之。
> 窃尝考之，汉晋皆尚散文，盖用陈达情事，若孔明《前后出师》、李令伯《陈情》之类是也。唐宋以后，多尚四六。其用则有庆贺、有辞免、有陈谢、有进书、有贡物，所用既殊，则其辞亦各异焉。③

---

① [宋] 朋九万：《东坡乌台诗案》，见王云五主编《丛书集成初编》（第785册），中华书局1985年版，第25页。
② [宋] 朋九万：《东坡乌台诗案》，见王云五主编《丛书集成初编》（第785册），中华书局1985年版，第25页。
③ [明] 吴讷著、于北山校点，[明] 徐师曾著、罗根泽校点：《文章辨体序说　文体明辨序说》，人民文学出版社1962年版，第37页。

胡松《唐宋元名表原序》：

> 是学也，昉于汉魏六朝，盛于隋唐，而极于宋。彼其工拙繁简骈俪直致，要之其体不能尽同。然其意同于宣上德而达下情，明己志而述物则。①

徐师曾《文体明辨》论"表"：

> 至论其体，则汉晋多用散文，唐宋多用四六。而唐宋之体又自不同：唐人声律，时有出入，而不失乎雄浑之风；宋人声律，极其精切，而有得乎明畅之旨，盖各有所长也。然有唐宋人而为古体者，有宋人而为唐体者，此又不可不辨也。今取汉以下名家诸作，分为三体而列之：一曰古体，二曰唐体，三曰宋体。②

吴讷、胡松、徐师曾都注意到不同时期表文体的语体形态和风格有所不同。徐师曾提出谢表"三体"说。他依此说选古体 1 篇：韩愈《潮州刺史谢上表》。唐体 4 篇：白居易《为宰相谢官表》等。宋体 18 篇：文天祥《谢皇帝登极赦文表》等。

贺复征《文章辨体汇选》在表类序文中采纳了徐师曾"三体"说，但在选本中却只分古体、今体（贺氏自注：卷 125～130 "俱古体"，卷 131～139 "俱今体"），古体 5 篇，今体 40 篇。

考察他们的说法及选例可以看出：

第一，"三体"说是以语体为标准的，古体用散文语体，唐体和宋体都是比较整齐的骈俪句式，唐体多四言骈句，宋体多四六骈句。所以贺复征在选本中只分古、今体二体。

第二，"三体"与汉晋、唐、宋的时间关系不完全对等，如徐师增将韩愈《潮州刺史谢上表》视为古体，贺复征将六朝鲍照、江淹、陆机的

---

① ［明］胡松编：《唐宋元名表》，见《景印文渊阁四库全书》（集部第 1382 册），台湾商务印书馆 1986 年版，第 292 页。
② ［明］吴讷著、于北山校点，［明］徐师曾著、罗根泽校点：《文章辨体序说　文体明辨序说》，人民文学出版社 1962 年版，第 122 页。

谢表归入今体。徐师增明确指出"有唐宋人而为古体者，有宋人而为唐体者"。

第三，"三体"的区别并非泾渭分明的。古体与今体以散文、骈文区分，但具体作品往往散骈间杂，以致文章家们的区别辨析有时也不一致。比如白居易《为宰相谢官表》全文372字，四言骈句为主，杂以散句。徐氏《文体明辨》将其归于唐体，贺氏《文章辨体汇选》则将其归于古体。

文章学家力求分类明确，但谢表文体的实际历史并不是阶段分明的。其实所谓汉晋古体，也多有整齐的四言骈句；所谓唐体宋体今体，也杂有散句。至于唐体与宋体之别，更是只可大概言之，不可求之太细。比如唐代李商隐用标准四六体写的那些，更接近宋体，而宋代谢表也是多有散句的。

总体看来，古体、今体之别，或者更加细微的"三体"之别，主要就是语体之别，区分的标准主要是看散文语体为主还是骈俪语体为主。骈俪语体又有四言为主或四六体之别。以下分别辨析。

1. 古体

徐师曾说"汉晋多用散文，唐宋多用四六"（见前引）。按这样的标准，他将韩愈《潮州刺史谢上表》归为古体。这篇谢表893字，是谢表之长篇，纯然古体，散句单行，与其倡导的古文宗旨契合。如：

> 臣某诚惶诚恐顿首顿首。臣以正月十四日蒙恩除潮州刺史，即日奔驰上道。经涉岭海水陆万里，以正月二十五日到州上讫。与官吏百姓等相见，具言朝廷治平，天子神圣威武慈仁，子养亿兆人庶，无有亲疏远迩。虽在万里之外岭海之陬，待之一如畿甸之间。辇毂之下有善必闻，有恶必见。早朝晚罢兢兢业业，惟恐四海之内天地之中一物不得其所……①

贺复征将元结《道州到任谢上表》、刘基《谢恩表》等归古体，也是根据其散文语体。可见不论时代，凡以散文语体为主，即可视为"古

---

① ［明］徐师曾：《文体明辨》（第24卷），见《四库全书存目丛书》（集部第311册），齐鲁书社1997年版，第309页。

体"。

2. 今体

以骈俪语体为主，即被归为"今体"。如鲍照《谢随恩被原表》（节选）：

> 臣言：即日被曹宣命，元统内外，五刑以下，浩泽荡汰。臣亦预焉。得从汉律，故谬之辨。暗遭周典，肆眚之科。大喜卒至，非愿所图。鱼愕鸡睨，且悚且惭。①

又如刘禹锡《苏州刺史谢上表》：

> 臣伏惟皇帝陛下，受上玄之眷佑，扬列圣之耿光。大康黎元，慎择牧守。德音每发，品物咸苏……江海远地，孤危小臣，虽雨露之恩，幽遐必被；而犬马之恋，亲近为荣。臣无任感恩屏营之至。②

3. 唐体、宋体之别

徐师曾说"唐人声律，时有出入，而不失乎雄浑之风；宋人声律，极其精切，而有得乎明畅之旨"（见前引）。可知他所谓唐体宋体，主要是按声律宽松或者严格来区别的。"声"指字音之四声，自齐、梁以来渐成为约束诗、文的标准。律指句式和韵。表体公文不必押韵，所以徐氏所谓"声律"应该主要是指骈文之对仗。唐人所作谢表有"古体"也有"今体"，如贺复征《文章辨体汇选》"今体"部分所选张九龄《谢赐香药面脂表》：

> 捧日月之光，寒移雪海；沐云雨之泽，春入花门。雕奁忽开，珠囊暂解，兰薰异气，玉润凝脂。药自天来，不假淮王之术；香宜风度，如传荀令之衣。臣才谢中人，位忝上将，疆场效浅，山岳恩深。

---

① ［明］贺复征编：《文章辨体汇选》（第131卷），见《景印文渊阁四库全书》（集部第1403册），台湾商务印书馆1986年版，第503页。
② ［明］贺复征编：《文章辨体汇选》（第135卷），见《景印文渊阁四库全书》（集部第1403册），台湾商务印书馆1986年版，第525页。

唯因受遇之多，转觉轻生之速。①

不仅四六骈对整齐，甚至平仄都比较讲究，如"寒移雪海"对"春入花门"，"药自天来，不假淮王之术"对"香宜风度，如传荀令之衣"。不过唐代像这样的谢表的确不是多数。宋代谢表中，如此声律精致的作品就是多数了。比如领导古文运动的欧阳修，所作谢表都用"今体"，如《亳州谢上表》：

> 贰政非才，虽获奉身而退。分符善地，犹怀窃禄之惭。祗荷宠灵，惟知战惧。伏念臣章句腐儒之学也，岂足经邦；斗筲小器之量也，宁堪大用。而叨尘二府，首尾八年。荷三朝之误知，罄一心而尽瘁。②

宋代公文语体以四六骈体为主，文章家称之为"宋四六"。其中谢表一体，尤其格律精切，独具特色。清阮元《四六丛话序》称：

> 宋自庐陵、眉山以散行之气运对偶之文，在骈体中另出机杼，而组织经传、陶冶成句，实足跨越前人。③

这几句话包含丰富的文体批评意蕴：①指出欧阳修、苏轼对宋四六的开风气作用；②以散文气势作对偶之文；③善用经传典故；④宋四六跨越前人。

但有一点他没提到：宋四六议论成分大大增加。比如谢表只是感恩之文，致谢而已，但宋人将其好议论的习惯也用于谢表。如欧阳修《谢擅止散青苗钱放罪表》，用大量篇幅议论新法的不便，被后人评为"以谢表

---

① ［明］贺复征编：《文章辨体汇选》（第134卷），见《景印文渊阁四库全书》（集部第1403册），台湾商务印书馆1986年版，第521页。
② ［明］贺复征编：《文章辨体汇选》（第136卷），见《景印文渊阁四库全书》（集部第1403册），台湾商务印书馆1986年版，第537～538页。
③ ［清］阮元编：《四六丛话》，见《续修四库全书》（集部第1715册），上海古籍出版社2002年版，第195页。

为谏书"①。

(二) 宋代谢表的文体形态

谢表的语体在宋代基本定型为四六体。元代陈绎曾《文筌》："贺表、谢表、进表皆用四六。"谢表不用韵，但是对仗句也讲平仄，只是不像诗词那样严格而且有规律。四六语体已如上述，以下辨析其篇制结构。

汉魏晋唐谢表大致有一个传统相因的结构模式，宋代谢表在传统模式基础上，更加格式化。其篇幅一般在一百多字至五六百字之间，通常为三四百字，也有七八九百字的长篇。其标题最常见的形式是"谢……表"或"……谢上表"，如《谢中书舍人表》《谢赐汉书表》《密州谢上表》。但在不同文献中，同一篇谢表的题目可能略有差别。如王安石《临川文集》中的《除知制诰谢表》②，在《宋文鉴》中作《谢知制诰表》③，在《五百家播芳大全文粹》中作《谢除知制诰表》④。

关于谢表的格式，汉蔡邕《独断》云：

> 表者不需头，上言臣某言，下言臣某诚惶诚恐，稽首顿首，死罪死罪。左方下附曰：某官臣某甲上。文多用编两行，文少以五行。⑤

明杨慎《谭苑醍醐·需头》：

> 蔡邕《独断》载汉代章奏之式。所谓需头者，盖空其首一幅，

---

① [清] 储欣辑：《唐宋十大家全集录·六一居士外集录》（第 2 卷），见《四库全书存目丛书》（集部第 405 册），齐鲁书社出版社 1997 年版，第 219 页。
② [宋] 王安石：《临川文集》（第 56 卷），见《景印文渊阁四库全书》（集部第 1105 册），台湾商务印书馆 1986 年版，第 461 页。
③ [宋] 吕祖谦等编：《宋文鉴》（第 66 卷），见《景印文渊阁四库全书》（集部第 1350 册），台湾商务印书馆 1986 年版，第 696 页。
④ [宋] 魏齐贤、[宋] 叶棻编：《五百家播芳大全文粹》（第 4 卷上），见《景印文渊阁四库全书》（集部第 1352 册），台湾商务印书馆 1986 年版，第 146 页。
⑤ [汉] 蔡邕：《独断》（卷上），见《景印文渊阁四库全书》（子部第 850 册），台湾商务印书馆 1986 年版，第 79 页。

以俟诏旨批答，陈请之奏用之。不需头者，申谢之奏用之。①

"表者不需头"即表前不需留出供皇帝批答的空白页，谢表用于感遇谢恩，无需批答。

宋谢深甫《庆元条法事类》对谢表的书写和用印做出规定：

> 诸文书奏御者写字稍大（臣名小书），上表仍每行不得过拾捌字，皆长官以臣名款其背缝，然后用印。②

关于谢表正文的格式，论述者更多，如宋王应麟《辞学指南》、元陈绎曾《文筌》、明朱荃宰《文通》等，基本一致。《辞学指南》例举开头和结尾的格式化用语：

> 臣某言：伏蒙圣恩云云者。（谢除授云：伏奉诰命授臣某官职者云云。）
> 臣某惶惧惶惧顿首顿首，窃以云云（此后或云伏念臣云云，兹盖恭遇）。皇帝陛下云云，臣云云。臣无任感天荷圣激切屏营之至，谨奉表称谢以闻。③

陈绎曾《文筌》将谢表正文分为四部分：

> 一破题，二自述，三颂圣，或先颂圣后自述，四述意。④

这种四段式是最常见的格式。每段之前都有固定用语：

---

① ［明］杨慎：《谭苑醍醐》（第6卷），见《景印文渊阁四库全书》（子部第855册），台湾商务印书馆1986年版，第723～724页。
② ［宋］谢深甫：《庆元条法事类》（第16卷），见《续修四库全书》（史部第861册），上海古籍出版社2002年版，第295～296页。
③ ［宋］王应麟撰：《玉海》（第203卷《辞学指南》），见《景印文渊阁四库全书》（子部第948册），台湾商务印书馆1986年版，第306～307页。
④ ［元］陈绎曾：《文筌》，见《续修四库全书》（集部第1713册），上海古籍出版社2002年版，第459页。

(1) 以"臣某言……臣某中谢"等语破题，说明事由。
(2) 以"伏念臣……"开头引起自述性表白。
(3) 以"此盖伏遇皇帝陛下……"引起称颂圣恩。
(4) 以"臣敢不……"引起表达决心。

下面以苏轼《密州谢上表》为例，分四段辨析。

1. 破题

吴讷《文章辨体》引真德秀语："表中眼目，全在破题，要见尽题意，又忌太露。贴题目处，须字字精确。且如进实录，不可移于日录。若泛滥不切，可以移用，便不为工矣。"①

破题文字虽然不多，但通常有四个要素，如苏轼《密州谢上表》破题部分：

> 臣轼言：昨奉敕差知密州军州事，已于今月三日到任上讫。草芥贱微，敢干洪造；乾坤广大，曲遂私诚。受命抚躬，已自知于不称；入境问俗，又复过于所期。臣轼中谢。②

(1) "臣×言"：×处是自称，一般只写名不写姓。蔡邕《独断》说："公卿校尉诸将不言姓，大夫以下有同姓官别者言姓。"③ 后世谢表同样遵守这一规定。偶有例外，如周必大在谢表中称"臣周某言"，不言名而言姓。

(2) "伏蒙圣恩……"：这要区分是受命谢表还是到任谢表。前者用语是"伏奉诰命授臣……"，后者用语是"伏奉……已于某月某日上任讫"。这部分通常用散文语体，叙述谢表所感谢的事件及时间等。宋代官制与前代颇多不同，名目繁多，有些官职类谢表在此部分详细写出除授的所有官衔、勋号、职务、差遣等，如欧阳修皇祐二年（1050）十月《谢明堂覃恩转官加勋表》："伏蒙圣恩，授臣尚书吏部郎中，加轻车都尉，

---

① ［明］吴讷著、于北山校点，［明］徐师曾著、罗根泽校点：《文章辨体序说　文体明辨序说》，人民文学出版社1962年版，第37页。
② 曾枣庄、刘琳主编：《全宋文》（第86册第1863卷），上海辞书出版社、安徽教育出版社2006年版，第121页。
③ ［汉］蔡邕：《独断》（卷上），见《景印文渊阁四库全书》（子部第850册），台湾商务印书馆1986年版，第79页。

依前龙图阁直学士,仍旧知应天府兼南京留守司事。"① "尚书吏部郎中"是官级(从五品),"轻车都尉"是勋名,"龙图阁直学士"是职称身份,"知应天府兼南京留守司事"是职务差遣。

(3) 用四六骈句表达惶恐震惕之意、感激之情,通常两组骈句。

(4) "臣某惶惧惶惧顿首顿首""中谢"。此语自汉代便开始用,表示臣子对皇帝惶恐、感恩的心情。"顿首"最初是周礼九拜之一,见《周礼·春官·大祝》:

> 辨九拜,一曰稽首,二曰顿首,三曰空首。②

唐贾公彦疏:

> 空首者,先以两手拱至地,乃头至手,是为空首也。以其头不至地,故名空首。顿首者,为空首之时引头至地,首顿地即举,故名顿首。③

段玉裁注《说文》:

> 顿首者,凶礼也……沿至秦汉,以顿首为请罪之辞。④

"中谢"二字的字体有时与前后文同样大小,有时用小字,类似旁注。许同莘《公牍学史》云:

> 谢表中旁注"中谢"二字,唐宋人集多有之,此六朝语也。《文选·羊叔子让开府表》:"夙夜战栗,以荣为忧",此二句下,旁书

---

① 曾枣庄、刘琳主编:《全宋文》(第31册第673卷),上海辞书出版社、安徽教育出版社2006年版,第364页。
② [清] 阮元校刻:《周礼注疏》(第25卷),见《十三经注疏》(上册),中华书局1980年版,第810页。
③ [清] 阮元校刻:《周礼注疏》(第25卷),见《十三经注疏》(上册),中华书局1980年版,第810页。
④ [汉] 许慎撰、[清] 段玉裁注:《说文解字注》,上海古籍出版社1981年版,第419页。

"中谢"二字,注引《裴氏新语》曰:"若荐其君,将有所乞请,'中谢'言诚惶诚恐,顿首死罪",唐宋人本此。①

意思是说唐宋人谢表中的"中谢"二字相当于"诚惶诚恐,顿首死罪",是谢表固定用语。

2. 自白

这部分进行自我介绍和表白。其篇幅长短、内容多少要视当时处境、事由、心情等因素而定。一般从叙述个人生平经历开始,继而表明秉性、心情、志向、操守等,比较复杂,比较个性化,总之是陈情,因而语辞富于感情色彩。语体用四六骈文,以"伏念臣……"领起。如苏轼《密州谢上表》:

> 伏念臣家世至寒,性资甚下。学虽笃志,本先朝进士篆刻之文;论不适时,皆老生常谈陈腐之说。分于圣世,处以散材。一自离去阙庭,屡更岁篝。尘埃笔砚,渐忘旧学之渊源;奔走簿书,粗识小人之情伪。欲自试于民社,庶有助于涓埃。以为公朝,不废私愿。携孥上国,预忧桂玉之不充;请郡东方,实欲弟昆之相近。自惟何幸,动获所求。虽父兄所以处臣,其侥幸不过如此。虽云疏外,有此遭逢。②

这是颇见分寸技巧的部分,既要尽可能充分地表白,又要谦卑委婉。表面上说自己无才无德,实际是表明自己才德兼备。表面说自己有罪有错,实际可能是表白自己蒙受了委屈。这大概是汉语表达最讲究分寸技巧、最微妙复杂的范例。在现代人看来,简直近乎虚假,仿佛说的都是"反话"。

3. 颂圣

颂圣即称颂皇帝的功德以及对自己的恩惠。语体为四六骈文。以"此盖伏遇(皇帝陛下或太皇太后陛下)"领起。如苏轼《密州谢上表》

---

① [清]许同莘著,王毓、孔德兴校点:《公牍学史》(第3卷),档案出版社1989年版,第68页。

② 曾枣庄、刘琳主编:《全宋文》(第86册第1863卷),上海辞书出版社、安徽教育出版社2006年版,第121页。

颂圣部分：

> 此盖伏遇皇帝陛下躬上圣之资，建太平之业，以为人无贤愚，皆有可用。故虽如臣等辈，犹未尽捐。①

颂扬皇帝的功业，感激皇帝对自己的恩惠，要不惜夸张，但又不能离谱。这也是非常需要谨慎拿捏的。

4．表态

这部分须表达努力供职以谢圣恩之意。语体仍为四六骈文，基本形式为："臣敢不……臣无任瞻天荷圣激切屏营之至。"结尾有时省略"瞻天荷圣激切屏营之至"，只言"臣无任"。"无任"即不胜之意，"无任瞻天荷圣激切屏营之至"就是对皇帝的恩惠无比感激，简直承受不了。"屏营"二字出自《国语·吴语》，意为惶恐、彷徨，吴曾《能改斋漫录·事始》："今世表文末云：'屏营之至。'屏营二字见《国语》，申胥曰：'昔楚灵王独行屏营。'②"③ 如苏轼《密州谢上表》述意部分：

> 臣敢不仰佝至恩，益坚素守。推广中和之政，抚绥疲瘵之民。要使民之安臣，则为臣之报国。臣无任瞻天荷圣激切屏营之至。④

（三）宋代谢表的变体

除谢表外，朝廷用于谢恩的公文还有状、札子、笺，可视为谢表的变体。其中状、札子用于感激皇帝，笺用于感激皇后或太子。此外，名为《谢……表》者还有释家谢表和文人戏拟谢表等特例。

---

① 曾枣庄、刘琳主编：《全宋文》（第86册第1863卷），上海辞书出版社、安徽教育出版社2006年版，第121页。

② "昔楚灵王不君……王亲独行，屏营彷徨山林之中"，见《国语》（卷19《吴语》），上海古籍出版社1978年版，第598页。张铣："屏营，回行貌。"见［梁］萧统编、［唐］李善等注《六臣注文选》，中华书局1987年版，第517页。

③ ［宋］吴曾：《能改斋漫录》（第2卷），上海古籍出版社1979年版，第33页。

④ 曾枣庄、刘琳主编：《全宋文》（第86册第1863卷），上海辞书出版社、安徽教育出版社2006年版，第121～122页。

1. 状、札子

吕祖谦所编《宋文鉴》第63至71卷为表，共收文152篇，其中有3篇名称不是"表"而是"状"，分别为晏殊《进两制三馆牡丹歌诗状》（卷63）、富弼《谢宣召入翰林状》（卷64）、苏轼《谢宣召入院状》（卷68）。观其功用及文体形态，与谢表一样，所以吕祖谦收入表类。

《文体明辨》将用于谢恩的状、札子归入奏疏类："宋人则监前制而损益之，故有札子，有状，有书，有表……状者，陈也……札者，刺也。"①

用于谢恩的状和札子，在语体、结构、格式等方面与谢表十分相近，区别很小。所以有些选本会将题目混淆。如某些选本将苏轼《谢赐对衣金带马表》名为"札子"。

札子原本用于奏事，因此谢恩札子在形式上比较自由，不如谢表严格。其结构未必分为破题、自述、颂圣、述意四段。在固定用语方面也可以有所省略，不像谢表那样每段都有严格固定的用语。如欧阳修治平四年（1067）二月《谢赐手诏札子》：

> 臣伏蒙圣慈差内臣朱可道传宣抚问，仍赐臣手诏，委曲慰安。臣孤危之迹，横为言事者诬以莫大之罪。自非遭遇圣明特为穷究，则当为冤死之鬼。然事出暧昧，上烦天造累行诘问，必见踪由。臣仰恃圣君在上，内省于心，必冀终获辨雪。臣无任捧诏涕泗，感天荷圣激切屏营之至。谨奏。②

谢表、谢状等皆使用骈文语体，而札子一般使用散文语体，只需将事件叙述清晰明了即可，未必讲究骈词俪句。

2. 笺

笺与谢表的区别在于进呈的对象不同，笺是给皇后、太子的。《文体明辨》：

---

① ［明］吴讷著、于北山校点，［明］徐师曾著、罗根泽校点：《文章辨体序说　文体明辨序说》，人民文学出版社1962年版，第124页。

② 曾枣庄、刘琳主编：《全宋文》（第32册第676卷），上海辞书出版社、安徽教育出版社2006年版，第45页。

> 古者君臣同书,至东汉始用笺记,公府奏记,郡将奏笺。……是时太子诸王大臣皆得称笺,后世专以上皇后太子,于是天子称表,皇后太子称笺,而其他不得用矣。①

刘勰《文心雕龙·书记》:

> 笺者,表也,表识其情也。……原笺记之为式,既上窥乎表,亦下睨乎书,使敬而不慑,简而无傲,清美以惠其才,彪蔚以文其响,盖笺记之分也。②

范文澜注:"谓敬而不慑,所以殊于表;(表有诚惶诚恐,死罪死罪之语。)简而无傲,所以殊于书。(上文云,书体在尽言,宜条畅以任气,则有类乎傲也。)"③

可见笺的风格介于表和书之间,恭敬而不谦卑,简洁而不烦琐。

笺是谢表之变体中使用频率最小的,形式与谢表很相似,只有一些固定用语不同。如周必大淳熙九年(1182)《谢东宫笺》:

> 某言:伏奉告命,授某知枢密院事者。……某中谢。伏念某才不逮人,性尤忤物。……兹盖伏遇皇太子殿下天纵聪明,日新德业。……某敢不思励壮图,期酬凤春?……谨奉笺称谢以闻。④

与谢表相比,在"某言""某中谢"等处皆无"臣"字,对皇后太子不称"臣"。司马光《书仪》列举谢表文式称:"上东宫笺亦仿此,但

---

① [明]吴讷著、于北山校点,[明]徐师曾著、罗根泽校点:《文章辨体序说 文体明辨序说》,人民文学出版社1962年版,第123页。
② [南朝梁]刘勰著、范文澜注:《文心雕龙注》(下册),人民文学出版社1958年版,第456~457页。
③ [南朝梁]刘勰著、范文澜注:《文心雕龙注》(下册),人民文学出版社1958年版,第481页。
④ 曾枣庄、刘琳主编:《全宋文》(第227册第5050卷),上海辞书出版社、安徽教育出版社2006年版,第307页。

易顿首为叩头,不称臣。"①

3. 僧人谢表

《全宋文》中有两篇谢表出自僧人之手。释宝印《谢赐御注大圆觉经表》②、释尚珂《谢御书妙智之阁表》③。释宝印于淳熙七年(1180)敕住径山,十年(1183),孝宗制赐《圆觉经注》,宝印因作谢表感谢皇帝赐书,长达667字,形式、语言与宋代臣子谢表略有不同,如开头:

> 淳熙十年二月乙丑,圣旨赐臣宝印《御注大圆觉经》一部。臣九顿首薰香伏读,如在灵山亲闻,无有少异。臣具表谨谢。④

中间大段讲述《大圆觉经》,结尾"临安府径山兴圣万寿禅寺住持传法臣僧宝印稽首拜手谨言"⑤,并附《颂》一首。

释尚珂《谢御书妙智之阁表》是感谢理宗御书"妙智之阁",格式用语与宋代臣子谢表相同,如结尾:

> 臣等无任瞻天荷圣、激切屏营之至,谨具表称谢以闻。臣等惶惧惶惧、顿首顿首,谨言。淳祐十二年四月日,临安府盐官县安国寺住持干缘臣僧尚珂等上表。⑥

4. 戏拟谢表和代拟谢表

《全宋文》收入1篇戏拟谢表——林泳《戏代竹夫人谢表》。原载

---

① [宋]司马光:《司马氏书仪》(第1卷),见王云五主编《丛书集成初编》(第1040册),中华书局1985年版,第1页。
② 曾枣庄、刘琳主编:《全宋文》(第206册第4574卷),上海辞书出版社、安徽教育出版社2006年版,第204页。
③ 曾枣庄、刘琳主编:《全宋文》(第350册第8092卷),上海辞书出版社、安徽教育出版社2006年版,第63~64页。
④ 曾枣庄、刘琳主编:《全宋文》(第206册第4574卷),上海辞书出版社、安徽教育出版社2006年版,第204页。
⑤ 曾枣庄、刘琳主编:《全宋文》(第206册第4574卷),上海辞书出版社、安徽教育出版社2006年版,第205页。
⑥ 曾枣庄、刘琳主编:《全宋文》(第350册第8092卷),上海辞书出版社、安徽教育出版社2006年版,第64页。

《梅磵诗话》卷下：

> 三山林泳太渊，竹溪之子，能诗，尤长于四六。……又《戏代竹夫人谢表》，其中警联有云："丙枕恩洽，则任股肱；甲帐侍宸，则置左右。长生殿无人之夜，睡曾见于海棠；摩诃池避暑之时，曲亦闻于花蕊。衮衮滥登于尚寝，空空且退于幽闺。"①

竹夫人是古代消暑用具（赵翼《陔余丛考》有载②）。因其名称别致，所以历来吟咏颇多，内容一般是称赞竹夫人高洁的情操和侍寝、消暑的功劳。林泳《戏竹夫人谢表》亦属于此类，骈俪自然，用典精切。

戏拟谢表是写着玩的，模拟君臣关系来写竹具与主人的关系，借用谢表文体，既是游戏，也是文人练笔或自我消遣开心。

代拟谢表可不是游戏，而是很严肃认真的事。代拟谢表有两种情况：一种是考试代拟，一种是代笔拟写实用谢表。

考试拟作谢表是命题作文，如宋哲宗绍圣三年（1096）《代宰相以下谢赐新修都城记表》、明洪武四年（1371）《拟唐魏征谢除侍中表贞观七年》。

代笔拟写实用谢表有时是代长官作谢表，这是文职官员的工作职责，如上文所举李商隐所作《为安平公谢除兖海观察使表》，又如汪藻《浮溪集》卷6中28篇全为代拟表文，其中20篇为谢表。有时是代朋友作谢表，通常是因为作者文笔才华好，所以朋友特别请托。如苏轼《代滕达道湖州谢上表》。

代拟谢表一般会收入原作者文集中，并标明代某人作。

---

① ［元］韦吉安：《梅磵诗话》，见丁福保辑《历代诗话续编》，中华书局1983年版，第570页。

② 参见［清］赵翼《陔余丛考》（第33卷），中华书局1963年版，第707～708页。

第十章　宋代赠送序文体研究[①]

赠送序是因送别而作的序，标题名称有送序、饯送序、赠序、别序等，是中国古代一种文学性和抒情性较强的应用文体，兴起于唐而盛行于宋。《文苑英华》卷718～734共收录唐代饯送赠别序344篇。宋代赠序创作蔚为大观，现存900多篇。

当代学者对赠序的研究很少，关注点主要集中于唐代[②]，关于宋代赠序的研究成果很少。本章以宋代赠序为主要研究对象，探讨其文体源流和文体形态。

一、赠送序文体出现之前的离别赠言和离别诗序

赠序多属临别赠言。离别赠言是人类非常古老的传统。《史记·孔子世家》载孔子适周见老子：

> 辞去，而老子送之曰："吾闻富贵者送人以财，仁人者送人以言。吾不能富贵，窃仁人之号，送子以言，曰：'聪明深察而近于死者，好议人者也。博辩广大危其身者，发人之恶者也。为人子者毋以有己，为人臣者毋以有己。'"[③]

《晏子春秋》载：

[①] 本章参考了本人指导下黎德轶的硕士论文《宋代赠序研究》（中山大学2005年）。
[②] 主要有谢新华、谢红军：《赠序文简论》，载《天中学刊》2000年第6期；舒仕斌：《游宴序和赠序在唐代的发展轨迹及成因》，载《赣南师范学院学报》2001年第4期；胡守仁：《论韩昌黎之赠序》，载《江西师范大学学报》1995年第2期；陈兰村：《穷情尽变　冠绝前后——论韩愈赠序文的创新精神》，载《浙江师范大学学报》2002年第1期；林琳、李丹：《奇·气·巧·新——试论韩愈赠序散文的艺术特色》，载《西南民族大学学报》2003年第8期；孟红军：《韩愈赠序类散文艺术特征探微》，载《三门峡职业技术学院学报》2004年第3期。
[③] 《孔子家语》亦载，后有"孔子曰：敬奉教"。见［清］陈士珂辑《孔子家语疏证》，上海书店出版社1987年版，第71页。

曾子将行,晏子送之曰:"君子赠人以轩,不若以言。吾请以言之,以轩乎?"曾子曰:"请以言。"晏子曰:"今夫车轮,山之直木也,良匠揉之,其圆中规,虽有槁暴,不复赢矣,故君子慎隐揉。和氏之璧,井里之困也,良工修之,则为存国之宝,故君子慎所修。今夫兰本,三年而成,湛之苦酒,则君子不近,庶人不佩;湛之縻醢,而贾匹马矣。非兰本美也,所湛然也。愿子之必求所湛。婴闻之,君子居必择邻,游必就士,择居所以求士,求士所以辟患也。婴闻汨常移质,习俗移性,不可不慎也。"①

《说苑·杂言》载:

子路将行,辞于仲尼。曰:"赠汝以车乎?以言乎?"子路曰:"请以言。"仲尼曰:"不强不远,不劳无功,不忠无亲,不信无复,不恭无礼。慎此五者,可以长久矣。"②

以上几例是关于临别赠言的对话场景描述,其中包括赠言的内容。临别赠言之义,是对远行者的规劝嘱咐,即孙卿子所谓"赠人以言,重于金石珠玉;劝人以言,美于黼黻文章"③。

秦汉以后有以诗歌赠别的记载,重在抒情而非叮嘱。比如易水歌为荆轲送行。又如《汉书·苏武传》载苏武临行,李陵置酒作歌送别。《古诗十九首》亦多与离别有关,清人沈德潜《说诗晬语》云:

古诗十九首,不必一人之辞,一时之作。大率逐臣弃妻、朋友阔绝、游子他乡、死生新故之感。④

由于诗歌通常以抒情为主,所以往往前边加个简短的序来交代背景缘由。现存较早的赠别诗序见于曹植诗《赠白马王彪》《离友》⑤:

---

① 吴则虞编著:《晏子春秋集释》,中华书局1982年版,第347页。
② [汉]刘向撰、向宗鲁校证:《说苑校证》,中华书局1987年版,第431页。
③ [唐]欧阳询:《艺文类聚》(上册卷31),中华书局1965年版,第544页。
④ [清]沈德潜著、霍松林校注:《说诗晬语》,人民文学出版社1979年版,第200页。
⑤ 赵幼文校注:《曹植集校注》,人民文学出版社1984年版,第54、294页。

黄初四年五月，白马王、任城王与余俱朝京师，会节气。到洛阳，任城王薨。至七月，与白马王还国。后有司以二王归藩，道路宜异宿止。意毒恨之！盖以大别在数日，是用自剖，与王辞焉，愤而成篇。(《赠白马王彪》序)

乡人有夏侯威者，少有成人之风。余尚其为人，与之昵好。王师振旅，送予于魏邦，心有眷然，为之陨涕。乃作离友之诗。(《离友》序)

之后送别诗序渐多，如潘尼《赠二李郎诗序》：

元康六年，尚书吏部郎汝南李光彦迁汲郡太守，都亭侯江夏李茂曾迁平阳太守。此二子皆弱冠知名，历职显要。旬月之间，继踵名郡，离俭剧之勤，就放旷之逸，枕鸣琴以俟远致，离别之际，各斐然赋诗。①

傅咸《赠何劭王济并序》：

朗陵公何敬祖，咸之从内兄，国子祭酒王武子，咸从姑之外孙也，并以明德见重于世，咸亲之重之，情犹同生，义则师友。何公既登侍中，武子俄而亦作，二贤相得甚欢，咸亦庆之。然自恨暗劣，虽愿其缱绻而从之末由，历试无效，且有家艰，心存目替，赋诗申怀，以贻之云尔。②

陶潜多篇诗有简短的序，如《赠长沙公族祖》诗序：

余于长沙公为族祖，同出大司马。昭穆既远，以为路人。经过浔阳，临别赠此。③

---

① ［明］张溥编：《汉魏六朝百三家集·傅中丞集、潘太常集》，见《景印文渊阁四库全书》(集部第1413册)，台湾商务印书馆1986年版，第356页。
② ［梁］萧统编、［唐］李善等注：《六臣注文选》，中华书局1987年版，第462页。
③ 逯钦立校注：《陶渊明集》，中华书局1979年版，第18页。

以上所举送别诗前的序言,是赠序文的滥觞。

魏晋时代的宴游序也对赠序有影响。文人雅集,清谈宴饮,即席吟诵,往往推举一人作序以记之,著名如王羲之《兰亭集序》。《昭明文选》单独设"序"一目,录有颜延年《三月三日曲水诗序》,李善注引裴子野《宋略》曰:

> 文帝元嘉十一年,三月丙申,禊饮于乐游苑,且祖道江夏王义恭、衡阳王义季,有诏会者咸作诗,诏太子中庶子颜延年作序。①

"祖道"即送行,又称"祖饯"②。这是一次皇家发起的宴游兼饯送活动,文帝不仅诏命"会者咸作诗",而且诏命颜延年作序。颜序长达660余字,写得十分用心。

与此篇同题收录的还有王融《三月三日曲水诗序》,李善注引《齐书》曰:

> 武帝永明九年三月三日幸芳林园,禊饮朝臣。敕王融为序。文藻富丽,当代称之。③

二、赠送序文体形成于唐代

独立的赠送序出现于唐代。有学者认为魏晋之初就有独立成篇的赠送序,如傅玄《赠扶风马钧序》、潘尼《赠二李郎诗序》。④ 这是望文生义之误。前者是人物传记,题目或本无"赠"字。明代梅鼎祚编《西晋文纪》卷9题作《扶风马钧序》。后者是诗序(见上文所引)。

《古文辞类纂·序目》云:"唐初赠人,始以序名,作者亦众。"⑤ 这

---

① [梁]萧统编、[唐]李善注:《文选》,中华书局1977年版,第645页。
② 崔寔《四民月令》:"祖,道神。黄帝之子曰累祖,好远游,死道路,故祀以为道神。"见[汉]崔寔著、石声汉校注:《四民月令校注》,中华书局1965年版,第7页。
③ [梁]萧统编、[唐]李善注:《文选》,中华书局1977年版,第647页。
④ 参见谢新华、谢红军《赠序文简论》,载《天中学刊》2000年第6期;舒仕斌《游宴序和赠序在唐代的发展轨迹及成因》,载《赣南师范学院学报》2001年第4期。
⑤ [清]姚鼐、[清]王先谦编:《正续古文辞类纂》,浙江古籍出版社1998年版,第7页。

个论断符合实际。初唐时期，王勃是作序最多、对序文体发育影响最大的人。今存清人蒋清翊注《王子安集注》①卷6～9收序44篇。其中诗、文集序4篇，时令序2篇，观览宴游序23篇，离别赠送序15篇。

观览宴游序和离别赠送序有个重要的相似点，就是参与者中如果有几位要作诗，就须请一人作序以说明事由。这个作序的人，当然应该是公认的才华卓越者。王勃现存22篇观览宴游序和15篇离别赠送序多数是因此而作，也就是说多数是诗前序。

王勃15篇离别赠送序的标题，有6篇"别……序"，3篇"饯……序"，6篇"送……序"。题目未标明"诗序"，但都是因诗而序。

考察当时其他名士文集中的同类文体，《杨炯集》②卷3有序11篇，其中9篇"……诗序"，1篇"宴……序"，1篇《王勃集序》。《卢照邻集》③卷6有"……诗序"7篇。《骆临海集》④卷9有序10篇，其中"……诗序"2篇，送别宴游序7篇。

以上"四杰"的观览宴游序和离别赠送序多数都是雅集序，序文结束时都有与诗联接的标记，即引诗语，如：

> 一言均赋，四韵俱成——（《秋日登洪府滕王阁饯别序》）
> 人为四韵，用慰九秋云尔——（《秋日饯尹大官往京序》）
> 请勒四言，俱神五际——（《秋夜送阎五还润洲序》）
> 抒情于咏歌，各赋一言，俱成四韵——（《秋日饯陆道士陈文林序》）
> 同赋登蓟楼送崔子云尔——（《登蓟城西北楼送崔著作入都序》）
> 执手何言，赋诗以赠——（《送著作佐郎崔融等从梁王东征序》）
> 人探一字，六韵成篇——（《秋日遇荆州府崔兵曹使宴》）
> 各述所怀，不拘章韵——（《夏日晖上人房别李参军崇嗣》）

这类观览宴游饯送诗序虽然联接着诗，但其内容和文体形态已经很接

---

① 参见［唐］王勃著、［清］蒋清翊注《王子安集注》，上海古籍出版社1995年版。
② 参见徐明霞点校《卢照邻集　杨炯集》，中华书局1980年版。
③ 参见祝尚书笺注《卢照邻集笺注》，上海古籍出版社1994年版。
④ 参见［唐］骆宾王著、［清］陈熙晋笺注《骆临海集笺注》，上海古籍出版社1985年版。

近后来独立的赠序文了。这种序虽然与诗事相关，但都是可以单独阅读和保存的篇章，这与个别诗篇之前的小序不同。所以人们在编纂别集或总集时，都将这些雅集诗序视为独立的文章编在序文一类。这就在客观上形成了赠送序文独立存传的事实。

然而在写作时就完全不与诗联结的独立赠送序，可能是在盛唐时期才出现的。《文苑英华》卷718～734收唐代饯送赠别序344篇。其中初唐之作都有引诗语。至盛唐孙逖（开元二年19岁制举及第）《送李侍御之芳黔中掌选序》（全文90字）始无引诗语。其后陶翰10篇赠送序，有2篇无引诗语。其中《送孟大入蜀序》（全文146字）尤其值得注意，结尾云：

> 翰读古人文，见《长杨》《羽猎》《子虚》赋，壮哉！至广汉城西三千里，清江萦缘，两山如剑，中有微径，西入岷峨，有奇幽皆感子之兴矣。勉旃！故交不才，以文投赠。①

明确说"以文投赠"，既无饯宴，也无众人分韵作诗的意思。这应该是与诗无关的独立赠送序了。

其后李华（715？—774）赠送序全无引诗语，完全都是与诗无关的独立赠送序，只是临别赠言表示叮嘱期望之意。今存《李遐叔文集》（四库本）卷1有赠送序9篇，依次是：《江州卧疾送李侍御序》《送十三舅适越序》《送薛九远游序》《送房七西游梁宋序》《送薄九自牧往义兴序》《送张十五往吴中序》《送观往吴中序》《送何荅序》《卧疾舟中相里范二侍御先行赠别序》。

其中篇幅最长是《卧疾舟中……序》（514字。《文苑英华》饯送序类收李华8篇，唯此篇未收，不知何故），最短是《送薄九……序》（92字）。与初唐"四杰"送别序以骈文为主不同，李华赠送序全用散文语体，全部没有饯宴诗会情节，只是交代事由，对行者赠言送别。

其《送十三舅适越序》云：

---

① ［清］董诰等编：《全唐文》（卷334），中华书局1983年版，第3381页。

> 昔子路去鲁，告颜生曰："何以赠我？"夫赠人以言，古之道也。①

显然是仿古人送别赠言之例。如《送薛九远游序》（161 字）：

> 士之舒羽毛，宣声调，不在高位，在有道。自王允、元晏、左思，名盛当时，价压百代。薛都卿以夷憺养素，以文章导志，自浙右游湖左，一句一韵，遍于衣冠。江山为之鲜润，烟景以之明灭。其余情性所得，盖古人之俦欤！南阳有略兼有道之高，元晏之道，论其措意，则王允、左思，岂其远乎！惠然访余，告以行迈。将棹溪吴越，濡札江峤，东南胜事，落尔胸中。况为诸侯上宾，知大夫之官族，古所贵，勉之哉！病叟李遐叔赠。②

与雅集作诗无关的离别赠送之序，在李华手里形成了。这比中唐韩、柳时代的文士们大量写作赠送序早半个世纪。

自李华之后，单纯的赠言序大量出现，当然引诗序仍然存在。引不引诗，要看现场参与者作不作诗。即便只是一对一的送别，也可能既序且诗。如果完全无诗，则单纯作序赠送之。

韩愈的赠送序名篇佳作最多，成为后世赠送序文创作的典范，因而最得历代文章家和评论家关注。明人吴讷云："大抵序事之文，以次第其语、善叙事理为上。近世应用，惟赠送为盛。当须取法昌黎韩子诸作，庶为有得古人赠言之义，而无枉己徇人之失也。"③ 清代姚鼐认为赠送之序"至于昌黎，乃得古人之意，其文冠绝前后作者"④。曾国藩认为"古者以言相赠处。至六朝、唐人朋知分隔，为饯送诗，动累卷帙，于是别为序以

---

① ［清］董诰等编：《全唐文》，中华书局 1983 年版，第 3200 页。
② ［清］董诰等编：《全唐文》，中华书局 1983 年版，第 3200 页。
③ ［明］吴讷著、于北山校点，［明］徐师曾著、罗根泽校点：《文章辨体序说 文体明辨序说》，人民文学出版社 1962 年版，第 42 页。
④ ［清］姚鼐、［清］王先谦编：《正续古文辞类纂》，浙江古籍出版社 1998 年版，第 7 页。

冠其端。昌黎韩氏为此体尤繁。间或无诗而徒有序"①。林纾则曰："唐世一有昌黎，以吞言咽理之文，施之于赠送序中，觉唐初诸贤，对之一皆无色。"②

这些评论关注韩愈赠送序的文体影响，固然有道理，但显然都忽略了李华赠送序的文体意义。

三、宋代赠送序的文体形态

宋代赠送序的文体形态承唐而来，没有大的改变，但也略有变化。韩愈的赠送序是宋人最为推崇的典范。欧阳修《送徐无党南归序》《送王陶序》《送梅圣俞归洛序》，王安石《送孙正之序》，曾巩《送赵宏序》，苏洵《送石昌言北使引》，张耒《送李端叔赴定州序》《送秦少章赴临安簿序》等篇章，是宋代赠序较有代表性的篇章，受到后人较多的关注。

以下从制题、语体、篇幅和结构等方面分别考察。

（一）制题

赠送序的题目经历了一个从繁到简的过程。唐代赠送序未与宴集赋诗分离时，题目通常要交代时间、地点、场合、对象、事由等，例如，王勃《秋夜于绵州群官席别薛升华序》《秋日楚州郝司户宅遇钱霍使君序》《越州永兴李明府宅送萧三还齐州序》《秋晚入洛于毕公宅别道王宴序》，张说《邺公园池饯韦侍郎神都留守序》，宋之问《奉敕从太平公主游九龙潭寻安平王宴别序》《三月三日于灞水曲饯豫州杜长史别昆季序》，张九龄《集贤殿书院奉敕送学士张说上赐燕序》，贾至《送蒋十九丈奏事毕正拜殿中归淮南幕府序》，等等。这种以题纪事的做法，有唐一代屡见不鲜。

盛唐以降，赠送序与宴集诗序渐渐分离，题目渐短渐趋定型，多为"送……序""别……序""赠……序"。如韩愈《送李愿归盘谷序》《送董邵南游河北序》《赠复州崔使君序》。或仅录人名，如韩愈《送孟东野序》《送区册序》《送高闲上人序》，元结《别韩方源序》《别王佐卿序》

---

① 彭靖等编：《易问斋之母寿诗序》，见《曾国藩全集·诗文》，岳麓书社1986年版，第148～149页。曾氏对韩愈赠序多不屑语，另有《书归震川文集后》亦云："沿及六朝，饯别之诗，动累卷帙。于是有为之序者。昌黎韩氏为此体特繁，至或无诗而独有序；骈拇枝指，于义为已侈矣。"见彭靖等编《曾国藩全集·诗文》，岳麓书社1986年版，第148页。

② 林纾著、范先渊校点：《春觉斋论文》，人民文学出版社1959年版，第68页。

《别崔曼序》。

《文体明辨序说》"序"目辨题曰:"其题曰某序,曰序某;字或作序,或作叙,惟作者随意而命之,无异义也。至唐柳氏又有序略之名,则其题稍变,而其文益简矣。"① 宋代赠送序题目大致如唐,或稍有变化,如"送某引""送某一首"等。

序者叙也,二字通假。但唐序一般不用叙字,宋序或写作"叙"。如释契嵩《镡津集》中9篇赠序皆以"叙"名②。邹浩《道乡集》15篇赠送序文,4篇题"序"、11篇题"叙"字。四库本《东坡全集》卷34中25篇序文有24题为"叙"。苏轼以"叙"名题,以避先人之讳。《东坡先生墓志铭》曰:"大父讳序。"③ 姚鼐云:"苏明允之考名序,故苏氏讳序,或曰引,或曰说。"④

宋代赠序偶尔题作"引"。《说文》:"引,开弓也。"段注:"施弦于弓曰张。钩弦使满,以竟矢之长,亦曰张,是谓之引。凡延长之称,开导之称,皆引申于此。"⑤ 《文心雕龙·论说》有"铨文,则与叙引共纪""序者次事,引者因胤辞"⑥ 之说。《文体明辨序说》专列"引"体曰:

> 按唐以前,文章未有名引者;汉班固虽作《典引》,然实为符命之文,如杂著命题,各用己意耳,非以引为文之一体也。唐以后始有此体(如柳宗元有《霹雳琴赞引》,今见赞类;刘禹锡有《送元暠南游诗引》之类,今不录),大略如序而稍为短简,盖序之滥觞也。⑦

宋序还有题为"送某一首"者。如尹洙《送浮图奉坚一首》《送随县

---

① [明]吴讷著、于北山校点,[明]徐师曾著、罗根泽校点:《文章辨体序说 文体明辨序说》,人民文学出版社1962年版,第135页。
② 参见[宋]契嵩《禅门逸书初编·镡津集》(卷13),台北明文书局1981年版,第141页。
③ [宋]苏轼著、[清]朱孝臧编年、龙榆生校笺、朱怀春标点:《东坡乐府笺》,上海古籍出版社2009年版,第1页。
④ [清]姚鼐、[清]王先谦:《正续古文辞类纂》,浙江古籍出版社1998年版,第7页。
⑤ [东汉]许慎撰、[清]段玉裁注:《说文解字注》,上海古籍出版社1988年版,第640页。
⑥ [南朝梁]刘勰著、范文澜注:《文心雕龙注》,人民文学出版社1958年版,第326页。
⑦ [明]吴讷著、于北山校点,[明]徐师曾著、罗根泽校点:《文章辨体序说 文体明辨序说》,人民文学出版社1962年版,第136页。

尉李康侯一首》《送光化县尉连庠一首》《送丘斋郎一首》，王安石《同学一首别子固》，等等。此或仿《文选》目录"某文一首"之例。

宋代赠送序的题目还有少数不标示"序""叙""引"的。如张方平《赠崆峒先生杂言》，王令《交说送杜渐》，苏轼《太息送秦少章》《日喻赠吴彦律》《明正送于伋失官东归》，晁补之《勤说送甥李师藺游学》，刘宰《刍言送王实斋守吴门》，陆九渊《赠陈晋卿》，陈藻《劝戴伯阳归乡序》，杨简《邓文苑求言往中都》，等等，皆合"赠人以言"之义，但在文集或入杂著类。

（二）语体

宋代赠送序的语体承唐代李华、韩愈、柳宗元而来，主要以散体写作。但宋初受五代文风影响，赠送序也有以骈文为主的，如徐铉、杨亿等人的赠序以四六骈偶句式为主、骈散兼行。王禹偁认为"咸通以来，斯文不竞。革弊复古，宜其有闻"①。其《小畜集》《小畜外集》共收赠送序30篇，多是骈散结合。如《送柴转运赴职序》：

> 我朝所任，道不在兹，何者？享国三十年，拓土万余里，六师不匮，百官其勤，赋敛有定期，用度有常数，水陆之便，舟车之宜，皆不可不督，示成功也。然则转输之设，不独专其利，亦将求其义；不独富于国，亦将安于民矣。是故统临诸侯，考核群吏，刑罚不中，得以申明；利害相交，得以改作。民谣官谤，在我之升闻；岁沴天灾，自我之存体恤。实外官取则之地，而天子责成之府也。②

后来欧阳修大力提倡古文写作，赠送序渐以散文为主。如苏轼《送张道士叙》：

> 古者赠人以言……与吾友心肺之识，几三年矣，非同顷暂也。今乃别去……抑容有未至当勉乎？……身且老矣，家且穷矣，与物日忤，而取途且远矣。将明灭如草上之萤乎？浮沉如水中之鱼乎？陶者

---

① ［宋］王禹偁：《小畜集》（卷19），商务印书馆1937年版，第266～267页。
② ［宋］王禹偁：《小畜外集》（卷13），商务印书馆1937年版，第505页。

能圆而不能方，矢者能直而不能曲，将为陶乎？将为矢乎？山有蕨薇可羹也，野有麋鹿可脯也，一丝可衣也，一瓦可居也，诗书可乐也，父子兄弟妻孥可游衍也，将谢世路而适吾所自适乎？抑富贵声名以偷梦幻之快乎？行乎止乎？迟乎速乎？吾友其可教也，默默而已，非所望吾友也。①

（三）篇幅和结构

赠序的篇幅"随言短长，应变作制"②。宋人好议论，往往洋洋洒洒，篇幅较长。如释智圆《送庶几序》1102 字，宋祁《送杜俛罢举北归序》735 字，曾巩《送丁琰序》766 字，张耒《送李端叔赴定州序》921 字，欧阳守道《送张季德序》1044 字，皆长篇大论。不过通常的篇幅是四五百字。

南宋理学家尊古人"赠言"遗风，又创造出言简意赅的语录体。如陆九渊《赠刘季蒙》64 字：

明德在我何必他求？方士禅伯，真为大祟。无世俗之陷溺，无二祟之迷惑，所谓无偏无党，王道荡荡，浩然宇宙之间，其乐孰可量也。

壬子月日，蒙泉守陆某书赠刘季蒙。③

杨简《叶元吉请书》29 字：

皋陶曰："兢兢业业。"孔子"发愤忘食"，"为之不厌"。又曰："造次必于是，颠沛必于是。"④

---

① 孔凡礼点校：《苏轼文集》（卷10），中华书局1986 年版，第328 页。
② ［宋］柳开：《应责》，见曾枣庄、刘琳主编《全宋文》（第6 册），上海辞书出版社、安徽教育出版社2006 年版，第367 页。
③ 钟哲点校：《陆九渊集》（卷20），中华书局1980 年版，第251 页。
④ 曾枣庄、刘琳主编：《全宋文》（第275 册），上海辞书出版社、安徽教育出版社2006 年版，第95 页。

赠送序的基本内容是叙事和建言。宋代赠送序议论说理因素增多，往往先大发议论，最后才叙说临别赠言之意。首开此风者当推柳开。柳开为文远绍秦汉近师韩柳，其《河东集》卷11、12有赠送序文10篇，每篇四五百字，多以议论说理为主，风格雄辩锋利。如《送臧梦寿序》：

> 或曰："君子有求乎？"曰："有。于身不可也，于道可也。"[以下就此展开议论至结尾]……臧子于辽守也，将劝义以使革其心，将结信以使断其奸。道欲化于辽而来于晋，德乃施诸身而闻诸天下。待乎用者也，求之矣。君子也，有求矣。臧子之行也，然矣。何谓君子无求也哉！①

柳开将赠送序文完全当作议论说教之文。每篇都用主要篇幅议论作人处世之道，几句话提及送别赠言之意。以下录其数篇之开头结尾以见其篇章结构②：

> 乐之中，琴为贵，君子多尚矣。古之时，声随己出，以舒其悲怨喜惧之心。……程子良于此者也，予得请之。今行将告别，予敢言之，以虑后有进于子者，慎无如吾讯之说者也。（《送程说序》）
>
> 命之短长悬于天，道之屈伸系乎时，德之尊卑由乎己，名之善恶存乎人。……勉乎哉，高生！天下嚣嚣，其谁知子？微我，则无此言以告于子矣。（《送高铣下第序》）
>
> 仲甫请于予曰："今将仕焉，求之得济乎？"将行，予谓之曰：今之仕者，不及古之仕者，仕之实难也。……汝欲仕乎？试往观焉而后动，知吾言之可否矣。（《送仲甫序》）

《宋史·文苑传》说"柳开、穆修志欲变古而力弗逮"③。然观其赠序，皆用流畅的散文语体，文笔古朴爽健，并非"力弗逮"者。柳开用

---

① 曾枣庄、刘琳主编：《全宋文》（第6册），上海辞书出版社、安徽教育出版社2006年版，第342~343页。
② 参见曾枣庄、刘琳主编《全宋文》（第6册），上海辞书出版社、安徽教育出版社2006年版，第345~347、351页。
③ [元]脱脱等：《宋史》（第37册），中华书局1977年版，第12997页。

序体作议论文，开宋代赠序散体议论之风。

宋人以赠送序畅谈义理，蔚成风气。如欧阳修《送徐无党南归序》（全文508字）：

> 草木鸟兽之为物，众人之为人，其为生虽异，而为死则同，一归于腐坏、澌尽、泯灭而已。而众人之中有圣贤者，固亦生且死于其间，而独异于草木鸟兽众人者，虽死而不朽，逾远而弥存也。其所以为圣贤者，修之于身，施之于事，见之于言。是三者所以能不朽而存也……今之学者，莫不慕古圣贤之不朽，而勤一世以尽心于文字间者，皆可悲也。东阳徐生，少从予学，为文章，稍稍见称于人。既去，而与群士试于礼部，得高第，由是知名。其文辞日进，如水涌而山出。予欲摧其盛气而勉其思也，故于其归，告以是言。然予固亦喜为文辞者，亦因以自警焉。①

《古文关键》评："此篇文字象一个阶级，自下说上，一级进一级。"②《崇古文诀》批曰："转折过换妙。"③苏轼谓欧阳修"论大道似韩愈""其言简而明，信而通，引物连类，折之于至理，以服人心，故天下翕然师尊之"④。

王安石赠序不多，《临川文集》仅收6篇⑤，亦以条分缕析、议论说理为胜。如《送陈升之序》（374字）先以300余字议论良大夫之仁义，最后说陈升之正是这样的人，勉励他说：

> 堪大臣之事可信而望者，陈升之而已矣。今去官于宿州，予不知复几何时乃一见之也。予知升之作而任大臣之事，固有时矣。煦煦然

---

① 欧阳修撰、李逸安点校：《欧阳修全集》（第2册），中华书局2001年版，第631～632页。
② [宋]吕祖谦编：《古文关键》，中华书局1985年版，第84页。
③ [宋]楼昉编：《崇古文诀》，见王水照编《历代文话》（第1册），复旦大学出版社2007年版，第486页。
④ 孔凡礼点校：《苏轼文集》（卷10），中华书局1986年版，第316页。
⑤ 参见[宋]王安石《临川先生文集》（卷84），中华书局1959年版。另有《同学一首别子固》编入卷71杂著类。

仁而已矣，孑孑然义而已矣。非予所以望于升之也。①

又如《送孙正之序》论君子当特立笃行，不为时风所惑。

曾巩《元丰类稿》录赠送序10篇，也尚议论。如《送江任序》论官吏异地迁调之弊：用中州之人任异域，以海外之人用于中州。层层剖析其弊端，完全是一篇议论文章。《唐宋八大家文钞》评曰："古来未有此调，出子固所自为机轴。"② 又如《送赵宏序》，因荆地潭山盗寇猖獗，守官剿治不力，朝廷将遣赵宏统兵前往协助镇弹。曾巩赠言力陈除匪之要在官而不在兵的道理，层次清晰细密。《古文关键》评曰："文势曲折极有味，峻洁有力。"③

苏轼赠送序也以议论为主。如《送人叙》（124字）全篇议论士人治学之道，批评"俗学"，提倡为学作文之正道：

> 士之不能自成，其患在于俗学。俗学之患，枉人之材，窒人之耳目，诵其师传造字之语，从俗之文，才数万言，其为士之业尽此矣。夫学以明礼，文以述志，思以通其学，气以达其文。古之人道其聪明，广其闻见，所以学也，正志完气，所以言也。王氏之学，正如脱槃，案其形模而出之，不待修饰而成器耳，求为桓璧彝器，其可乎？④

南宋赠送序的篇制结构均学欧、苏等北宋名家，以议论为主。这是两宋赠送序的主要特点。除了这个主要特点之外，宋代赠送序也有写人叙事比较细腻的篇章。比如秦观《送冯梓州序》⑤（700余字），有叙事有描写有议论，将冯叔明的耿直刚正、范纯仁的忠信笃行、地方守吏的奸佞狡诈、执政者的阴险狠毒，刻划得清晰简明。又如他的《送钱秀才序》，也是叙述描写比较深刻感人之作。又如张耒《送李端叔赴定州序》亦属

---

① ［宋］王安石：《临川先生文集》，中华书局1959年版，第884页。
② 高海夫主编：《唐宋八大家文钞校注集评》，三秦出版社1998年版，第3931页。
③ ［宋］吕祖谦：《古文关键》，中华书局1985年版，第182页。
④ 孔凡礼点校：《苏轼文集》（卷10），中华书局1986年版，第325页。
⑤ 参见［宋］秦观撰、徐培均笺注《淮海集笺注》（下册），上海古籍出版社1994年版，第1278页。

此类。

宋代赠送序还有文末以几句歌诗作结束语的。这种体例已见于李华《江州卧疾送李侍御诗序》：

　　……侍御忽告余行，余知悒焉轸心，岂纷累未涤，将悲亦有道。且以簪击茶瓯歌而饯之曰：江沉兮雨凄凄，洲渚没兮玄云低，伤别心兮闻鼓鼙。①

这里的几句诗歌不是一篇完整的诗篇。又如韩愈《送李愿归盘谷序》、陆归蒙《送小鸡山樵人序》等作。宋人之作如尹洙《送路纶寺丞序》，文末说"既醉且泣，以诗继之"，五言、七言绝句各一首：

　　感事并伤别，平时泪满巾。今朝郢楼上，更送北归人。
　　平生爱问江南事，喜见人从江上来。今日江头送归客，苇花深处祖筵开。②

其他附录歌诗的赠送序还有穆修《送李秀才归泉南序》，张舜民《送游珪长官序》，王禹偁《送王旦序》，张方平《送古下北游序》《送山人邢遁序》，蔡襄《送郭学士序》，真德秀《赠萧长夫序》，陈耆卿《送商义仲倅延平序》，等等。

附诗的赠送序与"送某诗序"不同。前者以序为主，歌诗是正文的延伸部分，序文和歌诗是同一作者。后者以诗为主，序文只是叙说作诗之缘起，诗和序各自存传，分别归类编集。

---

① ［清］董诰等编：《全唐文》，中华书局1983年版，第3200页。
② 曾枣庄、刘琳主编：《全宋文》（第28册），上海辞书出版社、安徽教育出版社2006年版，第1页。

第十一章　宋代铭文的文体形态和文化蕴涵①

本章研究的铭文，不包括墓志铭。其余凡建筑铭、器物铭、山川铭、座右铭、杂铭等等皆在视野中。

铭文这种文体发展到宋代，体式定型，但又不拘一格。作家作品数量大增。但以往这方面的研究成果不多。② 本章拟对铭文之渊源流变，宋代铭文的文献概况、文体形态、文化蕴涵等问题进行探讨。

一、铭文的渊源流变

《周礼订义》卷49：

> 凡有功者，铭书于王之大常，祭于大烝，司勋诏之。
> 郑康成曰：铭之言名也。生则书于王旌，以识其人与其功也。
> 刘迎曰：……考之诸经，凡言铭者四：汤之盘铭、卫孔悝之鼎铭、嘉量之铭、林钟之铭。皆刻而铸之于器者也。今言铭与书为一事，则铭岂书者耶？而止曰凡有功者铭？铭之为器，有鼎有钟有烝彝之属，非大常、大烝可指名之也。③

刘迎之说是在考察上古文献基础上提出的，符合上古铭文的实际情况。商代一些器皿上刻有铭文，简单地记述物主及铸造时间等，句式不整

---

① 本章参考了本人指导下庄煦的硕士论文《宋代铭文研究》（中山大学2005年）。
② 如张宝明：《"铭"字文化溯源》，载《汉字文化》2002年第3期；单光启：《铭文发微》，载《淮北煤师院学报》2000年第4期；王建：《铭文略论》，载《江海学刊》1994年第2期；黄去非：《中国古代铭文浅说》，载《岳阳大学学报》1998年第1期；刘玉珺：《先唐铭文研究》，广西师范大学硕士学位论文，2002年。
③ ［宋］王与之：《周礼订义》（第49卷），见《景印文渊阁四库全书》（第94册），台湾商务印书馆1986年版，第43页。

齐，极少韵语。周代铭文字数渐多，如西周《大盂鼎铭》有 291 字。西周晚期《汾阳鼎铭》出现了四字韵语："寿考天地，百祥臻侍。山伏其彔，海伏其异。"① 商周铭文的内容多是颂扬君主和祖先功德，或者记录些政治言论，以及与祭祀、征伐有关的历史事件，还有少量争讼券书及结盟誓约。

《礼记·祭统》对铭文的名称、功能、性质和写作特点做了详细的解说：

> 铭者自名也，自名以称扬其先祖之美，而明著之后世者也。为先祖者，莫不有美焉，莫不有恶焉。铭之义称美而不称恶……论赞其先祖之有德善，功烈、勋劳、庆赏、声名，列于天下，而酌之祭器，自成其名焉……②

铭文内容是赞美称扬。"酌之祭器"即镌刻于祭祀器皿。刘勰《文心雕龙·铭箴》云："战代以来，弃德务功，铭辞代兴，箴文委绝。"③ 他认为战国以来铭文放弃称扬美德，专用于记载事功。铭文体取代了箴言文体。不过箴言劝诫警示的因素，有时会出现在铭文中，如昭公三年《谗鼎铭》："昧旦丕显，后世犹怠。况日不悛，其能久乎？"④

秦汉时期，铭文形式、功能逐渐规范，形成较为固定的体制，有三言、四言、五言、六言、七言等语体。刻于山石之上的铭文渐渐增多。严可均《全上古三代秦汉三国六朝文》收录李斯 7 篇石刻铭文，均为四言韵语。可知在李斯时期，四言韵语已经成为铭的主要语体。其韵式如严可均所说："秦刻石三句为韵，唯《琅邪台》二句为韵。"⑤ 这 7 篇石刻铭文的文体形态、内容结构、行文风格大致一样。如《泰山刻石》（节录）：

---

① ［清］严可均校辑：《全上古三代文》（第 13 卷），见《全上古三代秦汉三国六朝文》（第 1 册），中华书局 1958 年版，第 93 页。
② 龚抗云整理：《十三经注疏》，北京大学出版社 1999 年版，第 1362 页。
③ ［梁］刘勰著、范文澜注：《文心雕龙注》，人民文学出版社 1958 年版，第 194 页。
④ ［清］陈梦雷编纂、蒋廷锡校订：《古今图书集成》（第 64 册），中华书局 1985 年版，第 77356 页。
⑤ ［清］严可均校辑：《全秦文》（第 1 卷），见《全上古三代秦汉三国六朝文》（第 1 册），中华书局 1958 年版，第 121～122 页。

皇帝临立，作制明法……登兹泰山，周览东极……大义箸明，垂于后嗣……既平天下，不懈于治。夙兴夜寐，建设长利……靡不清净，施于昆嗣……①

汉代许多文章大家都曾写作铭文，《后汉书》载：

[蔡邕] 所著诗、赋、碑、诔、铭、赞、连珠、箴、吊、论议、《独断》《劝学》《释诲》《叙乐》《女训》《篆艺》、祝文、章表、书记，凡百四篇，传于世。②
[张衡] 所著诗、赋、铭、七言、《灵宪》《应闲》《七辩》《巡诰》《悬图》凡三十二篇。③
[班昭] 所著赋、颂、铭、诔、问、注、哀辞、书、论、上疏、遗令，凡十六篇。④

铭文继续受到理论家关注。蔡邕《铭论》论及铭文的用途和物质载体：

钟鼎礼乐之器，昭德纪功以示子孙。物不朽者莫不朽于金石，故也近世以来咸铭之于碑。⑤

铭文从刻于器皿到刻于山石，其用途也在扩大。《扬子法言·修身篇》云："铭哉铭哉，有意于慎也。"⑥ 他说的应是私人化的座右铭。还有西汉

---

① [清] 严可均校辑：《全秦文》（第1卷），见《全上古三代秦汉三国六朝文》（第1册），中华书局1958年版，第122页。
② [清] 王先谦：《后汉书集解》（上册），中华书局1984年版，第698页。
③ [清] 王先谦：《后汉书集解》（上册），中华书局1984年版，第675页。
④ [清] 王先谦：《后汉书集解》（下册），中华书局1984年版，第976页。
⑤ [清] 陈梦雷编纂、蒋廷锡校订：《古今图书集成》（第64册），中华书局1985年版，第77353页。
⑥ [清] 陈梦雷编纂、蒋廷锡校订：《古今图书集成》（第64册），中华书局1985年版，第77352页。

铜镜铭文,内容有写相思之意的,如"常与君相欢幸,毋相忘,莫远望"①。

魏晋南北朝时期,随着文学意识的自觉,铭文的文学性大增。铭文出现三个变化。一是铭文与镌刻分离,许多铭文用于表现日常生活。如晋成公绥《椒华铭》《蔽髻铭》《菊铭》②,鲍照《飞白书势铭》《药奁铭》③,等等。二是多用齐言韵语,以四言为主,追求语言华丽整饬之美,改变了上古铭文质朴的风格。三是铭赞相通。除铭记功德、箴诫劝勉外,增加了赞咏之意。如梁简文帝《镜铭》:

> 金精玉英,冰辉沼清。高堂悬影,仁寿摛声。云开月见,水净珠明。④

此期还出现抒情寓意之铭,虽然数量不多,却标志着铭文的实用性淡化,美文性增强。如庾信《思旧铭并序》⑤,继承汉代铜镜相思铭文的抒情传统,篇幅却长得多,既有长序,又有长铭,充分抒情寓意。

文章家对铭文予以关注,如曹丕《典论·论文》、陆机《文赋》、挚虞《文章流别论》、刘勰《文心雕龙》、任昉《文章缘起》、萧统《昭明文选》等。刘勰云:

> 铭兼褒赞,故体贵弘润;其取事也必核以辨,其摛文也必简而深。⑥

---

① 郭永利:《汉代铜镜上的相思铭文赏析》,载《丝绸之路》2000年第S1期。
② [清]严可均校辑:《全晋文》(第59卷),见《全上古三代秦汉三国六朝文》(第2册),中华书局1958年版,第1798页。
③ [清]严可均校辑:《全宋文》(第47卷),见《全上古三代秦汉三国六朝文》(第3册),中华书局1958年版,第2695页。
④ [清]严可均校辑:《全梁文》(第13卷),见《全上古三代秦汉三国六朝文》(第3册),中华书局1958年版,第3025页。
⑤ [北周]庾信撰、[清]倪璠注、许逸民校点:《庾子山集注》,中华书局1980年版,第684页。
⑥ [南朝梁]刘勰著、范文澜注:《文心雕龙注》(上册),人民文学出版社1958年版,第195页。

他将先秦经典作为铭、诔、箴、祝等体裁之本源：

> 铭诔箴祝，则礼总其端；纪传铭檄，则春秋为根。①

北齐颜之推也有类似看法："夫文章者，原出《五经》。"② 隋唐时代刘善经《四声指要》言及铭文，观点大致与刘勰诸人相似。

唐代铭文镌刻记功的传统一直存在。如《唐书·太宗本纪》：

> 太宗幸河北，观砥柱，因勒铭于上以陈功德。③

同时唐代也很重视铭文体的美文品质，如《唐书·崔融传》：

> 武后幸嵩高，见融铭启母碣，叹美之。及已封，即命铭朝觐碑，授著作佐郎。④

铭文写得美，有助官职升迁。这在唐代很常见。南宋王应麟《辞学指南》载：

> 唐崔涣还调吏部侍郎，严挺之施特榻试彝尊铭，谓曰："子清庙器，故以题相命。"建中三年，进士别头试欹器铭；兴元元年朱干铭。则以铭试士尚矣。⑤

唐代铭文受六朝影响，注重词藻。唐宋人对此有反省，如李翱《答开元寺僧书》云：

---

① [南朝梁] 刘勰著、范文澜注：《文心雕龙注》（上册），人民文学出版社1958年版，第22页。
② [北朝齐] 颜之推著、王利器集解：《颜氏家训集解（增补本）》，中华书局1996年版，第237页。
③ [清] 陈梦雷编纂、蒋廷锡校订：《古今图书集成》（第64册），中华书局1985年版，第77357页。
④ [清] 陈梦雷编纂、蒋廷锡校订：《古今图书集成》（第64册），中华书局1985年版，第77357页。
⑤ [清] 陈梦雷编纂、蒋廷锡校订：《古今图书集成》（第64册），中华书局1985年版，第77353页。

> 大抵拟其形容,有异于古人之所为……非为勒功德戒劝于器也,推此类而极观之,某不知君子之文也亦甚矣。①

南宋郑锷认为:

> 古者作为铭文,皆所以诏后世,非苟眩文以为工。②

他们说的"古人之所为",主要是古朴实用。其实在魏晋六朝时期,古朴实用就不是铭文唯一的审美标准了。如前所述,六朝时唯美的铭文已经大量出现。唐代铭文依然有唯美倾向,"武后……见融铭启母碣,叹美之"。上有所好,风气必昌。刘禹锡《陋室铭》就是美文之范例。

铭文的实用与美,即质与文,在不同时代是有不同偏重的。挚虞《文章流别论》云:"夫古之铭至约,今之铭至烦,亦有由也。质文时异,则既论之矣。"③陆机《文赋》云:"铭博约而温润。"李善注:"博约谓事博文约也。铭以题勒示后,故博约温润。"④ 刘勰说"铭兼褒赞,故体贵弘润"⑤。林纾《春觉斋论文》解释曰:"弘润非圆滑之谓也,辞高而识远,故弘,文简而句泽,故润。"⑥

《文选》所收铭文比较偏重词藻文采,如《封燕然山铭》《剑阁铭》《石阙铭》《新刻漏铭》等。唐代铭文注重语辞温润清美,日僧弘法大师认为"语清典,则铭、赞居其极"⑦。

自汉至宋,铭文种类日益丰富,有山川铭、居室铭、器物铭、座右铭

---

① [清]陈梦雷编纂、蒋廷锡校订:《古今图书集成》(第64册),中华书局1985年版,第77354页。
② [清]陈梦雷编纂、蒋廷锡校订:《古今图书集成》(第64册),中华书局1985年版,第77351页。
③ [清]陈梦雷编纂、蒋廷锡校订:《古今图书集成》(第64册),中华书局1985年版,第77352页。
④ [梁]萧统编、[唐]李善注:《文选》,中华书局1977年,第241页。
⑤ [南朝梁]刘勰著、范文澜注:《文心雕龙注》(上册),人民文学出版社1958年版,第195页。
⑥ 林纾著、范先渊校点:《春觉斋论文》,人民文学出版社1959年版,第53页。
⑦ [日]弘法大师撰、王利器校注:《文镜秘府论校注》,中国社会科学出版社1983年版,第333页。

等，内容或赞美，或劝勉垂戒。徐师曾《文体明辨序说》：

> 其后作者浸繁，凡山川、宫室、门、井之类皆有铭词，盖不但施之器物而已。①

二、宋代铭文的文体形态

宋代铭文各体皆备，现存作品数量远远多于前代之总和。笔者据《全宋文》等文献统计了 80 位作者的铭文共 892 篇，按语体分，三言 38 篇、四言 501 篇、五言 12 篇、六言 3 篇、七言 30 篇、骈体 6 篇、骚体 19 篇、杂言体（一篇中杂用多种语体）283 篇。

现存宋代铭文以苏轼、黄庭坚为最多。苏 84 篇、黄 92 篇。两位大家之铭最不拘一格，使用杂言体最多，苏 28 篇、黄 47 篇。黄庭坚《题苏子由黄楼赋草》说苏轼"铭欲顿挫崛奇，赋欲弘丽，故子瞻作诸物铭，光怪百出"②。其实他自己也是这样的。

下以黄庭坚《山谷集》（四库本）卷 13 "铭八十首"为例，说明铭文之文体形态。

铭文的标题通常都是"……铭"，如《王良翰行庵铭》《洪鸿父翛然堂铭》《正平堂铭》。他另有两组联章铭文，一组总标题为《晋州州学斋堂铭并序》，散体总序之下有 16 篇铭，每篇标题不再出"铭"字，分别是：《驾说堂》《乐泮堂》《典学堂》《见尧堂》《稽古斋》《缉熙斋》《渴日斋》《时术斋》《敬业斋》《尚友斋》《切偲斋》《游艺斋》《知困斋》《优仕斋》《浮筠亭》《君子亭》。另一组是《张益老十二琴铭》无序，只有《涧泉》等 12 篇铭文，每篇标题也不再出"铭"字。可知铭文标题都有"铭"字居后。

序文并非每篇铭都有。黄 80 篇铭文，共有 10 序。其中单铭序 9 篇，组铭序 1 篇。序文都用散体，最长是《洪州分宁县藏书阁铭序》555 字，最短是《晋州州学斋堂铭序》31 字："甥洪驹父主晋州学，作斋堂诸名

---

① ［明］吴讷著、于北山校点：［明］徐师曾著、罗根泽校点：《文章辨体序说　文体明辨序说》，人民文学出版社 1962 年版，第 142 页。
② 曾枣庄、李凯、彭君华编：《宋文纪事》（上册），四川大学出版社 1995 年版，第 681 页。

来乞铭。予老病，不复能文，各作数语，以劝学云。"① 序文都用散体，内容主要是叙说写作缘起、意图等。如《洪驹父璧阴斋铭序》：

> 甥洪刍驹父仕为黄之酒正。勤其官，不素食矣，又能爱其余日以私于学，名其所居曰璧阴斋。余内喜之曰："在官而可以行其私也，惟学而已矣。"为之作铭。②

黄庭坚铭文的形式灵活，各体皆备。四言韵语 22 篇，其余各体或散语或齐言，或无韵或有韵。篇幅最长是《洪州武宁县东轩铭》，四言韵语 168 字。最短是《洪驹父深衣带铭》七言两句 14 字："务华绝根自斧斤，处厚居实万事毕。"③ 他的杂言或散体铭文不拘一格，如《晋州州学斋堂铭》16 篇，其中 4 篇是四言韵语，12 篇是散体，篇幅最长者 39 字，最短者《敬业斋》散体 14 字："慢游者日失一日，敬业者不速而疾。"④ 又如《张益老十二琴铭》每篇语体自由，长短不一，或韵或散。兹录数篇以见大概：

> 《涧泉》：震陵孤桐下阳岑，音如涧泉鸣深林。二圣元祐岁丁卯，器而名之张益老。
>
> 《香林八节》：河渭之水多土，其声厚以沉。江汉之水多石，其声清而不深。香林八节，是谓天地之中、山水之音。
>
> 《号钟》：薄则播，厚则石，侈则筰，弇则郁，长甬则震。无此五疾，则鸣而中律，是谓号钟之实。
>
> 《南风》：声歌《南风》舜作则，欲报父母天罔极。⑤

---

① 刘琳、李勇先、王蓉贵校点：《黄庭坚全集》（第 2 册），四川大学出版社 2001 年版，第 527 页。
② 刘琳、李勇先、王蓉贵校点：《黄庭坚全集》（第 2 册），四川大学出版社 2001 年版，第 532 页。
③ 刘琳、李勇先、王蓉贵校点：《黄庭坚全集》（第 2 册），四川大学出版社 2001 年版，第 544 页。
④ 刘琳、李勇先、王蓉贵校点：《黄庭坚全集》（第 2 册），四川大学出版社 2001 年版，第 529 页。
⑤ 刘琳、李勇先、王蓉贵校点：《黄庭坚全集》（第 2 册），四川大学出版社 2001 年版，第 539～541 页。

宋人写作诗文往往破体，作铭亦然。铭文之体，本以四言韵语为常态，但宋铭之句式、韵式、篇幅往往灵活多样。比如苏轼是擅长破体的大家，其《九成台铭》全用散文语体：

> 韶阳太守狄咸新作九成台，玉局散吏苏轼为之铭。曰：自秦并天下，灭礼乐，韶之不作，盖千三百二十有三年。其器存，其人亡，则韶既已隐矣，而况于人器两亡而不传。虽然，韶则亡矣，而有不亡者存。盖常与日月寒暑晦明风雨并行于天地之间。世无南郭子綦，则耳未尝闻地籁也，而况得闻于天。使耳闻天籁，则凡有形有声者，皆吾羽旄干戚管磬匏弦。尝试与子登夫韶石之上，舜峰之下，望苍梧之渺莽，九嶷之连绵。览观江山之吞吐，草木之俯仰，鸟兽之鸣号，众窍之呼吸，往来唱和，非有度数而均节自成者，非韶之大全乎！上方立极以安天下，人和而气应，气应而乐作，则夫所谓箫韶九成，来凤鸟而舞百兽者，既已粲然毕陈于前矣。①

周密《浩然斋雅谈》载吕东莱语："东坡《九成台铭》，实文耳，而谓之铭，以其中皆用韵，而读之久乃觉，是其妙也。"② 吕祖谦以用韵与否作为判断是否铭文的标准，这说明铭须有韵，这是早已约定俗成的铭文体观念。除了韵这个要素之外，吕祖谦说苏轼之作"实文耳，而谓之铭"，换言之就是以文为铭。吕氏之论隐含着一个通识：铭以齐言韵语为常例。然而苏轼此篇虽然有韵，却貌似散语，所以吕氏认为"实文也"。苏轼此篇正是"破体"之作。又如汪应辰《陋室铭》单行散句无韵：

> 颜子居陋巷，巷则陋矣，而颜子则王佐才也，陋巷非所以处之。柳子居愚溪，溪非愚也，因柳子得名，则愚溪亦非所以名之。余也无行谊之储，不见此数子时辈，世所谓愚陋之士。而是室也，仅足以容膝，其陋矣哉！余之处是室也固宜，而名之以陋也亦宜，虽然扩其所性，尊其所知，而以希颜为志，不在我乎？颜何人哉，希之则是。③

---

① 孔凡礼点校：《苏轼文集》，中华书局1986年版，第567~568页。
② 曾枣庄、李凯、彭君华编：《宋文纪事》（上册），四川大学出版社1995年版，第635页。
③ ［宋］汪应辰：《文定集》，中华书局1985年版，第109页。

此篇借鉴刘禹锡《陋室铭》，但刘铭是骈文韵语，此篇则完全散文无韵。清代四库馆臣特于此篇之后加案语曰："是题为陋室铭，而文系散行，又不用韵，盖创为之格。"① 汪应辰当然知道铭文文体之常例，他的《端砚铭》就采用常例：

> 应辰以端砚璞遗居中，且为之铭曰：厚重而坚，温润而泽。浑然其不雕琢，凝然其不反侧。惟吾居中，宜有斯石。②

又如王十朋有 26 篇铭文，包括四言 7 篇、骚体 5 篇、杂言 14 篇。其中庵、堂、室铭 4 篇，文房用品铭 23 篇，其中 7 篇使用同样的结构，兹录 3 篇：

> 《厨铭》：是惟王子之厨，中藏吾书，吾腹不如。
> 《笔铭》：是惟王子之笔，尔心有尽时，吾用无穷日。
> 《砚铭》：是惟王子之砚，出入广场兮经百战。③

首句的句式与早期铜器铭文中"主语 + 之 + 谓语 + 器名"的句式极为相似，如"子婴之用戈""蔡候产之用剑"。④ 王十朋其它器物铭也都不拘一格，体式随意，如：

> 《笔池铭》：直方其形兮泓其中，涤毛颖兮尔之功。
> 《界方铭》：心正笔正，亦惟尔，有以相其正。
> 《香炉铭》：匪金匪玉，铜姿瓦质。以尔馨德，在吾兰室。⑤

宋代铭文除齐言韵语和散体杂言之外，四六骈体元素也时而有之。现存宋铭中，虽然没有纯以四六体写作的，但杂用四六句式的却不少。如邹

---

① ［宋］汪应辰：《文定集》，中华书局 1985 年版，第 109 页。
② ［宋］汪应辰《文定集》，中华书局 1985 年版，第 110 页。
③ 梅溪集重刊委员会编：《王十朋全集》，上海古籍出版社 1998 年版，第 666～667 页。
④ 参见赵平安《试论铭文中"主语 + 之 + 谓语 + 器名"的句式》，载《古汉语研究》1994 年第 2 期。
⑤ 梅溪集重刊委员会编：《王十朋全集》，上海古籍出版社 1998 年版，第 667～669 页。

浩《座右铭并序》：

> 尔年既壮，尔身则孤。痛九原之难作，常陨血而号呼。①

魏了翁《虞退夫敬和堂铭》：

> 盖操心而存则体安而气明，闲家而威则分定而志平。②

黄庭坚《三峡桥铭》：

> 二山剑立，泷落天路。北垂康王之帘，南曳开先之布。③

释居简《竺源铭》：

> 余波弥弥，襄陵怀山。室何有于滥觞，障何有于颓澜。云何心乎故岑，水何心乎旧囷。九河奔湍，渺然毛端。④

三、宋代铭文的文化蕴涵

宋代铭文作品量大，其中蕴含着丰富的文化内涵。不同作者格物致知的角度不同，对所铭对象的理解非常个性化。以下按作者身份考察。

（一）理学家之铭

宋代理学诸子多数喜欢写作铭文，崇尚"气全理正"。北宋石介、李

---

① 曾枣庄、刘琳主编：《全宋文》（第131册），上海辞书出版社、安徽教育出版社2006年版，第363页。
② 曾枣庄、刘琳主编：《全宋文》（第311册），上海辞书出版社、安徽教育出版社2006年版，第26页。
③ 刘琳、李勇先、王蓉贵校点：《黄庭坚全集》（第2册），四川大学出版社2001年版，第547页。
④ ［宋］居简：《禅门逸书初编（第5册）·北涧集》，台北明文书局1981年版，第76页。

觏、荆公学派、温公学派及蜀学、洛学、关学各派,南宋的朱熹、吕祖谦、陈亮、叶适等都写过不少铭文,反映出各自的思想倾向。如宋初三先生之一石介《击蛇笏铭并序》,其序文 546 字,论述正气辟邪之理,然后才以 72 字铭曰:

> 至正之气,天地则有。笏惟灵物,笏乃能受。笏之为物,纯刚正直。公惟正人,公乃能得。笏之在公,能破淫妖。公之在朝,谗人乃消。灵气未竭,斯笏不折。正道未亡,斯笏不藏。惟公宝之,烈烈其光。①

石介一生以复兴儒学自任,反骈文,排佛老。写一篇笏铭,就借题发挥,颇显职业"先生"善教诲之本色。这篇铭文长序长铭皆长篇大论,所论不过正邪之理,写得正气堂堂、道貌岸然。自韩愈古文运动以来,复兴儒学和复兴古文就是相辅相成的两方面,所以石介之铭也用古铭文体,风格古朴无华。又如李觏《嘿堂铭》:

> 黄介夫尉郧乡,作嘿堂以居,使人来告,故为之铭曰:众人之嘿,不材于天。贤人之嘿,保身以权。止则为泽,行将为川。虽欲勿言,安得不言?②

嘿(mò)同"默"。此铭反"默堂"之意而言之,"虽欲不言,安得不言",表达宋儒以天下为已任的淑世情怀,与范仲淹《灵乌赋》"宁鸣而死,不默而生"③的精神一致。

宋人庵、堂、轩、斋、室之用名,多用省、敬、静、德、仁等儒家文化色彩明显的名字。如朱熹《至乐斋铭》《尊德性斋铭》《敬恕斋铭》《求放心斋铭》《藏书阁书厨字号铭》《敬斋铭》《复斋铭》《明伦堂铭》《志道斋铭》《据德斋铭》《游艺斋铭》《依仁斋铭》《崇德斋铭》《广业

---

① [宋]石介著、陈植锷点校:《徂徕石先生文集》,中华书局 1984 年版,第 73 页。
② 《李觏集》,中华书局 1981 年版,第 332 页。
③ 《御定历代赋汇》(卷 129),见《景印文渊阁四库全书》(第 1421 册),台湾商务印书馆 1986 年版,第 670 页。

斋铭》《居仁斋铭》《由义斋铭》，陈亮《耘斋铭》《力斋铭》《妥斋铭》，叶适《毋自欺室》《存斋铭》《省斋铭》《师立斋铭》《陈德中老勤堂铭》，杨万里《省庵铭》《敬斋铭》，周敦颐《题文真公堂二铭》（主静铭、谨动铭）。

关学代表张载铭其书室的《订顽》，后称《西铭》，提出"民吾同胞，物吾与也"①之说，备受后人推重，称为"民胞物与"之情怀。李耆卿《文章精义》称其"圣贤之文，与《四书》诸经相表里"②。

朱熹之铭更是理学气十足，如《求放心斋铭》：

> 天地变化，其心孔仁。成之在我，则主于身。其主伊何？神明不测。发挥万变，立此人极。晷刻放之，千里其奔。非诚曷有，非敬曷存？孰放孰求？孰亡孰有？屈伸在臂，反覆惟手。防微谨独，兹守之常。切问近思，曰惟以相之。③

"求放心"取自孟子："学问之道无他，求其放心而已矣。"④朱子认为"此本不立，即无可下手处"⑤，"心不待求，只警省处便见"⑥。宋儒强调的心、性、诚、敬、思等意思，在这篇铭中都得到表述。

浙东永康学派的陈亮反对程系理学，讲究事功，与朱熹曾有"王霸义利之辨"。他对于空谈心性持否定态度，然而其《妥斋铭》云：

> 往则俱往，来则俱来。义苟精矣，动静必偕。心之广矣，亦可惧哉！天下虽大，吾安厥斋。⑦

---

① ［宋］吕祖谦编、齐治平点校：《宋文鉴》，中华书局1992年版，第1054页。
② ［宋］陈骙、李淦著，王利器校点：《文则 文章精义》，人民文学出版社1960年版，第80页。
③ 朱杰人、严佐之、刘永翔主编：《朱子全书》（第24册），上海古籍出版社2002年版，第3992页。
④ 杨伯峻译注：《孟子译注》（下册），中华书局1960年版，第267页。
⑤ 朱杰人、严佐之、刘永翔主编：《朱子全书》（第23册），上海古籍出版社2002年版，第2676页。
⑥ ［宋］黎靖德编、王星贤点校：《朱子语类》，中华书局1994年版，第151页。
⑦ 邓广铭点校：《陈亮集（增订本）》（上册），中华书局1987年版，第111页。

在求精义以自守这一点上,他与程朱学派异曲同工。

永嘉学派的叶适也对程朱理学空谈道德性命不以为然,但他也认同儒家三省吾身,注重内在涵咏的传统。其《省斋铭》曰:

> 昔者曾子,一日三省;今子五载,以省为请。子悟何晚,我言已迟。相彼四体,恻焉必知。既有念虑,胡为昏迷。苟非忠信,奚以学为!震霆洪钟,有待而发。绵绵增阴,见此日月。勿安陋习,勿随俚说!区区利心,毋自溺没!专己忘人,人道几绝;推己尽人,己则多阙。斧柯可用,毫厘可别。咨尔周生,念念勿越!①

铭文这种文体比较适合理学家表述人生理念,因而成了他们说理明道的重要载体,他们下笔皆极严正,抑情性而倡伦理,体现一代理学家的精神风貌。

宋代文士多治《周易》者,他们的铭文也常常涉及易理。如张栻《敦复斋铭》《艮斋铭》,真德秀《蒙斋铭》《敬义斋铭》,魏了翁《高才卿静庵铭》《何仲敏介轩铭》《高斯谋壮礼堂铭》《莆田陈师道克斋铭》《靖州李升父升斋铭》《番阳许晋斋铭》《湘中万伯宗兑斋铭》《清湘蒋成父一斋铭》,等等。以张栻《蒙斋铭》为例:

> 乾坤既画,八卦是生。八卦相乘,万象以明。下坎上艮,其卦曰蒙。其蒙伊何,源泉在中。泉之始萌,其行未达。虽则未达,而理孰过。君子体之,于以果行。亹勉躬行,动畏天命。泉之始萌,其势则止。止乃曰澄,源源曷已。君子体之,于以育德。笃敬不渝,静保天则。惟养于中,大本攸立。惟敏于外,达道攸饬。内外交修,相须以成。久而有常,则能日新。我铭蒙斋,敢越斯义。惟言之难,实以自厉。凡百君子,有观于斯。毋忽乎近,尚其懋之。②

完全是用铭文阐释易学。

---

① [宋]叶适撰,刘公纯、王孝鱼、李哲夫点校:《叶适集》(第2册),中华书局1961年版,第530页。
② [宋]张栻:《张南轩先生文集》,中华书局1985年版,第113~114页。

（二）文学家之铭

文学家之铭也求理趣，易、儒、道、释之理皆不鲜见。此外则更富于审美意趣。刘禹锡《陋室铭》那种独立自足又孤芳自赏的审美境界，在宋代文人铭文中发挥得更加丰富深至。魏晋南北朝及隋代，多佛教庙宇之铭，唐代建筑铭文也以道、释宫观类为多。宋代亭台楼阁类铭文、器物铭文大增，通常都是在审美观照下表述一些人生理念，亦儒亦道亦释。这是宋铭与前代铭文一个明显的区别。比如建筑铭文贴近日常生活，内容通常是书写一些审美化的理趣。如张耒《李援宴坐室铭》表达儒、释兼融宴处的审美境界：

> 腾跨九州，蹂践大千。而我室中，宴处超然。谓吾驰兮，吾固在定。孰谓吾寂，皆作皆应。是中不立一尘，则与维摩同境。①

黄庭坚《任运堂铭》阐发儒、道、释融通的"委运乘化"理念：

> 或见儆居之小堂名"任运"，恐好事者或以借口，余曰："腾腾和尚歌云：'今日任运腾腾，明日腾腾任运。'堂盖取诸此。余已身如槁木，心如死灰，但作不除须发一无能老比丘，尚不可邪？"②

苏轼《清隐堂铭》表述融合了禅意的儒者隐居清修之趣：

> 已去清隐，而老崇庆。崇庆亦非，何者为正。清者其行，隐者其言。非彼非此，亦非中间。在清隐时，念念不忘。今既情忘，本无住处。八万四千，劫火洞然。但随他去，何处不然。③

李石《用拙堂铭》演绎老子思想：

---

① 李逸安等点校：《张耒集》，中华书局1998年版，第804页。
② 刘琳、李勇先、王蓉贵校点：《黄庭坚全集》（第3册），四川大学出版社2001年版，第1502页。
③ 孔凡礼点校：《苏轼文集》，中华书局1986年版，第573页。

百巧不如，一拙有余。天地之拙，寓有于无。生物不测，雕镂荣枯。吾拙孰用，通天地儒。浑沌未死，妙朴谁模。以拙用巧，蛰龙深居。以巧用拙，捷中以狙。吾于黄子，择此二涂。晚食当肉，安步当车。孔拙则默，颜拙则愚。不用之用，褐藏空虚。吾斯人徒，亦拙矣夫。①

宋代文人善于援释、道之学以救心。他们一方面秉持深切的社会责任感与自我规范、自我提升意识，另一方面又援释、道之理以保持精神之独立自守。他们的铭文常常是这种精神现象的精致写照，表现出博学而通达的生存智慧。如苏轼《思无邪斋铭》：

大患缘有身，无身则无病。廓然自圆明，镜镜非我镜。如以水洗水，二水同一净。浩然天地间，惟我独也正。②

宋代文人的居室建筑园林亭阁之铭，既渊博又简约，既温润又透彻。而其器物之铭，则偏重以物性戒心性，文风通常是机敏简洁明快的。如天才而早夭的诗人王令有几篇器物铭文，其序云："余独取不得余心者铭，庶几以自观尔。"

《衣铭》：谁能有衣？不惟其良！谁能正衣？不素其裳！
《履铭》：既素而承，胡不用以行！
《杖铭》：惟其不能而愿行，跂而便躯，可辅而趋。既偃且踣，其亦何力？呜呼，杖不能扶人，而人用杖扶。吁！③

（三）释子之铭

宋代以前释家之铭不多，宋代释铭大增。据《〈文渊阁四库全书〉文

---

① 曾枣庄、刘琳主编：《全宋文》（第206册），上海辞书出版社、安徽教育出版社2006年版，第60页。
② 孔凡礼点校：《苏轼文集》，中华书局1986年版，第575页。
③ 沈文倬校点：《王令集》，上海古籍出版社1980年版，第339～340页。

集篇目分类索引·杂文之部》载宋僧铭文：释惠洪 35 首、释契嵩 4 首、释居简 32 首、释道璨 31 首……

僧人铭文多属寺庙建筑铭、器物铭。宋僧比前代僧侣更博学，他们中的许多人并非只读佛教经典，而是通晓诸子百家。因此僧铭的文化内涵并不单薄。

释惠洪是宋代著名的文僧，长于诗文及诗文批评，有《冷斋夜话》《石门文字禅》《林间录》等传世。今存其铭文 35 首，颇富文人气息，其如《宜独岩铭》极似柳宗元山水小品。又如他在李德茂家坐中所赋诸铭，与普通文士之情趣全然一样，兹录其二：

《阮咸铭》：有晋奇逸，制为此器。以姓名之，盖琴之裔。物趣幻假，形因变迁，但余至韵，则无陈鲜。①

《端砚铭》：破韬玉之苍石，出孕金之晴川。解碧豁之封裹，割紫云之芳鲜。从连眉之仙子，供倒流之词源。②

释契嵩会通儒释，诗文兼修，著有《镡津集》，《四库提要》评其："深通内典，锐然以文章自任……而其笔力雄伟，辩论雄起，实能自成一家之言。"③ 他的铭文仅存 4 首，其旨趣与普通文士一样，如《清轩铭》：

鉴哉君子，择时所适。戒哉君子，慎时所玩。尔轩惟明，尔景惟清。有山崇崇，可以撼清。有水沚沚，可以濯缨。既洁乃志，既清乃神。惟清惟洁，乃为至适。

释居简有《北涧集》，《〈文渊阁四库全书〉总目》称其"不撷拾宗门语录而格意清拔，自无蔬笋之气"④。他现存铭文 32 首，仅次于惠洪。其铭文有浓厚的文人气，如《临川王正叔啸隐铭》：

---

① [宋] 释惠洪著、[日] 释廓门贯彻注、张伯伟等校点：《注石门文字禅》，中华书局 2012 年版，第 1262 页。
② [宋] 释惠洪著、[日] 释廓门贯彻注、张伯伟等校点：《注石门文字禅》，中华书局 2012 年版，第 1264 页。
③ [宋] 契嵩：《禅门逸书初编·镡津集》，台北明文书局 1981 年版，第 1 页。
④ [宋] 居简：《禅门逸书初编·北涧集》，台北明文书局 1981 年版，第 1 页。

怀壮图,啸长舒。自乐蘧庐中之天地,岂特以天地为蘧庐。学道兮自娱,饮水兮饭蔬,是谓立天下之正位兮,居天下之广居。

释道璨有《柳塘外集》,其铭共存 31 首。《〈文渊阁四库全书〉提要》评其文章"以佛典为内学,以儒书为外学"①。其铭如《饮绿阁铭》《云谷轩铭》《雪庐铭》《见山楼铭》《梅庄铭》《竹涧铭》等,多写隐士情怀,如《见山楼铭》:

采菊东篱,悠然始见,何其远且北,而嗟夫渊明远矣,吾不及见,望其形仪,月在屋梁,秋在阑干,援北斗兮为杯,酌长江兮为酒,而招以楚人之词,待其跨白鹤,御冷风,翩然而来也,以斯文告之。②

释智圆是宋代释家中特殊者。陈寅恪称释智圆为宋代新儒学之先觉。漆侠《宋学的发展和演变》一书说儒、释两家思想通过智圆而得以互相渗透。智圆著名的言论是:"释者修心之教","儒者饰身之教"③。其铭文今存 4 首:《陋室铭》《讲堂铭》《窗虫铭》《鼓铭》,阐发的都是儒家思想。如《陋室铭》序:

窃睹夫俗之华靡,使健羡之心聿生,贪暴之心得入,仁义道德日可丧灭矣,在中人得不慎乎!乃作《陋室铭》以自戒。④

智圆将儒学作为一切行事的准绳,其《病夫传》云:

---

① [宋] 道璨:《禅门逸书初编·柳塘外集》,台北明文书局,1981 年版,第 1 页。
② [宋] 道璨:《禅门逸书初编·柳塘外集》,台北明文书局,1981 年版,第 20 页。
③ 曾枣庄、刘琳主编:《全宋文》(第 15 册),上海辞书出版社、安徽教育出版社 2006 年版,第 305 页。
④ 曾枣庄、刘琳主编:《全宋文》(第 15 册),上海辞书出版社、安徽教育出版社 2006 年版,第 297 页。

或议一事，著一文，必宗于道，本于仁，惩乎恶，劝乎善。①

宋僧铭文有别于前代者有三：其一是所作甚多，其二是重视文采，其三是融儒入释。

（四）异于前代的审美意趣

1. 文化器物铭中的审美意趣

宋代器物铭中数量最多是砚铭。现存宋代以前砚铭总共只有十几首②，宋代砚铭存有 200 多首。砚台用于文房，自然寄托文人雅趣，可收藏，可馈赠。宋人作砚铭最多者，苏轼 28 首、黄庭坚 26 首、汪藻 11 首。如：

> 玉德金声，而寓於斯。中和所熏，不水而滋。正直所冰，不寒而澌。平甫之砚，而轼铭之。③（苏轼《王平甫砚铭》）
>
> 刳其中，以有容。实其踵，以自重。绨衣漆室，盥濯致用。风棱垢面，蛛网错综。游于物之傥然，吾与尔同梦。④（黄庭坚《周元翁研铭》）
>
> 圆其外而不陵物，有似乎佳公子。莹其中而不露才，有似乎古骚人。汝以此行世，以此发身，夫谓之席上之珍。⑤（汪藻《怀璧砚铭》）

以上 3 首砚铭对实物均不做细致描摹，重点是阐发一己之体悟。这是宋代砚铭的普遍特色。这和唐人砚铭不同。如张说《暖砚铭》：

---

① 曾枣庄、刘琳主编：《全宋文》（第 15 册），上海辞书出版社、安徽教育出版社 2006 年版，第 309 页。
② 据笔者检索，有相传周武王作《砚铭》1 首，汉代李尤《墨砚铭》1 首，王粲《砚铭》1 首，六朝梁武帝、丘迟《砚铭》各 1 首，唐代砚铭 6 首。
③ 孔凡礼点校：《苏轼文集》，中华书局 1986 年版，第 548 页。
④ 刘琳、李勇先、王蓉贵校点：《黄庭坚全集》（第 2 册），四川大学出版社 2001 年版，第 551 页。
⑤ [宋] 汪藻：《浮溪集》，中华书局 1985 年版，第 231～232 页。

笔锋晓冻，墨池夜结。香炭潜然，推寒致热。①

纯为题咏，与六朝《砚铭》极似。唐代几篇砚铭多如此类。宋人砚铭境界大开，将人文意趣渗透其中。

　　其次是琴铭。宋代之前琴铭极少，现存汉代李尤《琴铭》1 首，唐代 3 首：顾升《瘱琴铭》、徐浩《雷琴铭》、晋陵子《雷氏琴铭》。宋代琴铭数量增加，写作上也大多脱离单纯咏物赋形的路子，如苏轼《十二琴铭》：

　　《秋风》：秋风度而草木先惊，感秋者弦直而志不平。揽变衰之色，为可怜之声。不战者善将，伤手者代匠。悲莫悲于湘滨，乐莫乐于濠上。②

此铭援引宋玉《九辩》"悲哉秋之为气也！萧瑟兮草木摇落而变衰，憭慄兮若在远行，登山临水兮送将归"③，屈原《九歌·少司命》"入不言兮出不辞，乘回风兮载云旗。悲莫悲兮生别离，乐莫乐兮新相知"④。作者由琴而想像琴声，进而想像人生，将屈原、宋玉悲秋叹老伤离别的感伤情调演绎于琴铭之中，有文化的人读起来自然觉得韵味凄美悠长。

　　《古蜗黄》：炼石补天之年，截匏比竹之音。虽不可得见，吾知古之犹今。木声犁然，当于人心，非参寥者，孰钩其深？⑤

这张琴的名字取自女娲补天故事。女娲是华夏民族的始祖神。苏轼此铭着意于历史之深远，在远古和现世之间，钩沉精神文化相通之处，文趣馥郁。

　　又如朱熹《黄子厚琴铭》：

---

①　[唐] 张说：《张燕公集》，中华书局 1985 年版，第 93 页。
②　孔凡礼点校：《苏轼文集》，中华书局 1986 年版，第 560 页。
③　[宋] 洪兴祖撰、白化文点校：《楚辞补注》，中华书局 1983 年版，第 182～183 页。
④　[宋] 洪兴祖撰、白化文点校：《楚辞补注》，中华书局 1983 年版，第 72 页。
⑤　孔凡礼点校：《苏轼文集》，中华书局 1986 年版，第 559 页。

黄子琴号"纯古",晦翁铭之:无名之朴,子所琴兮。扣之而鸣,获我心兮。杳而弗默,丽弗淫兮,维我知子,山高而水深兮。①

暗用伯牙和钟子期高山流水的典故将琴趣写得山高水深。

又如释惠洪《琴铭》:

材出余烬,桐生晚林。见之意消,矧闻其音。朱弦发越,夜堂秋深。如见古人,如得我心。②

以上4首琴铭分别出自文人、理学家、释子。作者身份虽然不同,但其中蕴含的人文意趣却很相似。相比之下,汉代李尤的《琴铭》就明显不同:

琴之在音,荡涤邪心。虽有正性,其感亦深。存雅却郑,浮侈是禁。条畅和止,乐而不淫。③

强调琴音的教化之功。作者关注的重点既不在于历史,也不在于性情和审美。

宋人为文房用品作的铭非常多,以此寄托文心雅趣。如刘宰《文房五物铭》,其序曰:"得轩初成,张簿送笔、墨、砚、檀香压尺、水晶笔架,戏答。"兹引3首:

平而泓,尽墨之锐而不与墨争,吾是以知为端溪之旧坑也。(砚)

圆而劲,免冠而发逾整,吾是以知为中书之毛颖也。(笔)

---

① 朱杰人、严佐之、刘永翔主编:《朱子全书》(第24册),上海古籍出版社2002年版,第3993～3994页。
② [宋]释惠洪著,[日]释廓门贯彻注、张伯伟等校点:《注石门文字禅》,中华书局2012年版,第1263页。
③ [清]严可均校辑:《全后汉文》(第50卷),见《全上古三代秦汉三国六朝文》(第1册),中华书局1958年版,第749页。

凝青烟,玄之又玄,吾又以知廷珪之不死、家法之有传也。
(墨)①

宋代之前,铭文中的文房器物铭只有几篇砚铭。宋代文房用品铭文数量大增,涉及文房各种用品,充分表现出一代士人游心翰墨的人文雅趣。

2. 日用品铭文中的生活审美情趣

宋代之前的器物铭,数量不多,主要是钟鼎之类重器之铭。宋人对日常生活用品也予以充分的审美关注,日常生活用品也就成了铭文的题材。饮食方面如茶奁、汤奁、酒器等,服饰上如衣带、帽冠、裙靴等,宴息上如枕屏、布衾、床、帐等,还有灯、扇、杖、药筛、肩舆等。这些铭文反映文人雅士的审美情趣。试举几例:

醉言归,客起舞。骊驹歌,玉杯举。②(周紫芝《汤奁铭》)
楚官散尽燕雪飞,江湖归梦从此机。③(黄庭坚《茶磨铭》)
在车在寝,风雨颠沛。有其忘之,道不人外。④(黄庭坚《潘子真深衣带铭》)
无思无为,则高枕是宜。通昔不寐,心如之何!⑤(薛季宣《枕铭》)

以上诸铭,或切题,或不与题相涉,但语意均追求含蓄深远,表达自适或自持的心态。又如李廌《芝杯铭》:

病木之节,拳赘弗枝。盘英结液,碌砢离奇。剖斫擎承,宛若灵

---

① 曾枣庄、刘琳主编:《全宋文》(第300册),上海辞书出版社、安徽教育出版社2006年版,第160页。
② 曾枣庄、刘琳主编:《全宋文》(第162册),上海辞书出版社、安徽教育出版社2006年版,第301页。
③ 刘琳、李勇先、王蓉贵校点:《黄庭坚全集》(第3册),四川大学出版社2001年版,第1510页。
④ 刘琳、李勇先、王蓉贵校点:《黄庭坚全集》(第2册),四川大学出版社2001年版,第544页。
⑤ 曾枣庄、刘琳主编:《全宋文》(第258册),上海辞书出版社、安徽教育出版社2006年版,第38页。

芝。制为野杯,逸民是宜。右嵩左隗,箕阴颍湄。德秀吾庐,巢许是期。惟巢与许,挹兹酌兹。三秀之德,汝当象斯。毋若觥觥,毋若漏卮。贵之比玉,敬饮弗挥。①

将上古隐士巢、由拉进来,借一个木杯表现悠久的隐逸文化中特有的遗世独立、清高自足的审美情调。对比唐代的器物铭会有不同的感觉,如张说《素盘盂铭》:

> 幽山之木,无心世路。器为盘盂,制以法度。匪丹匪漆,惟真惟素。理真防毁,节全思固。多用必伤,处盈招恶。嗟嗟君子,鉴微在悟。实是天然,贻我朋故。②

这篇铭文的意旨主要不在审美,而在自我警诫。

宋代器物铭既拒绝沿袭铭文初兴时勒功刻勋、褒善扬德及儆诫人生的格局,又没有沿着六朝咏物赋形的路数走下去,而是在铭文中借物寓意,游心于历史、人生,忖度其中的哲思理趣,欣赏其中的审美情趣,体现出不囿于物的内省态度。苏轼《宝绘堂记》中的一番话有助于理解这一点:

> 君子可以寓意于物,而不可以留意于物。寓意于物,虽微物足以为乐,虽尤物不足以为病。留意于物,虽微物足以为病,虽尤物不足以为乐。③

四、宋代金石学与铭文的关系

王国维《宋代之金石学》云:

> 自宋仁宗以后,海内无事,士大夫政事之暇,得以肆力学问。其

---

① 曾枣庄、刘琳主编:《全宋文》(第132册),上海辞书出版社、安徽教育出版社2006年版,第189页。
② [唐]张说:《张燕公集》,中华书局1985年版,第93页。
③ 孔凡礼点校:《苏轼文集》,中华书局1986年版,第356页。

时哲学、科学、史学、美术,各有相当之进步,士大夫亦各有相当之素养,赏鉴之趣味与研究之趣味,思古之情与求新之念互相错综。此种精神于当时之代表人物苏(轼)、沈(括)、黄(庭坚)、黄(伯思)诸人著述中在在可以遇之。……汉唐元明时人之于古器物绝不能有宋人之兴味……①

宋代铭文数量大增,与金石学兴盛有关。朱剑心《金石学》说:

"金石学"者何?研究中国历代金石之名义,形式,制度,沿革;及其所刻文字图像之体例,作风;上自经史考订,文章义例,下至艺术鉴赏之学也。②

早期铭文多是镌刻在金石器物上的。金石之学必须考释古器物上的文字或铭文。这对铭文写作有直接影响。金石上的铭文古奥简约,宋人铭文自然会学习模仿。叶国良《宋代金石学研究》就说:"宋人好古玩学,为文亦喜效金石文字。"例如,翟汝文为政和礼器作铭:

效商周金文为文,如甲午簠铭:"佳甲午八月丙寅,帝盟清庙作礼簠,吉蠲明神,神鉴德馨,俾帝万年,永绥受命。"雍容古雅,自孙诒让著《政和礼器文字考》而前,人皆误以为真古器铭。③

翟汝文作过8首器物铭,确如上述,仿古达到可以乱真的程度。金石学家薛季宣的《广汤盘铭》《商辂铭》《周鼎铭》《晋白虎樽铭》,也是仿效金石文字。这种现象也常见于王安石、杨万里、吕祖谦、孙觌、朱熹、陈亮、叶适等人的铭文。如杨万里《裕斋铭》:

肇允民彝,靡怟靡虫。则外是移,而衷斯臁。孰窦其赢?孰嗇其

---

① 王国维著、傅杰编校:《古史新证》,见《王国维论学集》,云南人民出版社2008年版,第245页。
② 朱剑心:《金石学》,文物出版社1981年版,第3页。
③ 叶国良:《宋代金石学研究》,台湾大学1982年版,第7页。

丰?盍其反而,裕哉厥躬。崇崇如天,若日伊煌。富以万生,光施八荒。仁以觉之,敬以握之。维其学之,是以获之。乃箄乃门,则孟颜氏。于经于理,将不姚姒。盈而冲诸,伊其寇而。冲而盈诸,岂其授而。匪授匪寇,匪新伊旧。人见我新,我若而人。我其裕矣,我其怗矣。怗心骄骄,其裕日消。瑞乙孙子,孔圣孔神。而好是问,可自用云。斋房靓如,凤图宵书。弗性其性,有如百圣。①

篇幅虽然比较长,但刻意仿古的倾向,与宋人平淡文风差别甚大。

---

① 辛更儒笺校:《杨万里集笺校》,中华书局2007年版,第3721页。

第十二章 偈文体的源流和形态研究①

中国古代的偈是一种特殊的文体。它本非汉语文化的产物，而是佛经传入后与汉文化交融产生的。汉译佛经者遇到梵文佛经中的"偈陀"部分，因为是韵文，便借鉴汉语诗歌形式，将其译为形式类似诗歌的齐言韵文。受此影响，后来便有释士或文士写作独立成篇的偈。

在古代文体学视野中，偈是一种不为人重视的文体，研究者甚少。古代一些著名的文体学批评著作如《文心雕龙》《文章辨体》《文体明辨》等，都未提及此文体。一些著名的文章总集如《文选》《文苑英华》《唐文粹》《宋文鉴》《元文类》《明文衡》《骈体文钞》《六朝文絜》等，也都未收此类作品。

近年有学者从不同视角研究偈文②，但笔者未见研究偈文体之源流和文体形态者。本章因而追溯偈的文体渊源，考察汉语偈的文体形态、辨析偈与诗的形式异同和风格特征。

一、偈文体之源流

梵文佛经在散体经文前后往往有唱颂词，称为"偈陀"，简称偈，是韵文，可诵可歌。汉译佛经者一开始就注意到这种韵文的特殊性，梁释慧皎《高僧传》卷2：

> 天竺国俗，甚重文制，其宫商体韵，以入弦为善。凡觐国王，必

---

① 本章参考了本人指导下李琼艳的硕士论文《宋偈研究》（中山大学2005年）。
② 如陈允吉：《东晋玄言诗与佛偈》，载《复旦学报》1988年第1期；徐湘霖：《敦煌偈赞文学的歌辞特征及其流变》，载《四川师范大学学报》1994年第10期；李谷鸣：《佛教诗偈初探》，载《安徽教育学院学报》1995年第4期；李小荣、吴海勇：《佛经偈颂和中古绝句的得名》，载《贵州社会科学》2000年第3期；黄先炳：《也谈〈法句经〉的偈颂及其文学性》，载《中国韵文学刊》2005年第2期。

第十二章　偈文体的源流和形态研究

有赞德，见佛之仪，以歌叹为贵。经中偈颂，皆其式也。①

"经中偈颂"即指梵文佛经中的偈陀。它有一定的韵律格式，类似汉语诗歌的"宫商体韵"，可以被之弦乐，宜于用来赞颂国王或佛门之德，适合歌咏唱诵，便于记忆传播。但其翻译难度比一般散文要大些。《高僧传》卷2：

但改梵为秦，失其藻蔚，虽得大意，殊隔文体。有似嚼饭与人，非徒失味，乃令呕哕也。②

"改梵为秦"即译梵文为汉语。很容易"失其藻蔚"，即丧失文采韵味。但汉语诗歌恰好是整齐押韵的美文。于是译经者便借鉴汉语诗歌齐言押韵的形式，将梵文偈陀译为形似汉语诗歌的体式。例如，西晋时期汉译《百喻经》：

昔有贫人，在路而行，道中偶得一囊金钱，心大喜跃，即便数之。数未能周，金主忽至，尽还夺钱。其人当时悔不疾去，懊恼之情甚为极苦。遇佛法者亦复如是，虽得值遇三宝福田，不勤方便，修行善业，忽尔命终，堕三恶道。如彼愚人，还为其主夺钱而去。如偈所说：今日营此事，明日造彼事。乐著不观苦，不觉死贼至。匆匆营众务，凡人无不尔。如彼数钱者，其事亦如是。③

经文讲了一个故事，偈文概括其中蕴含的生活理念。

汉译偈陀，又称偈颂、偈诵、偈子、偈文、偈句、偈言、偈语等，多用整齐句式，四言、五言、六言、七言、八言、九言、十二言等都有，但每一首偈文一般只用一种句式，也有杂言形式。偈的篇幅常见4、6、8、10句。如《晋书·艺术传·鸠摩罗什》提到篇幅为四言8句32字的偈：

---

① ［梁］释慧皎撰、汤用彤校注、汤一玄整理：《高僧传》（卷2），中华书局1992年版，第53页。
② ［梁］释慧皎撰、汤用彤校注、汤一玄整理：《高僧传》（卷2），中华书局1992年版，第53页。
③ 尊者僧伽斯那撰、王孺童译注：《百喻经译注》，中华书局2012年版，第342页。

> 罗什从师受经，日诵千偈。偈有三十二字，凡三万二千言，义亦自通。①

偈一般附在经文之后，并非独立文体。汉译佛典大量出现后，历代都有释家或文人单独创作偈文的情况，偈便成为可独立的文体。

释法师作偈示人，是佛门教化的一种特殊方式，也是法师的一种基本功。如惠洪《石门文字禅》卷1有《龙安送宗上人游东吴》称宗上人"平生千偈风雨快，约束万象如驱奴"②。可知这位宗上人擅长作偈，既快且多。惠洪也自称擅长作偈，其《枣柏生辰》云："枣柏指我此妙门，故能千偈如瓴建。"③ 这语气颇自负。不过从他的创作看，他确实擅长作偈。

明清小说中常见法师赠偈警示未来指点迷津的故事。如《水浒传》第90回智真长老作3首偈，其中赠予鲁智深的是："逢夏而擒，遇腊而执。听潮而圆，见信而寂。"④ 这首偈类似谶语。擒方腊之后，中秋之夜，鲁智深宿于杭州六和寺中，听潮信而大悟，于是也留了一篇偈语，就圆寂了。偈曰："平生不修善果，只爱杀人放火。忽地顿开金枷，这里扯断玉锁。咦！钱塘江上潮信来，今日方知我是我。"⑤ 又如《红楼梦》第22回宝玉作《参禅偈》一首："你证我证，心证意证。是无有证，斯可云证。无可云证，是立足境。"⑥ 这固然是小说家为故事人物拟作偈语，但却遵守已经定型的偈文体规范。

今存释家或文人所作偈文，自晋代以下都有。明人编辑的《古今禅藻集》"晋诗"卷中收录惠远的《报罗什法师偈》：

> 本端竟何从，起灭有无际。一微涉动境，成此颓山势。或相更相乘，触理自生滞。

---

① ［唐］房玄龄等：《晋书》（卷95），中华书局1974年版，第2499页。
② ［宋］惠洪：《石门文字禅》，见《景印文渊阁四库全书》（第1116册），台湾商务印书馆1986年版，第157页。
③ ［宋］惠洪：《石门文字禅》，见《景印文渊阁四库全书》（第1116册），台湾商务印书馆1986年版，第364页。
④ 施耐庵、罗贯中：《水浒传》，人民文学出版社1997年版，第1157页。
⑤ 施耐庵、罗贯中：《水浒传》，人民文学出版社1997年版，第1284页。
⑥ ［清］曹雪芹、高鹗：《红楼梦》，人民文学出版社1996年版，第297～298页。

因缘虽无主，开途非一世。时无悟宗匠，谁将握玄契。末问尚悠悠，相与期暮岁。①

又《答张奴偈》：

悠悠世事，惑滋损益。使欲尘神，横生悦怿……[共18句，齐言有韵]②

看来独立的偈在晋代就不少见了。偈作者有释子也有文士。如《魏书》卷52赵柔传：

陇西王源贺采佛经幽旨，作《祇洹精舍图偈》六卷，柔为之注解，咸得理衷，为当时俊僧所钦味焉。③

《新唐书·艺文志三》卷59道家类录有楚南《般若经品颂偈》1卷、《激励道俗颂偈》1卷、庞蕴《诗偈》3卷、智贤《偈颂》1卷。《全唐文》收录20篇独立的偈文，如崔秘《蔷薇偈》，杜奕《芭蕉偈》，白居易《六渐偈并序》《六赞偈并序》，等等。《唐文续拾》收录《石龛阿弥陁像偈》1篇。

宋人作偈更多。惠洪《石门文字禅》卷17"偈颂"收录他自己创作的各体偈颂118篇。《宋史》艺文四著录道瑾禅师《宗理偈》1卷、净惠禅师《偈颂》1卷、释华严《漩澓偈》1卷。一些诗集、文集有偈，如《四库释家集成》录宋晁迥《道院集要》，其卷3有《造化因心偈》："赋象各由心，影响无欺诈。元无造化工，群生自造化。"④ 宋饶节《倚松诗

---

① [明]释正勉、释性通辑：《古今禅藻集》，见《景印文渊阁四库全书》（第1416册），台湾商务印书馆1986年版，第297页。
② [明]释正勉、释性通辑：《古今禅藻集》，见《景印文渊阁四库全书》（第1416册），台湾商务印书馆1986年版，第299页。
③ [北齐]魏收：《魏书》，中华书局1974年版，第1162页。
④ 陶秉福主编：《四库释家集成（下编）》，同心出版社1994年版，第982页。

集》录《应上人作法华佛事过余求颂为作短偈》等偈 2 首①，与诗编在一起。

又如《东坡全集》（四库本）卷 99 收"偈二十首"。《全辽文》录偈文 4 篇。元释清珙《石屋禅师山居偈赞》1 卷。《明史·艺文志》卷 98 著录刘琏《无隐集偈颂》1 卷，卷 99 著录《偈颂》24 卷。明释洪恩《雪浪集》下卷录有偈语。清僧通门撰《懒斋别集》，卷 8 为偈文。近人吴曾祺编选《涵芬楼古今文钞》，卷 98 录短偈 5 篇。如崔秘《蔷薇偈》："护草木性，植彼蔷薇。眼根不染，见尔色非。"②

偈作者以释子为多，普通文士作偈的现象并不普遍。

二、偈的文体形态

独立成篇的偈文，语体四言、五言、六言、七言、八言都有，篇幅也不限 4 句，甚至有长篇偈文。作者或信佛或通晓佛教。偈的内容通常是借佛理说俗事，表达对世事人生的各种感悟。其文体构成最多有标题、序、偈文三部分。有许多偈无序。

（一）标题

独立成篇的偈都有题目。其题目有标明"偈"的，也有不标"偈"字的。如《苏轼文集》③ 所收偈 20 首，题目全有"偈"字。元释清珙《石屋禅师山居偈赞》1 卷，其偈文题目全无"偈"字。宋惠洪《石门文字禅》卷 17 "偈颂"共 118 篇，题目标明"偈"的 42 篇，其余题目皆无"偈"字。如《读禅要法》《好菩萨》《警策》《题淡轩》之类。惠洪编集将这些不同题目的作品统称为"偈颂"，可知他是依体分类而不依题的。例如，《题石头顿斧亭》：

兀坐等闲酬客问，碌砖抛出亦光生。欲凭妙语分宾主，须识尘机有浊清。

---

① 参见［宋］饶节《倚松诗集》（卷 2），见《景印文渊阁四库全书》（第 1117 册），台湾商务印书馆 1986 年版，第 255 页。
② ［清］董诰等编：《全唐文》（卷 435），中华书局 1983 年版，第 4437 页。
③ 参见孔凡礼点校《苏轼文集》，中华书局 1986 年版。

麟角誉高推独步，石头路滑苦难行。草庵依旧青松下，睡起晴窗拨眼明。①

《云庵和尚生日烧香偈》：

妄见往来颠倒性，智入三际刹那定。即此名言是污染，知为污染心清净。

此知不属缘非缘，一丝不挂鱼脱渊。梦幻死生藏不得，永夜清宵常现前。②

以上两篇七言偈，都是典型的偈语禅意，虽然一篇题目无"偈"字，一篇有"偈"字，但两篇偈从文体形态到理念精神到劝诫功能完全一样。

不过同是偈体，同一作者在标题中分别使用偈、颂、赞等标志时，或许是有些细微差别的。如南唐释静、筠禅师所编《祖堂集》，偈体一类有多种名目，兹各举一例如下：

偈：

一切众生性清静，从本无生无可灭。即此身心是幻生，幻化之中无罪福。③

偈赞：

稽首三昧尊，不求于佛道。不礼亦不慢，心不生颠倒。不坐不懈怠，但食无所好。

虽慢而不迟，虽急而不躁。我今遇宝尊，和南依师教。④

---

① ［宋］惠洪：《石门文字禅》（卷17），见《景印文渊阁四库全书》（第1116册），台湾商务印书馆1986年版，第367页。

② ［宋］惠洪：《石门文字禅》（卷17），见《景印文渊阁四库全书》（第1116册），台湾商务印书馆1986年版，第365页。

③ ［南唐］静、筠二禅师撰，孙昌武等点校：《祖堂集》，中华书局2007年版，第5页。

④ ［南唐］静、筠二禅师撰，孙昌武等点校：《祖堂集》，中华书局2007年版，第69～70页。

赞：

> 阇夜多祖，格高貌古。锡有六环，田无半亩。
> 言下不生，何处不普？垂手入廛，他方此土。①

颂：

> 修多妙用勿功夫，返本还源是大愚。古佛不从修证得，直饶玄妙也崎岖。②

仔细品味不同篇目下的文字，单纯的偈和带有偈字的偈赞都偏重揭示理念，单纯的颂或赞则多一些歌颂赞美的意味。

如此将偈、颂、赞并归一类，是梵文化和中华文化互相影响的结果。偈是梵文"偈陀"的简称，本来就是佛经或佛事礼仪中的唱颂词。而颂、赞是中国传统文化早已有之的文体。慧皎《高僧传》曰：

> 东国之歌也，则结韵以成咏；西方之赞也，则作偈以和声。虽复歌赞为殊，而并以协谐钟律，符靡宫商，方乃奥妙。③

慧皎说"西方之赞也，则作偈以和声"，可见西方佛教文献中赞就是偈，即偈体赞歌。汉语诗歌有颂歌一体，祭文中有赞语部分。汉语译经者翻译偈赞，一定是采用了汉语颂、赞的形式，使之可以"协谐钟律，符靡宫商"。这样汉译的偈赞或偈颂，便是东西文化融汇的产物。不过由于汉语文体的颂、赞各有其义，所以独立成篇的偈，题目称偈还是偈赞还是偈颂，是有些区别的，已如上述。

独立偈的题目长短不一。短小者如惠洪《警策》《好菩萨》，苏轼《玉石偈》《地狱变相偈》等。长者兼有序的功能，如饶节《倚松诗集》有偈2首，其一题为《洞山宗禅师欲刻五百大阿罗汉，又建大阁居之。

---

① ［南唐］静、筠二禅师撰，孙昌武等点校：《祖堂集》，中华书局2007年版，第70页。
② ［南唐］静、筠二禅师撰，孙昌武等点校：《祖堂集》，中华书局2007年版，第432页。
③ ［梁］释慧皎撰、汤用彤校注、汤一玄整理：《高僧传》，中华书局1992年版，第507页。

其门人钦上人实领其化缘事。为作小偈送之》①，题长如序。

偈的题目无论长短，都以提示写作缘由为主，是否提示主题，则听其自然。以惠洪《石门文字禅》卷17"偈颂"为例②：题目只提示写作缘由者如《慎偅来侍求偈》《钦禅者乞偈》，题目与主题有关者如《食不继偈》《不能争得偈》等。还有少数偈既不提示写作缘由，也不提示主题，只标明偈体。如《四偈》，但这一组偈题目之下有序（下详）。

（二）序

序文在正文之前，交代写作背景、缘由等。篇幅或长或短，通常为散语。偈序最常见于联章组偈之前。如白居易《六赞偈》序：

> 乐天常有愿，愿以今生世俗文笔之因，翻为来世赞佛乘、转法轮之缘也。今年登七十，老矣病矣，与来世相去甚迩。故作六偈，跪唱于佛法僧前，欲以起因发缘，为来世张本也。③

序是宋人特别喜欢使用的文体元素。比如诗序虽然古已有之，但宋诗用之尤多。词序始于张先，盛于苏、黄。哀辞在宋代也变成了长序短辞的体制。擅长用序的苏轼，作偈也用长序。《苏轼文集》第22卷所存偈20首，其中8首有序。如《灵感观音偈并引》，引即序，112字：

> 或问居士："佛无不在。云何僧荣，所常供养，观世音像，独称灵感？"居士答言："譬如静夜，天清无云，我目无病，未有举头，而不见月，今此画像，方其画时，工适清净。又此僧荣，方供养时，秉心端严，不入诸相，无有我人。众生寿者，则观世音，廓然自现。"尔时居士，作此言已，心开形解，随其所得，而说偈言。［以

---

① ［宋］饶节：《倚松诗集》（卷2），见《景印文渊阁四库全书》（第1117册），台湾商务印书馆1986年版，第257页。
② 参见［宋］惠洪《石门文字禅》（卷17），见《景印文渊阁四库全书》（第1116册），台湾商务印书馆1986年版，第360～361、363～365页。
③ ［唐］白居易撰、谢思炜校注：《白居易文集校注》（卷34），中华书局2011年版，第2025页。

下偈语为四言韵语 30 句，略]①

其他七序并偈结构如下：
(1)《送寿圣聪长老偈并序》，序散体 181 字，偈五言韵语 12 句。
(2)《朱寿昌梁武忏赞偈并序》，序散体 236 字，偈四言韵语 34 句。
(3)《十二时中偈》，序散体 36 字，偈杂言韵语 48 字。
(4)《送僧应托偈》，序散体 31 字，偈四言韵语 4 句。
(5)《王晋卿前生图偈》，序散体 50 字，偈七言韵语 4 句。
(6)《送海印禅师偈》，序散体 85 字，偈七言韵语 4 句。
(7) 苏轼另有一偈长题似序：《东坡居士过龙光，求大竹作肩舆，得两竿。时南华珪首座方受请为此山长老，乃留一偈院中，须其至授之，以为他时语录中第一问》②。

苏轼又是题跋大家，他有 2 首偈后附跋语：《寒热偈》，偈四言无韵 128 字，跋散体 42 字；《养生偈》，偈四言韵语 84 字，跋散体 42 字。

惠洪作偈用序较少，《石门文字禅》118 篇"偈颂"，只有 1 篇序，即《四偈并序》。其序讲一个怨忿故事：

> 和州褒禅山二禅者，甲乙俱学于长老允平。平称乙才敏。甲忌，刻日夕以计倾之，平用之作维那。甲愈怒，以蠢语侵平。平不得已，用为监院。于是乙怨，羞列其下，不胜其忿，首于官曰："甲尝焚毁九曜帧子。"官囚甲。甲称平所教。坐此，平编管利州，甲编管洪州。甲见余哀诉曰："吾未死，犹复乙也。"余悯其为嗔火所焚，盖差缘耳。始俱学道，极善缘也。中相忌以私，缘差耳。终至于累其师。作四偈以劝学者，此风殆不可长也。③

此例之外，惠洪作的其他联章组偈都不用序。他虽然用序少，但其长题似序者并不少，如《政和二年余谪海外，馆琼州开元寺俨师院。遇其游行，

---

① 孔凡礼点校：《苏轼文集》，中华书局 1986 年版，第 641～642 页。
② 孔凡礼点校：《苏轼文集》，中华书局 1986 年版，第 649 页。
③ [宋] 惠洪：《石门文字禅》（卷 17），见《景印文渊阁四库全书》（第 1116 册），台湾商务印书馆 1986 年版，第 363 页。

市井宴坐，静室作务。时恐缘差失念，作日用偈八首》①。

序者叙也。偈语之序，不论长题似序还是另作序文，无非交代写作缘由或用韵方式。

（三）偈语

偈语多数有韵，也有无韵的。篇幅有长有短，通常每篇句式一致，也有杂言句式。

1. 韵

偈的正文绝大多数是韵文，其用韵类似古体诗，可平可仄可换。通常一首短偈押同一韵部，但联章组偈之各首不必押同一韵部。如白居易《八渐偈》之一、二：

> 《观偈》：以心中眼，观心外相。从何而有，从何而丧？观之又观，则辨真妄。
> 《觉偈》：惟真常在，为妄所蒙。真妄苟辨，觉生其中。不离妄有，而得真空。②

如果一首偈比较长，则可能换韵。如惠洪《云庵和尚生辰烧香偈》4句一换韵：

> 直心是道无虚假，是牛何曾呼作马。平生日日常一般，但知九旬为一夏。声色峥嵘争盖覆，法身散失无寻处。因缘时节属今朝，不用追求全体露。七十八年弹指过，元来诸数不曾堕。南台再拜炷炉香，重渠当时不说破。③

苏轼倚仗天纵大才，无论写作诗词文赋各体文章，往往破体求变，作

---

① ［宋］惠洪：《石门文字禅》（卷17），见《景印文渊阁四库全书》（第1116册），台湾商务印书馆1986年版，第371页。
② ［唐］白居易撰、谢思炜校注：《白居易文集校注》（卷2），中华书局2011年版，第106、108页。
③ ［宋］惠洪：《石门文字禅》（卷17），见《景印文渊阁四库全书》（第1116册），台湾商务印书馆1986年版，第361页。

偈也是这样。仅就用韵而言，他的偈用韵是比较自由随意的。如《养生偈》：

闲邪存诚，练气养精。一存一明，一练一清。清明乃极，丹元乃生。坎离乃交，梨枣乃成。中夜危坐，服此四药。一药一至，到极则处。几费千息，闲之廓然，存之卓然，养之郁然，炼之赫然。守之以一，成之以久。功在一日，何迟之有。①

苏轼甚至作无韵偈，20 篇偈中有 8 篇无韵。一般作者是绝对不敢这样的。如《寒热偈》四言无韵 128 字。若不按四言标点，也可以视为散文句式：

今岁大热八十余日，物我同病，是热非虚。方其热时，谓不复凉；及其既凉，热复安在？凡此寒热更相显见。热既无有，凉从何立？今我又复认此为凉，后日更凉，此还是热。毕竟寒热为无为有？如此分别，皆是众生客尘浮想。以此为达，无有是处。使谓为迷，则又不可。如火烧木，从木成炭，从炭成灰，为灰不已，了无一物。当以此偈更问子由。②

宋代破体作偈者不只苏轼一人。如惠洪的偈绝大多数有韵，偶尔无韵，如《林间录》后集载《小字华严经偈》，七言 48 句无韵。③

2. 篇幅

偈语用于口传心授，最好易诵易记，以便随时给人以警示点拨。其叙述不求完整，论述不求充分，言简意赅，点到即可。所以篇幅尚简短，文字须精炼，表达须含蓄，意味须深长。如《述佛品》中的一首偈语：

诸恶莫作，诸善奉行，自净其意，是诸佛教。④

---

① 孔凡礼点校：《苏轼文集》，中华书局 1986 年版，第 648 页。
② 孔凡礼点校：《苏轼文集》，中华书局 1986 年版，第 647 页。标点为笔者所改。
③ 参见［宋］惠洪《林间录》(后集)，见《景印文渊阁四库全书》(第 1052 册)，台湾商务印书馆 1986 年版，第 864 页。
④ 《大正新修大藏经》(第 4 卷)，佛陀教育基金会出版部 1990 年版，第 567 页。

16字将佛教要义做了恰当的概括，言简意赅，成为名篇。

《全唐文》中有李邕《藤偈》：

> 得彼柔性，契兹佛乘。岂无众木？我喻垂藤。①

苏轼最短的偈是《送僧应纯偈》：

> 一般口眼，两般肚肠。认取乡人，闻早归去。②

不过无论释家还是普通文士，既然写作独立成篇的偈，篇幅大多都不这么短，其写作也就不刻意追求易诵易记，只用于阅读。比如苏轼现存20首偈③，最长136字，最短16字。其中篇幅短者有七言4句6首，四言4句3首、四言6句1首。篇幅较长者有四言14句、21句、30句、32句、34句各1首，五言12句2首，七言12句、16句各1首。合计短、长各10首。

3. 句式

汉译佛经中的偈以四言或五言居多。比如反映原始佛教教义的《杂阿含经》卷44：

> 汝莫问所生，但当问所行。刻木为钻燧，亦能生于火。④

明王世贞《艺苑卮言》卷3曰：

> 诸佛经偈，梵语也。梵语有长短，何以五言？鸠摩罗什、玄奘辈增损而就汉也。⑤

后来文人所作独立于佛经之外的偈有四言、五言、六言、七言、八言

---

① ［清］董诰等编：《全唐文》，中华书局1983年版，第2661页。
② 孔凡礼点校：《苏轼文集》，中华书局1986年版，第641页。
③ 参见孔凡礼点校《苏轼文集》（第22卷），中华书局1986年版。
④ 中国佛教文化研究所点校：《杂阿含经》，宗教文化出版社1999年版，第1012页。
⑤ ［明］王世贞：《艺苑卮言》，凤凰出版社2009年版，第48页。

甚至杂言混用的。四言如前举白居易《八渐偈》《六赞偈》，惠洪《政和二年……日用偈八首》，等等。五言如苏轼《送寿圣聪长老偈》（序略）：

> 珍重寿圣师，听我送行偈。愿闵诸有情，不断一切法。人言眼睛上，一物不可住。
> 我谓如虚空，何物住不得。我亦非然我，而不然彼义。然则两皆然，否则无然者。①

六言偈如六言诗一样比较少见，前举《水浒传》鲁智深圆寂偈前4句是六言句。惠洪《石门文字禅》卷17中118篇偈颂，只有《堕轩》1篇是六言句式：

> 当初二祖说禅，拜起依位而立。后来百丈听法，卷却坐前拜席。
> 曹山一堕二目，老儿衣穿骨露。譬如弹指阁前，门开还合如故。②

杂言句式如苏轼《十二时中偈》，杂言韵语48字：

> 百滚油铛里，恣把心肝炸。遮个在其中，不寒亦不热。似则是似，是则未是。不唯遮个不寒热，那个也不寒热，咄！甚叫做遮个那个。③

宋人作偈七言较多，以下与诗比较辨析，兹不举例。

三、偈与诗的异同

汉语偈虽然多数使用诗歌四言、五言、七言押韵的文体形式，但本色的偈与诗是有明确差别的。敦煌文献中有很多释家偈文，句式大都比较整

---

① 孔凡礼点校：《苏轼文集》，中华书局1986年版，第643页。
② ［宋］惠洪：《石门文字禅》（卷17），见《景印文渊阁四库全书》（第1116册），台湾商务印书馆1986年版，第364页。
③ 孔凡礼点校：《苏轼文集》，中华书局1986年版，第645页。

齐。如五言《初夜无常偈》、七言《先洞山祖辞亲偈》、杂言《愿往生礼赞偈》等。语言风格比较通俗，文学性不强，主要阐述佛理，利于俗众接受。如《先洞山祖辞亲偈》：

> 不好浮荣不好儒，愿乐空门舍俗徒。烦恼尽时愁火灭，恩情断时爱河枯。
> 六道戒定香曳引，一念无生慧力扶。为报北堂休怅惘，譬如身死譬如无。①

虽然采用诗的齐言韵语形式，但终究是以佛理禅悟为宗旨的，它须保有那种因机致教、贵在简捷、不假雕饰的文风。晚唐诗僧齐己《龙牙和尚偈颂序》说偈"体同于诗，厥旨非诗"。如慧忠禅师《安心偈》："人法双净，善恶两忘。直心真实，菩提道场。"②

文士诗人写作独立成篇的偈，一般都尽量保持偈的本色，唯涉理路，不事文采。如被后世称为"诗佛"的王维，今存偈三题 10 首，全都毫无诗意。如《能禅师碑》结尾四言八句偈 5 首之五：

> 道遍四生，常依六趣。有漏圣智，无义章句。
> 六十二种，一百八喻。悉无所得，应如是住。③

王维能清楚地区别偈与诗的体性和风格，作偈便标明"偈曰"，不求诗意而唯求佛理禅意。作诗便追求诗歌艺术之美，即便那些被认为有禅意的诗，也都是地道的诗而不是偈。

又如晚年皈依佛门的白居易，其《八渐偈》采用佛偈常见的四言韵语形式，既独立成章又联章成组，每首偈四言 6 句，直涉理路，不事文采，全然偈体本色。如《定偈》：

---

① 黄永武主编：《敦煌宝藏》（第 16 册），台北新文丰出版公司 1984 年版，670 页。
② [宋] 曾慥编：《类说》（卷20），见《景印文渊阁四库全书》（第 873 册），台湾商务印书馆 1986 年版，第 356～357 页。
③ [唐] 王维撰、赵殿成笺注：《王右丞集笺注》（卷 25），上海古籍出版社 1984 年版，第 449 页。

> 真若不灭，妄即不起。六根之源，湛如止水。是为禅定，乃脱生死。①

只是四言诗的形式，但既无诗意，也不用诗歌表现手法。

又如苏轼的20篇偈全无诗意，倒是比释家之偈更有偈味。尤其是他有时破体为偈，把散语掺进偈中，如《养生偈》：

> 闲邪存诚，炼气养精。一存一明，一炼一清。清明乃极，丹元乃生。坎离乃交，梨枣乃成。中夜危坐，服此四药。一药一至，到极则处。几费千息，闲之阔然，存之卓然，养之郁然，炼之赫然。守之以一，成之以久。功在一日，何迟之有。《易》曰："闲邪存其诚。"详味此字，知邪中有诚，无非邪者，闲亦邪也。至于无所闲，乃见其诚者。幻灭灭故，非幻不灭。②

"《易》曰"以下使用散文句式和文法（孔凡礼点校本或因此而将这部分处理为小字，似自注）。他甚至有8篇偈连韵都没有。如《无相庵偈》：

> 出庵见庵，入庵见圆。问此圆相，何所因起。非土非木，亦非虚空。求此圆相，了不可得。乃至无有，无有亦无。是中有相，名大圆觉。是佛心也，是诸魔种。③

苏轼作偈有时会在韵语中杂以散语，齐言中掺入杂言，明显不是作诗的方式。他自编集时，明确地将偈编入文类。

又如钟惺《隐秀轩集》卷39《摄山偈并序》：

> ……忽从柱上见联句云："暮鼓晨钟，惊惺河山名利客；经声佛号，唤回苦海梦迷人。"与予姓名点画波撇丝毫不差。盖钟鼓之

---

① ［唐］白居易撰、谢思炜校注：《白居易文集校注》（卷2），中华书局2011年版，第109页。
② 孔凡礼点校：《苏轼文集》，中华书局1986年版，第648～649页。
③ 孔凡礼点校：《苏轼文集》，中华书局1986年版，第645页。

"钟"作"锺",惊醒之"醒"作"惺",神或告之矣。相与惊心动骨,爰书其事,系之以偈……偈曰:千错万错,两字偏错。千错万错,两字不错。我名我姓,明明道破。我面我目,头头借过。①

其中的偈绝对不是诗。

以上诸例说明在长期的文化传承中,偈与诗的区别在诗人心目中是很清楚的,诗是诗,偈是偈。偈讲究"义理明析,文字允正,辩而不华,质而不野"②(《高僧传》卷1)。偈崇尚机智敏捷、通俗易懂,多用佛教语汇。而诗歌崇尚空灵优美、典雅、含蓄、意境优美。

诗人写诗即便故意弄些佛理禅意,也绝不会把诗写成偈。如孟郊《听蓝溪僧为元居士说维摩经》:

古树少枝叶,真僧亦相依。山木自曲直,道人无是非。手持维摩偈,心向居士归。空景忽开霁,雪花犹在衣。洸然水溪昼,寒物生光辉。③

又如贾岛是诗人中著名的通佛者,他先曾为僧,后返初服。其崇拜者李洞尊其为"贾岛佛"。观其《长江集》378首诗中,《哭柏岩禅师》最有禅意,但仍然是诗而不是偈:

苔覆石床新,师曾占几春。写留行道影,焚却坐禅身。
塔院关松雪,经房锁隙尘。自嫌双泪下,不是解空人。④

文士诗人作偈力求写成本色的偈,释家诗人作偈则往往力求像诗。这是一种反文化本位的身份互换现象。比如唐代人称"天台三隐"的三位诗僧寒山、丰干、拾得。《四库全书·寒山集提要》:"寒山子,贞观中天台广兴县僧,居于寒岩,时还往国清寺。丰干、拾得则皆国清守寺僧。"

---

① [明] 钟惺著,李先耕、崔重庆校点:《隐秀轩集》,上海古籍出版社1992年版,第590~591页。
② [梁] 释慧皎撰、汤用彤校注、汤一玄整理:《高僧传》,中华书局1992年版,第5页。
③ [唐] 孟郊撰、华忱之校订:《孟东野诗集》,人民文学出版社1959年版,第171页。
④ [唐] 贾岛撰、齐文榜校注:《贾岛集校注》,人民文学出版社2001年版,第89页。

三位的社会身份是僧人，努力写作诗歌，往往偈味较浓，但他们自己明确认为写的是诗而不是偈。寒山自称：

> 五言五百篇，七字七十九。三字三十一，都来六百首。
> 一例书岩石，自夸云好手。若能会我诗，真是如来母。①

意思是"若能读懂我的诗，就是佛祖之母"。如此自信，既是炫耀自己诗中深含佛理禅意，又强调自己写的是诗而不是偈。《寒山集》实有诗308首，题目全无"偈"字。

三位诗僧经常交流切磋诗艺，以偈意为诗，语言风格近通俗而远典雅。丰干有诗描述三人的交往情景："寒山特相访，拾得常往来。论心话明月，太虚廓无碍。法界即无边，一法普遍该。"三人诗都有浓郁的偈味。以下例举寒山五言、七言、三言诗各一首：

> 鹦鹉宅西国，虞罗捕得归。美人朝夕弄，出入在庭帏。
> 赐以金笼贮，扃哉损羽衣。不如鸿与鹄，飘颻入云飞。②

> 世人何事可吁嗟，苦乐交煎勿底涯。生死往来多少劫，东西南北是谁家。③

> 寒山深，称我心。纯白石，勿黄金。泉声响，抚伯琴。有子期，辨此音。④

寒山诗大抵都是这类意思和风格，但无论文体形态还是意境意蕴，的确是诗而不是偈。后人有视之为偈者，如比他晚一些的诗僧齐己就说过"寒山偈莫吟"⑤。

---

① 钱学烈校注：《寒山诗校注》，广东高等教育出版社1991年版，第236页。
② 钱学烈校注：《寒山诗校注》，广东高等教育出版社1991年版，第46页。
③ 钱学烈校注：《寒山诗校注》，广东高等教育出版社1991年版，第186页。
④ 钱学烈校注：《寒山诗校注》，广东高等教育出版社1991年版，第262页。
⑤ [唐]齐己：《白莲集》（卷5《渚宫莫问诗一十五首》），见《景印文渊阁四库全书》（第1084册），台湾商务印书馆1986年版，第365页。

拾得的诗偈味也很浓，如：

> 欲得安身处，寒山可常保。微风吹幽松，远听声愈好。
> 下有斑白人，喃喃读黄老。十年归不得，忘却来时道。①

"安身处"是释家的一个命题，"读黄老""忘却"是道家哲学。诗写隐居境界，在静默的状态中，感观完全放松，忘却俗生世事。道、释哲学融于诗，其理趣类似偈语，其审美境界是诗意的，其形式是五言古体诗。又如：

> 无事闲快活，唯有隐居人。林花长似锦，四季色长新。
> 或向岩间坐，旋瞻见桂轮。虽然身畅逸，却念世上人。②

无事、闲、快活、隐居、身逸畅，正是道家生命哲学。"却念世上人"又似释家普渡众生的情怀。寓理于诗，略似偈语路数，但毕竟还是诗。所以拾得自己辩称：

> 我诗也是诗，有人唤作偈。诗偈总一般，读时须子细。
> 缓缓细披寻，不得生容易。依此学修行，大有可笑事。③

因为有人把他的诗"唤作偈"，他不同意，所以声明"我诗也是诗"。他特别提醒读者：诗与偈是有细微区别的。"也是诗"等于承认了"我诗"与一般诗歌的确有区别。若能"依此学修行"，就会看破世间很多"可笑事"。这又意味着作者承认自己的诗有偈的元素。

三位诗僧用比较通俗的语言、比较随意的风格作诗。他们的诗可称为偈体诗，与普通诗人之诗确有明显区别。

本文提出"偈体诗"这个概念，可分五个因素理解：一是以言说佛理禅意为主旨；二是虽然使用五、七言诗的句式，但并不遵守格律诗的规

---

① 赖永海主编：《中国佛教百科全书》，上海古籍出版社2000年版，第23页。
② 赖永海主编：《中国佛教百科全书》，上海古籍出版社2000年版，第26页。
③ 钱学烈校注：《寒山诗校注》，广东高等教育出版社1991年版，第269页。

矩，即不刻意遵守平仄、对仗、押韵、篇幅等方面的限制；三是不刻意追求诗歌语言的典雅和优美；四是不刻意使用传统诗歌比兴象征手法；五是不追求情景交融的诗美意境。

偈体诗模糊了诗与偈的体式和风格。偈与诗的区别有时变得比较微妙，甚至难以辨识了。比如《五灯会元》卷4载：

> 福州灵云志勤禅师，本州长溪人也。初在沩山，因见桃华悟道。有偈曰："三十年来寻剑客，几回落叶又抽枝。自从一见桃华后，直至如今更不疑。"①

志勤禅师写的显然是诗而不是偈，是一首标准的七言绝句。记载者却称"偈曰"。清郑方坤编《全闽诗话》，卷11录入此条，视之为诗。又如《五灯会元》卷10载：

> 僧问："雪窦一径，如何履践？"师曰："步步寒华结，言言彻底冰。"师有偈曰"孤猿叫落中岩月，野客吟残半夜灯。此境此时谁得意？白云深处坐禅僧"。②

智觉禅师的"偈曰"是标准的七言绝句诗，写僧侣的山居生活情景，诗意优美浓郁，并不是警示人生的偈语。如此诗意的"偈曰"，很容易被归入诗类。如惠洪《冷斋夜话》卷6《诵智觉禅师诗》条：

> 智觉禅师，住雪窦之中岩，尝作诗曰："孤猿叫落中岩月，野客吟残半夜灯。此境此时谁得意，白云深处坐禅僧。"诗语未工，而其气韵无一点尘埃。③

又如最著名的诗偈故事——

---

① ［宋］普济著、苏渊雷点校：《五灯会元》（卷4），中华书局1984年版，第239页。
② ［宋］普济著、苏渊雷点校：《五灯会元》（卷10），中华书局1984年版，第604页。
③ ［宋］惠洪撰、陈新点校：《冷斋夜话》，中华书局1988年版，第49页。

>　　神秀禅师题廊壁偈：身是菩提树，心如明镜台。时时勤拂拭，勿使惹尘埃。①
>　　六祖慧能禅师题和：菩提本无树，明镜亦非台。本来无一物，何处惹尘埃。②

这大概是中国释文化中最著名的偈体诗故事了，因为用了诗歌的比喻手法，所以虽然文献称"偈"，但其实更符合本文所谓"偈体诗"。

又如《五代诗话》卷 9 载句居士偈体七言律诗《敬礼瓦屋和尚塔偈》：

>　　大空无尽劫成尘，玄步孤高物外人。日本国来寻彼岸，洞山林下过迷津。
>　　流流法乳谁无分，了了教知我最亲。一百六十三岁后，方于此塔葬全身。③

又如《五代诗话》卷 8 载：

>　　太祖将问罪江南，李后主用谋臣计，欲拒王师。法眼禅师观牡丹于大内，作偈讽之云："拥毳对芳丛，由来趣不同。发从今日白，花是去年红。艳冶随朝露，馨香逐晚风。何须待零落，然后始知空。"后主不悟，而宋师渡江。④

法眼禅师的偈实是一首偈体五言律诗。《五代诗话》的作者显然是将以上两首视为律诗的。

诗是文学性的语言艺术，偈是宗教性的语言艺术，二者形近神异。饶节《答惇上人七首》其六云：

---

① 丁福保笺注：《坛经》，上海古籍出版社 2011 年版，第 14 页。
② 丁福保笺注：《坛经》，上海古籍出版社 2011 年版，第 20 页。
③ ［清］王士禛原编、［清］郑方坤删补、戴鸿森校点：《五代诗话》（卷 9），人民文学出版社 1989 年版，第 344 页。
④ ［清］王士禛原编、［清］郑方坤删补、戴鸿森校点：《五代诗话》（卷 8），人民文学出版社 1989 年版，第 336 页。

> 铁面禅师骂学诗,为怜虚度太平时。须知十万八千偈,不比人间绝妙辞。①

这是诗人与禅师关于偈与诗的争论。禅师认为学诗无用,不如偈可以警世喻人。诗人认为偈虽有用,但不如诗"绝妙"。诗人关注的是审美愉悦。

---

① 《全宋诗》(卷1287),北京大学出版社1998年版,第14588页。

参考文献

一、图书

[1] 韩琦. 安阳集编年笺注［M］. 李之亮，徐正英，校笺. 成都：巴蜀书社，2000.
[2] 欧阳修. 欧阳修全集［M］. 李逸安，点校. 北京：中华书局，2001.
[3] 欧阳修. 欧阳修全集［M］. 影印本. 北京：中国书店，1986.
[4] 白居易. 白居易文集校注［M］. 谢思炜，校注. 北京：中华书局，2011.
[5] 齐己. 白莲集［M］//景印文渊阁四库全书：第1084册. 台北：台湾商务印书馆，1986.
[6] 尊者僧伽斯那. 百喻经译注［M］. 萧齐天竺三藏求那毗地，译. 王孺童，译注. 北京：中华书局，2012.
[7] 杨伯峻. 春秋左传注［M］. 北京：中华书局，1981.
[8] 洪兴祖. 楚辞补注［M］. 白化文，点校. 北京：中华书局，1983.
[9] 曹丕集校注［M］. 魏宏灿，校注. 合肥：安徽大学出版社，2009.
[10] 曹植集校注［M］. 赵幼文，校注. 北京：人民文学出版社，1984.
[11] 石介. 徂徕石先生文集［M］. 陈植锷，点校. 北京：中华书局，1984.
[12] 王钦若，等. 册府元龟［M］. 北京：中华书局，1985.
[13] 徐火勃，等. 蔡襄集［M］. 吴以宁，点校. 上海：上海古籍出版社，1996.
[14] 蔡襄. 蔡襄全集［M］. 陈庆元，欧明俊，陈贻庭，校注. 福州：福建人民出版社，1999.
[15] 陈亮集（增订本）［M］. 邓广铭，点校. 北京：中华书局，1987.
[16] 楼昉. 崇古文诀［M］. 王鸿渐，刻. 重刊本. 1533（明嘉靖十二年）.
[17] 楼昉. 崇古文诀［M］//景印文渊阁四库全书：第1354册. 台北：

台湾商务印书馆，1986.
［18］王应麟. 辞学指南［M］//景印文渊阁四库全书：第 948 册. 台北：台湾商务印书馆，1986.
［19］明复法师. 禅门逸书初编［M］. 台北：明文书局，1980.
［20］孙奎. 春晖园赋苑卮言［M］//王冠. 赋话广聚. 北京：北京图书馆出版社，2006.
［21］蓝吉富. 禅宗全书［M］. 影印本. 北京：北京图书馆出版社，2004.
［22］林纾. 春觉斋论文［M］. 范先渊，校点. 北京：人民文学出版社，1959.
［23］傅增湘. 藏园群书经眼录［M］. 北京：中华书局，2009.
［24］郭建勋. 辞赋文体研究［M］. 北京：中华书局，2007.
［25］蔡邕. 独断［M］//景印文渊阁四库全书：第 850 册. 台北：台湾商务印书馆，1986.
［26］梅鼎祚. 东汉文纪［M］//景印文渊阁四库全书：第 1397 册. 台北：台湾商务印书馆，1986.
［27］黄永武. 敦煌宝藏［M］. 台北：新文丰出版股份有限公司，1984.
［28］项楚. 敦煌变文选注［M］. 北京：中华书局，2006.
［29］朋九万. 东坡乌台诗案［M］//王云五. 丛书集成初编：第 785 册. 北京：中华书局，1985.
［30］苏轼. 东坡乐府笺［M］. 朱孝臧，编年. 龙榆生，校笺. 朱怀春，标点. 上海：上海古籍出版社，2009.
［31］吴升. 大观录［M］//续修四库全书：第 1066 册. 上海：上海古籍出版社，2002.
［32］王芑孙. 读赋卮言［M］//王冠. 赋话广聚：第 3 册. 北京：北京图书馆出版社，2006.
［33］张泽洪. 道教斋醮科仪研究［M］. 成都：巴蜀书社，1999.
［34］大正新修大藏经［M］. 台北：佛陀教育基金会出版部，1990.
［35］道藏［M］. 北京：文物出版社，1996.
［36］李商隐. 樊南文集［M］. 冯浩详，注. 钱振伦，钱振常，笺注. 上海：上海古籍出版社，1988.
［37］杜牧. 樊川文集［M］. 陈允吉，校点. 上海：上海古籍出版社，1978.
［38］范仲淹全集［M］. 李勇先，王蓉贵，校点. 成都：四川大学出版

社，2002.

[39] 汪藻. 浮溪集［M］. 北京：中华书局，1985.

[40] 李调元. 赋话［M］//王冠. 赋话广聚：第3册. 北京：北京图书馆出版社，2006.

[41] 铃木虎雄. 赋史大要［M］. 殷石臞，译//王冠. 赋话广聚：第6册. 北京：北京图书馆出版社，2006.

[42] 马积高. 赋史［M］. 上海：上海古籍出版社，1987.

[43] 徐元诰. 国语集解［M］. 修订本. 王树民，沈长云，点校. 北京：中华书局，2002.

[44] 吕祖谦. 古文关键［M］//王云五. 丛书集成初编：第1821册. 北京：中华书局，1985.

[45] 楼钥. 攻愧集［M］//景印文渊阁四库全书：第1152册. 台北：台湾商务印书馆，1986.

[46] 王霆震. 古文集成［M］//景印文渊阁四库全书：第1359册. 台北：台湾商务印书馆，1986.

[47] 祝穆. 古今事文类聚［M］//景印文渊阁四库全书：第927册. 台北：台湾商务印书馆，1986.

[48] 祝尧. 古赋辩体［M］//景印文渊阁四库全书：第1366册. 台北：台湾商务印书馆，1986.

[49] 释正勉，释性通. 古今禅藻集［M］//景印文渊阁四库全书：第1416册. 台北：台湾商务印书馆，1986.

[50] 姚鼐. 古文辞类纂［M］. 胡士明，李祚唐，标校. 上海：上海古籍出版社，1998.

[51] 李扶九. 古文笔法百篇［M］. 黄仁黼，重订. 长沙：岳麓书社，1984.

[52] 陈梦雷. 古今图书集成［M］. 蒋廷锡，校订. 北京：中华书局，1984—1988.

[53] 许同莘. 公牍学史［M］. 王毓，孔德兴，校点. 北京：档案出版社，1989.

[54] 刘逸生. 龚自珍己亥杂诗注［M］. 北京：中华书局，1980.

[55] 王国维. 观堂集林［M］. 北京：中华书局，1959.

[56] 王力. 古代汉语［M］. 北京：中华书局，1964.

[57] 班固. 汉书［M］. 北京：中华书局，1962.

[58] 范晔. 后汉书 [M]. 李贤, 等, 注. 北京: 中华书局, 1973.
[59] 王先谦. 后汉书集解 [M]. 北京: 中华书局, 1984.
[60] 张溥. 汉魏六朝百三家集 [M] //景印文渊阁四库全书: 第1412册. 台北: 台湾商务印书馆, 1986.
[61] 来裕恂. 汉文典注释 [M]. 高维国, 张格, 注释. 天津: 南开大学出版社, 1993.
[62] 刘真伦. 韩愈集宋元传本研究 [M]. 北京: 中国社会科学出版社, 2004.
[63] 马其昶. 韩昌黎文集校注 [M]. 马茂元, 整理. 上海: 上海古籍出版社, 1986.
[64] 皇甫湜. 皇甫持正集 [M] //景印文渊阁四库全书: 第1078册. 台北: 台湾商务印书馆, 1986.
[65] 荆浩. 画山水赋 [M] //景印文渊阁四库全书: 第812册. 台北: 台湾商务印书馆, 1986.
[66] 钱学烈. 寒山诗校注 [M]. 广州: 广东高等教育出版社, 1991.
[67] 黄庭坚. 黄庭坚全集 [M]. 刘琳, 李勇先, 王蓉贵, 校点. 成都: 四川大学出版社, 2001.
[68] 陈师道. 后山居士文集 [M]. 上海: 上海古籍出版社, 1984.
[69] 秦观. 淮海集笺注 [M]. 徐培均, 笺注. 上海: 上海古籍出版社, 1994.
[70] 孙觌. 鸿庆居士集 [M] //景印文渊阁四库全书: 第1135册. 台北: 台湾商务印书馆, 1986.
[71] 罗大经. 鹤林玉露 [M]. 王瑞来, 点校. 北京: 中华书局, 1983.
[72] 罗大经. 鹤林玉露 [M]. 孙雪霄, 校点. 北京: 中华书局, 2012.
[73] 洪遵. 翰苑群书 [M] //傅璇琮, 施纯德, 编. 翰学三书. 沈阳: 辽宁教育出版社, 2003.
[74] 陈模. 怀古录校注 [M]. 郑必俊, 校注. 北京: 中华书局, 1993年.
[75] 赵翼. 陔余丛考 [M]. 北京: 中华书局, 1963.
[76] 曹雪芹, 高鹗. 红楼梦 [M]. 北京: 人民文学出版社, 1996.
[77] 长泽规矩也. 和刻本汉诗集成 [M]. 东京: 汲古书院, 1975.
[78] 欧阳哲生. 胡适文集 [M]. 北京: 北京大学出版社, 1998.

[79] 郭锡良. 汉字古音手册 [M]. 北京：北京大学出版社, 1986.
[80] 江淹. 江文通集汇注 [M]. 胡之骥, 注. 北京：中华书局, 1984.
[81] 房玄龄, 等. 晋书 [M]. 北京：中华书局, 1974.
[82] 贾岛. 贾岛集校注 [M]. 齐文榜, 校注. 北京：人民文学出版社, 2001.
[83] 刘昫, 等. 旧唐书 [M]. 北京：中华书局, 1975.
[84] 晁公武. 郡斋读书志校证 [M]. 孙猛, 校证. 上海：上海古籍出版社, 2011.
[85] 林景熙. 霁山集 [M]. 上海：中华书局, 1960.
[86] 章学诚. 校雠通义通解 [M]. 王重民, 通解. 上海：上海古籍出版社, 1987.
[87] 林联桂. 见星庐赋话 [M]. //王冠. 赋话广聚：第 3 册. 北京：北京图书馆出版社, 2006.
[88] 陈寅恪. 金明馆丛稿二编 [M]. 北京：生活·读书·新知三联书店, 2001.
[89] 朱剑心. 金石学 [M]. 北京：文物出版社, 1981.
[90] 景印文渊阁四库全书 [M]. 台北：台湾商务印书馆, 1986.
[91] 岳珂. 愧郯录 [M] //景印文渊阁四库全书：第 865 册. 台北：台湾商务印书馆, 1986.
[92] 陈士珂. 孔子家语疏证 [M]. 影印本. 上海：上海书店, 1987.
[93] 杨伯峻. 论语译注 [M]. 北京：中华书局, 1980.
[94] 陆机. 陆士衡文集校注 [M]. 刘运好, 校注. 南京：凤凰出版社, 2007.
[95] 萧统. 六臣注文选 [M]. 李善, 等, 注. 北京：中华书局, 1987.
[96] 骆宾王. 骆临海集笺注 [M]. 陈熙晋, 笺注. 上海：上海古籍出版社, 1985.
[97] 卢照邻. 卢照邻集笺注 [M]. 祝尚书, 笺注. 上海：上海古籍出版社, 1994.
[98] 卢照邻. 卢照邻集 [M]. 徐明霞, 点校. 北京：中华书局, 1980；杨炯. 杨炯集 [M]. 徐明霞, 点校. 北京：中华书局, 1980.
[99] 李翱. 李文公集 [M]. 上海：上海古籍出版社, 1993.
[100] 刘禹锡集 [M]. 北京：中华书局, 1990.

[101] 柳宗元集［M］. 北京：中华书局，1979.
[102] 柳宗元. 柳河东集［M］. 上海：上海古籍出版社，2008.
[103] 张彦远. 历代名画记［M］//景印文渊阁四库全书：第812册. 台北：台湾商务印书馆，1986.
[104] 王安石. 临川文集［M］//景印文渊阁四库全书：第1105册. 台北：台湾商务印书馆，1986.
[105] 王安石. 临川先生文集［M］. 北京：中华书局，1959.
[106] 惠洪. 林间录［M］//景印文渊阁四库全书：第1052册. 台北：台湾商务印书馆，1986.
[107] 惠洪. 冷斋夜话［M］. 陈新，点校. 北京：中华书局，1988.
[108] 曾慥. 类说［M］//景印文渊阁四库全书：第873册. 台北：台湾商务印书馆，1986.
[109] 李纲全集［M］. 长沙：岳麓书社，2004.
[110] 李觏集［M］. 北京：中华书局，1981.
[111] 陆九渊集［M］. 钟哲，点校. 北京：中华书局，1980.
[112] 张元幹. 芦川归来集［M］. 上海：上海古籍出版社，1978.
[113] 陆游集［M］. 北京：中华书局，1976.
[114] 陆游. 老学庵笔记［M］. 李剑雄，刘德全，点校. 北京：中华书局，1979.
[115] 黄灵庚，吴战垒. 吕祖谦全集［M］. 杭州：浙江古籍出版社，2008.
[116] 辛更儒. 刘克庄集笺校［M］. 北京：中华书局，2011.
[117] 刘弇. 龙云集［M］//景印文渊阁四库全书：第1119册. 台北：台湾商务印书馆，1986.
[118] 魏天应，林子长. 论学绳尺［M］//景印文渊阁四库全书：第1358册. 台北：台湾商务印书馆，1986.
[119] 浦铣. 历代赋话校证［M］. 何新文，路成文，校证. 上海：上海古籍出版社，2007.
[120] 何文焕. 历代诗话［M］. 北京：中华书局，1981.
[121] 丁福保. 历代诗话续编［M］. 北京：中华书局，1983.
[122] 刘大櫆，吴德旋，林纾. 论文偶记；初月楼古文绪论；春觉斋论文［M］. 北京：人民文学社，1998.

[123] 薛绥之, 张俊才. 林纾研究资料 [M]. 福州: 福建人民出版社, 1982.

[124] 刘师培. 刘申叔遗书 [M]. 影印本. 南京: 江苏古籍出版社, 1997.

[125] 刘师培. 刘师培全集 [M]. 影印本. 北京: 中共中央党校出版社, 1997.

[126] 马积高. 历代辞赋研究史料概述 [M]. 北京: 中华书局, 2001.

[127] 王水照. 历代文话 [M]. 上海: 复旦大学出版社, 2007.

[128] 杨伯峻. 孟子译注 [M]. 北京: 中华书局, 1960.

[129] 孟郊. 孟东野诗集 [M]. 华忱之, 校订. 北京: 人民文学出版社, 1959.

[130] 汤汉. 妙绝古今 [M]//中华再造善本. 影印本. 北京: 北京图书馆出版社, 2005.

[131] 陈善. 扪虱新话 [M]. 北京: 中华书局, 1985.

[132] 王铚. 默记 [M]. 朱杰人, 点校. 北京: 中华书局, 1981; 王栐. 燕翼诒谋录 [M]. 诚刚, 点校. 北京: 中华书局, 1981.

[133] 黄干. 勉斋集 [M]//景印文渊阁四库全书: 第1168册. 台北: 台湾商务印书馆, 1986.

[134] 游九言. 默斋遗稿 [M]//景印文渊阁四库全书: 第1178册. 台北: 台湾商务印书馆, 1986.

[135] 韦吉安. 梅磵诗话 [M]//丁福保. 历代诗话续编. 北京: 中华书局, 1983.

[136] 李延寿. 南史 [M]. 北京: 中华书局, 1975.

[137] 吴曾. 能改斋漫录 [M]. 上海: 上海古籍出版社, 1979.

[138] 严可均. 全上古三代秦汉三国六朝文 [M]. 北京: 中华书局, 1958.

[139] 费振刚, 仇仲谦, 刘南平. 全汉赋校注 [M]. 广州: 广东教育出版社, 2005.

[140] 董诰, 等. 全唐文 [M]. 上海: 上海古籍出版社, 1990.

[141] 钱起. 钱仲文集 [M]//景印文渊阁四库全书: 第1072册. 台北: 台湾商务印书馆, 1986.

[142] 李调元. 全五代诗 [M]. 何光清, 点校. 成都: 巴蜀书社, 1992.

[143] 郭祥正. 青山续集 [M]//景印文渊阁四库全书: 第1116册. 台

北：台湾商务印书馆，1986.

[144] 谢深甫. 庆元条法事类［M］//续修四库全书：第861册. 上海：上海古籍出版社，2002.

[145] 傅璇琮，等. 全宋诗［M］. 北京：北京大学出版社，1991—1998.

[146] 曾枣庄，刘琳. 全宋文［M］. 上海：上海辞书出版社，2006.

[147] 洪迈. 容斋随笔［M］. 上海：上海古籍出版社，1978.

[148] 洪迈. 容斋随笔·容斋续笔［M］. 孔凡礼，点校. 北京：中华书局，2005.

[149] 顾炎武. 日知录集释［M］. 黄汝成，集释. 栾保群，吕宗力，校点. 上海：上海古籍出版社，2006.

[150] 李绰. 尚书故实［M］//景印文渊阁四库全书：第862册. 台北：台湾商务印书馆，1986.

[151] 王力. 诗经韵读［M］. 上海：上海古籍出版社，1980.

[152] 高亨. 诗经今注［M］. 上海：上海古籍出版社，1980.

[153] 郭璞. 山海经校注［M］. 袁珂，校注. 上海：上海古籍出版社，1980.

[154] 十三经注疏［M］. 阮元，校刻. 北京：中华书局，1980.

[155] 十三经注疏［M］. 龚抗云，整理. 北京：北京大学出版社，1999.

[156] 刘向. 说苑校证［M］. 向宗鲁，校证. 北京：中华书局，1987.

[157] 许慎. 说文解字注［M］. 段玉裁，注. 上海：上海古籍出版社，1981.

[158] 崔寔. 四民月令校注［M］. 石声汉，校注. 北京：中华书局，1965.

[159] 王先谦. 释名疏证补［M］. 上海：上海古籍出版社，1984.

[160] 陈寿. 三国志［M］. 裴松之，注. 北京：中华书局，1982.

[161] 魏徵，等. 隋书［M］. 北京：中华书局，1973.

[162] 李贺. 三家评注李长吉歌诗［M］. 王琦，等，评注. 上海：上海古籍出版社，1998.

[163] 刘知几. 史通［M］. 上海：上海古籍出版社，2008年.

[164] 司马光. 司马温公集编年笺注［M］. 李之亮，笺注. 成都：巴蜀书社，2009.

[165] 司马光. 司马氏书仪［M］//王云五. 丛书集成初编：第1040

册. 北京：中华书局，1985.

[166] 苏轼. 苏东坡全集［M］. 影印本. 北京：中国书店，1986.

[167] 苏轼. 苏轼文集［M］. 孔凡礼，点校. 北京：中华书局，1986.

[168] 孔凡礼. 苏轼年谱［M］. 北京：中华书局，1998 年.

[169] 曾枣庄. 苏轼研究史［M］. 南京：江苏教育出版社，2001.

[170] 刘尚荣. 苏轼著作版本论丛［M］. 成都：巴蜀书社，1988.

[171] 苏辙. 苏辙集［M］. 陈宏天，高秀芳，点校. 北京：中华书局，1990.

[172] 郑潜起. 声律关键［M］//宛委别藏：116 册. 南京：江苏古籍出版社，1988.

[173] 四川大学古籍整理研究所. 宋集珍本丛刊［M］. 北京：中国线装书局，2004.

[174] 吕祖谦. 宋文鉴［M］//景印文渊阁四库全书：第 1351 册. 台北：台湾商务印书馆，1986.

[175] 吕祖谦. 宋文鉴［M］. 齐治平，点校. 北京：中华书局，1992.

[176] 郭绍虞. 宋诗话辑佚［M］. 北京：中华书局，1980.

[177] 脱脱，等. 宋史［M］. 北京：中华书局，1985.

[178] 徐松. 宋会要辑稿［M］. 影印本. 北京：中华书局，1957.

[179] 曾枣庄. 宋代文学与宋代文化［M］. 上海：上海人民出版社，2006.

[180] 龚延明. 宋代官制辞典［M］. 北京：中华书局，1997.

[181] 祝尚书. 宋代科举与文学考论［M］. 郑州：大象出版社，2006.

[182] 曾枣庄，李凯，彭君华. 宋文纪事［M］. 成都：四川大学出版社，1995.

[183] 叶国良. 宋代金石学研究［M］. 台北：台湾书房出版有限公司，2011.

[184] 施懿超. 宋四六论稿［M］. 上海：上海古籍出版社，2005.

[185] 胡应麟. 少室山房笔丛［M］. 北京：中华书局，1958.

[186] 施耐庵，罗贯中. 水浒传［M］. 北京：人民文学出版社，1997.

[187] 沈德潜. 说诗晬语［M］. 霍松林，校注. 北京：人民文学出版社，1979.

[188] 永瑢，等. 四库全书总目［M］. 北京：中华书局，1965.

[189] 阮元. 四六丛话［M］//续修四库全书：第 1715 册. 上海：上海

古籍出版社, 2002.
[190] 陶秉福. 四库释家集成 [M]. 影印本. 北京: 同心出版社, 1994.
[191] 陶渊明集 [M]. 逯钦立, 校注. 北京: 中华书局, 1979.
[192] 杜佑. 通典 [M]. 北京: 中华书局, 1984.
[193] 姚铉. 唐文粹 [M] //景印文渊阁四库全书: 第1344册. 台北: 台湾商务印书馆, 1986.
[194] 高海夫. 唐宋八大家文钞校注集评 [M]. 西安: 三秦出版社, 1998.
[195] 鲍明炜. 唐代诗文韵部研究 [M]. 南京: 江苏古籍出版社, 1990.
[196] 王兆鹏. 唐代科举考试诗赋用韵研究 [M]. 济南: 齐鲁书社, 2004.
[197] 于济, 蔡正孙. 唐宋千家联珠诗格校证 [M]. 徐居正, 等, 增注. 卞东波, 校证. 南京: 凤凰出版社, 2007.
[198] 胡松. 唐宋元名表 [M] //景印文渊阁四库全书: 第1382册. 台北: 台湾商务印书馆, 1986.
[199] 储欣. 唐宋十大家全集录 [M] //四库全书存目丛书: 第405册. 影印本. 济南: 齐鲁书社, 1997.
[200] 杨慎. 谭苑醍醐 [M] //景印文渊阁四库全书: 第855册. 台北: 台湾商务印书馆, 1986.
[201] 坛经 [M]. 丁福保, 笺注. 上海: 上海古籍出版社, 2011.
[202] 魏收. 魏书 [M]. 北京: 中华书局, 1974.
[203] 刘勰. 文心雕龙注 [M]. 范文澜, 注. 北京: 人民文学出版社, 1958.
[204] 刘勰. 文心雕龙校释 [M]. 刘永济, 校释. 北京: 中华书局, 1962.
[205] 刘勰. 文心雕龙义证 [M]. 詹锳, 义证. 上海: 上海古籍出版社, 1989.
[206] 任昉. 文章缘起注·续文章缘起 [M]. 陈懋仁, 注//王云五. 丛书集成初编: 第2625册. 北京: 中华书局, 1985.
[207] 萧统. 文选 [M]. 李善, 注. 北京: 中华书局, 1977.
[208] 王勃. 王子安集 [M]. 上海: 上海古籍出版社, 1992.
[209] 王勃. 王子安集注 [M]. 蒋清翊, 注. 上海: 上海古籍出版社, 1995.
[210] 王维. 王右丞集笺注 [M]. 赵殿成, 笺注. 上海: 上海古籍出版

社，1984.

[211] 弘法大师. 文镜秘府论校注 [M]. 王利器，校注. 北京：中国社会科学出版社，1983.

[212] 魏仲举. 五百家注昌黎文集 [M] //景印文渊阁四库全书：第1074册. 台北：台湾商务印书馆，1986.

[213] 王士禛. 五代诗话 [M]. 郑方坤，删补. 戴鸿森，校点. 北京：人民文学出版社，1989.

[214] 李昉. 文苑英华 [M]. 北京：中华书局，1966.

[215] 胡宿. 文恭集 [M] //景印文渊阁四库全书：第1088册. 台北：台湾商务印书馆，1986.

[216] 余靖. 武溪集校笺 [M]. 黄志辉，校笺. 天津：天津古籍出版社，2000.

[217] 王令集 [M]. 沈文倬，校点. 上海：上海古籍出版社，1980.

[218] 周必大. 文忠集 [M]. 周纶，编//景印文渊阁四库全书：第1147册. 台北：台湾商务印书馆，1986.

[219] 汪应辰. 文定集 [M]. 北京：中华书局，1985.

[220] 梅溪集重刊委员会. 王十朋全集 [M]. 上海：上海古籍出版社，1998.

[221] 普济. 五灯会元 [M]. 苏渊雷，点校. 北京：中华书局，1984.

[222] 渭南文集 [M] //四川大学古籍整理研究所. 宋集珍本丛刊. 宋嘉定十三年刻本影印本. 北京：中国线装书局，2004.

[223] 真德秀. 文章正宗 [M] //景印文渊阁四库全书：第1355册. 台北：台湾商务印书馆，1986.

[224] 谢枋得. 文章轨范 [M] //景印文渊阁四库全书：第1359册. 台北：台湾商务印书馆，1986.

[225] 陈骙，文则 [M]. 王利器，校点. 北京：人民文学出版社，1960；李淦. 文章精义 [M]. 王利器，校点. 北京：人民文学出版社，1960.

[226] 马端临. 文献通考 [M]. 北京：中华书局，1986.

[227] 陈绎曾. 文筌 [M] //续修四库全书：第1713册. 上海：上海古籍出版社，2002.

[228] 吴讷. 文章辨体 [M] //续修四库全书：第1602册. 上海：上海

古籍出版社，2002.

[229] 徐师曾. 文体明辩 [M] //四库全书存目丛书：第 312 册. 影印本. 济南：齐鲁书社，1997.

[230] 吴讷. 文章辨体序说 [M]. 于北山，校点. 北京：人民文学出版社，1962；徐师曾. 文体明辨序说 [M]. 罗根泽，校点. 北京：人民文学出版社，1962.

[231] 杨讷，李晓明. 文渊阁四库全书补遗 [M]. 影印本. 北京：书目文献出版社，1997.

[232] 王国维论学集 [M]. 傅杰，编校. 昆明：云南人民出版社，2008.

[233] 王先谦. 荀子集解 [M]. 沈啸寰，王星贤，点校. 北京：中华书局，1988.

[234] 章诗同. 荀子简注 [M]. 上海：上海人民出版社，1974.

[235] 欧阳修，宋祁. 新唐书 [M]. 北京：中华书局，1975.

[236] 王禹偁. 小畜集 [M] //王云五. 万有文库：第二集. 上海：商务印书馆，1937.

[237] 叶适. 习学记言序目 [M]. 北京：中华书局，1977.

[238] 刘跂. 学易集 [M] //景印文渊阁四库全书：第 1121 册. 台北：台湾商务印书馆，1986.

[239] 刘应李. 新编事文类聚翰墨全书 [M] //四库全书存目丛书：第 169 册. 影印本. 济南：齐鲁书社，1997.

[240] 谢枋得. 谢叠山全集校注 [M]. 熊飞，等，校注. 上海：华东师范大学出版社，1995.

[241] 王闿运. 湘绮楼诗文集 [M]. 马积高，主编. 长沙：岳麓书社，2008.

[242] 中国科学院图书馆. 续修四库全书总目提要（稿本）[M]. 济南：齐鲁书社，1996.

[243] 吴则虞. 晏子春秋集释 [M]. 北京：中华书局，1982.

[244] 颜之推. 颜氏家训集解 [M]. 王利器，集解. 增补本. 北京：中华书局，1996.

[245] 庾信. 庾子山集注 [M]. 倪璠，注. 许逸民，校点. 北京：中华书局，1980.

[246] 欧阳询，等. 艺文类聚 [M]. 上海：上海古籍出版社，1982.

[247] 黄庭坚. 豫章黄先生文集 [M] //四部丛刊初编：第 164 册. 影印本. 上海：上海书店, 1989.

[248] 杨万里集笺校 [M]. 辛更儒, 笺校. 北京：中华书局, 2007.

[249] 叶适集 [M]. 刘公纯, 王孝鱼, 李哲夫, 点校. 北京：中华书局, 2010.

[250] 饶节. 倚松诗集 [M] //景印文渊阁四库全书：第 1117 册. 台北：台湾商务印书馆, 1986.

[251] 程大昌. 演繁露正续外三种 [M]. 影印本. 台北：新文丰出版股份有限公司, 1984.

[252] 刘埙. 隐居通议 [M] //景印文渊阁四库全书：第 866 册. 台北：台湾商务印书馆, 1986.

[253] 苏天爵. 元文类 [M] //景印文渊阁四库全书：第 1367 册. 台北：台湾商务印书馆, 1986.

[254] 张萱. 疑耀 [M] //王云五. 丛书集成初编：第 341 册. 北京：中华书局, 1985.

[255] 王世贞. 艺苑卮言 [M]. 陆洁栋, 周明初, 批注. 南京：凤凰出版社, 2009.

[256] 钟惺. 隐秀轩集 [M]. 李先耕, 崔重庆, 校点. 上海：上海古籍出版社, 1992.

[257] 御定历代赋汇 [M] //景印文渊阁四库全书：第 1421 册. 台北：台湾商务印书馆, 1986.

[258] 庄子集释 [M]. 郭庆藩, 辑. 王孝鱼, 整理. 北京：中华书局, 1961.

[259] 刘向. 战国策 [M]. 上海：上海古籍出版社, 1978.

[260] 张说. 张燕公集 [M]. 北京：中华书局, 1985.

[261] 裴孝源. 贞观公私画史 [M] //景印文渊阁四库全书：第 812 册. 台北：台湾商务印书馆, 1986.

[262] 静、筠二禅师. 祖堂集 [M]. 孙昌武, 等, 点校. 北京：中华书局, 2007.

[263] 张方平集 [M]. 郑州：中州古籍出版社, 2000.

[264] 张咏. 张乖崖集 [M]. 张其凡, 校点. 北京：中华书局, 2000.

[265] 张耒集 [M]. 李逸安, 等, 点校. 北京：中华书局, 1998.

[266] 释惠洪. 注石门文字禅 [M]. 释廓门贯彻, 注. 张伯伟, 等, 校点. 北京: 中华书局, 2012.

[267] 张栻. 张南轩先生文集 [M]. 北京: 中华书局, 1985.

[268] 黎靖德. 朱子语类 [M]. 王星贤, 点校. 北京: 中华书局, 1986.

[269] 朱杰人, 严佐之, 刘永翔. 朱子全书 [M]. 上海: 上海古籍出版社, 2002.

[270] 朱熹集 [M]. 郭齐, 尹波, 点校. 成都: 四川教育出版社, 1996.

[271] 周益公文集 [M] // 四川大学古籍整理研究所. 宋集珍本丛刊: 第 48 册. 明澹生堂钞本影印本. 北京: 中国线装书局, 2004.

[272] 陈振孙. 直斋书录解题 [M]. 徐小蛮, 顾美华, 点校. 上海: 上海古籍出版社, 1987.

[273] 余丙照. 增注赋学指南 [M] // 王冠. 赋话广聚: 第 5 册. 北京: 北京图书馆出版社, 2006.

[274] 姚鼐. 正续古文辞类纂 [M]. 王先谦, 编. 杭州: 浙江古籍出版社, 1998.

[275] 彭靖, 等. 曾国藩全集 [M]. 长沙: 岳麓书社, 1986.

[276] 赖永海. 中国佛教百科全书 [M]. 上海: 上海古籍出版社, 2000.

[277] 杂阿含经 [M]. 中国佛教文化研究所, 点校. 北京: 宗教文化出版社, 1999.

[278] 陈柱. 中国散文史 [M]. 北京: 商务印书馆, 1937.

[279] 斋藤正谦. 拙堂文话 [M] // 王水照. 历代文话: 第 10 册. 上海: 复旦大学出版社, 2007.

二、论文

[1] 成娟阳, 刘湘兰. 论杜光庭的斋醮词 [J]. 中国文化研究, 2006 (4).

[2] 邓安生. 古代题跋试探 [J]. 天津师范大学学报, 1986 (5).

[3] 郭沫若. 侯马盟书试探 [J]. 文物, 1966 (2).

[4] 郭永利. 汉代铜镜上的相思铭文赏析 [J]. 丝绸之路, 2000 (1).

[5] 黄韵静, 方怡哲. 欧阳修跋文研究 [J]. 人文社会学报, 2009 (5).

[6] 黄国声. 古代题跋概论 [J]. 中山大学学报, 1980 (4).

[7] 罗灵山. 题跋三论 [J]. 益阳师专学报, 1994 (2).

［8］毛雪. 古代题跋文体源流述略［J］. 平顶山师专学报，2003（1）.

［9］彭玉平. 魏晋清谈与论体文之关系［J］. 中国社会科学，2000（1）.

［10］舒仕斌. 游宴序和赠序在唐代的发展轨迹及成因［J］. 赣南师范学院学报，2001（4）.

［11］王水照. 宋代文学的时代特点和历史地位［J］. 文史知识，1983（10）.

［12］王水照. 曾巩及其散文的评价问题［J］. 复旦学报，1984（4）.

［13］王水照. 苏轼散文艺术美的三个特征［J］. 社会科学战线，1985（3）.

［14］王水照. 欧阳修散文创作的发展道路［J］. 社会科学战线，1991（1）.

［15］王水照. 文体丕变与宋代文学新貌［J］. 中国文学研究，1996（4）.

［16］王水照. 文话：古代文学批评的重要学术资源［J］. 四川大学学报，2005（4）.

［17］谢新华，谢红军. 赠序文简论［J］. 天中学刊，2000（6）.

［18］张健. 魏庆之及《诗人玉屑》考［J］.（日本宋代诗文研究会会刊）橄榄，（12）.

［19］张泽洪. 道教斋醮史上的青词［J］. 世界宗教研究，2005（2）.

［20］张岩. 试论中国画的题款与题跋［J］. 陕西师范大学学报，2001（2）.

［21］赵平安. 试论铭文中"主语+之+谓语+器名"的句式［J］. 古汉语研究，1994（2）.

［22］朱迎平. 宋代题跋文的勃兴及其文化意蕴［J］. 文学遗产，2000（4）.

后　　记

　　本书是在教育部人文社会科学研究博士点基金项目结项成果基础上修改充实而成的。我指导的多位博士研究生和硕士研究生参与了某些章节的工作，但全部书稿的所有章节都是由我撰写定稿的。

　　2001年立项后，陆陆续续指导研究生在这个课题范围内选做了一些题目。现在书中有的章节是与博士研究生合作，由我修改定稿的；有些章节是我先指导硕士研究生做了学位论文，之后我重新写作的。同学们的前期工作，为我提供了资料或资料线索，也提供了一些思路。这里集中说明如下，以便明确每位同学参与工作的章节：

　　罗婵媛第一、二、三章，孙耀斌第四章，张奕琳第五章，梁锐第六章之一，谢敏玉第六章之三，张振谦第七章，周芳第八章，刘丽丽第九章，黎德轶第十章，庄煦第十一章，李琼艳第十二章。

　　这些同学在其付出辛苦劳动的章节，与我共同拥有著作权。

　　本书许多部分已经以论文形式发表，发表时多为联合署名。也有少数只署我名、而学生的前期工作则在注释里说明。这与刊物的期求有关，与我重写的程度有关。这里郑重申明著作权及论文发表情况：

　　张海鸥、罗婵媛《宋人自编集的文体分类编次意义》，载《河北师范大学学报》2013年第2期。

　　张海鸥、孙耀斌《〈论学绳尺〉与南宋论体文及南宋论学》，载《文学遗产》2006年第1期。

　　张海鸥、张奕琳《赋韵考论》，载《兰州大学学报》2009年第5期。

　　张海鸥、梁锐《汉魏六朝哀辞》，载《湛江师范学院学报》2006年第2期。

　　张海鸥、张振谦《唐宋青词的文体形态和文学价值》，载《文学遗产》2009年第2期，又载台湾《宋代文学研究丛刊》2007年第2期。

　　张海鸥、周芳《宋代的名字说与名字文化》，载《中山大学学报》2013年第5期。

张海鸥、黎德轶《宋代赠送序文体研究》，载《韩山师范学院学报》2013年第5期。

张海鸥、庄煦《宋代铭文的文体形态和文化蕴含》，载《暨南学报（哲）》2014年第3期。

张海鸥、刘丽丽《宋代谢表文化和谢表文体形态研究》，载《学术研究》2014年第5期，中国人民大学复印资料《中国古代、近代文学研究》2014年第9期全文转载。

张海鸥、李琼艳《偈文体源流和形态》，载《新疆大学学报（哲学·人文社会科学版）》2017年4期。

在这个课题范围内由我指导选题写作的硕士论文还不止这些，但有一些成果未被本书参考采用，如《宋代公文研究》《宋代园林记研究》《宋代赞体文研究》《宋代送别序研究》《宋代碑志文研究》《宋代启文研究》《宋代策文研究》《宋代颂赞文体研究》《宋代记体文研究》等。从这些题目看，原本都是本课题的子项，但因各种原因，尚未纳入本书，留待日后有时间和心力再进一步研究吧。

从2001年到2014年，一番番绿肥红瘦。学生们更新换届，总那么年轻，而我的第一个花甲生日，在整理书稿的晨曦和夜幕中悄然而过，竟连一首"六十初度"的自述诗都没顾得写。中文系一年一度的"五月花海"，时而有学生朗诵我的诗句——"而当我老去时，你一定还年轻……""年轻"二字于我是渐行渐远了，但我对文学和文学研究的热爱，不但分毫未减，反而与日俱增。原来这世界上任何生命都会衰老，唯热爱可以不老。尤其是热爱文学，这是一种多么美好、多么有境界和生命力的热爱！一个人从小就热爱文学、学习文学、教授文学、研究文学、创作文学——文学浑然就是一生，幸何如之啊！我的学生、同事、好友，还有康乐园的枕果榕、凤尾竹，郁文堂畔的紫荆花、凤凰树，陪伴我一起热爱着我的热爱，这幸福足以消解经年辛苦夜以继日的疲惫，足以宽慰长年累月苦心求索的痴迷。吴承学教授说"辛苦并快乐着"，彭玉平教授说他内心常有一种敏感而细微的触动"萦绕在我的梦想里，萦绕着我的现在和未来"。素心的人们有许多生命体验和追求是相通相近的，原来在"稻粱谋"之外，一位学者的学术生命不仅随时充满着辛苦的快乐，而且这辛苦和快乐就是其生活的主要方式和生命的主要内涵。一个热爱文学和学术的学者，不论其未来是风霜雨雪还是丽日蓝天，是在职还是退休，他的辛苦求索必将伴随其一生，而快乐和审美随之。

　　感谢好友吴承学教授仔细阅读并提出许多宝贵意见！我欣然接受他的意见并认真做了力所能及的修改和处理。感谢张振谦、罗婵嫒、张宁、黄春黎、彭敏哲、郭鹏飞、张瑜、刘梓楠、黑白、叶益彪、梁燕妮、邹阳等同学帮我细心校阅、核对引文和注释、并提出许多修改建议！感谢中山大学中文系学术委员会将这部书稿纳入本系"学人文库"！感谢中山大学出版社嵇春霞女士、周玢女士、孔颖琪女士等为本书编辑出版做了大量辛苦细致的工作！春风里风铃木摇曳着鹅黄色的花，就像我的谢忱一样清晰明丽。

2014 年盛夏谨记于彩云之南
2018 年 2 月修改于广州水云轩